AF207090

LOS
MANDAMIENTOS
QUE JESÚS NOS DEJÓ

Libros de John Piper publicados por Portavoz

Bajo las alas de Dios
Cuando no deseo a Dios
Cuando no se disipan las tinieblas
Dios es el evangelio
Exultación expositiva
Firmes: Claves para la permanencia en la fe
La lectura sobrenatural de la Biblia
Los mandamientos que Jesús nos dejó
No desperdicies tu vida
Pensar. Amar. Hacer. (editor general)
¡Por fin vivos!: Lo que significa nacer de nuevo
Por qué amo al apóstol Pablo: 30 razones
Preparándonos para el matrimonio
El sufrimiento y la soberanía de Dios (editor general)
Una gloria peculiar
Ven, Señor Jesús

LOS MANDAMIENTOS QUE JESÚS NOS DEJÓ

*La vida cristiana
según los Evangelios*

JOHN PIPER

La misión de *Editorial Portavoz* consiste en desarrollar y distribuir productos de calidad —con integridad y excelencia—, desde una perspectiva bíblica y confiable, que animen a las personas a conocer y servir a Jesucristo.

Título del original: *All That Jesus Commanded: The Christian Life According to the Gospels*. Publicado anteriormente con el título *What Jesus Demands From the World*, © 2006, 2023 por Desiring God Foundation y publicado por Crossway, Wheaton, Illinois 60187. Todos los derechos reservados.

Edición en castellano: *Los mandamientos que Jesús nos dejó*. Publicado anteriormente con el título *Lo que Jesús exige del mundo*, © 2007, 2024 por Desiring God Foundation y publicado por Editorial Portavoz, filial de Kregel Inc., Grand Rapids, Michigan 49505. Todos los derechos reservados.

Ninguna parte de esta publicación podrá ser reproducida, almacenada en un sistema de recuperación de datos, o transmitida en cualquier forma o por cualquier medio, sea electrónico, mecánico, fotocopia, grabación o cualquier otro, sin el permiso escrito previo de los editores, con la excepción de citas breves o reseñas.

A menos que se indique lo contrario, todas las citas bíblicas han sido tomadas de la versión Reina-Valera © 1960 Sociedades Bíblicas en América Latina; © renovado 1988 Sociedades Bíblicas Unidas. Utilizado con permiso. Reina-Valera 1960™ es una marca registrada de la American Bible Society, y puede ser usada solamente bajo licencia.

EDITORIAL PORTAVOZ
2450 Oak Industrial Dr. NE
Grand Rapids, Michigan 49505 USA
Visítenos en: www.portavoz.com

ISBN 978-0-8254-5074-7 (print)
ISBN 978-0-8254-7323-4 (Kindle)
ISBN 978-0-8254-7442-2 (epub)

1 2 3 4 5 edición / año 28 27 26 25 24

Impreso en los Estados Unidos de América
Printed in the United States of America

Contenido

*"Toda potestad me es dada
en el cielo y en la tierra".*
Jesús

Agradecimientos

Este libro ha sido posible porque la generosidad ha llegado a mí a raudales desde muchas fuentes, más de las que pudiera mencionar aquí; pero con mucho gusto nombraré algunas. Cuando era el pastor de Bethlehem Baptist Church, los ancianos y los miembros de la iglesia me liberaron de la tarea de predicar durante cinco meses en el 2006. Esto fue parte de su amabilidad por el veinticinco aniversario de nuestro ministerio juntos en la iglesia. Sin ese período prolongado de ausencia, este libro no se hubiera escrito.

La feliz combinación de añoranza y hermandad que existe en Tyndale House en Cambridge, Inglaterra, con sus abundantes recursos, aportaron el marco ideal para este tipo de investigación y obra. Bruce Winter, cuya larga y fiel permanencia en el cargo de rector estaba llegando a su fin durante mi estancia allí, fue gentil e inspirador al recibirme y ofrecerme su amistad. El claustro de profesores y los conferencistas de Tyndale House convirtieron nuestra estancia en una dichosa y fructífera temporada; Dios conoce las manos anónimas que se abrieron para que eso fuera posible.

David Mathis, Justin Taylor y Ted Griffin leyeron el manuscrito de la primera edición con cuidado y me ayudaron a mejorarlo en cientos de maneras. Lane Dennis y su equipo de Crossway Books alentaron y apoyaron este proyecto desde su concepción hasta que se hizo realidad. Esto sigue siendo tan cierto en el equipo de Crossway de hoy, bajo la dirección de Josh Dennis, como lo fue entonces. David Mathis sigue prestando su cuidadosa atención a la edición, a la que se ha unido esta vez Scott Hubbard. Mi esposa Noël montó la casa en un lugar nuevo, me liberó para que escribiera y leyó todas y cada una de las palabras con los ojos que solo una esposa talentosa puede tener. Todo lo que hago depende de su apoyo.

Cuando alguien me pregunta: "¿Cuánto tardó en escribir este libro?", a menudo respondo: "Sesenta años". Yo sé que no es la respuesta apropiada, pero sí dice la verdad en cuanto a que las fuentes de generosidad que han confluido para poder crearlo han estado surtiendo mi vida desde el principio. No tengo ninguna duda de que la experiencia obtenida desde la escuela primaria Summit Drive en Greenville, Carolina del Sur, en la década de 1950, pasando por mis años en la Universidad de Munich a principios de los años '70 hasta el ministerio de la Palabra durante veinticinco años en la Bethlehem Baptist Church, determinaron lo que aparece en este libro. La vida y la labor de escribir no se pueden separar.

Le doy gracias a Jesús, quien me creó, llamó y rige todos los días de mi vida tal como lo hace con todos los gobiernos del mundo y las galaxias del universo, por todo el manantial de generosidad, conocido y desconocido, que ha manado en mi vida. Espero que Él use este libro para ser conocido, amado y obedecido como el único Salvador de nuestros pecados y el único Soberano en el mundo.

Sugerencias sobre la forma de leer este libro

La lectura de un libro extenso parece ser una tarea colosal, porque pensamos que debemos empezar por el principio hasta el final sin saltar nada por el medio. No pretendo que la mayoría de las personas lean este libro de esa manera, aunque sí espero que algunas lo hagan. Estructuré el libro de modo que los temas que aparecen al principio ayuden al lector a comprender los que vienen después; y hay una cierta base, evolución y clímax. Pero los capítulos tienen suficiente independencia, de manera que la mayoría de ellos pueden leerse sin tener que ojear los otros. Resulta evidente cuando un capítulo depende de otro.

Por lo tanto, te invito a que empieces por cualquier parte. No tienes que leer la Introducción primero. Mi esperanza es que la forma en que están entrelazados los mandamientos de Jesús, te induzca a ir de un tema a otro.

He tratado de que los capítulos sean relativamente cortos para que, de manera general, aquellas personas que tienen su tiempo limitado puedan leerlos de una sentada. Por eso es que algunos tratan sobre el mismo mandato desde diferentes puntos de vista. Pensé que era mejor tratar el tema en varios capítulos en vez de en uno largo.

Puesto que este libro se refiere especialmente a los mandatos de Jesús, aquí no aparece mucho sobre su vida y su muerte. Si deseas conocer cómo he tratado de describir esto último en detalle, puedes consultar otros dos libros (¡menos extensos!) donde reflexiono sobre Jesús y su muerte: *Alegría indestructible* (Publicaciones Andamio, 2005) y *La pasión de Jesucristo: Cincuenta razones por las que Cristo vino a morir* (Editorial Unilit, 2004). Y, por supuesto, hay otros libros importantes escritos por otros autores a los que haré referencia por el camino.

Sobre todo, espero que ores mientras leas. Aunque no estés acostumbrado a orar, pídele a Dios que te proteja contra cualquier error que yo pueda haber cometido y que te confirme lo que es verdad. Al final, lo que importa es el efecto que produce Dios en nuestra vida mediante su Palabra escrita por el Espíritu. Eso es lo que hace que la oración sea de vital importancia. Cuando oramos, le pedimos a Dios que nos transforme de esa manera.

Por último, que el Jesús viviente cumpla el propósito de su Palabra cuando leas lo siguiente: "Estas cosas os he hablado, para que mi gozo esté en vosotros, y vuestro gozo sea cumplido" (Jn. 15:11).

Introducción:
El objetivo del libro

Este libro se publicó originalmente en 2006 con el título *Lo que Jesús exige al mundo*. Esta nueva edición, con un nuevo título, es sustancialmente la misma con revisiones y cambios menores. El nuevo título, *Los mandamientos que Jesús nos dejó: La vida cristiana según los Evangelios* pretende dejar más clara la relevancia de este libro para todos los cristianos. El libro presenta todos los mandamientos de Jesús y su relación con la vida cristiana actual. Extrae el significado de estos mandamientos de los cuatro Evangelios mismos y no del resto del Nuevo Testamento.

El propósito de este libro es la obediencia a Jesús que glorifica a Dios. Con ese fin, trato de obedecer el último mandamiento de Jesús: "... haced discípulos a todas las naciones... *enseñándoles que guarden todas las cosas que os he mandado...*" (Mt. 28:19-20). El mandamiento final de Jesús fue precisamente el de enseñar a todas las naciones a guardar sus mandamientos.

El último mandamiento imposible de cumplir

En realidad, el mandamiento final era más preciso que eso. Él *no* dijo: "Enséñenles todos mis mandamientos", sino: "Enséñenles *a guardar* mis mandamientos". Uno podrá enseñarle a un loro todos los mandamientos de Jesús, pero no puede enseñarle a *guardarlos*. Los loros no se arrepentirán, ni adorarán a Jesús, ni guardarán tesoros en el cielo, ni amarán a sus enemigos, ni saldrán como ovejas en medio de los lobos para anunciar el reino de Dios.

Enseñar a las personas a repetir como loros todo lo que Dios ordenó es fácil. Enseñarles a *guardar* todo lo que Dios ordenó es *imposible*. Jesús usó esa palabra. Cuando el hombre rico no pudo desprenderse de sus riquezas y seguirlo, Jesús dijo: "Más fácil es pasar un camello por el ojo de una aguja, que entrar un rico en el reino de Dios… Para los hombres es *imposible*, mas para Dios, no; porque todas las cosas son posibles para Dios" (Mr. 10:25-27).

Por lo tanto, quien se dispone a obedecer el cometido final de Jesús, por ejemplo, enseñarle a un rico a *guardar* el mandato de Dios de "renunciar a todo lo que posee" (Lc. 14:33) intenta lo imposible; pero Jesús dijo que *no* era imposible: "Todas las cosas son posibles para Dios". Luego, la tarea más difícil al escribir este libro ha sido discernir el camino de Dios para hacer posible la obediencia imposible.

Jesús dijo que este objetivo imposible ocurre mediante la *enseñanza*: "Haced discípulos… *enseñándoles* que guarden todas las cosas que os he mandado". Por supuesto que es más complicado que esto: como la muerte expiatoria de Jesús (Mr. 10:45), la obra del Espíritu Santo (Jn. 14:26) y la oración (Mt. 6:13); pero, al final, Jesús concentró la atención en la enseñanza. Yo interpreto esto como que Dios decidió hacer lo imposible mediante la enseñanza de todos sus mandatos. Por eso ruego que este libro llegue a ser una especie de enseñanza que Él usará para poder lograr la obediencia imposible a Jesús. Y todo esto para la gloria de Dios.

La enseñanza y la obediencia que glorifican a Dios

La razón por la que recalco la gloria de Dios es porque Jesús lo hizo. Él dijo: "Así alumbre vuestra luz delante de los hombres, para que vean vuestras buenas obras, y *glorifiquen a vuestro Padre que está en los cielos*" (Mt. 5:16). El objetivo supremo de los mandamientos de Jesús no es que los guardemos haciendo buenas obras. El objetivo *supremo* es que Dios sea glorificado. La observancia de las buenas obras queda en penúltimo lugar; pero lo que resulta supremo es que en nuestras vidas obedientes Dios sea mostrado como la realidad más hermosa del mundo. Ese es el objetivo supremo de Jesús[1], así como el mío.

Esto me ayuda a responder la pregunta siguiente: ¿Qué clase de enseñanza de los mandamientos de Jesús estaría Dios dispuesto a usar para lograr esa obediencia imposible? Si el objetivo de la obediencia es,

---

1. Véase en especial el Mandamiento #47.

en última instancia, la gloria de Dios, entonces es probable que la clase de enseñanza que Dios use sea la que mantiene su gloria en el centro. Por tanto, el propósito que he perseguido ha sido el de darle el énfasis correcto a la sumamente valiosa hermosura de Dios a lo largo de todo el libro.

GUARDAR LOS MANDAMIENTOS RELACIONADOS CON JESÚS Y SU OBRA

¿Cómo entonces le damos el énfasis correcto a la hermosura de Dios en relación con los mandamientos de Jesús?, pues, tratando el significado y la motivación de los mandatos en relación con la persona y la obra del Señor. La persona y la obra de Jesús son el medio principal mediante el cual Dios se ha glorificado en el mundo: No hay mayor revelación de la gloria de Dios. Jesús dijo: "El que me ha visto a mí, ha visto al Padre" (Jn. 14:9). Por ende, su *persona* es la manifestación de la gloria de Dios. Verlo tal cual es significa ver la infinitamente valiosa hermosura de Dios. Jesús también dijo: "Yo te he glorificado en la tierra; he acabado la obra que me diste que hiciese" (Jn. 17:4). Por tanto, su *obra* es una manifestación de la gloria de Dios. Cuando vemos lo que Él logró y la forma en que lo hizo, comprendemos la majestuosidad y la grandeza de Dios.

Por consiguiente, mi objetivo ha sido el de *investigar el significado y la motivación de los mandatos de Jesús en relación con su persona y su obra*. Lo que aparece una y otra vez es que lo que Él está ordenando es una vida que muestre el valor de su persona y el efecto de su obra. Su intención es que no separemos su mandato de quién es Él y lo que ha hecho.

No debemos sorprendernos, pues, de que el mandato final y culminante de Jesús sea el de enseñar a todas las naciones a cumplir todos sus mandatos. Esto da lugar a su propósito supremo. Cuando ocurre la obediencia a sus mandatos, lo que el mundo ve es el fruto de la obra gloriosa de Jesús y el valor de su persona gloriosa. En otras palabras, ven la gloria de Dios. Es por esto que Jesús vino y por qué su misión permanece hasta su regreso.

UN ESBOZO DE LA PERSONA Y LA OBRA DE JESÚS

Anticipándonos a lo que veremos más adelante en el libro, ofreceremos aquí un esbozo mínimo de la persona y la obra de Jesús de manera que, desde el principio, los mandatos descansen sobre la base que corresponde. Jesús vino al mundo, enviado por Dios, como el tan esperado Mesías. Cuando Jesús les preguntó a los discípulos quiénes pensaban ellos que era Él, Pedro contestó: "Tú eres el Cristo [es decir, el Mesías], el Hijo del Dios viviente"; a lo cual Jesús respondió: "Bienaventurado eres, Simón, hijo de Jonás, porque no te lo reveló carne ni sangre, sino mi Padre que está en los cielos" (Mt. 16:16-17).

Cuando juzgaron a Jesús, lo acusaron de blasfemia y, finalmente, de traición contra el César debido a su aparente reclamo de ser el Mesías, rey de Israel, el Hijo de Dios. El sumo sacerdote le preguntó: "¿Eres tú el Cristo, el Hijo del Bendito?". Y Jesús le dijo: "Yo soy; y veréis al Hijo del Hombre sentado a la diestra del poder de Dios, y viniendo en las nubes del cielo" (Mr. 14:61-62).

POR QUÉ JESÚS ERA PARTIDARIO DEL TÍTULO DE HIJO DEL HOMBRE

Aunque Jesús reconocía que Él era el Mesías, el Hijo de Dios, su designación preferida para referirse a su persona era "Hijo del Hombre". En un sentido, este título conlleva el significado obvio de que Jesús era verdaderamente un ser humano. Pero debido al uso dado por el profeta Daniel, probablemente sea un título muy exaltado de autoridad universal:

> ...he aquí con las nubes del cielo venía uno como un hijo de hombre, que vino hasta el Anciano de días, y le hicieron acercarse delante de él. Y le fue dado dominio, gloria y reino, para que todos los pueblos, naciones y lenguas le sirvieran; su dominio es dominio eterno, que nunca pasará, y su reino uno que no será destruido (Dn. 7:13-14).

La razón por la que Jesús prefería el título de *Hijo del Hombre* para sí era porque los términos *Mesías* e *Hijo de Dios* estaban cargados de pretensiones políticas populares, darían la impresión equivocada sobre la naturaleza de su mesianismo, podían fácilmente dar a entender que Él se amoldaba a las concepciones de aquella época de que el Mesías conquistaría a Roma, liberaría a Israel y establecería su reino terrenal. Pero Jesús tuvo que navegar estos mares políticos presentándose como verdaderamente el Mesías, hasta como el divino Hijo de Dios con autoridad universal, pero también rechazar la idea popular de que el Mesías no sufriría, sino que inmediatamente gobernaría.

El término *Hijo del Hombre* resultó ser muy útil en este sentido porque aunque sí conllevaba derechos exaltados para quienes supieran escuchar, en apariencia no estaba reivindicando explícitamente ningún poder político. Bajo este título preferido (aunque sin rechazar los otros), Jesús pudo establecer su derecho de que el tan esperado reino mesiánico de Dios había entrado en su ministerio.[2]

EL REINO DE DIOS HABÍA ENTRADO EN LA HISTORIA

El pueblo judío anhelaba que llegara el día en que el Mesías viniera y trajera el reino de Dios. El reino significaría que los enemigos de Israel habrían sido derrotados, los pecados eliminados, las enfermedades curadas, los muertos resucitados, y que la justicia, la alegría y la paz reinarían en la tierra con el Mesías en el trono. Jesús llegó y dijo: "El tiempo se ha cumplido, y el reino de Dios se ha acercado; arrepentíos, y creed en el evangelio" (Mr. 1:15). Lo que quiso decir fue que, en su propio ministerio, el reino liberador y salvador de Dios había llegado: "Si por el dedo de Dios echo yo fuera los demonios, ciertamente *el reino de Dios ha llegado a vosotros... he aquí el reino de Dios *está entre vosotros*" (Lc. 11:20; 17:21).

Sin embargo, había un misterio. Jesús lo llamó "el misterio del reino de Dios" (Mr. 4:11). El misterio era que este reino había entrado en la historia *antes* de su manifestación definitiva y triunfante. Aquí había cumplimiento, pero no había consumación.[3] El reino llegaría en dos etapas. En la primera, el Mesías vendría a sufrir y, en la segunda, el Mesías vendría en gloria (Lc. 24:46; Mr. 14:62).

---

2. Véase Craig L. Blomberg, *Jesus and the Gospels* (Nashville: Broadman & Holman, 1997), 401-412 para un útil panorama general de doce páginas sobre los títulos de Jesús en los Evangelios.

3. Véase George Ladd, *The Presence of the Future* (Grand Rapids, Mich.: Eerdmans, 1974) para un excelente y extenso enfoque sobre el reino de Dios en el ministerio de Jesús.

VINO A SERVIR Y MORIR POR LOS PECADOS Y A RESUCITAR

Por lo tanto, la obra principal de Jesús en la tierra durante su primera venida fue sufrir y morir por el perdón de los pecados. Él dijo: "El Hijo del Hombre no vino para ser servido, sino para servir, y para dar su vida en rescate por muchos" (Mr. 10:45). Y en la Última Cena con sus discípulos, alzó la copa y dijo: "…porque esto es mi sangre del nuevo pacto, que por muchos es derramada para remisión de los pecados" (Mt. 26:28).

Morir no era su única misión, pero era fundamental. Al derramar su sangre, adquirió las promesas del nuevo pacto. El nuevo pacto era la promesa de Dios de que a todos los que entrarían en el reino que se aproximaba les perdonaría sus pecados, escribiría la ley en su corazón y conocerían a Dios personalmente (Jer. 31:31-34). Las bendiciones de este pacto son de crucial importancia para poder obedecer los mandamientos de Jesús, lo cual convierte su muerte en algo de suma importancia al haber logrado producir la obediencia imposible que Él exige.

Pero su misión entrañaba más. Cuando Juan el Bautista se sintió perplejo en cuanto a si Jesús era realmente el Mesías, le mandó un mensaje desde la prisión: "¿Eres tú aquel que había de venir, o esperaremos a otro?". Jesús respondió: "Id, y haced saber a Juan las cosas que oís y veis. Los ciegos ven, los cojos andan, los leprosos son limpiados, los sordos oyen, los muertos son resucitados, y a los pobres es anunciado el evangelio; y bienaventurado es el que no halle tropiezo en mí" (Mt. 11:3-6). En otras palabras: "Todo lo que sano y predico son una demostración de mi mesianismo, pero no se ofenda si no estoy cumpliendo las expectativas políticas de gobierno terrenal. Yo *soy* el que ha de venir, pero mi misión central (en esta primera venida) es sufrir: dar mi vida en rescate por muchos".

Cumplida su misión, después de tres días en el sepulcro, Jesús resucitó de los muertos. Este era el plan de Dios. Fue un acto de poder supremo sobre la muerte: "Nadie me la quita [la vida], sino que yo de mí mismo la pongo. Tengo poder para ponerla, y tengo poder para volverla a tomar. Este mandamiento recibí de mi Padre" (Jn. 10:18). Cuando resucitó, se apareció a sus discípulos muchas veces y les dio prueba de que estaba físicamente vivo (Lc. 24:39-43). Les abrió las Escrituras para que comprendieran mejor cómo Él cumplía las promesas de Dios (Lc. 24:32, 45). Entonces les encargó que fueran sus testigos, les ordenó que esperaran al Espíritu Santo prometido y ascendió al cielo (Lc. 24:46-51).

LA OBEDIENCIA ES EL FRUTO DE SU OBRA Y LA DEMOSTRACIÓN DE SU GLORIA

Basado en quién era Él y lo que logró, Jesús presentó sus mandamientos. Estos no pueden separarse de su persona y su obra. La obediencia que Él pide es el fruto de su *obra redentora* y la demostración de su *gloria personal*. Fue por eso que Él vino: a crear un pueblo que glorifique su reinado de gracia y produzca los frutos de su reino (Mt. 21:43).

Cuando Él dijo: "El Hijo del Hombre vino a buscar y a salvar lo que se había perdido" (Lc. 19:10), se estaba refiriendo a Zaqueo que acababa de transformarse de tal manera que entregó la mitad de sus bienes a los pobres (Lc. 19:8). En otras palabras, el Hijo del Hombre vino a salvar a las personas de su pasión suicida por los bienes y conducirlos a una clase de obediencia imposible que demuestra el valor infinito de Jesús. Por ende, mi empeño en este libro ha sido el de mantener unidos el significado y la motivación de los mandatos de Jesús, la grandeza de su obra y la gloria de su persona.

UNAS PALABRAS SOBRE EL MÉTODO

En el Apéndice, "Unas palabras a los estudiosos de la Biblia" (¡el cual invito a que todos lean!), entraré en detalles sobre la metodología, pero me parece bueno incluir aquí algunas decisiones rectoras esenciales que he tomado. Mi método consiste en reflexionar en el significado y la motivación de las exigencias de Jesús *según aparecen en los Evangelios en el Nuevo Testamento* en el contexto de su persona y su obra. No cito el resto del Nuevo Testamento para mi comprensión de Jesús en las Escrituras. Citar todo el Nuevo Testamento es algo totalmente legítimo y, cuando predico, no dudo en usar las Escrituras de donde sea a fin de ayudar a aclarar un pasaje, siempre que yo no cambie el significado de ninguno de los dos textos. Pero en este libro he ofrecido mi versión de Jesús casi completamente según el prisma de sus propias palabras según estas aparecen en los Evangelios. Uno de mis objetivos secundarios en esta propuesta es el de estimular la confianza en la unidad del Nuevo Testamento, puesto que el resultado final de esta representación es muy compatible con lo que enseñaron los otros escritores del Nuevo Testamento.

Una palabra acerca de "mandar"

La última palabra de Jesús a sus discípulos en Mateo 28:20 fue que enseñaran a las naciones "a [guardar] todas las cosas que os he *mandado*". "Mandar" es una palabra dura. Debería hacernos sentir asombro y humildad. Pero Jesús no solo es duro, también es tierno.

Estas dos formas de relacionarse con nosotros confluyen en lo que Jesús dice antes y después de su mandamiento final de hacer discípulos. Por un lado, dice: "Toda potestad me es dada en el cielo y en la tierra" (Mt. 28:18). Y por el otro expresa: "Yo estoy con vosotros todos los días, hasta el fin del mundo" (Mt. 28:20). Uno dice: "Yo te doy mandamientos porque tengo el derecho a hacerlo. Toda la autoridad del universo es mía". El otro expresa: "Yo te doy mandamientos porque te ayudaré. Estaré contigo siempre".

He tratado de estructurar los capítulos del libro de manera que el lector transite de los más cortos y de los mandamientos más suaves hacia los mandamientos más difíciles, pero no menos preciosos, de Jesús.[4] Esto no es simplemente una cuestión estilística o táctica; es teológicamente adecuada. La mayoría de los primeros diecinueve capítulos no mandan una acción externa; tratan esencialmente sobre lo que sucede en la mente y el corazón. Aparecen primero porque la clase de obediencia que Jesús pide se mueve desde dentro (donde se disfruta el valor de Jesús) hacia afuera (donde se muestra el valor de Jesús).

De estos capítulos, los siete primeros son: "Os es necesario nacer de nuevo", "Arrepentíos", "Venid a mí", "Creed en mí", "Amadme", "Escuchadme" y "Permaneced en mí". Cuando estos mandamientos se analizan en su verdadera dimensión, convierten la absoluta autoridad de Jesús en un tesoro de alegría bendita. Cuando la persona más gloriosa del universo paga todas mis deudas (Mt. 20:28) y luego manda que vaya a vivir con Él y entre en su gozo (Mt. 25:21), no puede haber mandamiento

---

4. Véanse las pp. 357-358 para conocer cómo escogí los mandamientos incluidos en el libro.

más deseable que se pueda imaginar. A Él le digo junto con Agustín: "Ordena lo que desees, pero da lo que ordenes".[5]

¿SE ATREVE JESÚS A MANDAR AL MUNDO ENTERO?

La instrucción final de Jesús a sus discípulos no solo les dice que enseñen todas las cosas que Él "ha mandado", sino que deben hacerlo a todas las naciones, al mundo entero: "Por tanto, id, y haced discípulos a todas las naciones… enseñándoles que guarden todas las cosas que os he mandado" (Mt. 28:19-20). Aquí surgen dos objeciones. Una de ellas es: *¿Dio* Jesús sus mandamientos al mundo entero? La otra es: *¿Se atreve* a mandar al mundo entero?

Uno pudiera preguntarse: ¿Jesús dio todos estos mandamientos al mundo o solo a sus discípulos? ¿Esta es una ética para todo el mundo o para los seguidores de Jesús? La respuesta es esta: Los mandamientos que les dio solo a sus discípulos también son válidos para el mundo, porque Él exige que todas las personas en todas partes se conviertan en sus discípulos. Esa es la tesis de su mandato final: "Por tanto, id, y haced discípulos a *todas las naciones*, bautizándolos en el nombre del Padre, y del Hijo, y del Espíritu Santo; enseñándoles que guarden todas las cosas que os he mandado" (Mt. 28:19-20). Jesús se atreve a reclamarle "a todas las naciones": a todos los grupos étnicos del planeta.[6] No hay excepciones. Jesús no es una deidad tribal. A Él pertenece toda la autoridad del universo y toda la creación le debe lealtad.

AVANZA CON TODA AUTORIDAD, PERO SIN ESPADA

Él no envía a su pueblo a hacer discípulos con una espada. Su reino no se manifiesta por la fuerza, sino por la verdad, el amor, el sacrificio y el poder de Dios: "Mi reino no es de este mundo; si mi reino fuera de este mundo, mis servidores pelearían" (Jn. 18:36). Los seguidores de Jesús no matan para extender su reino; mueren: "Si alguno quiere venir en pos de mí, niéguese a sí mismo, y tome su cruz, y sígame" (Mr. 8:34);

---

5. Agustín, *Confesiones*, trad. R. S. Pine-Coffin (Nueva York: Penguin, 1961), 40 (X, xxix).

6. En los dos capítulos finales del presente libro, expreso las implicaciones que tiene este versículo para el mundo y explico con mayor profundidad el significado de "todas las naciones".

"…matarán a algunos de vosotros…" (Lc. 21:16). No solo matarán a los seguidores de Jesús, sino que lo harán en nombre de su religión: "…viene la hora, dice Jesús, cuando cualquiera que os mate, pensará que rinde servicio a Dios" (Jn. 16:2).

Jesús tiene toda la autoridad en el cielo y en la tierra, pero por ahora refrena su poder. No siempre lo usa para evitar el dolor de su pueblo, aunque pudiera hacerlo y a veces lo hace. Él está con nosotros hasta el fin del mundo, pero no siempre para rescatarnos del mal. Nos pide que sigamos por el mismo camino que siguió Él: "Si a mí me han perseguido, también a vosotros os perseguirán…" (Jn. 15:20); "Si al padre de familia llamaron Beelzebú, ¿cuánto más a los de su casa?" (Mt. 10:25).

La autoridad universal de Jesús crea una misión de *enseñanza*, no una misión de terror. Su objetivo es la obediencia que glorifica a Dios en todos sus mandamientos. La clase de obediencia que glorifica a Dios es libre y jubilosa, no limitada ni intimidante. Aun cuando el costo es supremo, el júbilo es triunfante porque la causa de Jesús no puede fallar: "Bienaventurados sois cuando por mi causa os vituperen y os persigan, y digan toda clase de mal contra vosotros, mintiendo. Gozaos y alegraos, porque vuestro galardón es grande en los cielos" (Mt. 5:11-12). Es una misión costosa, pero es una misión de júbilo.

Mi oración por este libro es que sirva para esa misión global: la de hacer "discípulos a todas las naciones… *enseñándoles que guarden todas las cosas que os he mandado…*". Ruego ser un eco fiel de Jesús cuando dijo: "El que me envió es verdadero; y yo, lo que he oído de él, esto hablo *al mundo*" (Jn. 8:26).

OS ES NECESARIO NACER DE NUEVO

"Respondió Jesús… No te maravilles de que te dije:
Os es necesario nacer de nuevo" (Jn. 3:5, 7).

"Respondió Jesús y le dijo: De cierto, de cierto te digo, que el que
no naciere de nuevo, no puede ver el reino de Dios" (Jn. 3:3).

En el tercer capítulo del Evangelio de Juan, Jesús le habla a "…un hombre de los fariseos que se llamaba Nicodemo, un principal entre los judíos" (Jn. 3:1). Los fariseos eran los especialistas en las Escrituras judías. Es por eso que Jesús se sorprendió de que Nicodemo se sintiera desconcertado ante lo que Él quiso decir con "es necesario nacer de nuevo". Nicodemo preguntó: "¿Cómo puede un hombre nacer siendo viejo? ¿Puede acaso entrar por segunda vez en el vientre de su madre, y nacer?" (Jn. 3:4). Jesús respondió: "¿Eres tú maestro de Israel, y no sabes esto?" (Jn. 3:10).

PONDRÉ ESPÍRITU NUEVO DENTRO DE VOSOTROS

En otras palabras, un especialista en las Escrituras judías no debe sentirse desconcertado por el mandamiento de Jesús de "es necesario nacer de nuevo". ¿Y por qué es eso? Porque existen muchas evidencias en las Escrituras judías que Jesús y Nicodemo tenían en común. Dios prometió que llegaría un día en que su pueblo volvería a nacer. Una de las promesas más claras de Dios se encuentra en el libro de Ezequiel. Jesús reiteró las palabras de Ezequiel cuando dijo: "…el que no naciere de agua y del Espíritu, no puede entrar en el reino de Dios" (Jn. 3:5). "Nacer de nuevo" se describe como el nacimiento de agua y del Espíritu. Los dos términos, "agua" y "Espíritu", están enlazados en Ezequiel 36:25-27. Dios dice:

> Esparciré sobre vosotros agua limpia, y seréis limpiados de todas vuestras inmundicias; y de todos vuestros ídolos os limpiaré. Os daré corazón nuevo, y pondré espíritu nuevo dentro de vosotros; y quitaré de vuestra carne el corazón de piedra, y os daré un corazón de carne. Y pondré dentro de vosotros mi Espíritu, y haré que andéis en mis estatutos, y guardéis mis preceptos, y los pongáis por obra.

Dios promete limpiar todos los pecados y el don de un nuevo espíritu humano por la presencia de su propio Espíritu divino. Jesús piensa que Nicodemo debiera poder relacionar su mandamiento de nacer de nuevo con la promesa de Ezequiel de un nuevo espíritu y el don del Espíritu de Dios, pero no lo hace, por lo que Jesús continúa explicando y describe cuál es la función del Espíritu divino en la creación de este nuevo espíritu: "Lo que es nacido de la carne, carne es; y lo que es nacido del Espíritu, espíritu es" (Jn. 3:6).

Los muertos no pueden ver

Carne es lo que somos por naturaleza. Se refiere a la humanidad común. Esta condición humana natural, como la conocemos, no tiene vida espiritualmente. No nacemos espiritualmente vivos con un corazón que ama a Dios; nacemos espiritualmente muertos.

Eso fue lo que Jesús dio a entender cuando le dijo a un futuro discípulo que quería ir a su casa a un funeral: "Deja que los *muertos* entierren a sus muertos" (Lc. 9:60). En otras palabras, algunas personas están físicamente muertas y necesitan que se entierren. Algunas están espiritualmente muertas y pueden enterrarlas. Lo volvió a insinuar cuando, en la parábola del hijo pródigo, el padre dice: "Este mi hijo *muerto* era, y ha revivido" (Lc. 15:24). Es por eso que "el que no naciere de nuevo, no puede ver el reino de Dios" (Jn. 3:3). Los muertos no pueden ver; es decir, no pueden ver el reino de Dios como supremamente deseable. Parece tonto, o mítico, o aburrido; por lo tanto, "no pueden entrar en el reino de Dios" (Jn. 3:5). No pueden porque para ellos es una tontería.

Jesús ve a toda la humanidad dividida en dos partes: los que simplemente nacen una vez, "nacido de la carne", "los muertos (espiritualmente)", y los que han de "nacer de nuevo" por el Espíritu de Dios: los que están vivos para Dios y consideran su reino como verdadero y supremamente deseable.

El viento sopla de donde quiere

Nicodemo no está completamente equivocado en su desconcierto. Hay un misterio. Jesús lo dice en Juan 3:8: "El viento sopla de donde quiere, y oyes su sonido; mas ni sabes de dónde viene, ni a dónde va; así es todo aquel que es nacido del Espíritu". En otras palabras: Nicodemo, tú necesitas una nueva vida espiritual, un segundo nacimiento.

Y lo que Jesús exige de Nicodemo, lo exige de todos. Les está hablando a todas las personas en el mundo, no excluye a nadie. Ningún grupo étnico tiene más aptitud para la vida. Lo muerto es muerto, cualquiera que sea el color, el origen étnico, la cultura o la clase. Necesitamos ojos espirituales. Nuestro primer nacimiento no nos permitirá entrar en el reino de Dios, pero nosotros no tenemos el poder para nacer de nuevo, eso lo hace el Espíritu. Este es libre y sopla de maneras que no entendemos. Necesitamos nacer de nuevo, pero eso es un don de Dios.

Aparta la mirada de ti mismo. Busca en Dios lo que solo Él puede hacer por ti. Un mejoramiento moral de tu antiguo yo no es lo que necesitas. Lo que el mundo entero necesita es una vida nueva. Esto es radical y sobrenatural, está fuera de nuestro control. Los muertos no pueden darse una nueva vida. Es necesario nacer de nuevo, "no… de voluntad de carne, ni de voluntad de varón, sino de Dios" (Jn. 1:13). Eso es lo que Jesús nos manda a nosotros y a todas las naciones del mundo.

ARREPENTÍOS

*"Desde entonces comenzó Jesús a predicar, y a decir: Arrepentíos,
porque el reino de los cielos se ha acercado"* (Mt. 4:17).

"No he venido a llamar a justos, sino a pecadores al arrepentimiento"
(Lc. 5:32).

*"Los hombres de Nínive se levantarán en el juicio con esta generación,
y la condenarán; porque ellos se arrepintieron a la predicación
de Jonás, y he aquí más que Jonás en este lugar"* (Mt. 12:41).

"…si no os arrepentís, todos pereceréis igualmente" (Lc. 13:3, 5).

El primer mandamiento del ministerio público de Jesús fue "Arrepentíos". Este mandato lo expresó indiscriminadamente a todas las personas dispuestas a escucharlo. Fue un llamado al cambio radical interior hacia Dios y los hombres.

¿QUÉ ES EL ARREPENTIMIENTO?

Hay dos cosas que nos muestran que el arrepentimiento es más un cambio interno de la mente y el corazón que la mera pena por haber pecado o el mero mejoramiento de la conducta. En primer lugar, el significado de la palabra griega detrás de la palabra "arrepentirse" (μετανοέω, *metanoeō*) señala en esa dirección. Tiene dos partes: *meta* y *noeō*. La segunda parte (*noeō*) se refiere a la mente, sus pensamientos, percepciones, disposiciones y propósitos. La primera parte (*meta*) es un prefijo que normalmente significa movimiento o cambio. De acuerdo con la forma en que este prefijo funciona habitualmente,[1] podemos inferir que el significado básico de *arrepentirse* es el de experimentar un cambio en las percepciones, disposiciones y propósitos de la mente.

El otro factor que apunta a este significado de *arrepentirse* es la forma en que en Lucas 3:8 se describe la relación entre el arrepentimiento y la nueva conducta. Dice: "Haced… frutos *dignos de* arrepentimiento". Después da ejemplos de frutos: "El que tiene dos túnicas, dé al que no tiene; y el que tiene qué comer, haga lo mismo" (Lc. 3:11). Esto significa que arrepentirse es lo que sucede dentro de nosotros. Luego este cambio conduce a los frutos de la nueva conducta. El arrepentimiento no son las nuevas acciones, sino el cambio interior que produce el fruto de las nuevas acciones. Jesús manda que experimentemos este cambio interior.

El pecado: un ataque contra Dios

¿Por qué? Su respuesta es que somos pecadores: "No he venido a llamar a justos, sino a *pecadores* al arrepentimiento" (Lc. 5:32). ¿Qué opinaba Jesús sobre el pecado? En la parábola del hijo pródigo, el Señor describe el pecado del hijo de la siguiente manera: "Desperdició sus bienes viviendo perdidamente… (y) ha consumido tus bienes con rameras" (Lc. 15:13, 30). Pero cuando el hijo pródigo se arrepiente, dice: "Padre, he pecado *contra el cielo* y contra ti, y ya no soy digno de ser llamado tu hijo" (Lc. 15:21). Por lo tanto, desperdiciar la vida viviendo perdidamente y con rameras no es solo humanamente perjudicial; es una ofensa contra el cielo, es decir, contra Dios. Esa es la naturaleza fundamental del pecado. Es un ataque contra Dios.

Esto lo vemos de nuevo en la forma en que Jesús enseñó a orar a sus discípulos. Él dijo que ellos debían orar: "Perdónanos nuestros *pecados*, porque también nosotros perdonamos a todos los que nos *deben*" (Lc. 11:4). En otras palabras, los pecados que Dios perdona se comparan

---

1. Por ejemplo, *meta* se usa como prefijo en las palabras *metabainō* (traslado de un lugar a otro), *metaballō* (cambiar la manera de pensar de uno), *metagō* (conducir o mover de un lugar a otro), *metatithēmi* (transportar de un lugar a otro, poner en otro lugar, trasladar), *metamorphoō* (cambiar de manera visible para los demás, transfigurarse), *metastrephō* (causar un cambio de estado o condición, cambiar, alterar) y *metaschematizō* (cambiar la forma de algo, transformar, cambiar), etc.

con los pecados que las personas cometen contra nosotros y se les da el nombre de *deudas*. Por lo tanto, Jesús opinaba que el pecado deshonra a Dios y nos pone en *deuda* para restablecer el honor divino que nosotros difamamos mediante nuestra conducta o actitud denigrante hacia Él. Luego veremos cómo esa deuda la paga Jesús mismo (Mr. 10:45). Pero, para que podamos disfrutar de ese don, Él dice que debemos arrepentirnos.

Arrepentirse significa experimentar un cambio de mentalidad para que podamos ver a Dios como verdadero, hermoso y digno de toda nuestra alabanza y de toda nuestra obediencia. Este cambio de mentalidad también incluye a Jesús de la misma manera. Esto lo sabemos porque este dijo: "Si vuestro padre fuese Dios, ciertamente *me* amaríais; porque yo de Dios he salido" (Jn. 8:42). Ver a Dios con una nueva mentalidad incluye ver a Jesús con una mentalidad renovada.

La necesidad universal de arrepentimiento

Nadie queda fuera del mandamiento de Jesús al arrepentimiento. Esto lo dejó claro cuando un grupo de personas fue a llevarle noticias de dos catástrofes: personas inocentes habían perecido debido a la masacre cometida por Pilato y en la caída de la torre en Siloé (Lc. 13:1-4). Jesús aprovechó la ocasión para advertir, incluso, a los portadores de la noticia: "…si no os arrepentís, todos pereceréis igualmente" (Lc. 13:5). En otras palabras, no piensen que los desastres significan que algunas personas son pecadoras necesitadas de arrepentimiento y otras no. *Todas* necesitan arrepentirse. De la misma manera que todas necesitan nacer de nuevo (Jn. 3:7), todas deben arrepentirse porque todas son pecadoras.

Cuando Jesús dijo: "No he venido a llamar a justos, sino a pecadores al arrepentimiento" (Lc. 5:32), no quiso decir que hay personas que sean tan buenas que no necesitan de arrepentimiento. Él quiso decir que algunas personas *piensan* que lo son (Lc. 18:9) y otras ya se han arrepentido y se han reconciliado con Dios. Por ejemplo, el intérprete de la ley deseaba "justificarse a sí mismo" (Lc. 10:29), mientras que "el publicano… se golpeaba el pecho, diciendo: Dios, sé propicio a mí, pecador. [Y] descendió a su casa justificado [¡por Dios!]" (Lc. 18:13-14). (Véase el *Mandamiento #20* para más detalles sobre Lucas 18:9-15).

HAY URGENCIA DE ESTE MANDAMIENTO PORQUE EL JUICIO ESTÁ CERCA

Por tanto, nadie queda excluido. Todos necesitan de arrepentimiento. Y la necesidad es urgente. Jesús dijo: "…si no os arrepentís, todos *pereceréis* igualmente". ¿Qué quiso decir con *pereceréis*? Quiso decir que el juicio final de Dios caerá sobre los que no se arrepientan: "Los hombres de Nínive se levantarán en el juicio con esta generación, y la condenarán; porque ellos se arrepintieron a la predicación de Jonás, y he aquí más que Jonás en este lugar" (Mt. 12:41). Jesús, el Hijo de Dios, les está advirtiendo a las personas sobre el juicio que llegará y ofrece escape si nos arrepentimos. Si no nos arrepentimos, Jesús tiene un mensaje para nosotros: "¡Ay de ti…!" (Mt. 11:21).

Es por esto que su mandamiento al arrepentimiento es parte de su mensaje central respecto al reino de Dios. Él predicó que el muy esperado reino de Dios está presente en su ministerio: "El tiempo se ha cumplido, y el reino de Dios se ha acercado; arrepentíos, y creed en el evangelio" (Mr. 1:15). El evangelio, la buena nueva, es que el gobierno de Dios ha llegado en Jesús para salvar a los pecadores antes de que llegue el reino en su segunda venida en juicio. Luego, el mandamiento de arrepentirse se basa en el misericordioso *ofrecimiento* que está presente de perdonar y en la misericordiosa *advertencia* de que un día aquellas personas que rechacen el ofrecimiento perecerán en el juicio de Dios.

A TODAS LAS NACIONES COMENZANDO DESDE JERUSALÉN

Después de haber resucitado de los muertos, Jesús se aseguró de que sus apóstoles continuarían el llamado de arrepentimiento por todo el mundo. Él dijo: "Así está escrito, y así fue necesario que el Cristo padeciese, y resucitase de los muertos al tercer día; y que se predicase en su nombre el *arrepentimiento* y el perdón de pecados en todas las naciones, comenzando desde Jerusalén" (Lc. 24:46-47), por lo que el mandamiento de Jesús al arrepentimiento es para todas las naciones. Viene a nosotros, seamos quienes seamos y dondequiera que estemos, y nos reclama. Este es el mandamiento de Cristo a todas las personas: arrepiéntanse. Cambien desde lo más profundo. Sustituyan todas las percepciones, disposiciones y propósitos que deshonran a Dios y denigran a Cristo con otras que atesoren a Dios y exalten a Cristo.

VENID A MÍ

*"Venid a mí todos los que estáis trabajados y
cargados, y yo os haré descansar"* (Mt. 11:28).

*"…Jesús se puso en pie y alzó la voz, diciendo: Si
alguno tiene sed, venga a mí y beba"* (Jn. 7:37).

*"Jesús les dijo: Yo soy el pan de vida; el que a mí
viene, nunca tendrá hambre…"* (Jn. 6:35).

"…y no queréis venir a mí para que tengáis vida" (Jn. 5:40).

*"Y habiendo dicho esto, clamó a gran voz: ¡Lázaro, ven
fuera! Y el que había muerto salió…"* (Jn. 11:43-44).

Cuando una persona vuelve a nacer y experimenta el arrepentimiento, su actitud en cuanto a Jesús cambia. Jesús se convierte en el foco central y valor supremo de esa vida. Antes de que el nuevo nacimiento y el arrepentimiento ocurran, cientos de cosas parecen más importantes y más atractivas: la salud, la familia, el trabajo, los amigos, el deporte, la música, la comida, el sexo, las aficiones y la jubilación. Pero cuando Dios concede el cambio radical del nuevo nacimiento y arrepentimiento, Jesús se convierte en nuestro tesoro supremo.

Su yugo es fácil, y ligera su carga

Por ende, su mandamiento de que vayamos a Él no es una carga. Significa ir a quien se ha convertido en todo para nosotros. Jesús no vino al mundo principalmente para traer una nueva religión o una nueva ley.

Vino a ofrecerse a sí mismo para nuestro disfrute eterno y para hacer lo que fuera necesario, incluso la muerte, con la finalidad de eliminar todos los obstáculos hacia el gozo perpetuo en Él: "Estas cosas os he hablado, para que mi gozo esté en vosotros, y vuestro gozo sea cumplido (Jn. 15:11). Cuando el Señor manda que hagamos cosas, tales como "venid a mí", la esencia de esos mandamientos es que experimentemos la vida que mejor saborea y divulga su valor supremo.

Cuando Jesús contempla las religiones del mundo, incluso el judaísmo de su época, ve personas que laboran bajo pesadas cargas para ganarse el favor de cualquiera que sea la deidad en la que creen. Él no vino a sustituir esa carga apaciguadora de Dios con otra; vino a soportar esa carga y a pedirnos que vayamos a Él para recibir descanso: "Venid a mí todos los que estáis trabajados y cargados, y yo os haré descansar. Llevad mi yugo sobre vosotros, y aprended de mí, que soy manso y humilde de corazón; y hallaréis descanso para vuestras almas; porque mi yugo es fácil, y ligera mi carga" (Mt. 11:28-30). No te quepa ninguna duda, hay un yugo y una carga cuando vamos a Jesús (si esto no fuera cierto, no habría mandamientos), pero el yugo es fácil y ligera la carga.

HAY UNA CARGA, PERO NO ES JESÚS

Pero quizás no sea ni fácil ni ligera, de la manera que pensamos que sea. Jesús también dijo: "…estrecha es la puerta, y *angosto* el camino que lleva a la vida…" (Mt. 7:14). La razón por la que este camino es *difícil* no es porque Jesús sea muy estricto y exigente, sino porque el mundo es un lugar difícil para poder disfrutar a Jesús por encima de todo. Nuestra propia tendencia suicida de disfrutar más de otras cosas debe ser aplastada (Mt. 5:29-30). Y, además de nuestro propio pecado, muchas personas se enfadan porque no amamos lo que aman ellas. Por eso, Jesús advirtió: "…matarán a algunos de vosotros y seréis aborrecidos de todos por causa de mi nombre" (Lc. 21:16-17).

Jesús no es una carga. Cuando vamos a Cristo, Él es quien quita la carga, satisface el alma y da la vida: "…Jesús se puso en pie y alzó la voz, diciendo: Si alguno tiene sed, venga a mí y beba" (Jn. 7:37). Ir a Jesús significa ir a beber. Y el agua que bebemos en comunión con Él da vida eterna: "…el que bebiere del agua que yo le daré, no tendrá sed jamás;

sino que el agua que yo le daré será en él una fuente de agua que salte para vida eterna" (Jn. 4:14). El mandamiento de ir a Jesús significa ir a la fuente de la vida y beber.

Jesús no se conforma con atraernos a la obediencia con imágenes de un agua que da vida. También nos atraerá con promesas de un pan que sustenta: "...Yo soy el pan de vida; el que a mí viene, nunca tendrá hambre..." (Jn. 6:35). Jesús es el pan del cielo, la fuente y la esencia de la vida eterna. Nos atraerá con promesas de salvarnos para que no perezcamos (Jn. 3:16). El mandamiento de que vayamos a Él es, por tanto, como la orden de un padre a su hijo en una ventana incendiada: "¡Salta hacia mí!"; o como la orden de un esposo rico, fuerte, tierno y apuesto a una esposa infiel: "¡Ven a casa!"; o como la orden de un equipo de rescate que te encuentra cuando estás al borde de la muerte, deshidratado después de varios días en el desierto: "¡Bebe esto!".

"No queréis venir a mí para que tengáis vida"

Pero la tragedia personal del pecado y la ceguera espiritual es que las personas no vienen. Jesús se lamentaba de su pueblo: "¡Jerusalén, Jerusalén, que matas a los profetas, y apedreas a los que te son enviados! ¡Cuántas veces quise juntar a tus hijos, como la gallina junta sus polluelos debajo de las alas, y no quisiste!" (Mt. 23:37); "Escudriñad las Escrituras; porque a vosotros os parece que en ellas tenéis la vida eterna; y ellas son las que dan testimonio de mí; y no queréis venir a mí para que tengáis vida" (Jn. 5:39-40).

¿Por qué las personas no vienen a Jesús? En un sentido, la respuesta es porque se *niegan* a venir. En otras palabras, las personas *no quieren* venir. Algunas personas le llaman a esto elección por propia voluntad. Jesús probablemente diría que es la elección por una voluntad esclavizada al pecado: "De cierto, de cierto os digo, que todo aquel que hace pecado, *esclavo* es del pecado" (Jn. 8:34). Jesús diría que las personas no vienen a Él porque están esclavizadas a su suprema preferencia por otras cosas: "...la luz vino al mundo, y los hombres amaron más las tinieblas que la luz... todo aquel que hace lo malo, aborrece la luz y no viene a la luz" (Jn. 3:19-20).

¿Cómo entonces puede alguien haber venido si todos estamos esclavizados al pecado y muertos espiritualmente (véase el *Mandamiento #1*)?

La respuesta de Jesús fue que Dios, en su gran misericordia, vence nuestra resistencia y nos atrae: "Ninguno puede venir a mí, si el Padre que me envió no le trajere…" (Jn. 6:44), "…ninguno puede venir a mí, si no le fuere dado del Padre" (Jn. 6:65). Dios otorga el don del nuevo nacimiento y arrepentimiento, que abre los ojos de los que están ciegos espiritualmente a la verdad y la belleza de Él. Cuando esto sucede, todos las objeciones suicidas sucumben. Al fin somos libres. Y, finalmente, libres de la esclavitud, venimos.

"¡LÁZARO, VEN FUERA!"

Jesús vino al mundo a reunir a todo su rebaño (Jn. 11:52). Él ofrece su vida por ellos y les manda que vengan a Él. Aunque Jesús llora por los que no vienen, no se verá frustrado en su propósito. Logrará reunir a un pueblo para Él. Habla con entera soberanía cuando dice: "También tengo otras ovejas que no son de este redil; aquellas también debo traer, y oirán mi voz; y habrá un rebaño, y un pastor" (Jn. 10:16). Él *debe* traerlas. Ellas *prestarán atención* a su voz. Ellas *vendrán*.

Cuando oigas la voz de Jesús decir: "Venid a mí", ora para que Dios te dé ojos para ver a Jesús irresistiblemente verdadero y hermoso. Ora para que puedas oír este mandamiento tal como lo hizo Lázaro cuando estaba muerto: "[Jesús] clamó a gran voz: ¡Lázaro, ven fuera! Y el que había muerto salió [de su tumba]" (Jn. 11:43-44). Cuando vengas a Jesús de esta manera, nunca dejarás de alabarlo y darle las gracias por su gracia soberana.

CREED EN MÍ

"No se turbe vuestro corazón; creéis en Dios, creed también en mí" (Jn. 14:1).

*"Creedme que yo soy en el Padre, y el Padre en mí; de otra
manera, creedme por las mismas obras"* (Jn. 14:11).

*"Entre tanto que tenéis la luz, creed en la luz,
para que seáis hijos de luz"* (Jn. 12:36).

*"[Jesús] dijo a Tomás: Pon aquí tu dedo, y mira mis manos; y acerca tu
mano, y métela en mi costado; y no seas incrédulo, sino creyente"* (Jn. 20:27).

¿Por qué manda Jesús que creamos en Él? ¿Y qué significa realmente creer en Él? La razón por la que Jesús manda que creamos en Él es que todos los seres humanos nos encontramos en una situación desesperada de la que solo Jesús nos puede rescatar. Manda que creamos en Él porque no podemos rescatarnos nosotros mismos, sino que debemos acudir completamente a Él en busca de ayuda. Cristo es el único que puede salvarnos de ese peligro. Por nuestro bien, manda que confiemos en Él. Es como si un bombero te encontrara casi inconsciente en un edificio en llamas que está a punto de derrumbarse, te cubre con su lona impermeabilizada, te carga y te dice: "No te muevas mientras te cargue. No te muevas. No trates de ayudarme. Yo te sacaré. Déjame hacerlo a mí. Confía en mí".

LA SITUACIÓN DESESPERADA EN LA QUE NOS ENCONTRAMOS

Por supuesto, la mayoría de las personas no sienten la necesidad de que un bombero divino las rescate. Entonces, ¿cuál es esta situación desesperada de la cual solo Jesús nos puede rescatar? Jesús lo dijo de la siguiente manera. Fíjate en las palabras "pierda", "condenado" e "ira de Dios".

> Porque de tal manera amó Dios al mundo, que ha dado a su Hijo unigénito, para que todo aquel que en él cree, no se pierda, mas tenga vida eterna. Porque no envió Dios a su Hijo al mundo para condenar al mundo, sino para que el mundo sea salvo por él. El que en él cree, no es condenado; pero el que no cree, ya ha sido condenado, porque no ha creído en el nombre del unigénito Hijo de Dios… El que cree en el Hijo tiene vida eterna; pero el que rehúsa creer en el Hijo no verá la vida, sino que la ira de Dios está sobre él (Jn. 3:16-18, 36).

La situación desesperada en la que nos encontramos —dice Jesús—, es que estamos bajo la ira de Dios. Esto se debe a nuestro pecado (véase el *Mandamiento #2*). Dios es justo y su ira se enciende con toda razón contra las actitudes y conductas humanas que denigran su valor y lo tratan de manera insignificante. Todos lo hemos hecho; es más, lo hacemos todos los días.

Dios envió a Jesús a morir en lugar nuestro

La sorprendente verdad es que Dios ha enviado a su Hijo al mundo, no para aumentar esta condenación, sino para rescatarnos de ella. Y la manera en que Jesús nos rescata es asumiendo Él mismo la condena, muriendo en nuestro lugar y luego mandando no hechos heroicos de penitencia, sino que confiemos en Él. Jesús dijo: "Yo soy el buen pastor; el buen pastor su vida da por las ovejas" (Jn. 10:11). En otras palabras, la muerte de Jesús tuvo un propósito deliberado. Intencionadamente dio su vida por nosotros.

Jesús se vio como la realización de la sorprendente profecía de Isaías 53 (cp. Lc. 22:37; Is. 53:12). Setecientos años antes de la llegada de Jesús, Isaías profetizó que un Siervo del Señor vendría a morir por su pueblo.

> Nosotros le tuvimos por azotado, por herido de Dios y abatido. Mas él herido fue por nuestras rebeliones, molido por nuestros pecados; el castigo de nuestra paz fue sobre él, y por su llaga

fuimos nosotros curados. Todos nosotros nos descarriamos como ovejas, cada cual se apartó por su camino; mas Jehová cargó en él el pecado de todos nosotros (Is. 53:4-6).

La razón por la que Jesús manda que creamos en Él es que no hay nada que podamos añadir a este rescate de la ira de Dios. Jesús se convirtió en nuestro sustituto. Las culpas que debieron traer la condenación a todos nosotros, Dios las cargó sobre Jesús. El amor de Dios planeó un intercambio asombroso: Jesús soportó lo que merecíamos nosotros para que pudiéramos disfrutar lo que Él se merecía, la vida eterna. Y la manera en que podemos disfrutar de esa vida es creyendo en Jesús. Eso fue lo que Él dijo: "De cierto, de cierto os digo: El que cree en mí, tiene vida eterna" (Jn. 6:47; cp. Lc. 8:12).

¿Qué significa creer en Jesús?

Por lo tanto, no hay muchas preguntas que sean más importantes que esta: ¿Qué significa realmente creer en Él? Primero, significa creer que ciertos hechos históricos son verídicos. Cuando Tomás, el discípulo de Jesús, dudó de que este había resucitado físicamente de los muertos, Jesús fue a él y dijo: "Pon aquí tu dedo, y mira mis manos; y acerca tu mano, y métela en mi costado; y no seas incrédulo, sino creyente" (Jn. 20:27). Creer no es un salto al vacío; tiene fundamento y contenido. Se basa en lo que realmente pasó en la historia.

No obstante esto, creer en Jesús significa más que conocer cosas verídicas sobre su vida. Significa confiar en Él como una persona viviente tal y como es. Es por esto que Jesús habló de, simplemente, creer *en Él*: "...creéis en Dios, creed también *en mí*" (Jn. 14:1; cp. Mt. 18:6). Creer *en* Jesús es más que creer *sobre* Jesús; es confiar en *Él*.

Creer en Jesús significa estar satisfechos con todo lo que Dios es para nosotros en Jesús

Observa que Jesús se nos ofrece no simplemente como un rescatador en quien debemos confiar, sino como agua viva que se debe beber, además de ofrecérsenos como pastor (Mt. 26:31), esposo (Mt. 9:15), tesoro (Mt. 13:44), rey (Jn. 18:36), etc. ¿Qué significa creer en Jesús como agua que da vida?

Jesús dijo: "Si alguno tiene sed, venga a mí y beba" (Jn. 7:37); "El que bebiere del agua que yo le daré, no tendrá sed jamás; sino que el agua que yo le daré será en él una fuente de agua que salte para vida eterna" (Jn. 4:14). En otra parte, Jesús relacionó beber con creer en Él y venir a Él: "Yo soy el pan de vida; el que a mí *viene*, nunca tendrá hambre; y el que en mí *cree*, no tendrá sed jamás" (Jn. 6:35). En otras palabras, creer en Jesús y beber el agua que salta para vida eterna son la misma cosa.

Creer en Jesús cuando se nos ofrece como agua que da vida, no significa simplemente creer *que* esta agua da vida. El agua da vida cuando la bebemos. Jesús da vida al confiar en Él. Confiar en Cristo como agua, significa, por tanto, beber el agua. Es decir, significa "recibir" a Jesús y toda la gracia que da vida de Dios, que viene a nosotros en Él: "…el que me *recibe* a mí, recibe al que me envió" (Mt. 10:40; cp. Jn. 13:20). Creer en Jesús incluye beber a Jesús como el agua de la vida que apaga la sed del alma; es decir, significa saborear y sentirse satisfecho con todo lo que Dios representa para nosotros en Cristo.

El ejemplo del bombero fue insuficiente

Así que el ejemplo que utilicé anteriormente del bombero es insuficiente. Es verdad hasta cierto punto. Jesús es un socorrista. Debemos mantenernos quietos, no movernos, y dejar que Él nos lleve a un lugar seguro fuera de la ardiente ira de Dios. Pero es posible confiar en un bombero que no admiras; puede ser un adúltero o un borracho en su tiempo libre. Él no pide que creas en él por lo que es, o que lo recibas, o que saborees su vida; pero Jesús sí. Cristo es mucho más que un rescatador; por tanto, creer en Él es algo más que confiar en sus habilidades para el rescate.

Jesús vino no solo para rescatarnos de la condenación, sino también para que podamos disfrutar de vida eterna, lo que significa que podemos experimentar todo lo que Dios representa para nosotros en Él: "Y esta es la vida eterna: Que te conozcan a ti, el único Dios verdadero, y a Jesucristo, a quien has enviado" (Jn. 17:3). Él sabe lo que necesitamos mucho mejor que nosotros. Necesitamos ser rescatados de la ira de Dios y necesitamos una relación con Dios que satisfaga el alma. Esto fue lo que Jesús vino a dar. Nos llega de una sola manera: creyendo en Él. Por eso, le plantea su mandamiento al mundo: "Creed en mí".

AMADME

"El que ama a padre o madre más que a mí, no es digno de mí; el que ama a hijo o hija más que a mí, no es digno de mí..." (Mt. 10:37).

"Jesús entonces les dijo: Si vuestro padre fuese Dios, ciertamente me amaríais; porque yo de Dios he salido, y he venido..." (Jn. 8:42).

Jesús ordena los sentimientos

Recuerdo haber leído un libro en la universidad en el que se exponía lo siguiente: "El amor no puede ser un sentimiento porque el amor se ordena y en los sentimientos no se puede mandar. En otras palabras, el amor debe ser sencillamente un acto de la voluntad o una acción del cuerpo sin que medien las emociones ni los sentimientos. Pero el problema con este razonamiento es que la premisa es falsa: Jesús *sí* manda en los sentimientos. Él manda que nuestros sentimientos sean unos u otros".[1]

Él manda, por ejemplo, que *gocemos* en ciertas circunstancias (Mt. 5:12), que *temamos* a la persona indicada (Lc. 12:5), que no nos *avergoncemos* de Él

---

1. El estudio más completo sobre los sentimientos en el Nuevo Testamento es *Faithful Feelings: Emotion in the New Testament* de Matthew Elliott (Leicester, Inglaterra: Inter-Varsity Press, 2005). Él escribe: "Parte de la esencia del cristiano es cómo se sienta. Debemos recuperar parte de las ideas de Jonathan Edwards, Calvino, Agustín y otros cuando con toda razón hacen hincapié en la función de los sentimientos en la vida del creyente. Con un poco de esfuerzo, podemos formarnos una idea clara de las características sentimentales de los miembros del reino de Dios. Aman a Dios y se aman unos a otros, sienten alegría por lo que Jesús ha hecho en el pasado y lo que hará en el futuro. Ellos tienen la segura esperanza de que Dios triunfará. Se enojan ante el pecado, la injusticia y muestran celo por Dios. Abrazan el dolor de los que sufren como propio y se acongojan ante el pecado. Pero esta vida sentimental se ve poco en nuestras teologías donde no se resalta el sentimiento como una señal de fe verdadera. Los cristianos no solo viven la ética del reino, sino que sienten las actitudes y las emociones del reino. Esto es parte del panorama que está muy claro en el Nuevo Testamento. Estos sentimientos son el resultado de la buena teología y son un componente necesario de la fe (263-264).

(Lc. 9:26), que perdonemos *de todo corazón* (Mt. 18:35) y así sucesivamente. Si es correcto tener un sentimiento, Jesús puede mandarlo. El hecho de que uno pueda estar tan corrompido que no pueda experimentar los sentimientos que debiera tener, no cambia el deber de tenerlos. Si Jesús lo exige, debo tenerlos. Mi incapacidad moral de producirlos no elimina mi culpa; revela mi corrupción. Hace que me desespere por tener un corazón nuevo que Jesús vino a darme (véase el *Mandamiento #1*).

El amor por Jesús es mucho más que un profundo cariño

El mandamiento de Jesús de que lo amemos puede comprender algo *más* que un sentimiento profundo de admiración hacia sus atributos, el disfrute de su comunión y atracción hacia su presencia, y el cariño por la relación con Él, pero no comprende *menos* que eso. Al menos dos cosas que Él dijo lo demuestran. Por ejemplo, dijo que nuestro amor por Él debe exceder el amor que tenemos por la madre, el padre, la hija y el hijo: "El que ama a padre o madre más que a mí, no es digno de mí; el que ama a hijo o hija más que a mí, no es digno de mí..." (Mt. 10:37). El amor que nos une a estas relaciones no es una simple fuerza de voluntad. Tiene sentimientos profundos. Jesús dice que el amor que debemos sentir por Él no es menos que eso, sino más.

La otra prueba de que Jesús exige que nuestro amor sea algo más que buenas acciones se encuentra en Juan 14:15. Jesús dijo: "Si me amáis, guardad mis mandamientos". A veces las personas usan estas palabras para decir que amarlo *es* guardar sus mandamientos. Eso no es lo que Él dice, sino que guardar los mandamientos de Jesús *viene de* nuestro amor hacia Él. *No separa* acciones de amor, pero sí hace una *distinción* entre ellos. Primero lo amamos. Luego, debido a esto, como estamos rebosantes de felicidad, hacemos lo que Él dice. El amor no es sinónimo de guardar los mandamientos, sino la raíz de ellos. Por tanto, el amor que Jesús manda es algo muy profundo y fuerte, como los lazos afectivos más estrechos que tenemos en nuestra familia, pero mayor que eso y más que eso.

El amor por Jesús emana de una nueva naturaleza

El mandamiento de Jesús de ser amado de esta manera da a entender que debemos tener una nueva naturaleza: un nuevo corazón. ¿De qué otra manera podemos amar a alguien a quien nunca hemos visto más que a nuestros hijos queridos? Amar de esta manera no es natural en nuestra naturaleza humana caída. Jesús lo dejó claro cuando les dijo a aquellos que no lo amaban: "Si vuestro padre fuese Dios, ciertamente me amaríais" (Jn. 8:42). En otras palabras: "La razón por la cual no me amas es que no estás en la familia de Dios. No tienes la naturaleza de la familia: el espíritu, el corazón, las preferencias, las tendencias y las inclinaciones de la familia. Dios no es tu Padre".

Jesús vino como el Hijo único y divino (Mt. 11:27) para que los pecadores caídos como nosotros pudiéramos convertirnos en hijos no divinos de Dios con corazones y maneras como las de Él: "…a todos los que le recibieron, a los que creen en su nombre [Jesús], les dio potestad de ser hechos hijos de Dios…" (Jn. 1:12). Es por eso que Jesús pudo decir: "Amad, pues, a vuestros enemigos… y seréis hijos del Altísimo…" (Lc. 6:35). Mediante el nuevo nacimiento (*Mandamiento #1*) y la fe (*Mandamiento #4*), Jesús nos da los derechos y las inclinaciones de los hijos de Dios. En el centro de esas inclinaciones, se encuentra el amor a Jesús, el Hijo de Dios.

A QUIEN SE LE PERDONA POCO, POCO AMA

Cómo Dios nos posibilita que amemos más a Jesús que a nuestros parientes y amigos más cercanos no es totalmente un misterio. El don del nuevo nacimiento y del arrepentimiento, la nueva naturaleza de un hijo de Dios, surge al ver la gloria del amor de Jesús *por nosotros*. Jesús enseñó esto de modo provocador durante una cena. Un estricto fariseo, que tenía poco amor por Jesús, lo invitó a cenar. Mientras se apoyaban en la mesa baja de estilo de Medio Oriente, entró una prostituta y ungió perfume mezclado con sus lágrimas sobre los pies desnudos de Jesús y los enjugó con sus cabellos. El fariseo estaba indignado de que Jesús permitiera esto.

Entonces, Él le hizo una pregunta al fariseo: "Si un acreedor perdonó a dos deudores, uno que le debía cinco mil dólares y el otro cincuenta, ¿cuál de ellos lo amaría más?". Contestó el fariseo: "Pienso que al que le perdonó la deuda más grande". Jesús estuvo de acuerdo y después dijo: "¿Ves esta mujer? Entré en tu casa, y no me diste agua para mis pies; mas esta ha regado mis pies con lágrimas, y los ha enjugado con sus cabellos.

No me diste beso; mas esta, desde que entré, no ha cesado de besar mis pies. No ungiste mi cabeza con aceite; mas esta ha ungido con perfume mis pies". Y Jesús concluyó diciendo: "...amó mucho; mas aquel a quien se le perdona poco, poco ama" (Lc. 7:36-48).

Esta es una historia acerca de cómo nace el gran amor por Jesús. Nace cuando recibimos ojos para ver la belleza en la forma en que Él nos amó primero. La iniciativa no es nuestra; Él nos amó primero (Jn. 15:16). Nuestro amor por Jesús se despierta cuando sufrimos por nuestro pecado (a diferencia del fariseo sentencioso) y cuando probamos la dulzura de su amor misericordioso que precede y despierta nuestro amor por Él.

El mandamiento de que lo amemos es un acto de amor

No hay duda de que este amor producirá el fruto de la obediencia a los otros mandamientos de Jesús (Jn. 14:15), que nos preparará para cumplir el ministerio que nos da para realizar (Jn. 21:15-22), y que producirá el vivo deseo de que Jesús sea honrado y alabado (Jn. 14:28; 5:23). Pero detrás de todos estos frutos está la realidad intrínseca de amor sincero por Jesús: firmes sentimientos de admiración por sus atributos, el gozo eterno de su comunión, la atracción imperecedera hacia su presencia, el entrañable afecto por la relación con Él y una intensa gratitud por amarnos a nosotros antes de que nosotros lo hiciéramos.

Estos sentimientos y estos frutos reflejan lo que Jesús quiso decir cuando se refirió a ser "digno" de Él: "El que ama a padre o madre más que a mí, no es *digno* de mí..." (Mt. 10:37). Amar a Jesús con estos afectos y estos frutos nos hace "dignos" de Él. Esto no significa que merecemos a Jesús, como en la frase "...el obrero es *digno* de su salario" (Lc. 10:7). Significa que Jesús merece esta clase de amor. Que seamos dignos significa que Él ha producido en nosotros sentimientos y conductas que son apropiadas y aptas para su valía. Se corresponden adecuadamente con su valía. (Compare el uso que se le da a la palabra "dignos" en la frase "Haced... frutos dignos [es decir apropiados] de arrepentimiento..." (Lc. 3:8).

Jesús manda que el mundo lo ame porque Él es infinitamente digno de ser amado. Y puesto que nuestro amor por Él es el disfrute de su gloria, su presencia y su cuidado, es por eso que su mandamiento de que lo amemos es una forma más de cómo su amor se desborda en nosotros.

Escuchadme

*"Llamando a sí a toda la multitud, les dijo:
Oídme todos, y entended"* (Mr. 7:14).

*"Hablando estas cosas, decía a gran voz: El que
tiene oídos para oír, oiga"* (Lc. 8:8).

"Mirad, pues, cómo oís…" (Lc. 8:18).

*"…y una mujer llamada Marta le recibió en su casa. Esta tenía
una hermana que se llamaba María, la cual, sentándose a los
pies de Jesús, oía su palabra. Pero Marta se preocupaba con
muchos quehaceres, y acercándose, dijo: Señor, ¿no te da cuidado
que mi hermana me deje servir sola? Dile, pues, que me ayude.
Respondiendo Jesús, le dijo: Marta, Marta, afanada y turbada
estás con muchas cosas. Pero solo una cosa es necesaria; y María ha
escogido la buena parte, la cual no le será quitada"* (Lc. 10:38-42).

Toda la vida y obra de Jesús constituye un gran argumento por el cual debemos escuchar su Palabra. Página tras página de los Evangelios del Nuevo Testamento acumulan razones para apagar el televisor y escuchar a Jesús. He aquí algunas de dichas razones y por qué tantos no las escuchan.

¡Jamás hombre alguno ha hablado como este hombre!

El ministerio de Jesús fue tan asombroso y tan intimidante que sus adversarios querían librarse de Él. Por eso, los fariseos "…enviaron alguaciles para que le prendiesen" (Jn. 7:32), pero para su desgracia, estos últimos regresaron con las manos vacías y no porque Jesús tuviera buenos guardaespaldas, sino porque sus enseñanzas eran asombrosas: "Los alguaciles vinieron a los principales sacerdotes y a los fariseos; y estos les dijeron: ¿Por qué no le habéis traído? Los alguaciles respondieron: ¡Jamás hombre alguno ha hablado como este hombre!" (Jn. 7:45-46). Una vez que escucharon a Jesús, no pudieron llevar a cabo la orden de prenderlo.

JESÚS HABLA LAS PROPIAS PALABRAS DE DIOS

Cuando Jesús terminó el famoso Sermón del Monte, "…la gente se admiraba de su doctrina; porque les enseñaba como quien tiene autoridad, y no como los escribas" (Mt. 7:28-29). Su autoridad no era uno de los rasgos de su personalidad ni ninguna técnica pedagógica. La causa era mucho más compleja. Sus palabras son portadoras de autoridad y poder, dice Jesús, porque son las palabras de Dios: "Porque yo no he hablado por mi propia cuenta; el Padre que me envió, él me dio mandamiento de lo que he de decir, y de lo que he de hablar" (Jn. 12:49); "Así pues, lo que yo hablo, lo hablo como el Padre me lo ha dicho" (Jn. 12:50; cp. 8:28); "… la palabra que habéis oído no es mía, sino del Padre que me envió" (Jn. 14:24). Las palabras de Jesús tienen autoridad porque cuando Él habla, Dios habla. Jesús habla *desde* Dios Padre y *como* Dios Hijo.

LAS PALABRAS DE JESÚS SILENCIAN LOS PODERES SOBRENATURALES

Además la autoridad de las palabras de Jesús no radica solo en el poder cautivador de la verdad revelada por Dios. Existe otra dimensión. Estas también son portadoras de la fuerza suficiente para derrotar poderes sobrenaturales. Una vez, cuando Jesús se encontró con un hombre poseído por un demonio, lo reprendió diciendo: "¡Cállate, y sal de él!" (Mr. 1:25). Cuando el espíritu sacudió al hombre y salió, los presentes se asombraron y dijeron: "¿Qué es esto? ¿Qué nueva doctrina es esta, que con autoridad manda aun a los espíritus inmundos, y le obedecen?" (Mr. 1:27). Este mismo poder de la palabra de Jesús curó la lepra (Mt. 8:3), la sordera (Mr. 7:34-35) y la ceguera (Mt. 9:28-30). Y lo más asombroso de todo fue que, con una sencilla palabra, Cristo resucitó a tres personas de entre los muertos: "Niña, a ti te digo, levántate" (Mr. 5:41-42); "Joven, a ti te digo, levántate" (Lc. 7:14-15); "¡Lázaro, ven fuera!" (Jn. 11:43-44).

Jesús tiene palabras de vida eterna

Por lo tanto, las palabras de Jesús eran *vida* en más de un sentido. Podían contener vida física y devolverla, pero aun más importante que eso es que constituían el camino imprescindible para alcanzar la *vida eterna*. Es maravilloso resucitar de entre los muertos, pero no resulta así si después se va a perecer en el infierno. Lo más valioso de las palabras de Jesús y la razón más importante para escucharlo es que sus palabras conducen a la vida eterna.

Una vez, cuando Jesús había terminado de impartir algunas duras enseñanzas, "…muchos de sus discípulos volvieron atrás, y ya no andaban con él". Dijo entonces Jesús a los doce apóstoles que había elegido: "¿Queréis acaso iros también vosotros? Le respondió Simón Pedro: Señor, ¿a quién iremos? Tú tienes palabras de vida eterna" (Jn. 6:66-68). Esto no fue una mera muestra de entusiasmo hacia un maestro carismático. Jesús confirmó el juicio de Pedro: "El espíritu es el que da vida; la carne para nada aprovecha; las palabras que yo os he hablado son espíritu y son vida" (Jn. 6:63). Jesús coincide. Habla las palabras de vida eterna. Todo el que quiera vida eterna debe escuchar sus palabras.

¿Cómo dan las palabras de Jesús vida eterna? Ya hemos visto que la vida eterna nos es dada al creer en Él: "Y esta es la voluntad del que me ha enviado: Que todo aquél que ve al Hijo, y cree en él, tenga vida eterna" (Jn. 6:40; véase el *Mandamiento #4*). La razón por la que las palabras de Jesús conducen a la vida eterna es porque despiertan dicha fe. Creer en Jesús no es producto de agitar una varita mágica, es producto de escuchar la palabra de Dios a través de su Hijo.

Las palabras de Jesús despiertan la fe

Una de las parábolas más importantes de Jesús fue la de sembrar semillas en cuatro tipos de suelo. La semilla representa la Palabra. Un tipo de suelo es el camino transitado, donde caen las semillas y los pájaros se las comen. Jesús lo explica de la siguiente manera: "Y los de junto al camino son los que oyen, y luego viene el diablo y quita de su corazón la palabra, para que *no crean y se salven*" (Lc. 8:12), lo cual nos demuestra que Jesús ve su Palabra como la clave para creer y ser salvo. Si desaparece la Palabra, desaparece la fe en Jesús, y sin fe en Él, no habrá salvación ni vida eterna. Primero se escucha la Palabra de Cristo, después se cree en Él y entonces viene la vida eterna: "El que *oye* mi palabra, y *cree* al que me envió, tiene *vida* eterna" (Jn. 5:24).

La causa por la que las palabras de Jesús despiertan la fe en Él es que nos revelan quién es realmente y lo que hace para que obtengamos vida eterna. Vemos la gloria de Jesús y toda la magnitud de su obra por medio de su Palabra. Pero no todos la ven. Algunos oyen sus palabras, pero no las escuchan como verdaderas y concluyentes; ven de qué habla, pero no lo ven como algo hermoso y convincente. Por eso, Jesús dijo: "Por eso les hablo por parábolas: Porque viendo no ven, y oyendo no oyen, ni entienden" (Mt. 13:13).

¿Por qué no oyen ni creen?

¿Por qué tantas personas no oyen lo que dice Jesús? Él dijo a sus adversarios más implacables: "...procuráis matarme, porque mi palabra no halla cabida en vosotros" (Jn. 8:37). He ahí una frase llamativa: "Mi palabra no halla cabida en vosotros". Sus mentes y sus corazones están conformados (o disecados) de manera tal que, cuando Él habla, lo que dice no encaja en sus corazones. Esto parece indicar que existe una cierta disposición a la palabra de Jesús anterior a su palabra en sí misma que nos permite escucharla. Eso es lo que Él nos enseña en verdad.

Cuando Jesús fue juzgado al final de su vida, Pilato lo presionó para que confesara que Él alegaba ser el rey de los judíos. Jesús respondió diciendo: "Yo para esto he nacido, y para esto he venido al mundo, para dar testimonio a la verdad" (Jn. 18:37). Cristo vino a decirnos la verdad. Sus palabras son la verdad. Pilato respondió con cinismo: "¿Qué es la verdad?" (v. 38). Dicho de otra manera, las palabras de Jesús no tenían cabida en Pilato. Pero esto no le tomó con la guardia baja ni significó que Pilato había entorpecido el plan de Dios. Jesús tenía la última palabra, la decisiva acerca de Pilato: "Todo aquel que es *de la verdad*, oye mi voz" (Jn. 18:37).

Tenemos ahora otra frase llamativa. No solo: "Mi palabra no halla cabida en vosotros", sino también la frase aún más notable: "Todo aquel que *es de la verdad*, oye mi voz". Por una parte, hay personas en cuyos corazones y mentes la voz de Jesús no tiene "cabida" y, por otra, hay personas que son *"de la verdad"*. Ellas escuchan a Jesús. Ellas sí tienen "cabida" para su palabra. Existe, se pudiera decir, una disposición a la verdad, a oír la voz de Jesús.

El que es de Dios, las palabras de Dios oye

Jesús describe a estas dos clases de oyentes con otras dos frases: Si no oyen, no son "de Dios", y si oyen, son de su "rebaño". Así describe a los que no oyen: "El que es *de Dios*, las palabras de Dios oye; por esto no las oís vosotros, porque no sois *de Dios*" (Jn. 8:47). Ahora contamos con tres descripciones de los que no oyen: No tienen "cabida" para la palabra de Jesús, no son "de la verdad" y no son "de Dios". Esta revelación nos pone a pensar. Significa que nuestra condición de pecadores caídos nos impide oír la verdad, en especial si proviene de Jesús.

No somos neutrales como la aguja de un metrónomo detenida en posición vertical entre la verdad y el error, esperando sin apasionamiento inclinarse hacia uno u otro lado. No, estamos excesivamente inclinados hacia el egoísmo y todos los errores que le sirven de sostén. Cuando Jesús habla, a menos que Dios actúe y nos dé oídos para escuchar y ojos para ver, no habrá lugar en nosotros para las palabras de Jesús.

Esto explica por qué Jesús dijo:

> Yo te alabo, oh Padre, Señor del cielo y de la tierra, porque escondiste estas cosas de los sabios y entendidos, y las has revelado a los niños. Sí, Padre, porque así te agradó. Todas las cosas me fueron entregadas por mi Padre; y nadie conoce quién es el Hijo sino el Padre; ni quién es el Padre, sino el Hijo, y aquel a quien el Hijo lo quiera revelar (Lc. 10:21-22).

Al decirlo, se volvió a sus discípulos y dijo: "Bienaventurados los ojos que ven lo que vosotros veis…" (Lc. 10:23). ¡Bienaventurados en verdad! Bienaventurados *por Dios*. Esa capacidad de ver es obra de Dios. Solo Dios puede darnos ojos para ver y oídos para escuchar. Es por eso que Jesús dice que aquellos que no oyen sus palabras no son "de Dios" (Jn. 8:47). Esta es la *bendición* que tan urgentemente necesitamos, la bendición de que Dios haga espacio en nuestros corazones para la verdad.

"Mis ovejas oyen mi voz"

Por último, Jesús llama "ovejas" a todos los que tienen un lugar en sus corazones para la verdad: "Mis ovejas oyen mi voz, y yo las conozco, y me siguen" (Jn. 10:27). Por consiguiente, sabemos que somos sus ovejas si escuchamos su voz; sabemos que somos sus ovejas si hay algún lugar para la verdad, para su Palabra en nuestros corazones y si agradecemos lo que nos dice.

Por lo tanto, te insto en nombre de Jesús a que escuches su Palabra. Haz como María y siéntate a sus pies (Lc. 10:39, 42). No des la espalda a los mandamientos del Padre, conferidos en el Monte de la Transfiguración: "Este es mi Hijo amado, en quien tengo complacencia; *a él oíd*" (Mt. 17:5). No pases por alto la misericordiosa atracción de que son portadoras las palabras: "El cielo y la tierra pasarán, pero mis palabras no pasarán" (Mr. 13:31). No te aborrezcas rechazando a quien dijo: "Estas cosas os he hablado... vuestro gozo sea cumplido" (Jn. 15:11; cp. 17:13). Escucha a Jesús.

Permaneced en mí

"Permaneced en mí, y yo en vosotros. Como el pámpano no puede llevar fruto por sí mismo, si no permanece en la vid, así tampoco vosotros, si no permanecéis en mí" (Jn. 15:4).

"Como el Padre me ha amado, así también yo os he amado; permaneced en mi amor" (Jn. 15:9).

"Si vosotros permaneciereis en mi palabra, seréis verdaderamente mis discípulos, y conoceréis la verdad, y la verdad os hará libres" (Jn. 8:31-32).

Los mandamientos de Jesús son para toda la vida. Él no manda una *única* decisión para siempre de arrepentirse o venir o creer o amar o escuchar. Más bien pide que estas acciones sean continuas. La transformación del arrepentimiento es continua. Venir a Jesús una y otra vez es un acto continuo. Creer en Él hora tras hora es algo continuo. Escuchar su Palabra como la fuente diaria de vida espiritual es un proceder continuo. Jesús pide el compromiso de nuestras mentes y corazones cada día de nuestras vidas.

Un pacto con Jesús en el pasado cuya expresión deje de verse reflejada en nuestras vidas fue un pacto falso. Cuando Él dijo: "Si vosotros permaneciereis en mi palabra, seréis verdaderamente mis discípulos" (Jn. 8:31), quiso decir que si *no* permanecemos, *no* somos sus verdaderos discípulos. Y lo opuesto de *verdaderos* discípulos es *falsos* discípulos. Eso somos si contamos con las experiencias pasadas y dejamos a un lado nuestra devoción a Jesús.

Encontrar a Jesús es para toda la vida

Una manera en que Jesús enseñó la necesidad de la devoción continua fue al mandar: "Permaneced en mí". La palabra *permaneced* no es puramente religiosa. En el lenguaje del Nuevo Testamento, es la palabra común para "quedarse", "continuar" o a veces "morar". Jesús quiso decir: "Quédense en mí. Continúen en mí. Moren en mí". Por eso, encontrar a Jesús es para toda la vida.

El contexto de este mandamiento es la analogía de la vid y sus pámpanos. Jesús se compara a sí mismo con la vid y nosotros con los pámpanos:

> Permaneced en mí, y yo en vosotros. Como el pámpano no puede llevar fruto por sí mismo, si no permanece en la vid, así tampoco vosotros, si no permanecéis en mí. Yo soy la vid, vosotros los pámpanos; el que permanece en mí, y yo en él, este lleva mucho fruto; porque separados de mí nada podéis hacer (Jn. 15:4-5).

Dicha imagen nos ayuda a comprender lo que Jesús quiso decir con que permaneciéramos en Él. El aspecto principal de la analogía es que el poder de dar frutos, es decir, el poder de vivir un vida fructífera de amor como el de Cristo (Jn. 15:12), mana de Jesús si permanecemos relacionados con Él de manera vital. Somos, entonces, como un pámpano ligado a la vid de manera que toda la savia que sustenta la vida y da los frutos pueda fluir dentro de él. Jesús es explícito al alegar que Él es el poder que necesitamos para vivir vidas fructíferas. Jesús dice: "…separados de mí nada podéis hacer". Permanecer en Él significa mantenerse ligado de manera vital a la vid que da vida, que da poder y que da frutos, es decir, Jesús.

A cada momento es la causa de todo bien

En otras palabras, Jesús pide ser, a cada momento, la causa de todo bien en nuestras vidas: "…separados de mí *nada* podéis hacer". ¡Nada! ¿En serio? Bueno, podríamos pecar, dejar de dar frutos y perecer sin Él, pero no es eso lo que promete darnos. Jesús quiso decir: "Sin mí no podrás hacer nada verdaderamente bueno, nada que honre a Dios y exalta a Cristo, nada que sea humilde y sirva de ayuda a otros por toda la eternidad". Permanecer en Jesús significa permanecer ligados de manera vital hora tras hora al único que produce en nuestras vidas todo lo que manda.

SI PERMANECES, DAS FRUTOS

¿Pero, en la práctica, qué significado tiene esto en nuestra experiencia? ¿Qué es "permanecer ligados de manera vital"? ¿Cómo lograrlo? Una parte importante de la respuesta consiste en aclarar que permanecer en Jesús *no* es lo mismo que dar frutos u obedecer sus mandamientos. Dar frutos y obedecer los mandamientos es el *resultado* de permanecer en Él. *Si* permanecemos en Él, damos frutos.

Jesús no contradice el planteamiento anterior cuando dice: "Si guardareis mis mandamientos, permaneceréis en mi amor" (Jn. 15:10). Esto no significa: Obedecer sus mandamientos *es* permanecer en su amor. Eso sería como decir: El fruto *está* ligado a la vid. No. El fruto es el *resultado* de estar ligados a la vid. No es lo mismo. Lo que Jesús quiso decir es que si no obedeces sus mandamientos, es decir, si no llevas el fruto del amor (porque amor es la suma de sus mandamientos, Jn. 15:12), habrás dejado de permanecer en Él. Y es que la verdad permanece inalterable: "El que permanece en mí... lleva mucho fruto" (Jn. 15:5).

Por consiguiente, la respuesta a la pregunta "¿Cómo permanezco en Jesús?" *no* es "dando fruto" ni "obedeciendo sus mandamientos". Ninguna da en el clavo. La idea es descubrir *cómo* dar fruto. La respuesta es "permaneciendo en Jesús". Por lo tanto, la pregunta ahora sería: ¿Cómo permanecemos en Jesús? ¿Qué significa en la experiencia real?

EN LA PRÁCTICA, ¿CÓMO PERMANECEMOS EN JESÚS?

Jesús hace uso de otras dos frases similares que indican la respuesta. Hace referencia a permanecer en su *amor,* y hace referencia a permanecer en su *Palabra*. Ambas señalan que permanecer es *confianza* continua en la verdad de las palabras de Jesús y en la certeza de su amor.

PERMANECER SIGNIFICA CONFIAR EN EL AMOR DE JESÚS

No permanecer en el amor de Jesús significará que dejamos de creer que Él nos ama. Analizamos las circunstancias, tal vez sufrimos persecución, enfermedades o abandono y llegamos a la conclusión de que Jesús ya no nos ama. Eso es justamente lo opuesto a permanecer en el amor de Jesús.

Permanecer en su amor significa entonces no dejar de creer en ningún momento que Él nos ama.

Todo lo que nos llega en la vida bajo la autoridad soberana de Jesús (Mt. 8:8) forma parte de su amor por nosotros. Si es bueno, Él dice: Así como se preocupa mi Padre por las aves del cielo y los lirios del campo, ¡cuánto más lo hará por ti! (cp. Mt. 6:26-30). Y si es doloroso, dice: No temas, lo peor que puede suceder es la muerte y yo he vencido a la muerte. Yo estaré contigo hasta el fin del mundo. Y te será recompensado en la resurrección de los justos (cp. Mt. 10:28; 28:20; Jn. 11:25-26; Lc. 14:14). Permanecer en Jesús significa confiar en que lo anterior es cierto, cierto *para ti;* es decir, significa vivir de acuerdo con esta verdad a cada momento. Esta verdad fluye a nosotros como la savia a un pámpano. Nosotros la recibimos y de ella extraemos nuestra vida día tras día.

Permanecer significa confiar en la Palabra de Jesús

De igual forma, lo mismo es verídico para la frase: "Si vosotros permaneciereis en mi *palabra…*" (Jn. 8:31). Esto no significa meramente: "Guardad mis mandamientos". Más bien, significa: No dejen de confiar en mi palabra. No dejen de confiar en lo que les he revelado acerca de mi Padre y mi obra. El contexto de Juan 8:31-32 confirma lo siguiente: "Dijo entonces Jesús a los judíos que habían creído en él: Si vosotros permaneciereis en mi palabra, seréis verdaderamente mis discípulos; y conoceréis la verdad, y la verdad os hará libres". El resultado de permanecer en la Palabra de Jesús es que seremos libres. ¿De qué? De pecado. Esa es la esclavitud que Jesús tiene en mente, como nos muestra Juan 8:34: "Todo aquel que hace pecado, *esclavo es del pecado*". Es por eso que librarnos de pecado es el fruto de permanecer en la Palabra: "Si vosotros permaneciereis en mi palabra… la verdad os hará libres". No pecar es el *fruto* (no la *definición*) de permanecer en la Palabra. Guardar los mandamientos de Jesús —que es otra manera de describir la liberación del pecado—, no es entonces el significado de permanecer en su Palabra, sino el fruto de la acción.

Podemos concluir entonces que permanecer en Jesús, en su amor y su Palabra, es confiar en que Él nos ama realmente a cada momento y que es cierto todo lo que ha revelado de sí mismo, de su obra por nosotros y de nuestro futuro a su lado. Recordamos entonces lo que vimos en el capítulo que aborda la creencia en Jesús (*Mandamiento #4*). Creer en Jesús como nuestra agua de vida significa *beber* el agua, saborearla y quedar satisfechos. Sucede igual con la savia que fluye de la vid al pámpano. La recibimos, la bebemos, la saboreamos y satisfacemos con ella nuestras almas. Esta satisfacción en Jesús es diaria, se renueva eternamente y es la clave para dar frutos.[1] Ese es el significado de permanecer en Jesús.

JESÚS NOS HACE PERMANECER

Aunque parezca sencillo permanecer, aferrarnos, beber y descansar en Jesús, la verdad es que nos vemos tentados frecuentemente a buscar la savia que nos da la vida en otras plantas. Además de nuestras tendencias pecaminosas, Satanás mismo quiere arrancarnos de la vid y debemos orar todos los días (como dijo Jesús) para que Dios nos libre "de todo mal" (Mt. 6:13). Es por eso que no podemos olvidar que Jesús no nos abandona a nuestra suerte. Aunque nos mande permanecer en Él —y somos nosotros los responsables de hacerlo y culpables si no lo hacemos—, es el propio Jesús quien nos mantiene en Él, y sin su crucial cuidado no podríamos permanecer.

Jesús nos lo demostró al menos de tres maneras. Él dijo que nadie puede arrebatarle sus ovejas (es decir, sus propios pámpanos) de su mano.

> Mis ovejas oyen mi voz, y yo las conozco, y me siguen, y yo les doy vida eterna; y no perecerán jamás, ni nadie las arrebatará de mi mano. Mi Padre que me las dio, es mayor que todos, y nadie las puede arrebatar de la mano de mi Padre (Jn. 10:27-29).

Después oró a su Padre para que hiciera que permaneciéramos siempre en su nombre (es decir, en Jesús): "Padre santo, a los que me has dado, guárdalos en tu nombre… Cuando estaba con ellos en el mundo, yo los guardaba en tu nombre… y ninguno de ellos se perdió, sino el hijo de perdición, para que la Escritura se cumpliese" (Jn. 17:11-12). Es entonces *Dios* quien realiza la obra definitiva al guardarnos en la vid.

---

1. Intenté explicarlo y dar bastantes ejemplos prácticos acerca de cómo se manifiesta en la vida real en el libro *Gracia venidera* (Miami: Origen, 2020).

Después, el propio Jesús ejemplificó cómo Él oraba por sus discípulos y los guardaba de la apostasía. Él predijo las tres negativas de Simón Pedro la noche anterior a su muerte, pero después habló con autoridad soberana a Simón y pronunció palabras que deberían alentarnos a todos: "Simón, Simón, he aquí Satanás os ha pedido para zarandearos como a trigo; pero yo he rogado por ti, que tu fe no falte; y tú, una vez vuelto, confirma a tus hermanos" (Lc. 22:31-32). Jesús oró para que la fe de Simón no faltara y sabía que no faltaría. Dijo: "*Una vez* vuelto", no: "*Si* volvieres". La respuesta de Dios a la oración de Jesús fue soberanamente decisiva. Sí, la fe de Simón faltó y pecó al negar a Jesús, pero su fe no faltó completamente, no se separó de la vid. Jesús oró por él y no hay razón para creer que el Señor haya dejado hoy de orar por nosotros de la misma manera.[2]

No nos quedamos de brazos cruzados en la batalla por permanecer en Jesús, pero el desenlace de esta lucha ya está ganado porque, al final, no depende de nosotros: Jesús vence. Nadie puede arrebatarnos de su mano. Cristo y su Padre son más grandes que todo. Es por esto que el mandamiento de que permanezcamos en Él es que no dejemos de confiar en quien nos mantiene confiando.

---

2. Algunos comentaristas de la Biblia no están de acuerdo con que Jesús guarda a los suyos asegurándose de que permanezcan en Él. Señalan, lo cual es comprensible, a Juan 15:1-2, 6: "Yo soy la vid verdadera, y mi Padre es el labrador. Todo pámpano que en mí no lleva fruto, lo quitará; y todo aquel que lleva fruto, lo limpiará, para que lleve más fruto (…) El que en mí no permanece, será echado fuera como pámpano, y se secará; y los recogen, y los echan en el fuego, y arden". ¿Significa esto que en verdad podemos estar realmente unidos a la vid que da la vida y después ser arrancados y arrojados al fuego? No opino que Jesús se refiera a eso, debido principalmente a las tres razones planteadas con anterioridad. Pienso, en realidad, que Jesús hace referencia a que hay quienes aparentan estar en la vid, pero en realidad no lo están. Están unidos a ella, pero no es una unión verdadera ni da vida. Judas es el más claro ejemplo en el ministerio de Jesús, pues estuvo unido al Señor durante tres años: cierta influencia fluyó hacia él, puesto que recibió muchas bendiciones de Jesús, pero no estaba unido de verdad, no de la manera que da vida. Por consiguiente, al final, lo *quitaron* no de la vida verdadera, sino de la unión artificial, que parecía real pero que no lo era.

TOMAD VUESTRA CRUZ Y SEGUIDME

"…Si alguno quiere venir en pos de mí, niéguese a sí mismo, y tome su cruz, y sígame. Porque todo el que quiera salvar su vida, la perderá; y todo el que pierda su vida por causa de mí, la hallará" (Mt. 16:24-25).

"…Venid en pos de mí, y haré que seáis pescadores de hombres" (Mr. 1:17).

"…Yo soy la luz del mundo; el que me sigue, no andará en tinieblas, sino que tendrá la luz de la vida" (Jn. 8:12).

"…Sígueme; deja que los muertos entierren a sus muertos" (Mt. 8:22).

"…Si quieres ser perfecto, anda, vende lo que tienes, y dalo a los pobres, y tendrás tesoro en el cielo; y ven y sígueme" (Mt. 19:21).

Jesús era completamente humano y completamente Dios (Jn. 1:1, 14). No era Dios con un revestimiento humano a modo de disfraz, era real. Era un hombre de carne y hueso, el hijo de un carpintero (Mr. 6:3). Es por eso que cuando Él dijo a los pescadores o cobradores de impuestos: "Venid en pos de mí", su obediencia resultó en el acto concreto y físico de poner los pies en la tierra, caminar tras su persona y convertirse en su compañero de viaje.

IR EN POS DE JESÚS CUANDO NO ESTÁ AQUÍ

Pero Jesús sabía que no estaría siempre en la tierra para tener seguidores en el sentido físico: "…voy al que me envió… yo os digo la verdad: Os conviene que yo me vaya; porque si no me fuera, el Consolador no vendría a vosotros; mas si me fuere, os lo enviaré" (Jn. 16:5, 7). Jesús era plenamente consciente de que el movimiento que Él había iniciado continuaría aun después de su regreso junto a su Padre en el cielo. Ese era su plan (véase el *Mandamiento #45*).

Por consiguiente, el mandamiento de que lo siguiéramos resultaba válida tanto para los días en que estaría físicamente en la tierra como para la eternidad. Él lo dejó claro al final de su ministerio terrenal. Había resucitado de entre los muertos y estaba a punto de ascender junto al Padre. Pedro supo sería víctima del martirio algún día, después de la partida de Jesús, porque este se lo comunicó. Pedro se cuestionó si sería él solo y le preguntó a Jesús qué le pasaría a su compañero, el apóstol Juan. El Señor respondió: "Si quiero que él quede hasta que yo venga, ¿qué a ti? Sígueme tú" (Jn. 21:22).

Lo que eso sugiere respecto a *seguir a Jesús* es que sucede después de su partida. Hasta su regreso, Él espera que sus discípulos en la tierra lo sigan. Seguir a Jesús no se limita entonces a recorrer Palestina tras Él, sino que Él lo manda a cada persona, en cada país, en cada época.

Seguir a Jesús significa unírsele en la labor que le fue encomendada

Cuando Jesús dijo a Pedro y Andrés, pescadores de profesión: "Venid en pos de mí, y *haré que seáis pescadores de hombres*" (Mr. 1:17), hizo uso de una imagen válida para ambos con respecto de algo que se aplica a todos los seguidores del Señor. El mandamiento de seguir a Jesús significa que todos deberían unírsele para lograr lo que vino a hacer, lo cual nos reitera constantemente: "El Hijo del Hombre… vino… para dar su vida en rescate por muchos" (Mr. 10:45); "El Hijo del Hombre vino a buscar y a salvar lo que se había perdido" (Lc. 19:10); "No he venido a llamar a justos, sino a pecadores al arrepentimiento" (Lc. 5:32); "Yo he venido para que tengan vida, y para que la tengan en abundancia" (Jn. 10:10); "¿Y qué diré? ¿Padre, sálvame de esta hora? Mas para esto he llegado a esta hora. Padre, glorifica tu nombre" (Jn. 12:27-28).

Entonces, en resumen, Él vino a morir por la nación (de Israel) "y no solamente por la nación, sino también para congregar en uno a los hijos de Dios que estaban dispersos" (Jn. 11:51-52). Vino a *congregar* a un pueblo, específicamente, a congregar a un pueblo leal a Él mismo por la gloria de su Padre, por medio de su muerte para salvarlos de sus pecados y darles vida eterna y una nueva ética de amor igual a la suya (Jn. 13:34-35). Por consiguiente, cuando Él manda que lo sigamos, se refiere a que nos unamos a Él en la labor de congregar: "El que conmigo no recoge, *desparrama*" (Lc. 11:23). No existen seguidores neutrales: O congregamos o desparramamos. Seguir a Jesús significa continuar la labor que Él vino a realizar: Congregar un pueblo leal a Él por la gloria de su Padre.

Seguir a Jesús hacia el sufrimiento

Continuar la obra que Jesús vino a realizar incluye también sufrir igual que Él. Seguirle significa que debemos ser partícipes de su sufrimiento. Cuando Jesús nos llama a seguirlo, es en el sufrimiento donde hace énfasis. Él sabía que se dirigía a la cruz y nos manda que hagamos lo mismo. Diseñó toda su vida y ministerio para ir a Jerusalén y morir allí: "…es necesario que hoy y mañana y pasado mañana siga mi camino; porque no es posible que un profeta muera fuera de Jerusalén" (Lc. 13:33).

Es por eso que "…afirmó su rostro para ir a Jerusalén" (Lc. 9:51) y sabía con exactitud qué acontecería allí. Todo fue planeado por su Padre cuando lo envió al mundo:

> He aquí subimos a Jerusalén, y el Hijo del Hombre será entregado a los principales sacerdotes y a los escribas, y le condenarán a muerte, y le entregarán a los gentiles; y le escarnecerán, le azotarán, y escupirán en él, y le matarán; mas al tercer día resucitará (Mr. 10:33-34).

Ese fue el plan, tan detallado que hasta contemplaba que le escupieran.

Ese fue el diseño de su vida y Él sabía que su propio dolor recaería también sobre aquellos que lo seguían: "Si a mí me han perseguido, también a vosotros os perseguirán…" (Jn. 15:20). La inalterable esencia de su mandamiento era que lo siguiéramos hasta el sufrimiento: "…si alguno quiere venir en pos de mí, niéguese a sí mismo, y tome su cruz, y sígame" (Mt. 16:24). Jesús recalcó el negarse a uno mismo y el tomar la cruz.

Sufrir por Jesús con gozo es muestra de su valor supremo

Él no murió para hacernos la vida fácil ni próspera; murió para quitar del medio todo lo que obstaculizara nuestro gozo eterno de glorificar a Dios. Nos llama a seguirlo en su sufrimiento, porque esta vida de gozoso sufrimiento por Jesús (Mt. 5:12) demuestra que Él vale más que todos los tesoros por los que el mundo vive (Mt. 13:44; 6:19-20). Si sigues a Jesús solo porque, en la actualidad, Él te proporciona una vida fácil, a los ojos del mundo parecerá que amas lo que ellos aman y que Jesús sencillamente existe para proporcionártelo; pero si sufres junto a Jesús en el camino del amor porque Él es tu tesoro supremo, a los ojos del mundo parecerá que tu corazón está afirmado hacia una fortuna distinta a la de ellos. Es por eso que Jesús manda que nos neguemos a nosotros mismos y tomemos nuestra cruz y lo sigamos.

Sufrir por Jesús es temporal; la complacencia en Jesús es eterna

Por supuesto, el dolor es temporal. Él no nos llama a sufrimiento eterno; es de eso de lo que nos salva: "El que ama su vida, la perderá; y el que aborrece *su vida en este mundo*, para *vida eterna* la guardará" (Jn. 12:25), "…todo el que pierda su vida por causa de mí y del evangelio, la salvará" (Mr. 8:35). Sufrir por Jesús es temporal. La complacencia en Él es eterna. Cuando Pedro dijo (quizás con un poco de autocompasión): "He aquí, nosotros lo hemos dejado todo, y te hemos seguido", Jesús respondió sin mimos a la autocompasión de Pedro: "Cualquiera que haya dejado casas, o hermanos, o hermanas, o padre, o madre, o mujer, o hijos, o tierras, por mi nombre, recibirá cien veces más, y heredará la vida eterna" (Mt. 19:27, 29). En otras palabras, no existe sacrificio supremo en seguir a Jesús: "…te será recompensado en la resurrección de los justos" (Lc. 14:14), "…vuestro galardón es grande en los cielos…" (Mt. 5:12).

Incluso antes del cielo, abunda el gozo a lo largo del duro camino que conduce a la resurrección a través de la muerte. Nada se compara con el gozo de caminar a la luz con Jesús, en contraste con caminar en la oscuridad sin Él. Jesús dijo: "Yo soy la luz del mundo; el que me sigue, no andará en tinieblas, sino que tendrá la luz de la vida" (Jn. 8:12). Seguir a Jesús nos conduce, sin dudas, por el sufrimiento y la muerte, pero el camino está iluminado de vida y verdad. Jesús prometió: "Yo estoy con vosotros todos los días, hasta el fin del mundo" (Mt. 28:20). Y donde está Él, hay gozo, gozo en el sufrimiento por ahora, pero, no obstante, gozo: "Estas cosas os he hablado, para que mi gozo esté en vosotros, y vuestro gozo sea cumplido" (Jn. 15:11).

Las rupturas en las relaciones con las personas

Esa es la razón por la que las rupturas, como consecuencia de seguir a Jesús, no resultan devastadoras. Hay rupturas en las relaciones con las personas, en las relaciones con las posesiones y en las relaciones con nuestra vocación. Jesús tiene formas impresionantes de describir el precio de seguirlo con respecto a las personas: "Sígueme; deja que los muertos entierren a sus muertos" (Mt. 8:22), "Si alguno viene a mí, y no aborrece a su padre, y madre, y mujer, e hijos, y hermanos, y hermanas, y aun también su propia vida, no puede ser mi discípulo" (Lc. 14:26).

En otras palabras, seguir a Jesús es de una importancia suprema la cual conlleva ciertos comportamientos que darán la impresión de sentir *odio* ante el mundo. He visto cómo algunos misioneros lo han vivido al tener que tomar decisiones angustiosas tales como: llevar a sus hijos a lugares riesgosos y dejar atrás a sus padres ancianos, bien cuidados, pero tal vez para no volverlos a ver en la faz de la tierra. Algunos lo llaman desamor, pero Jesús mira las naciones y lo que el amor exige, en el caso de esos siervos.

Las rupturas en las relaciones con las posesiones

Seguir a Jesús también ocasiona la ruptura de nuestra relación con las posesiones. Hubo una vez un joven rico que amaba demasiado su patrimonio. Entonces, Jesús atacó el corazón mismo de su idolatría con el siguiente mandamiento: "Si quieres ser perfecto, anda, vende lo que tienes, y dalo a los pobres, y tendrás tesoro en el cielo; y ven y sígueme" (Mt. 19:21, véase el *Mandamiento #20*). Si algo obstaculiza que sigamos a Jesús, debemos librarnos de ese estorbo.

Y lo anterior no es único para aquel rico, se aplica a todos nosotros: "...*cualquiera* de vosotros que no renuncia a todo lo que posee, no puede ser mi discípulo" (Lc. 14:33). Renunciar a lo que se tiene no quiere decir siempre que tengamos que venderlo todo. Jesús encomendó a Zaqueo por haberle dado la *mitad* de sus bienes a los pobres (Lc. 19:8-9). Renunciar a *todo* significa que todo lo que tenemos queda a completa disposición de Jesús para los propósitos que Él estime convenientes y nunca deberán obstaculizar la obediencia absoluta a su mandamiento de amor.

LAS RUPTURAS EN LAS RELACIONES CON LA VOCACIÓN

Existe también la ruptura que sufre nuestra vocación cuando seguimos a Jesús. Cuando este llamó a los doce para que lo siguieran, ninguno de ellos tenía como profesión seguir a Cristo; eran pescadores, cobradores de impuestos y demás; tenían empleos. Increíblemente, fue algo así: "Y al pasar [Jesús], vio a Leví hijo de Alfeo, sentado al banco de los tributos públicos, y le dijo: Sígueme. Y levantándose, le siguió" (Mr. 2:14). ¡Así de sencillo! (hasta donde sabemos.) Para la mayoría de nosotros no fue tan sencillo, pero sí sucede.

Y puede que te suceda a ti. No todos debemos dejar a un lado nuestra vocación para seguir a Jesús. Cuando un hombre quiso dejar su tierra para seguirlo, Él le dijo: "Vete a tu casa, a los tuyos, y cuéntales cuán grandes cosas el Señor ha hecho contigo, y cómo ha tenido misericordia de ti" (Mr. 5:19). La mayoría de nosotros debemos quedarnos donde estamos y seguir a Jesús en todas las formas absolutas que tiene el amor que exige nuestra actual posición y relaciones.[1] Pero no todos; para algunos —tal vez para ti (incluso mientras lees el presente material)—, seguir a Jesús sería sinónimo de una arriesgada ruptura con tu vocación. No temas seguirlo aunque te alejes de lo que conoces.

SEGUIR A JESÚS ES COSTOSO, PERO VALE LA PENA

Jesús no desea engañarte con una carnada o un trueque para que lo sigas. Él es totalmente franco con respecto al costo. De hecho, Él te insta a que evalúes el costo: "Porque ¿quién de vosotros, queriendo edificar una torre, no se sienta primero y calcula los gastos, a ver si tiene lo que necesita para acabarla?… ¿O qué rey, al marchar a la guerra contra otro rey, no se sienta primero y considera si puede hacer frente con diez mil al que viene contra él con veinte mil?" (Lc. 14:28, 31). Deja que el llamamiento de seguir a Jesús sea claro y sincero: "…En el mundo tendréis aflicción; pero confiad, yo he vencido al mundo" (Jn. 16:33). Es costoso, pero vale la pena.

---

1. Para más información acerca de cómo ve Jesús la obediencia en el lugar de trabajo secular, véase el capítulo "Nuestra jornada de ocho a cinco es para la gloria de Dios" en John Piper, *No desperdicies tu vida* (Grand Rapids: Portavoz, 2011), 147-175.

AMAD A DIOS CON TODO VUESTRO CORAZÓN, ALMA, MENTE Y FUERZAS

"Jesús le respondió: El primer mandamiento de todos es: Oye, Israel; el Señor nuestro Dios, el Señor uno es. Y amarás al Señor tu Dios con todo tu corazón, y con toda tu alma, y con toda tu mente y con todas tus fuerzas…" (MR. 12:29-30).

"…¡ay de vosotros, fariseos! que diezmáis la menta, y la ruda, y toda hortaliza, y pasáis por alto la justicia y el amor de Dios. Esto os era necesario hacer, sin dejar aquello" (LC. 11:42).

"Mas yo os conozco, que no tenéis amor de Dios en vosotros. Yo he venido en nombre de mi Padre, y no me recibís; si otro viniere en su propio nombre, a ese recibiréis" (JN. 5:42-43).

Jesús vino a restaurar a los seres humanos al tipo de relación con Dios y con sus semejantes para la que fueron creados. Lo más importante que el Señor nos dice acerca de esta relación restaurada con Dios es que fuimos creados para amarlo con todo nuestro corazón, alma, mente y fuerzas. Jesús da por sentado que amar a Dios significa amarlo a Él tal como es y, por consiguiente, su visión de quién es Dios está presente en todo lo que dice.

CONOCE A DIOS Y ÁMALO TAL COMO ES

Dios es el Creador. Creó a los seres humanos (Mt. 19:4) y todo el universo (Mr. 13:19). Él sustenta todo lo que ha creado, gobierna los más mínimos detalles de las aves y los lirios: "¿No se venden dos pajarillos por un cuarto? Con todo, ni uno de ellos cae a tierra sin vuestro Padre" (Mt. 10:29; cp. 6:30). Él es el Dios de la sabiduría (Lc. 11:49), la justicia (Mt. 6:33), el poder (Mt. 22:29), la ira (Jn. 3:36), la misericordia (Lc. 15:20) y el amor (Jn. 3:16). Él es una persona, no una simple fuerza y se le puede conocer como un Padre que ama a sus hijos (Jn. 1:12; 16:27). Jesús nos manda amar a este Dios con todo nuestro ser por todo lo que Él es.

Para amar a Dios tenemos que conocerlo. A Él no se le honra con amor sin fundamento. En realidad, tal cosa no existe. Si no sabemos nada acerca de Dios, nada en nuestras mentes suscitará amor. Si el amor no surge a partir de conocerle, no tiene sentido llamarle amor *por Dios*. Puede que exista una atracción vaga en nuestros corazones o alguna gratitud poco definida en nuestras almas, pero si no nacen a partir de conocer a Dios, no constituyen amor por Dios.

JESÚS: REVELACIÓN DE DIOS, PRUEBA DE FUEGO DE NUESTRO AMOR POR DIOS

Por consiguiente, Jesús vino al mundo a dar a conocer a Dios, para que se le pudiera amar verdaderamente. Cristo dijo a sus discípulos:

> Si me conocieseis, también a mi Padre conoceríais; y desde ahora le conocéis, y le habéis visto. Felipe le dijo: Señor, muéstranos el Padre, y nos basta. Jesús le dijo: ¿Tanto tiempo hace que estoy con vosotros, y no me has conocido, Felipe? El que me ha visto a mí, ha visto al Padre; ¿cómo, pues, dices tú: Muéstranos el Padre? (Jn. 14:7-9).

Jesús nos revela a Dios con tanta profundidad, que recibir al primero se vuelve una prueba de amor al segundo y de aceptarlo como nuestro Padre: "Si vuestro padre fuese Dios, ciertamente me amaríais..." (Jn. 8:42). Si no aceptamos a Jesús, no accedemos a Dios. Jesús hizo de sí mismo la medida de nuestro conocimiento y amor por Dios: "Mas yo os conozco, que no tenéis amor de Dios en vosotros. Yo he venido en nombre de mi Padre, y no me recibís; si otro viniere en su propio nombre, a ese recibiréis. ¿Cómo podéis vosotros creer, pues recibís gloria los unos de los otros, y no buscáis la gloria que viene del Dios único?" (Jn. 5:42-44).

En otras palabras, Jesús refleja a Dios y lo exalta con tal precisión que negar a Cristo es negar a Dios. Jesús sabe que sus adversarios no tienen "el amor de Dios [en ellos]" porque no lo reciben a Él: "…el que me desecha a mí, desecha al que me envió" (Lc. 10:16). Si amaran a Dios, lo amarían a Él. Jesús nos da a conocer a Dios de forma más clara y detallada que cualquier otra revelación; por tanto, nadie puede amar a Dios y rechazar a Jesús.

"Y les he dado a conocer tu nombre"

Por eso, si queremos amar a Dios, hemos de conocerlo tal y como se revela en Jesús. Antes de la venida de Cristo, Dios demostró su amor cuando se reveló en su Palabra, la cual siempre apuntó a Jesús: "Escudriñad las Escrituras —dijo Jesús—, porque a vosotros os parece que en ellas tenéis la vida eterna; y ellas son las que dan testimonio de mí" (Jn. 5:39). Pero ahora que Jesús ya vino, la revelación de su persona es la que despierta el amor por Dios: "…nadie conoce al Hijo, sino el Padre, ni al Padre conoce alguno, sino el Hijo, y aquel a quien el Hijo lo quiera revelar" (Mt. 11:27).

Eso hizo Jesús por sus discípulos: dio a conocer a Dios. En la oración que hizo Jesús en Juan 17, Él dice: "Y les he dado a conocer tu nombre, y lo daré a conocer aún…" (v. 26). Aquí se cumple, después de tanto esperar, la profecía de la ley de Moisés: "Y circuncidará Jehová tu Dios tu corazón, y el corazón de tu descendencia, para que ames a Jehová tu Dios con todo tu corazón y con toda tu alma, a fin de que vivas" (Dt. 30:6). Jesús es el cumplimiento de la profecía. No podemos entonces amar a Dios aparte de la revelación de Cristo, quien cambia nuestros corazones para que conozcamos a Dios y podamos verlo cautivadoramente hermoso.

Ver y saborear a Dios como ser cautivadoramente hermoso

La razón por la que hago uso de la frase "cautivadoramente hermoso" es para hacer énfasis en dos cosas. Una es que amar a Dios no es una simple decisión; no puedes simplemente decidir si amas o no la música clásica, la música *country western* y mucho menos a Dios. La música debe ser cautivadora. Si no te gusta, algo debe cambiar dentro de ti. Dicho cambio da la posibilidad a la mente de experimentar la música con un sentido cautivador de su atractivo. Igual pasa con Dios. Sencillamente no decides amarlo. Algo cambia dentro de ti y, como resultado, Él se vuelve cautivadoramente atractivo. La gloria —la belleza— de Dios cautiva tu admiración y deleite.

El otro aspecto en lo que hago énfasis con la frase "cautivadoramente hermoso" es que el amor por Dios no es en esencia proceder, sino afecto; no son acciones, sino deleite. La gloria de Dios se convierte en nuestro placer supremo. Comenzamos a preferir conocerlo, verlo, estar con Él y ser como Él por encima de todas las cosas. Existen varias razones de peso para creer que el amor por Dios es, sobre todo, una experiencia de afectos, no de conducta.

Amar a Dios es lo primero; amar al prójimo es lo segundo

Primero, Jesús diferenció el primer y el segundo mandamientos. Dijo: "Amarás al Señor tu Dios con todo tu corazón, y con toda tu alma, y con toda tu mente. Este es el primero y grande mandamiento. Y el segundo es semejante: Amarás a tu prójimo como a ti mismo" (Mt. 22:37-39). Por consiguiente, no se puede definir el amor a Dios de la misma manera que el amor al prójimo; son amores diferentes. Amar a Dios es lo primero; amar al prójimo es lo segundo. El primero es el principal y no depende de la obediencia hacia algo más grandioso. El segundo es secundario y depende de nuestro amor por Dios. Son inseparables, ya que el verdadero amor por Dios siempre acarreará amor por las demás personas, pero son diferentes. Esto significa que las acciones de amor para con otros no constituyen el significado fundamental del amor por Dios, son el resultado, el fruto de amarle. No se ama a Dios de la misma manera en que tratamos a otros, se le ama con admiración cautivadora y deleite en Él.

"Su corazón está lejos de mí"

Segundo, Jesús dijo a los fariseos cuando criticaron la libertad de sus discípulos: "Hipócritas, bien profetizó de vosotros Isaías, como está escrito: Este pueblo de labios me honra, mas su corazón está lejos de mí. Pues en vano me honran..." (Mr. 7:6-7). Jesús dice que las acciones externas, incluidas las religiosas que van dirigidas a Él, no constituyen la esencia de la adoración, no constituyen la esencia del amor. Lo que acontece en el corazón es fundamental. Los comportamientos externos complacerán a Dios si nacen de un corazón que con franqueza admira y se deleita en Él, es decir, cuando son resultado del amor por Dios.

Lo contrario de amar a Dios es aborrecer y menospreciar

Tercero, Jesús dijo: "Ninguno puede servir a dos señores; porque o aborrecerá al uno y amará al otro, o estimará al uno y menospreciará al otro. No podéis servir a Dios y a las riquezas" (Mt. 6:24). Lo contrario de amar a Dios es aborrecer y menospreciar. Ambas son palabras fuertes, emotivas. Ambas suponen que sus homólogos positivos expresan también sentimientos fuertes. Es por eso que amar a Dios es un sentimiento fuerte e interno, no una mera acción externa. Hay quien podría decir que "servir" es la palabra clave y supone que amar a Dios es servirlo, pero eso no es lo que se plantea. En la cita se dice que la razón por la que no se puede servir a dos señores (a Dios y al dinero) es que tras las acciones producto de servirles yacen dos pasiones diametralmente opuestas: aborrecimiento contra amor, devoción contra menosprecio. Jesús no nos plantea una correspondencia entre amar a Dios y servir a Dios; nos dice que servir a Dios es el resultado de amar a Dios.

La generación adúltera demanda señal

Cuarto, cuando los fariseos, que no sentían amor por Jesús (ni por Dios, Jn. 5:42), le dijeron: "Maestro, deseamos ver de ti señal", Jesús les respondió de una manera que arrojó luz sobre la naturaleza de amar a Dios. Les dijo: "La generación mala y adúltera demanda señal; pero señal no le será dada, sino la señal del profeta Jonás" (Mt. 12:39). ¿Por qué llama Jesús "adúltera" a la generación por demandar señal? Porque Dios era el esposo de Israel (Ez. 16:8) y Jesús era Dios, que vino a reclamarle a su esposa infiel. Es por eso que hace alusión a sí mismo como el "esposo" (Mt. 25:1-13).

¿Por qué iba una esposa (Israel representada por sus líderes) a pararse delante del esposo (Jesús) y demandar señal de que Él era su cónyuge? Jesús dice que esto no es resultado de ignorancia ingenua, sino de un corazón *adúltero*. En otras palabras, Israel no ama a su esposo, ama a otros pretendientes, como son los halagos de los hombres (Mt. 23:6) y el dinero (Lc. 16:14). Lo que esto nos enseña con respecto al amor que Jesús manda tener hacia Dios, es que debe ser como el amor que siente una esposa fiel por su esposo; no un mero comportamiento externo, sino afecto, admiración y deleite de corazón. No debe inspirarse en el servicio del esclavo, sino en el Cantar de los Cantares: "…nos gozaremos y alegraremos en ti; nos acordaremos de tus amores más que del vino; con razón te aman" (Cnt. 1:4).

Con el corazón, el alma, la mente y las fuerzas

Cuando Jesús manda que amemos a Dios con todo nuestro corazón, alma, mente y fuerzas, se refiere a que cada una de las facultades y capacidades de nuestro ser deben expresar la plenitud de nuestra predilección por Dios, la plenitud de todas las formas en que lo preciamos. El significado de las cuatro facultades y capacidades siguientes tienen puntos en común:[1] corazón, alma, mente y fuerzas, pero no son idénticos. "Corazón" destaca el centro de nuestra voluntad y emociones sin excluir el pensamiento (Lc. 1:51). "Alma" destaca nuestra vida como un todo, aunque a veces se le distingue del cuerpo (Mt. 10:28). "Mente" destaca nuestra capacidad de pensar. "Fuerza" destaca la capacidad de realizar grandes esfuerzos físicos y mentales (Mr. 5:4; Lc. 21:36).

La función de estas facultades y capacidades en lo referente a amar a Dios es demostrar dicho amor.[2] Puede ser que se mencione "corazón"

---

1. Con respecto a "corazón" y "mente", considera que el otro lugar en los cuatro Evangelios donde aparece "mente" (διάνοια) , además de en el mandamiento de amar a Dios "con toda tu mente" (ἐν ὅλῃ τῇ διανοίᾳ σου), es en Lucas 1:51, donde se le traduce como "pensamiento" y tiene lugar en los "corazones": "Hizo proezas con su brazo; esparció a los soberbios en el *pensamiento* [διανοίᾳ] de sus corazones". Por eso, "mente" y "corazón" no se diferencian siempre. Con respecto a "corazón" y "alma", toma en consideración que Jesús dijo: "No temáis a los que matan el cuerpo, mas el *alma* no pueden matar; temed más bien a aquel que puede destruir el *alma* y el cuerpo en el infierno" (Mt. 10:28). Esto sugiere que "alma" es la plenitud de la vida o la persona independientemente del cuerpo. Por consiguiente, se incluye el concepto de "corazón", aunque es más amplio.
2. En el mandamiento de amar a Dios "…*con* todo tu corazón, y *con* toda tu alma, y *con* todas tus fuerzas…", las preposiciones griegas que dieron origen a la traducción en español "con" no son las mismas cada vez que aparece el mandamiento en los Evangelios. Los tres Evangelios citan Deuteronomio 6:5, donde la preposición hebrea que se utiliza es .בְּ (בְּכָל־לְבָבְךָ וּבְכָל־נַפְשְׁךָ וּבְכָל־מְאֹדֶךָ), pero en Mateo 22:37 se traduce todas las veces con la preposición ἐν (ἀγαπήσεις κύριον τὸν θεόν σου ἐν ὅλῃ τῇ καρδίᾳ σου καὶ ἐν ὅλῃ

primero porque, particularmente, se le considera la *fuente* del amor que se expresa por medio del alma (la vida), la mente (el pensamiento) y las fuerzas (los esfuerzos). Lucas, en especial, parece interpretarlo de esa manera porque hace uso de una preposición griega diferente en la frase "*con* todo tu corazón", la cual utiliza al traducir las otras tres frases (véase la nota 2). De cualquier modo, lo importante es que cada una de las facultades y capacidades que tenemos deben exponer en todo momento que Dios es nuestro mayor tesoro.

Cada capacidad atesora a Dios por encima de todas las cosas

Amar a Dios es, en esencia, atesorar a Dios. Amarlo con *todo* el corazón, *toda* el alma, *toda* la mente y *todas* las fuerzas significa que cada una de las facultades y capacidades atesora a Dios por encima de todas las cosas de una manera tal que atesorar cualquier otra cosa, es también atesorar a Dios. En otras palabras, puede que haya otras cosas buenas que atesoremos en una determinada medida, pero no debemos atesorarlas en lugar de Dios. Solo podemos hacerlo como expresiones de atesorar a Dios. Si alguna de nuestras capacidades humanas se place en alguien o algo de forma que dicho placer no constituye también un deleite en Dios, entonces no hemos amado a Dios con toda esa capacidad.

Este enfoque del amor por Dios se ve ratificado en los Salmos, los cuales reflejan la manera en que se le amó. Jesús se vio como el objetivo, el centro

---

τῇ ψυχῇ σου καὶ ἐν ὅλῃ τῇ διανοίᾳ σου). En Marcos 12:30 se traduce todas las veces con la preposición ἐξ (ἀγαπήσεις κύριον τὸν θεόν σου ἐξ ὅλης τῆς καρδίας σου καὶ ἐξ ὅλης τῆς ψυχῆς σου καὶ ἐξ ὅλης τῆς διανοίας σου καὶ ἐξ ὅλης τῆς ἰσχύος σου). Debido a esto, me inclino a considerar ἐν y ἐξ como dos formas de expresar el mismo significado de la palabra hebrea בְּ. En otras palabras, ambos significan, más o menos, "por". El corazón, el alma, la mente y las fuerzas son instrumentos *por* medio de los cuales demostramos amor por Dios. Lucas sugiere una pequeña variación a esta interpretación con su inconfundible traducción de Deuteronomio 6:5. Lucas utilizó la preposición ἐξ cuando hizo referencia a "corazón", pero hizo uso de ἐν para referirse a "alma", "fuerzas" y "mente" (ἀγαπήσεις κύριον τὸν θεόν σου ἐξ ὅλης [τῆς] καρδίας σου καὶ ἐν ὅλῃ τῇ ψυχῇ σου καὶ ἐν ὅλῃ τῇ ἰσχύϊ σου καὶ ἐν ὅλῃ τῇ διανοίᾳ σου, καὶ τὸν πλησίον σου ὡς σεαυτόν (Lc. 10:27). Uno se pregunta si la intención de Lucas fue decir si el corazón es la "fuente" (de ahí ἐξ), mientras que el alma, la mente y las fuerzas son las esferas en que se demuestra el amor (de ahí ἐν). Esto concuerda con lo que estoy recalcando, dígase que el amor por Dios es cuestión, en lo esencial, de las devociones (del corazón) y de manera secundaria, se demuestran en las acciones de la vida de esfuerzo físico y mental.

y el cumplimiento de las Escrituras del Antiguo Testamento, incluidos los Salmos (Mt. 5:17; Lc. 24:27; Jn. 5:39). Esperamos que Él mande un amor que se extienda y además, cumpla lo que los salmistas experimentaron. En los Salmos leemos que el amor por Dios es absolutamente exclusivo: "¿A quién tengo yo en los cielos sino a ti? Y fuera de ti nada deseo en la tierra" (Sal. 73:25); "Oh alma mía, dijiste a Jehová: Tú eres mi Señor; no hay para mí bien fuera de ti" (Sal. 16:2). ¿Qué querrá decir esta exclusividad teniendo en cuenta que los salmistas también hablan, por ejemplo, del amor hacia otras personas (Sal. 16:3)?

El Salmo 43:4 nos da una idea. Los salmistas dijeron: "Entraré al altar de Dios, al *Dios de mi alegría y de mi gozo…*". Esta última frase ("de mi alegría y de mi gozo") significa literalmente "la alegría de mi gozo" o "la alegría de mi júbilo".[3] Esto señala a Dios como la alegría de todos nuestros gozos. En todo mi regocijo por todas las cosas buenas que Dios ha hecho, Él mismo es el centro de gozo, la alegría de mi gozo. En todo mi regocijo por todo, existe un regocijo vital por Dios. Todo gozo que no tiene a Dios como su principal alegría es un gozo vacío que, con el tiempo, estallará como una burbuja. Esto fue lo que indujo a Agustín a orar: "Te ama tan poco aquel que lo ama todo junto a ti, que no te ama por ti mismo".[4]

QUE NO SE ENFRÍE TU AMOR

Por consiguiente, concluyo que el mandamiento de Jesús de que amemos a Dios con todo nuestro corazón, alma, mente y fuerzas significa que todo impulso y todo acto de cada una de nuestras facultades y capacidades deber ser expresión de atesorar a Dios por encima de todas las cosas. Jesús advirtió que este, el más importante de todos los mandamientos, caería en el olvido en los últimos días: "…por haberse multiplicado la maldad, el amor de muchos se enfriará" (Mt. 24:12).

Cuida que tu amor por Dios no se enfríe en estos días. Recuerda que amaremos a Dios en la medida en que lo conozcamos, y no olvides que solo Jesús puede darlo a conocer en toda su verdad y plenitud (Mt. 11:27). Por eso, mira fijamente a Cristo y ora para que te revele a Dios como ser cautivadoramente hermoso: "El que me ha visto a mí, ha visto al Padre…" (Jn. 14:9).

---

3. La frase en hebreo consta de dos palabras para alegría y gozo (שִׂמְחַת גִּילִי).

4 San Agustín, *Confesiones*, Libro 10, Capítulo XXIX.

Gozaos y alegraos

"Bienaventurados seréis cuando los hombres os aborrezcan, y cuando os aparten de sí, y os vituperen, y desechen vuestro nombre como malo, por causa del Hijo del Hombre. Gozaos en aquel día, y alegraos, porque he aquí vuestro galardón es grande en los cielos; porque así hacían sus padres con los profetas" (Lc. 6:22-23).

"He aquí os doy potestad de hollar serpientes y escorpiones, y sobre toda fuerza del enemigo, y nada os dañará. Pero no os regocijéis de que los espíritus se os sujetan, sino regocijaos de que vuestros nombres están escritos en los cielos" (Lc. 10:19-20).

"…el reino de los cielos es semejante a un tesoro escondido en un campo, el cual un hombre halla, y lo esconde de nuevo; y gozoso por ello va y vende todo lo que tiene, y compra aquel campo" (Mt. 13:44).

"Estas cosas os he hablado, para que mi gozo esté en vosotros, y vuestro gozo sea cumplido" (Jn. 15:11).

Sobrecogidos por el gozo

El mandamiento de Jesús al decirnos: "Gozaos… y alegraos" (Lc. 6:23; cp. Mt. 5:12) resulta asombroso por tantas razones que harían falta libros enteros para develar todas sus sorprendentes repercusiones.[1] Hace medio siglo, C. S. Lewis respondió a dicha sorpresa analizando la ineludible evidencia contenida en los Evangelios y escribió:

---

1. Escribí un pequeño libro para iniciar a las personas en esta senda, *Los peligros del deleite* (Miami: Origen, 2020) y uno más amplio para profundizar, *Sed de Dios: Reflexiones de un cristiano hedonista* (Barcelona: Andamio, 2011).

Si consideramos las patentes promesas de una recompensa y la asombrosa naturaleza de las promesas que contienen los Evangelios, da la impresión de que al Señor nuestros deseos no le parecen demasiado intensos, sino demasiado débiles. Somos criaturas con un corazón poco entusiasta que pierden el tiempo con la bebida, el sexo y la ambición, cuando lo que se les ofrece es una felicidad infinita: como un niño ignorante que quiere seguir haciendo pasteles de barro en un suburbio porque es incapaz de imaginar lo que significa la oferta de unas vacaciones junto al mar. Nos conformamos fácilmente con cualquier cosa.[2]

En otras palabras, el mandamiento de que seamos felices no es marginal ni superfluo, es una imponente llamada de aviso para aquellos que encuentran su felicidad en los lugares erróneos. La solución de Jesús para nuestro romance con el pecado no consiste en que sencillamente nos arranquemos los ojos que aman el pecado (Mt. 5:29), sino que el gozo nos domine en una nueva realidad, es decir, Dios.

En su gozo, va y vende lo que tiene

El anuncio de que el reino de los cielos se ha acercado resulta crucial en su prédica. Con esto quiso decir que Él era el Rey y que su obra consistía en la llegada de la ley salvadora de Dios (Lc. 11:20; 17:20-21). Relató entonces una pequeña parábola para mostrar cómo entran las personas al reino: "…el reino de los cielos es semejante a un tesoro escondido en un campo, el cual un hombre halla, y lo esconde de nuevo; y *gozoso* por ello va y vende todo lo que tiene, y compra aquel campo" (Mt. 13:44).

La parábola significa que la presencia salvadora de Dios y su reino soberano tienen tanto valor que cuando las personas los ven tal como son: un tesoro escondido en un campo, nada se compara con la inmensa fortuna de formar parte de ese reino. Y Jesús no deja lugar a dudas con respecto a la experiencia interior de esa "conversión". Es producto del gozo y dice: "… *gozoso* por ello va y vende todo lo que tiene, y compra aquel campo".

No puede ser de otra manera. Jesús vino al mundo con *buenas* nuevas,

---

2. C. S. Lewis, *El peso de la gloria* (Madrid: Ediciones Rialp, 2017), 1.

no malas. Él no nos llama a una religión que exige fuerza de voluntad y que solo da sensaciones de obligación sin deleite alguno, nos llama a Él mismo y al Padre; por consiguiente, nos llama al gozo. Por supuesto, no es gozo en las cosas. Jesús no predica un evangelio de salud, riqueza y prosperidad (una de las cosas que Estados Unidos lamentablemente exporta al mundo), es gozo en *Dios* y su *Hijo*.

Es por esto que la parábola describe la venida al reino como "venderlo todo". El mandamiento de gozarnos no nos alienta a ceder ni un milímetro en la exigencia radical de Lucas 14:33: "...cualquiera de vosotros que no renuncia a todo lo que posee, no puede ser mi discípulo". Renunciamos a todas esas cosas que nos producen gozo porque hemos encontrado un tesoro escondido en un campo y nos han sido dados ojos para ver que dicho tesoro —este Dios glorioso— tiene infinitamente más valor que todo lo que poseemos o pudiéramos llegar a poseer en este mundo. Es por esto que con gozo renunciamos a todo.

LA ABNEGACIÓN Y LA BÚSQUEDA DEL GOZO

El significado de abnegación es el siguiente: renunciar a todo lo mundano para poder tener a Jesús, venderlo todo, para poder tener el reino. C. S. Lewis recoge el espíritu de la exigencia de Jesús acerca de la abnegación cuando dice:

> El Nuevo Testamento habla por extenso de la renuncia de uno mismo, pero no como un fin en sí mismo. Nos dice que nos neguemos a nosotros mismos y tomemos nuestras cruces para poder seguir a Cristo; y casi todas las descripciones de lo que acabaremos encontrando si lo hacemos contienen una llamada al deseo.[3]

En otras palabras, nos negamos a nosotros mismos porque tras la abnegación nos espera una gran recompensa. Jonathan Edwards profundiza aun más en su análisis de cómo la exigencia de Jesús acerca de la abnegación se relaciona con su exigencia de gozo.

---

3. *Ibíd.*, 1.

La abnegación se puede incluir también entre los problemas de lo sagrado... Pero cualquiera que haya intentado llevar a cabo la abnegación puede brindar testimonio de que nunca experimentaron placer ni gozo mayor que después de ejecutar grandes actos de abnegación. La abnegación destruye las raíces y las bases de la tristeza, y no es más que sajar una llaga profunda y dolorosa hasta curarla y traernos abundante salud como recompensa por el dolor de la operación.[4]

Si lo anterior es cierto, la exigencia que nos hace Jesús acerca de la abnegación es otra manera de llamarnos a que persigamos de forma radical nuestro mayor y más duradero gozo. No son mandamientos que compiten entre sí, sino que se complementan. Uno para librarnos del cáncer y otro para que nos operemos.

Nuestra dicha no está en la prosperidad, sino en la obediencia y el dolor

Lo que primero nos asombra cuando Jesús dice: "Gozaos... y alegraos" es que lo enuncia precisamente en un contexto de dolor: "Bienaventurados seréis cuando los hombres os aborrezcan, y cuando os aparten de sí, y os vituperen, y desechen vuestro nombre como malo, por causa del Hijo del Hombre. Gozaos en aquel día, y alegraos..." (Lc. 6:22-23). Cuando Jesús nos manda que gocemos, no olvida la clase de mundo en el que vivimos: un mundo lleno de sufrimiento. Nos promete que parte de ese sufrimiento caerá sobre nosotros como discípulos suyos: "...os echarán mano, y os perseguirán, y os entregarán a las sinagogas y a las cárceles... y matarán a algunos de vosotros; y seréis aborrecidos de todos por causa de mi nombre" (Lc. 21:12, 16-17); "...Si al padre de familia llamaron Beelzebú, ¿cuánto más a los de su casa?" (Mt. 10:25); "...Si a mí me han perseguido, también a vosotros os perseguirán..." (Jn. 15:20).

Jesús no lo ha olvidado. De hecho, nos manda que lo sigamos en el doloroso camino del amor (véase el *Mandamiento #8*). Por eso, el gozo que

---

4. Jonathan Edwards, "The Pleasantness of Religion", en *The Sermons of Jonathan Edwards: A Reader*, ed. Wilson H. Kimnach, Kenneth P. Minkema y Douglas A. Sweeney (New Haven, Conn: Yale University Press, 1999), 23-24.

Él nos manda ahora ("en aquel día", Lc. 6:23) no es de alegría. El gozo no es poco, ni superficial, ni frívolo. Ese es el error de demasiadas personas e iglesias las cuales creen que la exigencia de Jesús acerca del gozo se refiere a contar chistes o hacer payasadas en la vida cristiana en sociedad. No siento el olor del Jesús comprometido con Jerusalén en ese ambiente. Algo salió mal.

Lo que sucede es que falta el aroma del sufrimiento. Para Jesús, la exigencia de gozo es una forma de vivir en sufrimiento y sobrevivirlo. Es por eso que el gozo es serio. Es el gozo por el que se lucha cortándose la mano (Mt. 5:30), vendiendo todas las posesiones (Mt. 13:44) y llevando una cruz al Calvario en pos de Jesús (Mt. 10:38-39) . Tiene cicatrices, canta canciones de felicidad con lágrimas, nos recuerda los momentos oscuros y sabe que vendrán más. El camino al cielo es arduo, pero no falta el gozo.

La raíz de la santidad

El mandamiento de Jesús de que nos gocemos es la clave que revela su exigencia de santidad. Lo que obstruye el poder purificador de la vida espiritual y destruye a sus futuros discípulos son "…los afanes y las riquezas y los placeres de la vida…" (Lc. 8:14) y lo que sirve de apoyo a estas parras que nos estrangulan es, claramente, el poder de un placer mayor. Jesús dijo que es "en su gozo" que el creyente lo vende todo. Es decir, es su gozo el que nos libera del dominio del pecado.

Muchos cristianos creen que el estoicismo es un buen antídoto contra la sensualidad. No lo es, resulta completamente débil e ineficaz. Las religiones que dependen del poder de la voluntad, a menudo fracasan. Incluso cuando tienen éxito, su gloria radica en la voluntad, no en Dios. Producen legalistas, no amantes. Jonathan Edwards se dio cuenta de la impotencia de ese enfoque y dijo:

> Vamos con el doble de las fuerzas contra los perversos para persuadirlos de que lleven una vida devota… El más común de los argumentos es la rentabilidad de la religión, pero, ¡ay!, el perverso no persigue la ganancia [moral]; es placer lo que busca. Entonces, ahora pelearemos contra ellos utilizando sus propias armas.[5]

---

5. *Ibíd.* El párrafo anterior y siguiente son adaptaciones de John Piper, "A God-Entranced Vision of All Things: Why We Need Jonathan Edwards 300 Years Later", en *A God-*

En otras palabras, la búsqueda del placer en Dios no es llegar a un acuerdo con el mundo sensual; sino que, de hecho, es el único poder que puede derrotar la lujuria producto de la edad, al tiempo que produce amantes de Dios.

LA RAÍZ DEL GOZO EN EL SUFRIMIENTO ES UN GALARDÓN GRANDIOSO: JESÚS

Jesús basa nuestro gozo actual de manera explícita en la esperanza grandiosa de un galardón: "Gozaos en aquel día, y alegraos, porque he aquí *vuestro galardón es grande en los cielos…*" (Lc. 6:23). No define en qué consiste este, pero en el contexto de su vida y mensajes, el galardón fundamental es la comunión con Jesús mismo y con Dios Padre por medio de Él (Jn. 17:3, 24).

Varios elementos apuntan hacia este razonamiento. Por ejemplo, Jesús dijo a sus discípulos justo antes de morir: "También vosotros ahora tenéis tristeza; pero *os volveré a ver*, y se gozará vuestro corazón, y nadie os quitará vuestro gozo" (Jn. 16:22). El gozo indomable que el Señor promete se basa en su propia presencia: "Os volveré a ver".

Asimismo, Jesús dijo: "Estas cosas os he hablado, para que mi gozo esté en vosotros, y vuestro gozo sea cumplido" (Jn. 15:11). Juan el Bautista menciona el cumplimiento del gozo y lo basa en la presencia de Jesús al compararlo con un esposo y a él mismo con su amigo: "El que tiene la esposa, es el esposo; mas el amigo del esposo, que está a su lado y le oye, *se goza grandemente de la voz del esposo*; así pues, este mi gozo está cumplido" (Jn. 3:29).[6] El gozo "cumplido" de Juan se basa en la presencia de Jesús.

Por consiguiente, concluyo que la esencia del galardón con el que contamos para completar nuestro gozo es experimentar la plena presencia de Jesús en la época venidera. La razón por la que podemos regocijarnos *ahora* es que no solo tenemos la esperanza de experimentar

---

Entranced Vision of All Things: The Legacy of Jonathan Edwards, ed. John Piper y Justin Taylor (Wheaton, Ill.: Crossway Books, 2004), 29.

6. La palabra "cumplido" (πεπλήρωται) sirve de traducción a la misma palabra griega (πληρόω) que aparece en Juan 15:11 (πληρωθῇ), 16:24 (πεπληρωμένη) y 17:13 (πεπληρωμένην). Cada una de ellas se refiere al gozo pleno de los discípulos. Ya que Juan 3:29 y 16:24 basan dicho gozo en la presencia de Jesús, podemos suponer que las otras dos, que son muy similares, hacen referencia a lo mismo.

esa comunión futura, sino que Jesús está ahora con nosotros por medio de su Espíritu. Él nos prometió cuando partió para regresar junto al Padre: "No os dejaré huérfanos; vendré a vosotros" (Jn. 14:18); "...yo estoy con vosotros todos los días, hasta el fin del mundo" (Mt. 28:20). Él dijo que el Espíritu de verdad vendría y Jesús sería gloriosamente real para nosotros aunque estuviera ausente físicamente: "Pero cuando venga el Espíritu de verdad, él... me glorificará; porque tomará de lo mío, y os lo hará saber" (Jn. 16:13-14). Es por eso que, aunque no podemos ver a Jesús ahora, esperamos en Él con gran gozo y Él sustenta dicho gozo con su presencia constante.

Jesús gana y dispone nuestro gozo

¿Cómo debemos entonces obedecer este mandamiento de Jesús de "gozaos... y alegraos"? Alegrémonos del hecho de que Jesús se ofreció para morir por el perdón de nuestros pecados, el perdón de nuestras faltas para gozarnos en Él como debemos. En la Última Cena, Él alzó la copa de vino y dijo: "...esto es mi sangre del nuevo pacto, que por muchos es derramada *para remisión de los pecados*" (Mt. 26:28). Fue por eso que: "... el Hijo del Hombre... vino... para dar su vida en rescate por muchos" (Mr. 10:45). Es por eso que nuestro gozo tiene cimientos tan sólidos: Jesús derramó su sangre para que las faltas que nos impedían gozarnos en Él fueran perdonadas.

Luego, nos alegramos porque Él prometió obrar por nosotros de manera que experimentemos en nuestros corazones el mismo amor que el Padre siente por el Hijo. Jesús oró: "...les he dado a conocer tu nombre, y lo daré a conocer aún, para que el amor con que me has amado, esté en ellos, y yo en ellos" (Jn. 17:26). Piensa detenidamente que el amor que el Padre siente por el Hijo no es un amor de misericordia ni indulgencia. El Hijo no ha cometido ningún pecado ni tiene faltas; no necesita misericordia. El amor que el Padre siente por el Hijo no es sino admiración y comunión infinitas. Eso dice Jesús que tendremos nosotros. Por lo tanto, asumo que esto es una promesa de obrar en nosotros para asegurarse que nuestro gozo sea el mismo que el Padre siente por el Hijo. No nos deja solos para que nos gocemos en Jesús como deberíamos, el Señor está comprometido en llevarlo a cabo.

El mandamiento de que nos gocemos en Jesús como un medio para glorificarle

Para finalizar, saco como conclusión del compromiso de Jesús de glorificar al Padre y al Hijo (Jn. 17:1), que su intención de sustentar nuestro gozo en Él forma parte de lo que para nosotros significa glorificar al Padre y al Hijo. En otras palabras, concluyo que regocijarnos en el Padre y el Hijo es fundamental para glorificar a Dios. Si esto es cierto, tenemos entonces una potente confirmación del deber de buscar nuestro gozo, ya que muestra la gloria de Dios.

Esta verdad debería hacernos temblar ante el horror de no regocijarnos en Dios. Deberíamos temblar ante la temible apatía de nuestros corazones. Debemos abrir los ojos a la verdad de que es un pecado traicionero no buscar nuestra plena satisfacción en Dios. Existe una última palabra para encontrar más deleite en la creación que en el Creador: *traición*. ¡Qué gran motivación constituye esto para obedecer el mandamiento de Jesús: "Gozaos... y alegraos"!

La intensidad del gozo en Jesús no tiene límites

Es cierto que la pasión por la felicidad puede encauzarse mal hacia objetos equivocados, pero nunca es demasiado fuerte. Jonathan Edwards argumentó a favor del planteamiento anterior en un sermón que pronunció acerca del Cantar de los Cantares 5:1. El texto dice: "...Comed, amigos; bebed en abundancia, oh amados". Edwards extrajo del texto la siguiente doctrina: "Las personas no necesitan ni deben poner límites a su apetito espiritual ni de gracia". En vez de eso, dice que deben...

> empeñarse de todas las formas posibles en aumentar sus deseos y obtener mayor placer espiritual... Nuestra hambre y sed de Dios y Jesucristo y la santidad no pueden ser demasiadas dado el valor de estas cosas, porque son cosas de valor infinito... [Por consiguiente] empéñese en fomentar su apetito espiritual y déjese incentivar...[7] El exceso no existe a la hora de consumir dicho

---

7. Tomado de un sermón sin publicar: "Sacrament Sermon on Canticles 5:1" (*ca.* 1729), versión editada por Kenneth Minkema en asociación con *The Works of Jonathan Edwards*, Yale University.

alimento espiritual. No hay ninguna virtud en moderarse a la hora de darse un festín espiritual.[8]

Por consiguiente, siéntete estimulado de que Dios te creó para que te regocijes en Él. No te contentes con ningún gozo menor. Déjate incentivar; es decir, fija la vista en Jesucristo, el tesoro que nos satisface completamente, quien nos amó y dio su vida como pago de nuestro gozo eterno.

---

8. Jonathan Edwards, "The Spiritual Blessings of the Gospel Represented by a Feast", en *Sermons and Discourses*, 1723–1729, ed. Kenneth Minkema, en The Works of Jonathan Edwards, vol. 14 (New Haven, Conn.: Yale University Press, 1997), 286. Los dos párrafos anteriores fueron adaptados de "A God-Entranced Vision of All Things", 27-28.

Temed más bien a aquel que puede destruir el alma y el cuerpo en el infierno

"Y no temáis a los que matan el cuerpo, mas el alma no pueden matar; temed más bien a aquel que puede destruir el alma y el cuerpo en el infierno" (Mt 10:28).

"Y también a aquellos mis enemigos que no querían que yo reinase sobre ellos, traedlos acá, y decapitadlos delante de mí" (Lc. 19:27).

"Entonces dirá también a los de la izquierda: Apartaos de mí, malditos, al fuego eterno preparado para el diablo y sus ángeles… E irán estos al castigo eterno, y los justos a la vida eterna" (Mt. 25:41, 46).

Las descripciones que hace Jesús del infierno

Jesús habló acerca del infierno más que nadie en la Biblia. Se refirió a este como un lugar de "tinieblas de afuera" donde "será el lloro y el crujir de dientes" (Mt. 8:12). Es decir, se nos retirará todo el gozo que asociamos con la luz y se multiplicarán todos los miedos que asociamos con la oscuridad. El resultado será un sufrimiento de tanta intensidad que hará que las personas rechinen los dientes para poder soportarlo.

Jesús también se refiere al infierno como un "horno de fuego ardiendo" al que se arrojará, cuando Él regrese, a los que hacen iniquidad en el fin del tiempo: "Enviará el Hijo del Hombre a sus ángeles, y recogerán de su reino a todos los que sirven de tropiezo, y a los que hacen iniquidad, y los echarán en el horno de fuego; allí será el lloro y el crujir de dientes" (Mt. 13:41-42). Lo llama "infierno de fuego" (Mt. 5:22), "fuego eterno preparado para el diablo y sus ángeles" (Mt. 25:41), "fuego que no puede ser apagado" (Mr. 9:43), "castigo eterno" (Mt. 25:46).

Esta última descripción, "castigo eterno", resulta especialmente sobrecogedora y aterradora porque contrasta con "vida eterna": "Irán estos al castigo eterno, y los justos a la vida eterna". En dicha comparación, escuchamos acerca de la tragedia de la pérdida, así como del sufrimiento y la eternidad. Al igual que la "vida eterna" será una experiencia eterna de placer en presencia de Dios, el "castigo eterno" será una experiencia eterna de sufrimiento bajo la ira de Dios (Jn. 3:36; 5:24).

EL INFIERNO NO ES UNA SIMPLE CONSECUENCIA NATURAL DE LAS MALAS DECISIONES

La palabra *ira* resulta de gran importancia para comprender qué quiso decir Jesús con infierno. El infierno no es sencillamente la consecuencia natural de rechazar a Dios. Algunos plantean lo anterior con el objetivo de rechazar la idea de que es Dios quien envía allí a las personas. Dicen que las personas se envían allá ellas mismas. Eso es cierto, las personas toman decisiones que las conducen al infierno, pero esa no es toda la verdad. Jesús dice que dichas decisiones merecen en verdad el infierno: "…cualquiera que diga: Fatuo, quedará expuesto [es decir, será culpable o merecedor de ir] al infierno de fuego" (Mt. 5:22). Es por eso que Él llama "castigo" al infierno (Mt. 25:46). No es una mera consecuencia natural que se impone uno mismo (como el cáncer de pulmón es consecuencia de fumar); es el castigo que impone la ira de Dios (como un juez que sentencia a un delincuente a trabajos forzados).

Los ejemplos que Jesús utiliza acerca de cómo las personas van al infierno no insinúan que sea consecuencia natural, sino ejercicio de justa ira. Por ejemplo, hace alusión al siervo de un amo que salió de viaje. El siervo dice: "Mi señor tarda en venir" y comienza "a golpear a sus consiervos, y aun a comer y a beber con los borrachos". Dice entonces Jesús (haciendo referencia a su propia repentina segunda venida): "… vendrá el señor de aquel siervo en día que éste no espera, y a la hora que no sabe, y lo castigará duramente, y pondrá su parte con los hipócritas; allí será el lloro y el crujir de dientes" (Mt. 24:48-51). Este ejemplo representa la ira legítima y sagrada seguida de castigo. Jesús lo "pondrá" (θήσει) con los hipócritas.

El Señor contó otra anécdota para ejemplificar su partida de la tierra y su regreso en juicio: "Dijo, pues: Un hombre noble se fue a un país lejano, para recibir un reino y volver... Pero sus conciudadanos le aborrecían, y enviaron tras él una embajada, diciendo: No queremos que este reine sobre nosotros" (Lc. 19:12, 14). Cuando el noble regresó como rey para recompensar a aquellos que habían confiado en él y lo habían honrado con sus vidas, castigó a aquellos que rechazaron su nobleza: "...a aquellos mis enemigos que no querían que yo reinase sobre ellos, traedlos acá, y decapitadlos delante de mí" (Lc. 19:27). Nuevamente, en el ejemplo no se hace alusión al infierno como un mal que es consecuencia de los malos hábitos, sino que es un rey que pone de manifiesto su ira sagrada contra aquellos que rechazan su reinado de gracia.

TEMED MÁS BIEN A AQUEL QUE PUEDE DESTRUIR EL ALMA Y EL CUERPO EN EL INFIERNO

Fue por eso que Jesús dijo: "...temed más bien a aquel que puede destruir el alma y el cuerpo en el infierno" (Mt. 10:28). El miedo que Él pide no es miedo al infierno como consecuencia natural de nuestros malos hábitos, sino a Dios como juez santo que sentencia a los pecadores culpables a este lugar. Este mandamiento de temer a Dios como juez santo parece desalentador al principio. Es como si seguir a Jesús fuera sinónimo de llevar una vida llena de angustia, porque Dios se vaya a enojar con nosotros y esté presto a castigarnos ante el más mínimo error. Pero Jesús nos llama a sentir eso al seguirlo.

Nos parece sorprendente, quizás, que inmediatamente después de seguir su advertencia de que temamos "a aquel que puede destruir el alma y el cuerpo en el infierno", Jesús diga algo concebido a darnos una paz inmensa y plena confianza en los cuidados paternales de Dios. La oración siguiente reza: "¿No se venden dos pajarillos por un cuarto? Con todo, ni uno de ellos cae a tierra sin vuestro Padre. Pues aun vuestros cabellos están todos contados. Así que, *no temáis*; más valéis vosotros que muchos pajarillos" (Mt. 10:29-31).

Al mismo tiempo, Jesús dice: "Temed a Dios que puede echar al infierno" y "No temáis porque Dios es tu Padre y te valora más que a los pajarillos y conoce tu más ínfima necesidad". De hecho, el cuidado paternal de Dios, que nos provee de todo, es una de las enseñanzas más universales de Jesús:

> Mirad las aves del cielo, que no siembran, ni siegan, ni recogen en graneros; y vuestro Padre celestial las alimenta. ¿No valéis vosotros mucho más que ellas?... No os afanéis, pues, diciendo: ¿Qué comeremos, o qué beberemos, o qué vestiremos? Porque los gentiles buscan todas estas cosas; pero vuestro Padre celestial sabe que tenéis necesidad de todas estas cosas (Mt. 6:26, 31-32).

Hay que temerle a Dios y confiar en Él

¿Cómo quiere Jesús que experimentemos las dos verdades anteriores: hay que temerle y hay que confiar en Él? No basta sencillamente con decir que "temer a Dios" significa "reverenciar a Dios" en vez de "tenerle miedo". Esto no se ajusta a las palabras: "...temed a aquel que después de haber quitado la vida, tiene poder de echar en el infierno; sí, os digo, a este temed" (Lc. 12:5). Por supuesto, es cierto que debemos reverenciar a Dios, es decir, sobrecogernos ante su santidad, poder y sabiduría, pero también existe un miedo real hacia Él que puede coexistir con la dulce paz y confianza en Él.

La clave radica en que Dios mismo es quien elimina su ira de nosotros. Nuestra paz no proviene de que saquemos de nuestras mentes al Dios de ira, sino de que Él quite su ira de nosotros. Lo hizo al enviar a Jesús a morir por nosotros para que, a todo el que cree en Jesús, se le elimine la ira de Dios: "Como Moisés levantó la serpiente en el desierto —dijo Jesús—, así es necesario que el Hijo del Hombre sea levantado [a morir en la cruz], para que todo aquel que en él cree, no se pierda, mas tenga vida eterna [no ira]... El que cree en el Hijo tiene vida eterna; pero el que rehúsa creer en el Hijo no verá la vida, sino que la *ira* de Dios está sobre él" (Jn. 3:14-15, 36). Cuando Jesús gritó en la cruz: "...Dios mío, Dios mío, ¿por qué me has desamparado?" (Mr. 15:34), estaba sintiendo la ira de Dios en lugar nuestro, ya que Él nunca había hecho nada para merecer que Dios lo desamparara. Y cuando finalmente dijo desde la cruz: "…Consumado es…" (Jn. 19:30), quiso decir que el precio de nuestra salvación, nuestra liberación de la ira de Dios y el merecimiento de sus bendiciones, había sido completamente pagado.

Jesús dijo que Él había venido "…para dar su vida en rescate por muchos" (Mt. 20:28), y ahora el rescate había sido pagado; la obra de atraer y quitar la ira de Dios de nosotros estaba terminada. Ahora, Él dice, todo el que cree tiene comunión eterna con Dios y tiene la plena seguridad de que la ira del Juez ya no está: "…no vendrá a condenación, mas ha pasado de muerte a vida" (Jn. 5:24).

TEME A LA INCREDULIDAD

¿A qué más hay que temerle? La respuesta es a la *incredulidad*. Para aquellos que siguen a Jesús, temerle a Dios es sinónimo de temerle a la terrible posibilidad de no confiar en quien pagó un precio tan alto por nuestra paz. En otras palabras, uno de los medios que Dios usa para que confiemos plácidamente en Jesús es el miedo a lo que Dios puede hacernos si no le creemos. La razón por la que no vivimos en el desasosiego del miedo constante es que creemos. Es decir, confiamos en la obra todo suficiente de Jesús y en el cuidado soberano de nuestro Padre. Pero en los momentos en que la incredulidad nos tienta, un miedo sagrado nos sobrecoge y nos advierte de cuán tonto sería desconfiar del que nos amó y dio a su Hijo para que muriera a cambio de nuestro gozo sin angustias.

EL MIEDO SE DESVANECE SI NOS ABRAZAMOS AL CUELLO DE DIOS

Un ejemplo me ha ayudado a ver cómo actúa esta experiencia. Cuando mi hijo mayor, Karsten, tenía cerca de ocho años, fuimos a visitar a un hombre que poseía un perro enorme. Cuando abrimos la puerta, el perro miró a mi hijo casi frente a frente. Ese panorama resulta aterrador para un niño, pero nos aseguraron que este era inofensivo y que, en verdad, le gustaban los niños. Al rato, mandamos a Karsten a buscar algo que habíamos olvidado en el auto. Cuando atravesó el huerto corriendo, el perro gruñó y se lanzó detrás de él. El dueño se inclinó, sacó la cabeza por la puerta y le dijo a Karsten: "Mejor camina; no le gusta que las personas huyan de él".

Dios es como un perro enorme que ama a los niños, pero que no le gusta que las personas huyan de Él. Si confiamos en Él, nos gozamos en Él y lanzamos los brazos alrededor de su cuello, será el amigo que siempre hemos deseado; pero si decidimos que hay otras cosas que queremos más que a Él y le damos la espalda y huimos, se enojará mucho. Jesús lo dijo de la manera más clara posible en Lucas 19:27: "...a aquellos mis enemigos que no querían que yo reinase sobre ellos, traedlos acá, y decapitadlos delante de mí". Temer a Dios es sinónimo de temer a la terrible idea de huir del reino del Rey Jesús misericordioso, que de todo nos provee y nos satisface.

El infierno significa que el pecado es inconmensurablemente grave

El mandamiento que nos hace Jesús de temerle a aquel que puede destruir el alma y el cuerpo en el infierno nos enseña a ver al pecado como algo mucho más grave de lo que jamás soñamos. La causa por la cual tantas personas creen que una eternidad en el infierno es un castigo injusto por nuestros pecados radica en que no ven al pecado como lo que realmente es. Esto sucede porque no ven a Dios en toda su magnitud. Cuando Jesús nos dice lo que le dirá a aquellos que irán al infierno, expresa: "Y entonces les declararé: Nunca os conocí; apartaos de mí, hacedores de *maldad*" (Mt. 7:23). Son hacedores de "maldad", es decir, infringen la ley de Dios. El pecado va primero contra Dios y después contra el hombre.

Por consiguiente, la gravedad del pecado proviene de lo que dice acerca de Dios. Él es infinitamente encomiable y honorable, pero el pecado dice todo lo contrario. El pecado dice que hay otras cosas que son más deseables y más encomiables. ¿Cuán grave resulta esto? La gravedad de un delito se determina, en parte, por la dignidad de la persona y el oficio que deshonra. Si dicha persona es infinitamente encomiable, infinitamente honorable e infinitamente grata, y su oficio es de dignidad y autoridad infinitas, rechazarla es entonces un delito infinitamente indignante. Es por eso que merece un castigo infinito. La fuerza de las palabras de Jesús acerca del infierno no es una exageración con respecto a ofensas menores, es testigo de la infinita valía de Dios y del deshonor indignante del pecado humano.

El valiosísimo regalo del temor

Entonces, presta atención al claro mandamiento de Jesús de temer a aquel que puede destruir el alma y el cuerpo en el infierno. Escúchala como una gran bendición. ¡Qué maravilla que Jesús nos advierte y no nos deja ajenos a la ira que nos sobreviene! Y no solo nos advierte, sino que nos rescata. El mejor resultado del miedo es el siguiente: Nos permite darnos cuenta de que necesitamos ayuda y nos conduce al Redentor todo suficiente: Jesús. Deja que obre en ti de igual manera. Deja que te conduzca a Cristo, que dice a todo el que cree en Él: "No temáis, manada pequeña, porque a vuestro Padre le ha placido daros el reino" (Lc. 12:32).

ADORAD A DIOS EN ESPÍRITU Y EN VERDAD

"…la hora viene, y ahora es, cuando los verdaderos adoradores adorarán al Padre en espíritu y en verdad; porque también el Padre tales adoradores busca que le adoren. Dios es Espíritu; y los que le adoran, en espíritu y en verdad es necesario que adoren" (Jn. 4:23-24).

"Entonces Jesús le dijo: Vete, Satanás, porque escrito está: Al Señor tu Dios adorarás, y a él solo servirás" (Mt. 4:10).

"Este pueblo de labios me honra; mas su corazón está lejos de mí. Pues en vano me honran, enseñando como doctrinas, mandamientos de hombres" (Mt. 15:8-9).

"Ninguno puede servir a dos señores; porque o aborrecerá al uno y amará al otro, o estimará al uno y menospreciará al otro. No podéis servir a Dios y a las riquezas" (Mt. 6:24).

Todo el mundo adora algo. Desde el más religioso hasta el más mundano, todas las personas valoran algo lo suficiente como para construir su vida alrededor de esto. Puede ser Dios o puede ser el dinero. Pero lo que hace que lo adoremos es la fuerza impulsora de algún tesoro apreciado que da forma a nuestras emociones, voluntad, pensamiento y conducta. En esta experiencia universal de adoración, Jesús dio el siguiente mandamiento: "…en *espíritu* y en *verdad* es necesario que adoren [a Dios]" (Jn. 4:24). En otras palabras: Haz que tu experiencia de adoración esté en conformidad con lo que es *verdadero* acerca de

Dios, y deja que tu *espíritu* se despierte y se inspire genuinamente por esa verdad.

La hora viene y ahora es

Cuando Él dijo esto, estaba hablando con una samaritana cerca de su pueblo. Ella lo había cuestionado en relación con la diferencia entre los lugares de adoración de los samaritanos y los judíos. Ella dijo: "Nuestros padres adoraron en este monte, y vosotros decís que en Jerusalén es el lugar donde se debe adorar" (Jn. 4:20). Jesús respondió desviando su atención de la geografía hacia algo sorprendente que estaba sucediendo en su propia presencia. Él dijo: "Mujer, créeme, que la hora viene cuando ni en este monte, ni en Jerusalén adoraréis al Padre… La hora viene, *y ahora es*, cuando los verdaderos adoradores adorarán al Padre en espíritu y en verdad…" (Jn. 4:21, 23). Esta es una afirmación radical, ¡decir que *ahora es* cuando cesarían de adorar en Jerusalén! ¿Qué quiso decir?

Jesús hizo el sorprendente planteamiento de ser Él el tan esperado Mesías judío: "Le dijo la mujer: Sé que ha de venir el Mesías, llamado el Cristo; cuando Él venga nos declarará todas las cosas. Jesús respondió: Yo soy, el que habla contigo" (Jn. 4:25-26). Entonces, cuando Jesús dice que "ahora es" cuando ya no adoraremos más en Jerusalén, quiso decir que el reino del Mesías había comenzado y que iba a haber una ruptura radical en la forma en que las personas adoraban.

"Destruid este templo, y en tres días lo levantaré"

La razón es que el propio Jesús intentaba tomar el lugar del templo. En otras palabras, el "lugar" donde tendría lugar la adoración —el "lugar" donde el pueblo se encontraría con Dios a partir de ahora— sería Jesús, no el templo en Jerusalén. Él comunicaba esto de varias formas. Por ejemplo, se paraba en el templo y decía: "…Destruid este templo, y en tres días lo levantaré" (Jn. 2:19). Las personas estaban atónitas y decían: "Ha llevado cuarenta y seis años construir el templo y ¿lo levantarás en tres días?", pero el escritor del Evangelio explicaba: "Mas él hablaba del templo de su cuerpo" (Jn. 2:21). En otras palabras, Jesús quería decir que cuando se levantara de entre los muertos, Él sería el nuevo templo, el nuevo lugar de encuentro con Dios.

Jesús dijo algo realmente asombroso cuando lo criticaron por dejar que sus discípulos recogieran y comieran grano el día de reposo. Su respuesta a esta crítica fue señalar que David, el rey de Israel, había alimentado a su grupo de hombres con el pan de la casa de Dios que estaba destinado solo para que lo comieran los sacerdotes. Jesús relacionó lo anterior con Él y su grupo de hombres diciendo: "Pues os digo que uno mayor que el templo está aquí" (Mt. 12:6). En otras palabras: "El Mesías, el hijo de David, está aquí, y él mismo va a tomar el lugar del templo".

No en esta montaña o en Jerusalén, sino en espíritu y en verdad

Entonces, cuando Jesús le dijo a la samaritana: "Mas la hora viene, y *ahora es*, cuando los verdaderos adoradores adorarán al Padre en espíritu y en verdad", quiso decir que con la venida del propio Mesías había llegado un enfoque totalmente nuevo en adoración hacia Dios. Ya la geografía no sería significativa: "Ni en este monte ni en Jerusalén adoraréis al Padre". En vez de eso, lo que toma el lugar de las preocupaciones geográficas son las preocupaciones espirituales internas: "Los que le adoran, en espíritu y en verdad es necesario que adoren". Los lugares externos de Samaria y Jerusalén son reemplazados por las realidades espirituales de "espíritu y verdad". Lo que interesa ahora es no dónde adoras, sino si adoras a Dios de acuerdo con la verdad y si tu espíritu se despierta y se anima genuinamente por esa verdad.

Toda adoración debe ser mediante Jesús y de Él

La nueva verdad esencial es que la adoración ahora ocurre mediante Jesús. Él es el templo donde encontramos a Dios. Esto es verdad primeramente porque Él derramó su sangre "para la remisión de los pecados" (Mt. 26:28), "dio su vida en rescate por muchos" (Mr. 10:45) y abrió el camino por medio de su propio cuerpo crucificado y resucitado para que nos reconciliáramos con Dios (Jn. 3:16, 36). No es posible que los pecadores puedan ofrecer una adoración aceptable a Dios sin la sangre de Jesús como mediador.

Es cierto que la adoración ahora tiene lugar por medio de Jesús porque Él mismo es Dios. Él no es simplemente el mediador de la adoración entre nosotros y el Padre; también es a quien *hay* que adorar. Él declaró esto indirecta y directamente: perdonó los pecados, lo que solo Dios puede hacer (Mr. 2:5-11); aceptó la adoración de sus discípulos (Mt. 14:33; 28:9); declaró tener preexistencia eterna con Dios: "…De cierto, de cierto os digo: Antes que Abraham fuese, yo soy" (Jn. 8:58); dijo que era uno con el Padre: "…El que me ha visto a mí ha visto al Padre…" (Jn. 14:9); "Yo y el Padre uno somos" (Jn. 10:30), conque todos deben "…honrar al Hijo como honran al Padre" (Jn. 5:23). Por tanto, toda adoración "en verdad" será adoración de Jesús *y* mediante Jesús. Porque "…El que no honra al Hijo, no honra al Padre que lo envió" (Jn. 5:23).

ADORACIÓN EN ESPÍRITU

¿Qué hay en relación con la frase "en espíritu"? "Mas la hora viene, y ahora es, cuando los verdaderos adoradores adorarán al Padre *en espíritu…*" (Jn. 4:23). Algunos intérpretes consideran que esto se refiere al Espíritu Santo de Dios. Yo he considerado que se refiere a *nuestro* espíritu. Pero, probablemente, estas dos interpretaciones no están distantes en la mente de Jesús. En Juan 3:6, Él une el Espíritu de Dios y nuestro espíritu de una manera extraordinaria. Al respecto dice: "…lo que es nacido del espíritu, espíritu es". En otras palabras, hasta que el Espíritu Santo hace revivir nuestro espíritu con el nacimiento de nueva vida, nuestro espíritu está tan muerto y falto de reacción que no llega ni siquiera a ser espíritu. Solo lo que nace del Espíritu es un espíritu (viviente). Por eso, cuando Jesús dice que los verdaderos adoradores adoran al Padre "en espíritu", quiere decir que la verdadera adoración viene solo de espíritus que han llegado a vivir y a sentir por la vivificación del Espíritu de Dios.[1]

Este "espíritu" es esencial en la adoración. De otra forma, la adoración está muerta; o, para usar la frase de Jesús, es "en vano": "Este pueblo de labios me honra; mas su corazón lejos está de mí. Mas *en vano* me honran…" (Mt. 15:8-9). Un corazón (y un espíritu) vivo y comprometido con Dios es esencial. Jesús está contrastando la adoración genuina en espíritu y en verdad con la adoración externa que se centra en Samaria y Jerusalén. Lo que la hace genuina no es solo el que la *mente* en adoración

---

1. Este párrafo está adaptado de John Piper, *Desiring God: Meditations of a Christian Hedonist,* edición revisada y ampliada (Sisters, Ore.: Multnomah, 2003), 82.

aprehende la verdad de Jesús, sino también que el *espíritu* en adoración experimenta el despertar y se conmueve debido a la verdad que la mente conoce. Una persona cuyo amor hacia Dios no se despierte por medio de la verdad de Jesús, no está adorando "en espíritu y en verdad".[2] Y una persona cuyo gran amor esté construido sobre opiniones falsas acerca de Dios no está adorando "en espíritu y en verdad". Jesús exige las dos: adoración en espíritu y en verdad.

Toda la vida es adoración

Una consecuencia de esta visión de adoración es que se aplica a toda la vida así como a servicios de adoración compartida. La esencia de la adoración radica en la verdadera visión de Dios en nuestra mente y el amor auténtico de nuestro espíritu hacia Él. Esto significa que siempre que mostramos el valor de Dios con palabras o acciones que fluyen de un espíritu que lo atesora como realmente es, estamos adorando en espíritu y en verdad. Podemos estar en el trabajo, en la casa o en la iglesia; no importa. Lo que interesa es que nosotros veamos la gloria de Dios en Jesús (la verdad), y que lo atesoremos por encima de todo lo demás (el espíritu), y entonces nos desbordemos al tratar a otros con amor que se autosacrifica por su bien. Pocas cosas muestran más la belleza de Dios. Por lo tanto, para los seguidores de Jesús toda la vida debe ser este tipo de adoración.

Esto se ilustra fuertemente por la relación que Jesús concibe entre adorar a Dios y servir a Dios. Cuando Satanás tentó al Señor a adorarlo, este respondió: "…Vete, Satanás, porque escrito está: Al Señor tu Dios *adorarás*, y a él solo *servirás*" (Mt. 4:10). Servir estuvo siempre relacionado con adorar como una expresión externa de ministerio religioso en el templo. Pero ahora el templo es Jesús. ¿Cómo se transforma el "servicio" de adoración?

No se puede servir a Dios y al dinero

Nos damos cuenta de manera sorprendente de lo que el servicio[3] a

---

2. Véase el capítulo 3, "Adoración: El banquete del hedonismo cristiano" en *Sed de Dios* para una defensa más completa de esta afirmación y cómo encaja en la realidad de que nuestros sentimientos son inestables, a veces con altibajos.

3. La palabra para "servir" en Mateo 6:24 (δουλεύω) no es la misma que la palabra "servir"

Dios significa para Jesús en Mateo 6:24. Él dijo: "Ninguno puede servir a dos señores; porque o aborrecerá a uno y amará al otro, o estimará al uno y menospreciará al otro. No podéis servir a Dios y a las riquezas". Lo sorprendente aquí es que servir a Dios se compara con servir al dinero. ¿Pero cómo se sirve al dinero? No ayudando al dinero o satisfaciendo las necesidades del dinero. Se sirve al dinero atesorándolo tanto que la vida se concibe alrededor del beneficio que este puede dar.

Así es en el caso de Dios, según Jesús ve el servicio de la adoración: no ayudamos a Dios o satisfacemos las necesidades de Dios ("…el hijo del Hombre *no* vino para ser servido…", Mr. 10:45). Más bien servimos a Dios atesorándolo tanto que concebimos nuestra vida alrededor del beneficio que Él nos puede dar. Y, a diferencia del dinero, lo que Dios puede hacer por nosotros por encima de todos los tesoros es *ser* para nosotros lo que siempre hemos anhelado.

El infinito valor de Dios en Jesús

Por lo tanto, toda la vida es servicio a Dios. O sea, toda la vida toma forma por nuestra pasión para maximizar nuestra experiencia del valor supremo de Dios en Jesús. Por tanto, terminamos donde comenzamos: Todo el mundo adora algo. Desde el más religioso hasta el más mundano, todas las personas valoran algo lo suficiente como para construir sus vidas alrededor de ello, aun cuando sea inconscientemente. Jesús pide que cada persona en el mundo construya su vida alrededor del infinito valor de Dios en Jesús. Considera lo que estás adorando. Entonces pídele a Cristo que te abra los ojos a la *verdad* del valor supremo de Dios y que despierte tu *espíritu* para atesorarlo a Él por encima de todo.

---

en Mateo 4:10 (λατρεύω). Esta última se refiere a la actividad religiosa en el templo. La primera se refiere generalmente a lo que un esclavo hace para su amo. Mi opinión es que, precisamente, lo nuevo en la situación de Jesús es lo que deja claro que incluso el tipo de servicio de "esclavo" es adoración de una nueva forma.

Orad siempre y no desmayad

"También les refirió Jesús una parábola sobre la necesidad
de orar siempre, y no desmayar..." (Lc. 18:1).

"...orad por los que... os persiguen" (Mt. 5:44).

"Mas tú, cuando ores, entra en tu aposento, y cerrada la
puerta, ora a tu Padre que está en secreto..." (Mt. 6:6).

"Y orando, no uséis vanas repeticiones, como los gentiles..." (Mt. 6:7).

"Vosotros, pues, oraréis así: Padre nuestro que estás en
los cielos, santificado sea tu nombre" (Mt. 6:9).

"Rogad, pues, al Señor de la mies, que envíe obreros a su mies" (Mt. 9:38).

"...¿cuánto más vuestro Padre celestial dará el Espíritu
Santo a los que se lo pidan?" (Lc. 11:13).

"...pedid, y recibiréis, para que vuestro gozo sea cumplido" (Jn. 16:24).

"Y todo lo que pidiereis al Padre en mi nombre, lo haré,
para que el Padre sea glorificado en el Hijo" (Jn. 14:13).

Jesús trata de crear un pueblo que ora. Su mandamiento es claro, y el tema es tan importante que Él nos dice *por qué, cómo, por quién,* y *qué* debemos orar. Y aunque podamos pensar que el Hijo de Dios estaría por encima de la necesidad de orar, Él nos da el ejemplo, como un ser humano perfecto, al levantarse temprano en la mañana para hacerlo (Mr. 1:35), al buscar momentos para orar solo (Mt. 14:23), al pasarse a veces la noche entera en oración (Lc. 6:12) y, finalmente, al prepararse mediante la oración para su sufrimiento (Lc. 22:41-42).

¿Por qué debemos orar? Para glorificar a Dios

¿Por qué Jesús pensaba que la oración era tan importante para sus seguidores? La razón es que esta se corresponde con dos grandes propósitos de Dios que Jesús vino a llevar a cabo: la gloria de Dios y nuestro gozo. Jesús dijo: "Y todo lo que *pidiereis* al Padre en mi nombre, lo haré, para que el Padre sea *glorificado* en el Hijo" (Jn. 14:13). La oración está diseñada por Dios para mostrar su abundancia y nuestra necesidad. La oración glorifica a Dios porque nos pone en la posición del sediento, y a Él en la posición de la fuente que todo lo abastece.[1]

Jesús conocía los salmos y leyó el 50:15 donde Dios, como Jesús, manda que oremos por ayuda y demuestra que esto le da gloria a Dios: "E invócame en el día de la angustia; te libraré, y tú me honrarás". La oración está diseñada como una manera de relacionarse con Dios, conque está claro que *nosotros* obtenemos la ayuda y *Él* obtiene la gloria. Jesús dijo que había venido a glorificar a su Padre: "Yo te he glorificado en la tierra; he acabado la obra que me diste que hiciese" (Jn. 17:4). Parte de lo que Dios le había encomendado era enseñar a sus discípulos a orar, porque cuando oramos en el nombre de Jesús, "…el Padre (es) glorificado en el Hijo" (Jn. 14:13).

¿Por qué debemos orar? Para nuestro gozo

El otro propósito que Jesús vino a cumplir fue nuestro gozo. Todo lo que nos enseñó estaba dirigido a liberarnos de los exterminadores eternos del gozo y llenarnos del único gozo duradero: el gozo en Dios, "Pero ahora voy a ti; y hablo esto en el mundo, para que tengan mi gozo cumplido en sí mismos" (Jn. 17:13). Una de sus enseñanzas más penetrantes para nuestro gozo fue acerca de la oración, y Él explicó claramente su motivo: nuestra

---

1. No estoy tratando de decir que la oración es solo petición y no también agradecimiento, alabanza y confesión. Pero este capítulo simplemente se centra en la oración como petición, que es la forma principal en que Jesús habla acerca de ella.

alegría: "…pedid, y recibiréis, para que vuestro gozo sea cumplido" (Jn. 16:24). Lo más maravilloso acerca de la oración, tal y como Jesús manda que oremos, es que resulta perfectamente apropiada para asegurar la gloria de Dios y nuestro gozo.

Estos son grandes incentivos para que nosotros obedezcamos el mandamiento de Jesús de "orar siempre, y no desmayar" (Lc. 18:1). A estos Él agrega otros incentivos, porque está ansioso de que nos sintamos esperanzados en nuestra oración. Él dice, por ejemplo: "…vuestro Padre sabe de qué cosas tenéis necesidad, antes que vosotros le pidáis" (Mt. 6:8). La idea es que no necesitamos multiplicar frases piadosas en la oración esperando que podamos despertar la atención o la inclinación de Dios. Él es nuestro Padre amoroso y todo lo sabe. Él responderá. Luego, Jesús subraya la voluntad de Dios de contestar al compararlo con un padre humano, pero destacando que Dios está más ansioso por contestar que los padres humanos.

> Pedid, y se os dará; buscad, y hallaréis; llamad, y se os abrirá… ¿Qué hombre hay de vosotros, que si su hijo le pide pan, le dará una piedra? ¿O si le pide un pescado, le dará una serpiente? Pues si vosotros, siendo malos, sabéis dar buenas dádivas a vuestros hijos, ¿cuánto más vuestro Padre que está en los cielos dará buenas cosas a los que le pidan? (Mt. 7:7-11).

Entonces, en respuesta a la pregunta de *por qué* debemos orar, Jesús dice: Porque Dios tiende mucho a oír y contestar nuestras oraciones, lo que no es sorprendente, ya que la oración está diseñada para magnificar la gloria de Dios mientras mantenemos nuestro gozo en Él.

¿Cómo debemos orar? Con sencillez

Entonces ¿*cómo* vamos a orar? La disposición que tiene Dios de responder y su conocimiento perfecto de lo que necesitamos antes de que pidamos, significa que debemos ser sencillos al usar las palabras y rechazar lo que sea como un mantra repetitivo, lo cual implicaría que despertamos a Dios con nuestros encantamientos monótonos: "Y orando, no uséis vanas repeticiones, como los gentiles, que piensan que por su palabrería serán oídos. No os hagáis, pues, semejantes a ellos; porque vuestro Padre sabe de qué cosas tenéis necesidad, antes que vosotros le pidáis" (Mt. 6:7-8).

¿Cómo debemos orar? Con perseverancia

El versículo anterior no significa que no haya lugar para la perseverancia en la oración. De hecho, Jesús nos dice explícitamente que seamos persistentes en ella por un período largo de tiempo, si es necesario, cuando buscamos algún avance fundamental en la causa de la justicia de su gloria (Lc. 11:5-8; 18:1-8). La idea no es derribar finalmente la resistencia de Dios sino descubrir, con la oración paciente, su sabiduría en relación con la forma y el momento en que la oración debe ser contestada. A Él no le falta disposición para ayudar a sus hijos y glorificar su nombre, simplemente, sabe mejor que nosotros cuándo y cómo debe venir la respuesta. Por lo tanto, nuestra persistencia en la oración muestra tanto nuestra confianza en que Dios es nuestra única esperanza como que Él actuará de la mejor forma y en el mejor momento en respuesta a nuestros ruegos persistentes.

¿Cómo debemos orar? Por medio de su muerte y en su nombre

La confianza que tenemos en la oración se debe a Jesús. Él no nos enseñó simplemente a orar, sino que murió por nosotros y resucitó para eliminar obstáculos insuperables a la oración. Sin la muerte de Jesús, nuestros pecados no serían perdonados (Mt. 26:28) y la ira de Dios estaría todavía contra nosotros (Jn. 3:36). En esas condiciones no esperaríamos respuestas de Dios a la oración. Por lo tanto, Jesús es la base de todas nuestras oraciones. Por eso Él nos enseñó a orar en su nombre: "Y todo lo que pidiereis al Padre *en mi* nombre, lo haré, para que el Padre sea glorificado en el Hijo" (Jn. 14:13; cp. 16:23-24). Terminar nuestras oraciones "en el nombre de Jesús, amén" no es una simple tradición; es una afirmación de fe en Él como la única esperanza de acceso a Dios.

¿Cómo debemos orar? Con fe

Esto quiere decir que Jesús, por supuesto, sí quiere que nosotros oremos *con fe:* "Y todo lo que pidiereis en oración, *creyendo*, lo recibiréis" (Mt. 21:22; cp. Mr. 11:24). Algunos han tomado versículos como este y los han convertido en la fuerza del pensamiento positivo. Ellos creen que si podemos confiar en que algo sucederá, acontecerá en efecto. Pero eso sería fe en nuestra fe. Cuando Jesús nos enseña cómo "mover montañas" por la fe, dice explícitamente: "…Tened fe *en* Dios" (Mr. 11:22). Parece que hay momentos en que Dios nos hace ver claramente que su voluntad es hacer algo en particular. En ese caso podemos estar perfectamente confiados en que ese algo se hará. En tal sentido, Jesús nos dice: "…todo lo que pidiereis orando, creed que lo recibiréis, y os vendrá" (Mr. 11:24). Es Dios el que lo hace y nuestra creencia se apoya en Él y en su voluntad revelada. De otra manera, nosotros seríamos Dios y Él gobernaría el universo de acuerdo con nuestra voluntad, no la suya.

Jesús deja claro que hay una especie de filtro por el que deben pasar nuestras oraciones para estar seguros de que están de acuerdo con la voluntad de Dios: "Si permanecéis en mí, y mis palabras permanecen en vosotros, pedid todo lo que queréis, y os será hecho" (Jn. 15:7). Aquí la promesa de Jesús está calificada más claramente que en Marcos 11:24.[2] ¿Estamos confiando en Él como nuestro viñedo que siempre provee? Y, ¿están dando forma sus palabras a nuestras mentes y a nuestros corazones para que discernamos cómo orar de acuerdo con su sabiduría?

Orar con fe no siempre significa estar seguros de que lo mismo que pedimos sucederá. Pero sí siempre significa que, a causa de Jesús, confiamos en Dios para que nos oiga y nos ayude de la forma en que le parezca mejor. Puede querer decir que Él nos da justamente lo que pedimos, o que nos da algo mejor. ¿Acaso un padre le dará a un hijo una piedra si este le pide pan? No. Pero tampoco le dará pan si está mohoso; le puede dar pastel. En ocasiones, las respuestas de Dios nos aplastarán con sus excesos. Otras

---

2. Aun en el contexto de Marcos 11:24, hay una limitación implícita de la promesa: "…todo lo que pidiereis orando, creed que lo recibiréis, y os vendrá". El siguiente versículo dice: "Y cuando estéis orando, perdonad, si tenéis algo contra alguno, para que también vuestro Padre que está en los cielos os perdone a vosotros vuestras ofensas" (Mr. 11:25). Esto significa que incluso si uno pide perdón y cree que lo tiene, no lo tendremos a menos que perdonemos al que tiene algo en contra nuestra. Esto hace ver claramente que la promesa no es tan amplia como parece al principio. Hay límites. Uno simplemente no puede manipular a Dios por el poder que da el tener confianza en lo que se pide. Hay pautas morales. Esto es lo que está diciendo Jesús con la condición "Si… mis palabras permanecen en vosotros, pedid todo lo que quisiereis, y os será hecho" (Jn. 15:7). Las palabras de Jesús dan forma a la actitud y al contenido de nuestras oraciones.

veces, saben más a medicina que a alimento y someterán a prueba nuestra fe de que esta medicina es realmente lo que necesitamos.

¿Cómo debemos orar? No por el elogio de otros

En vista de todo esto, debe quedar claro que la recompensa de la oración viene de Dios, no del hombre. Pero Jesús nos muestra que el corazón humano es capaz de convertir el acto más hermosamente dirigido a Dios en uno dirigido al hombre y arruinarlo. Él nos advierte:

> Y cuando ores, no seas como los hipócritas; porque ellos aman el orar en pie en las sinagogas, y en las esquinas de las calles, para ser vistos de los hombres; de cierto os digo que ya tienen su recompensa. Mas tú, cuando ores, entra en tu aposento, y cerrada la puerta, ora a tu Padre que está en secreto; y tu Padre que ve en lo secreto, te recompensará en público (Mt. 6:5-6).

Jesús odia la hipocresía que aparenta amar a Dios cuando lo que realmente se ama es el elogio del hombre. Su reproche mayor fue reservado para los "hipócritas", a quienes llamó hijos del infierno, "guías ciegos", "llenos de robo y de injusticia", "sepulcros blanqueados" (Mt. 23:15, 24, 25, 27). El mandamiento es inequívoco: "…Guardaos de la levadura de los fariseos, que es la hipocresía" (Lc. 12:1). Lo que significa para la oración (el ayuno y las limosnas, Mt. 6:1-4, 16-18) es: Atesora a Dios, y todo lo que Él será para ti, en la oración; pero no atesores el elogio del hombre. Y sobre todo, no conviertas un acto de oración que atesora a Dios en un acto de hipocresía que atesora al hombre.

¿Por quién debemos orar?

¿Por *quién* manda Jesús que oremos? Claramente que por nosotros mismos. No porque lo merezcamos. La oración no tiene nada que ver con merecer. Es toda piedad. Oramos por nosotros mismos porque somos débiles. Somos muy propensos a pecar y totalmente dependientes de la gracia preservadora para sostener nuestra obediencia imperfecta: "Vosotros, pues, oraréis así —dijo Jesús—… Y no nos metas en tentación mas líbranos del mal…" (Mt. 6:9, 13). Esa es una oración por nosotros primero, ya que conocemos nuestra propia fragilidad y vulnerabilidad mejor que nadie. Luego, es una oración para los otros seguidores de Jesús y el mundo.

No se debe excluir a nadie de nuestras oraciones. Cuando Jesús nos dice que oremos: "Santificado sea tu nombre" (Mt. 6:9), quiere decir que debemos orar por esto para cualquiera que no santifique todavía el nombre de Dios. Y si nuestros corazones egoístas piensan en algún adversario que no nos agrada, Jesús es implacable: también nuestros adversarios deben ser bendecidos en nuestras oraciones: "Amad a vuestros enemigos… y orad por los que os ultrajan y os persiguen (Mt. 5:44); "bendecid a los que os maldicen, y orad por los que os calumnian" (Lc. 6:28). Nadie debe ser excluido de nuestro amor y nadie debe ser excluido de nuestras oraciones.

¿Qué debemos orar?

Finalmente, *¿qué* nos manda Jesús que oremos? ¿Qué debemos pedirle al Padre que haga? La respuesta resumen de Jesús se llama el Padrenuestro (Mt. 6:9-13):

Padre nuestro que estás en los cielos,
1. santificado sea tu nombre.
2. Venga tu reino.
3. Hágase tu voluntad, como en el cielo, así también en la tierra.
4. El pan nuestro de cada día, dánoslo hoy.
5. Y perdónanos nuestras deudas, como también nosotros perdonamos a nuestros deudores.
6. Y no nos metas en tentación, mas líbranos del mal.

Oramos por nosotros mismos, por otros seguidores de Jesús y por el mundo (1) para que reverenciemos y apreciemos el nombre de Dios por encima de las cosas. Esta es la primera función de la oración: orar para que las personas busquen la gloria de Dios. (2) Oramos para que el dominio divino salvador, purificador, de exaltación a Jesús tenga poder en nuestras vidas y finalmente llegue en manifestación y extensión universal. (3) Oramos para hacer la voluntad de Dios de la manera en que los ángeles la hacen en el cielo, es decir, sin vacilación y llenos de entusiasmo y diligencia. (4) Oramos por las necesidades prácticas del cuerpo y la mente que hacen posible una vida terrenal de obediencia. (5) Oramos por el perdón por nuestros errores diarios en honrar a Dios como debemos. O sea, le pedimos que nos aplique cada día la redención perfecta que Jesús obtuvo una vez para todos cuando murió en la cruz. (6) Oramos para que Dios nos proteja del malvado y de las tentaciones que nos harían arruinar y debilitar nuestro testimonio de Él.

El Padrenuestro nos muestra la naturaleza sorprendente de la oración. Pone en la posición de mayor importancia la oración para que el nombre de Dios sea glorificado, que el reino de Dios avance y triunfe, y que se cumpla la voluntad del Padre en la tierra como sucede en el cielo. Esto significa que Dios trata de usar las oraciones humanas para lograr sus propósitos definitivos y universales. Por ejemplo, Jesús nos dice que oremos por los obreros que serán necesarios para difundir el evangelio a todas las naciones: "Rogad, pues, al Señor de la mies, que envíe obreros a su mies" (Mt. 9:38). Sin embargo, nada es más cierto que el hecho de que el reino de Dios triunfará. Jesús dijo: "...edificaré mi iglesia; y las puertas del Hades no prevalecerán contra ella... Y será predicado este evangelio del reino en todo el mundo, para testimonio a todas las naciones; y entonces vendrá el fin" (Mt. 16:18; 24:14). No existe incertidumbre sobre el triunfo de Dios. Sin embargo, en su divina intervención, el triunfo depende de la oración humana.

Esto significa que la oración no es solo un deber del hombre, sino un regalo de Dios. Jesús despertará en su pueblo el espíritu de la oración que pide todo lo que hará falta para lograr los propósitos de Dios en el mundo. Las oraciones de los seguidores de Jesús y los propósitos de Dios no fallarán.

No os afanéis por las necesidades de la vida diaria

"…No os afanéis por vuestra vida, qué habéis de comer o qué habéis de beber; ni por vuestro cuerpo, qué habéis de vestir. ¿No es la vida más que el alimento, y el cuerpo más que el vestido?" (Mt. 6:25).

"Así que, no os afanéis por el día de mañana, porque el día de mañana traerá su afán. Basta a cada día su propio mal" (Mt. 6:34).

"No temáis, manada pequeña, porque a vuestro Padre le ha placido daros el reino" (Lc. 12:32).

Ha habido reyes que han encontrado muy eficaz el mantener a sus súbditos en constante ansiedad. Si las personas se afanan por su vida y se preocupan por saber de dónde llegará su próxima comida, entonces quizás estarían más deseosas de cumplir las órdenes del rey para obtener el alimento que necesitan del almacén del soberano. El afán los mantiene en su lugar. El temor hace que la monarquía esté firme.

Jesús no asegura su reinado cultivando el afán

Una de las cosas más importantes en Jesús es que no quiere que su pueblo esté ansioso. Él no asegura su reinado cultivando el afán. Por el contrario, el objetivo del reinado de Jesús[1] es librarnos del afán. Él no

---

1. Jesús se declara rey, aunque no de la clase que la gente esperaba. Él dice en Juan 18:36, "Mi reino no es de este mundo; si mi reino fuera de este mundo, mis servidores pelearían para que yo no fuera entregado a los judíos: pero mi reino no es de aquí". Véanse también Mateo 25:31, 34; Juan 12:14-15.

necesita mantenernos ansiosos para establecer su poder y superioridad; estos son intocables e invencibles. En vez de esto, Él exalta su poder y superioridad esforzándose por eliminar nuestro afán.

Cuando Jesús dice "No os afanéis por el día de mañana", está pidiendo la manera de vivir que todo el mundo querría: sin ansiedad, sin temor del hombre o de las circunstancias amenazantes. Pero ¿cómo espera Jesús que este mandamiento se haga realidad cuando vemos cosas alrededor nuestro que nos hacen afanarnos? El Señor nos da ayuda en dos extensos tratamientos acerca del afán y el temor: uno que tiene que ver con el afán por las necesidades básicas de la vida como el alimento, la bebida, el vestido (Mt. 6:25-34), el otro que tiene que ver con el temor por el daño que los hombres nos pueden hacer (Mt. 10:24-31). En el primer pasaje, Jesús sostiene nuestra habilidad para seguir adelante gozosamente cuando no podemos ver cómo todas nuestras necesidades serán satisfechas. En el segundo pasaje, del que trato en el siguiente capítulo, Él nos motiva a continuar adelante con valor en la causa de la verdad cuando las personas nos amenazan.

Las ansiedades de la vida diaria

Todos pueden ver claramente la idea principal de Jesús en Mateo 6:25-34. "No os afanéis". Versículo 25: "No os afanéis por vuestra vida". Versículo 31: "No os afanéis, pues, diciendo: ¿Qué comeremos?". Versículo 34: "No os afanéis por el día de mañana". Pero esa es la forma negativa de declarar la idea principal de este pasaje. Una forma positiva se encuentra en el versículo 33, es decir, en lugar de afanarse: "Buscad primeramente el reino de Dios…". En otras palabras, cuando pienses en tu vida, o en tu alimento, o en tu vestido, o en tu cónyuge, o en tu trabajo, o en tu misión, no te preocupes por ellos. En su lugar, haz a Dios el rey en ese asunto y en ese momento. O sea, entrega la situación a su poder de rey y haz su voluntad piadosa con la confianza de que Él trabajará por ti y satisfará todas tus necesidades. Si nosotros creemos en la realeza de nuestro Padre celestial, no necesitamos afanarnos por nada. Casi todo lo demás en este texto sirve de apoyo al mandamiento de Jesús.

La vida es más que alimento, y el cuerpo es más que el vestido

Veo por lo menos ocho razones que Jesús da para que sus discípulos no estén ansiosos. La *primera* se ofrece en el versículo 25: "No os afanéis por vuestra vida, qué habéis de comer, o qué habéis de beber; ni por vuestro cuerpo, qué habéis de vestir". ¿Por qué? "Porque la vida es más que el alimento, y el cuerpo más que el vestido". ¿Qué significa esto? ¿Por qué tendemos a afanarnos por el alimento y el vestido? Porque hay tres cosas que perderíamos si no tuviéramos alimento ni vestido. Primero, perderíamos algunos placeres. Después de todo, la comida sabe bien. Segundo, perderíamos alguna alabanza de los hombres y miradas de admiración si no tuviéramos buen vestido. Tercero, posiblemente perderíamos la vida si no tuviéramos nada que comer o no estuviéramos protegidos del frío. Conque la razón por la que nos afanamos por el alimento y el vestido es porque no queremos perder placeres físicos, o el elogio de los hombres, o la vida.

A este temor Jesús responde: Si estás dominado por el afán por estas cosas, has perdido de vista la grandeza de la vida. La vida no fue dada en primer lugar para los placeres físicos, sino para algo mayor: el disfrute de Dios (Lc. 12:21). La vida no se nos dio en primer lugar para la aprobación de los hombres sino para algo mayor: la aprobación de Dios (Jn. 5:44). Incluso, la vida no se nos dio en primer lugar para la permanencia en esta tierra, sino para algo mayor: la vida eterna con Dios en el tiempo por venir (Jn. 3:16).

No debemos estar ansiosos por el alimento o el vestido porque estos no pueden dar las cosas *importantes* de la vida: el disfrute de Dios, la búsqueda de su misericordioso favor, la esperanza de la eternidad en su presencia. Nos ponemos ansiosos por el vestido y el alimento en la misma medida en que perdemos de vista los grandes propósitos de una vida centrada en Él.

Mirad las aves del cielo

La *segunda* razón que Jesús da para no estar ansiosos está en Mateo 6:26: "Mirad las aves del cielo, que no siembran, ni siegan, ni recogen en graneros; y vuestro Padre celestial las alimenta. ¿No valéis vosotros mucho más que ellas?". Lo que vemos cuando miramos a las aves no es una lección de haraganería. Sacan sus lombrices, atrapan sus insectos y rellenan sus nidos con hilos y hojas. Pero Jesús dice que es *Dios* quien las alimenta. Las aves no acaparan cosas como si Dios no fuera a hacer lo mismo mañana.

Ellas hacen su trabajo —y nosotros debemos hacer el nuestro— como si, cuando el sol salga mañana, Dios continuara siendo Dios.

No se puede añadir a la estatura un codo

La *tercera* razón para no afanarnos es porque resulta infructuoso: "¿Y quién de vosotros podrá, por mucho que se afane, añadir a su estatura un codo?" (Mt. 6:27). El argumento es muy pragmático: El afán no lleva a ninguna parte. No hace ningún bien. Cualquiera que sea el problema que te hace sentir ansioso, puedes estar seguro de que tu ansiedad no lo reducirá; solo te hará sentir muy mal mientras tratas de resolverlo. Así que no te afanes. Es inútil.

Considerad los lirios del campo

La *cuarta* razón que Jesús da para no estar ansiosos está basada en los lirios: "Y por el vestido ¿por qué os afanáis? Considerad los lirios del campo, cómo crecen: No trabajan ni hilan; pero os digo, que ni aún Salomón con toda su gloria se vistió así como uno de ellos. Y si la hierba del campo que hoy es, y mañana se echa en el horno, Dios la viste así, ¿no hará mucho más a vosotros, hombres de poca fe?" (Mt. 6:28-30).

Cuando uno mira un lirio, que no tiene voluntad o instinto propio para trabajar y tejer mas está adornado de una forma y un color hermosos, Jesús dice que se debe llegar al menos a esta única conclusión: A Dios le gusta adornar las cosas. Pero si su gusto encuentra expresión en adornar la hierba que hoy está aquí y mañana desapareció, ¡entonces seguramente que su deleite en el adorno se expresará en cómo Él viste a sus hijos!

Pero alguien pudiera protestar: "¡Dios no me ha adornado!". O: "Dios no ha adornado a los cristianos pobres en muchas condiciones de miseria en el mundo". Es cierto. Muy pocos seguidores de Jesús están vestidos como Salomón, pero si lo estuviéramos no podríamos hacer nuestro trabajo. De esa manera habló Jesús acerca de Juan el Bautista: "Mas ¿qué salisteis a ver? ¿A un hombre cubierto de vestiduras delicadas? He aquí, los que tienen vestidura preciosa y viven en deleites, en los palacios de los reyes están". ¡Pero no Juan el Bautista! Él tenía que hacer trabajo profético y usaba "...vestido de pelo de camello y... un cinto de cuero alrededor de sus lomos; y su comida era langostas y miel silvestre" (Lc. 7:25; Mt.

3:4); "...Entre los que nacen de mujer no se ha levantado otro mayor que Juan el Bautista..." (Mt. 11:11). El adorno que Jesús prometió no significa que tendremos vestidos llamativos, sino que tendremos el vestido que necesitamos. ¿Dónde se ha visto un discípulo de Jesús que no tuviera el adorno que necesitaba para hacer lo que Dios le había llamado a hacer?

No obstante, tengamos cuidado. No debemos medir la perfección de lo que Dios provee con alguna norma por debajo de su llamado. Él no nos llama a vivir en palacios, sino a tomar nuestras cruces y amar al prójimo no importa a qué precio. Y cuando hayamos terminado de cargar nuestras cruces, sobre hombros destrozados, si Dios lo quiere habrá vestidos de reyes para todos nosotros. La promesa de satisfacer todas nuestras necesidades no significa que Él nos hará ricos, ni siquiera significa que seguiremos viviendo ("matarán a algunos de vosotros" Lc. 21:16). Significa que Él nos dará todo lo que necesitamos para hacer la voluntad de Dios (véase a continuación acerca de Mateo 6:33).

Vuestro Padre celestial sabe que tenéis necesidad de todas estas cosas

La *quinta* y *sexta* razones de por qué un seguidor de Jesús no debe estar ansioso están dadas en Mateo 6:32. No debemos preocuparnos por lo que comemos, bebemos o nos ponemos porque "[quinta razón] los gentiles buscan todas estas cosas; pero [sexta razón] vuestro Padre celestial sabe que tenéis necesidad de todas estas cosas". El afán por las cosas de este mundo nos pone al mismo nivel con el mundo de los no creyentes. Demuestra que somos realmente muy parecidos al mundo en lo que nos hace felices. Y Jesús piensa que no querremos ser así. También demuestra que no creemos que nuestro Padre celestial conozca nuestras necesidades. O quizás no creemos que tenga el corazón de un Padre amoroso. El afán demuestra que estamos demasiado cerca del mundo y muy lejos de Dios. Entonces, no te afanes, el mundo no tiene nada eterno que ofrecer, y tu amoroso Padre celestial conoce tus necesidades ahora y siempre.

Todas estas cosas os serán añadidas

La *séptima* razón para no estar ansioso es que cuando buscas el reino de Dios primero, Él trabaja para ti y provee todas tus necesidades: "...

buscad primeramente el reino de Dios y su justicia, y todas estas cosas os serán añadidas" (Mt. 6:33). "Todas estas cosas" no significa todo lo que *pensamos* que necesitamos, sino todo lo que realmente necesitamos. Y las necesidades reales están determinadas por lo que Dios nos llama a hacer, no lo que tenemos deseos de hacer. Dios nos dará "todas estas cosas" que necesitamos para llevar a cabo su vocación en nuestras vidas.

EL DÍA DE MAÑANA TRAERÁ SU PROPIO AFÁN

El *último* argumento es: "…no os afanéis por el día de mañana, porque el día de mañana traerá su afán. Basta a cada día su propio mal" (Mt. 6:34). En otras palabras, Dios ha señalado para cada día su porción de placer y dolor, como dice el antiguo himno sueco, especialmente en los dos últimos versos de esta estrofa.

> Oh, mi Dios, yo encuentro cada día
> Tu poder en todo sinsabor;
> Por la fe en tu sabiduría
> Libre soy de pena y temor.
> Tu bondad, Señor es infinita,
> Tú me das aquello que es mejor;
> Por tu amor alívianse mis quejas
> Y encuentro paz en el dolor.[2]

Así que no te apropies de los problemas que Dios ha asignado para mañana. O sea, no los adelantes para hoy en forma de afán. Cree que Dios será Dios mañana. Mañana habrá gracia para los problemas de ese día. Esa gracia no se da hoy.

La idea principal es clara e inequívoca: Jesús no quiere que sus seguidores se afanen. Él no quiere asegurar su reino manteniendo a sus súbditos en un estado de preocupación. Por el contrario, según Mateo 6:33, cuanto más importante y central se vuelva su reino en nuestras vidas, menos afán tendremos.

Como Jesús cree que las razones expuestas en palabras (hemos visto

---

2. Karolina Wilhelmina Sandell-Berg, "Day by Day" [Día a día] (1855).

ocho de ellas) ayudan a vencer el afán, sería lógico que mantuviéramos estas razones en nuestras mentes y tratemos de hacerlas parte de nuestra vida mental y emocional. Pienso que esto sugiere que sería sabio memorizar Mateo 6:25-34. No conozco otra manera de entrelazar estas ocho realidades contra el afán en el tejido de nuestras mentes y nuestros corazones para recordarlas.

NO OS AFANÉIS ANTE LAS AMENAZAS DEL HOMBRE

"…ante gobernadores y reyes seréis llevados por causa de mí, para testimonio a ellos y a los gentiles. Mas cuando os entreguen, no os preocupéis por cómo o qué hablaréis; porque en aquella hora os será dado lo que habéis de hablar" (MT. 10:18-19).

"El discípulo no es más que su maestro, ni el siervo más que su señor. Bástale al discípulo ser como su maestro, y al siervo como su señor. Si al padre de familia llamaron Beelzebú, ¿cuánto más a los de su casa? Así que, no los temáis; porque nada hay encubierto, que no haya de ser manifestado; ni oculto, que no haya de saberse. Lo que os digo en tinieblas, decidlo en la luz; y lo que oís al oído, proclamadlo desde las azoteas. Y no temáis a los que matan el cuerpo, mas el alma no pueden matar; temed más bien a aquel que puede destruir el alma y el cuerpo en el infierno. ¿No se venden dos pajarillos por un cuarto? Con todo, ni uno de ellos cae a tierra sin vuestro Padre. Pues aun vuestros cabellos están todos contados. Así que, no temáis; más valéis vosotros que muchos pajarillos" (MT. 10:24-31).

Incluso, si obtenemos cierta victoria sobre el temor de que nuestras necesidades no serán satisfechas (tratado en el capítulo anterior), queda el temor visceral de hablar la verdad cuando nos puede costar la vida. De eso trata Jesús en Mateo 10:24-31. Esto es especialmente relevante en nuestros días a medida que aumenta la probabilidad de que la tolerancia se mantendrá para toda persona, excepto para aquella que declara que todos deben brindar lealtad absoluta a Jesús.

El propósito del Señor en Mateo 10:24-31 es darnos el valor para hablar su verdad con claridad y sinceridad sin importar el precio. Como en Mateo 6:25-34, la idea principal de este texto es clara a partir de las tres repeticiones de la orden de no temer. Versículo 26: "Así que, no los temáis". Versículo 28: "No temáis a los que matan el cuerpo". Versículo 31: "Así que, no temáis; más valéis vosotros que muchos pajarillos". El propósito de Jesús es claro: ser intrépidamente valientes. ¿Pero valientes para hacer qué?

Lo que oís al oído, proclamadlo desde las azoteas

Jesús tiene algo muy específico en mente que está amenazado por el temor y que avanza por el valor. En Mateo 10:27-28, Él dice: "Lo que os digo en tinieblas, decidlo en la luz; y lo que oís al oído, proclamadlo desde las azoteas. Y no temáis…". En otras palabras, el temor en el que Jesús se centra en este pasaje es el temor de hablar claramente (en la luz) y abiertamente (desde las azoteas) cuando lo que se dice puede traer problemas.

Entonces, este es el mandamiento: "No tengan miedo de hablar claramente y abiertamente lo que les he enseñado, aun cuando les cueste la vida". El resto de las palabras de Jesús aquí son motivación, cinco razones por las que debemos tener valor en la causa de la verdad.

Te maltratarán como le hicieron a Jesús

Primero, observa las palabras "así que" al principio de Mateo 10:26: "*Así que*, no los temáis…". En otras palabras, la valentía fluye de lo que Jesús acaba de decir, concretamente, "Si al padre de la familia llamaron Beelzebú, ¿cuánto más a los de su casa?". ¿Cómo ayuda esto a hacernos valientes?

El razonamiento de Jesús parece ser este: "Tu maltrato por hablar la verdad no es ninguna experiencia inesperada, casual, fortuita; al contrario, es la misma manera en que me trataron a mí, por tanto, es una señal de que me perteneces. Por eso, no tengas miedo de las ofensas que te digan cuando hablas claramente. Esas mismas ofensas nos unen a ti y a mí".

Nada hay encubierto que no haya de ser manifestado

Segundo, observa la palabra "porque" en medio del mismo versículo 26: "Así que, no los temáis; *porque* [aquí viene la segunda razón para no temer] nada hay encubierto que no haya de ser manifestado; ni oculto, que no haya de saberse". ¿Cómo nos ayuda esto a vencer el temor y ser valientes en la causa de la verdad?

Nos ayuda al asegurarnos que la verdad que estamos hablando triunfará. Al final será reivindicada. Las personas pueden rechazarla ahora. La pueden llamar demoníaca. La pueden echar a un lado. Pueden tratar de enterrarla y esconderla del mundo y simular que no existe. Pero Jesús dice: "Anímate en la causa de la verdad porque, al final, toda verdad será revelada. Toda realidad será descubierta y los que la dijeron con claridad y sinceridad serán vindicados".

¡No temas, solo pueden matarte!

Tercero, Jesús dice: ¡No temas, solo pueden matarte! "Y no temáis a los que matan el cuerpo, mas el alma no pueden matar..." (Mt. 10:28). En otras palabras, lo peor que tus oponentes pueden hacer cuando dices la verdad es matar el cuerpo. Y eso deja el alma intacta y feliz en Dios para siempre. Pero si guardas silencio, si abandonas el camino de la verdad y te enamoras del elogio de los hombres, podrías perder tu propia alma. Si quieres temer algo, teme eso (véase el *Mandamiento # 11*), pero no temas lo que el hombre te pueda hacer. Lo único que puede hacer es enviar tu alma al paraíso. No temas.

Aun vuestros cabellos están todos contados

Cuarto, no temas decir la verdad, sé valiente y habla clara y sinceramente porque Dios está prestando atención cercana e íntima a todo lo que haces. Mateo 10:30 quiere decir al menos tanto como eso. Jesús dice "...aun vuestros cabellos están todos contados". En otras palabras, tu sufrimiento al decir la verdad *no* es porque Dios no tenga interés en ti o no conozca tu problema. Él está lo bastante cerca como para separar un cabello del otro y darle a cada uno un número. No temas, Él está cerca. Él está interesado, a Él le importas. Sé valiente y di la verdad cueste lo que cueste.

Ni uno de ellos cae a tierra sin permitirlo vuestro Padre

Finalmente, no temas, porque Dios no va a dejar que te suceda nada que no sea por su misericordiosa voluntad: "...vosotros valéis más que muchos pajarillos" (Mt. 10:31); "...ni uno de ellos caerá a tierra sin permitirlo vuestro Padre" (Mt. 10:29 [LBLA]). La idea de Jesús es: Dios gobierna el mundo hasta en los sucesos más insignificantes como los pajarillos que caen al suelo; por tanto, ningún daño te ocurrirá sino lo que Dios quiere. Esta confianza les ha dado gran valor a los seguidores de Jesús durante siglos. Muchos han hablado con las palabras del misionero Henry Martyn: "Si [Dios] tiene trabajo para mí, no puedo morir".[1] Somos inmortales hasta que el trabajo que Dios tiene para nosotros esté hecho.

ENTONCES, NO TENGAS TEMOR A NINGÚN HOMBRE

Por tanto, el mandamiento de Jesús permanece y hay suficiente razón para obedecerlo con gozo y valor. No te afanes por las necesidades corrientes de la vida, y no temas a las amenazas de los hombres. No te rindas al espíritu de la época, que nos reduce al silencio pacífico cuando aplasta la verdad: "No penséis que he venido para traer paz a la tierra —dijo Jesús—; no he venido para traer paz, sino espada" (Mt. 10:34). No la espada de acero, sino la espada de la verdad que les da vida a todos los que creen. Por lo tanto, ama la verdad, y lo que aprendas de Jesús en la soledad dilo desde las azoteas y no temas a las amenazas de ningún hombre.

---

1. *Journal and Letters of Henry Martyn* (Nueva York: Protestant Episcopal Society for the Promotion of Evangelical Knowledge, 1851), 460. La edición inglesa original de 1837 fue publicada en Londres y editada por el Rev. S. Wilberforce, M. A., rector de Brighstone.

Humillaos peleando contra el orgullo

*"…el que se enaltece será humillado, y el que se
humilla será enaltecido"* (Mt. 23:12).

*"…el publicano, estando lejos, no quería ni aun alzar los ojos al cielo,
sino que se golpeaba el pecho, diciendo: Dios, sé propicio a mí, pecador.
Os digo que este descendió a su casa justificado…"* (Lc. 18:13-14).

*"Bienaventurados los pobres en espíritu, porque
de ellos es el reino de los cielos"* (Mt. 5:3).

*"Guardaos de los escribas, que gustan de andar con ropas
largas, y aman las salutaciones en las plazas, y las primeras
sillas en las sinagogas, y los primeros asientos en las cenas…;
estos recibirán mayor condenación"* (Lc. 20:46-47).

*"Así también vosotros, cuando hayáis hecho todo lo
que os ha sido ordenado, decid: Siervos inútiles somos,
pues lo que debíamos hacer, hicimos"* (Lc. 17:10).

Una de las razones por las que Jesús reservó su descripción más desdeñosa a los hipócritas (véase el *Mandamiento #13*) fue porque la raíz de la hipocresía es el orgullo. La abominación que Jesús siente por el orgullo resulta evidente por la frecuencia y la variedad de sus llamados a la humildad.

Orgullo: reto, deseo, deleite

Es difícil definir el orgullo porque sus manifestaciones son sutiles y, a menudo, no aparentan arrogancia. Esto se hace evidente si comparamos la jactancia y la autocompasión como dos expresiones de orgullo.

La jactancia es la respuesta del orgullo ante el triunfo. La autocompasión es la respuesta del orgullo ante el sufrimiento. Quien se gloría dice: "Merezco admiración por lo mucho que he logrado". Quien se compadece dice: "Merezco admiración por lo mucho que he sacrificado". La presunción es la voz del orgullo en los corazones de los fuertes. La autocompasión es la voz del orgullo en los corazones de los débiles. La presunción semeja autosuficiencia; la autocompasión, sacrificio. La razón por la que la autocompasión no se parece al orgullo es que aparenta necesidad. Pero la necesidad surge del ego lastimado y lo que se desea no es realmente que otros nos consideren incapaces, sino héroes. La necesidad que siente quien se autocompadece no es producto de sentir que tiene poca valía, sino de sentir que no se la ha reconocido. Así reacciona el orgullo cuando no recibe aplausos.[1]

Jesús analiza minuciosamente los rincones más recónditos del orgullo y pone al descubierto sus múltiples aristas y manifestaciones. En el fondo, tenemos una compleja predisposición al autogobierno, mérito y placer en sentirnos superiores a otros. O, a modo de aliteración, existe una combinación de *reto* (contra Dios como legítimo gobernante), *deseo* (de que nos traten mejor) y *deleite* (en sentirnos superiores a otros) y puede que ninguno nos parezca obvio.

Una persona puede ser desafiante de manera pasiva si previene una rebelión flagrante pero, a la vez, si puede llevar la autodeterminación a su máximo nivel. Una persona puede sentirse también indigna si se desprecia a sí misma constantemente en público, pero, al mismo tiempo, si se enoja porque los demás no se lo reconocen como una virtud. Una persona puede expresar deleite en sentirse superior a otros al presumir o ansiar que los demás lo alaben por no presumir.

EL ORGULLO: UN SENTIDO DEL MÉRITO

Jesús se concentra en las expresiones visibles de orgullo a las que puede referir. Lucas nos dice por qué nos contó la parábola del fariseo

---

1. Este párrafo fue tomado de John Piper, *Desiring God: Meditations of a Christian Hedonist* (Sisters, Ore.: Multnomah, 2003), 302.

que se gloriaba personalmente y del publicano quebrantado (véase el *Mandamiento #20*): "A unos que confiaban en sí mismos como justos, y menospreciaban a los otros, dijo también esta parábola" (Lc. 18:9). A esto me refería con predisposición al mérito: a creerse que uno merece algo bueno de Dios.

El sentido del mérito va de la mano con la jactancia de que somos superiores a otros. Por eso, el fariseo, preocupado por el mérito, dijo en Lucas 18:11-12: "Dios, te doy gracias porque no soy como los otros hombres, ladrones, injustos, adúlteros, ni aun como este publicano; ayuno dos veces a la semana, doy diezmos de todo lo que gano". El hecho de que le da gracias a Dios no encubre el placer que siente al sentirse superior. Hay una marcada diferencia entre el deleite que siente el humilde al convertirse en una mejor persona por la gracia de Dios y el que siente el orgulloso al poder verse como un ser superior a otros. El orgullo no se deleita en el crecimiento en santidad, sino en la capacidad cada vez mayor sentirse superior.

ANHELAR LA GLORIA DE LOS HOMBRES

Incluso, si no poseemos un gran sentido del mérito, puede que anhelemos el mismo resultado, dígase, la gloria de los hombres. Jesús nos advierte que no cedamos a la caridad, la oración o el ayuno para que los demás nos vean: "Guardaos de hacer vuestra justicia delante de los hombres, para ser vistos de ellos…" (Mt. 6:1); "…cuando ores, no seas como los hipócritas; porque ellos aman el orar en pie en las sinagogas y en las esquinas de las calles, para ser vistos de los hombres…" (Mt. 6:5); "Cuando ayunéis, no seáis austeros, como los hipócritas; porque ellos demudan sus rostros para mostrar a los hombres que ayunan…" (Mt. 6:16). Jesús los llama "hipócritas" porque, con sus oraciones y ayuno, quieren aparentar que aprecian a Dios, pero, en realidad, aprecian la gloria de los hombres. He ahí una manifestación de orgullo.

Gloriarse por la piedad no es la única gloria que anhela el orgulloso. También anhela gloriarse por tener poder y riquezas. Jesús dice entonces a sus discípulos: "Los reyes de las naciones se enseñorean de ellas, y los que sobre ellas tienen autoridad son llamados bienhechores; mas no así vosotros…" (Lc. 22:25-26). En otras palabras: No te deleites en tener poder y riquezas elevados. El placer de estar "sobre" o "por encima" de otros no es producto de confiar humildemente en la gracia de Dios, es producto de un corazón orgulloso.

El orgullo tiene cientos de formas para obtener la gloria de los hombres. Puede que implique el puesto en que te sientes en una reunión, la manera en que te conduces en una plaza, o el título que pongas delante de tu nombre: "[Los escribas y los fariseos] aman los primeros asientos en las cenas, y las primeras sillas en las sinagogas, y las salutaciones en las plazas, y que los hombres los llamen: Rabí, Rabí" (Mt. 23:6-7). El asunto que nos ocupa no es que siempre sea algo negativo el que nos llamen Rabí o el que nos sentemos en los puestos de honor; el problema radica en lo que tú amas, lo que necesitas, anhelas y aprecias. El deseo que los hombres nos honren con puestos y títulos es lo que suscita el orgullo.

El orgullo no siente amor

Jesús nos muestra entonces cuán desalmado es el orgullo. Justo antes de decir: "…hacen todas sus obras para ser vistos por los hombres" (Mt. 23:5). Jesús dice: "…atan cargas pesadas y difíciles de llevar, y las ponen sobre los hombros de los hombres; pero ellos ni con un dedo quieren moverlas" (Mt. 23:4). En otras palabras: instituyen magnas normas morales, pero no tienen misericordia ni sabiduría espiritual para ayudar a las personas a llevar su carga. No sienten amor.

Esto no resulta sorpresa alguna por dos razones. Una es que los orgullosos no quieren realmente que nadie logre más que ellos. Esto sería sinónimo de perder una de las razones por las cuales se sienten superiores. La otra razón es que los orgullosos no comprenden realmente la forma en que la gracia de Dios actúa para ayudar a los pecadores a progresar en santidad sin que se enorgullezcan. No alzan ni un dedo para mostrar al pecador arrepentido que el yugo de Jesús es fácil y su carga es ligera (Mt. 11:30) porque para ellos no es tan fácil ni ligera. La moral por la que luchan, en pos de que sea perfecta, nunca deja de ser pesada para que pueda haber una sensación de mérito y presunción por lo alcanzado. Si fuera fácil y ligera, ¿de qué iban a gloriarse?

Somos siervos indignos

En las enseñanzas de Jesús hay entonces una relación muy estrecha entre humildad y servidumbre. Ser humilde es ser siervo. No son lo mismo, pero la humildad nos conduce a una disposición gozosa para realizar servicios humildes. El discípulo pasa de ser pobre de espíritu a confiar en la gracia de Dios como lo hiciera un niño, para después ostentar un corazón de siervo y obrar.

En las famosas Bienaventuranzas de Jesús, la primera es: "Bienaventurados los pobres en espíritu..." (Mt. 5:3); es decir, bienaventurados los que no creen que, al autoanalizarse, merezcan méritos ni los deseen. Ellos son todo lo contrario de aquellos que "...confiaban en sí mismos como justos..." (Lc. 18:9); saben que no tienen nada que los encomiende a Dios.

Felices, toman el lugar de los siervos indignos a quienes Jesús describe en Lucas 17:10: "...cuando hayáis hecho todo lo que os ha sido ordenado, decid: Siervos inútiles somos, pues lo que debíamos hacer, hicimos". El planteamiento anterior es muy profundo y resulta sumamente devastador para los últimos vestigios de orgullo. Jesús dice que sin tomar en cuenta el grado de obediencia, desde el peor hasta el mejor, ninguno amerita reclamo alguno a Dios. Un ser humano obediente diría (como parte de su obediencia): "Soy un siervo indigno"; es decir: "No lo pongo, de ninguna manera, en deuda de recompensarme". Esta convicción constituye la raíz de la humildad, de que no merecemos nada de parte de Dios.

Se puede decir de forma positiva, como lo hizo el publicano quebrantado, que todo lo bueno que recibimos de Dios es misericordia; no lo merecemos: "...Dios, sé propicio a mí, pecador" (Lc. 18:13). Dijo Jesús: "...este descendió a su casa justificado..." (Lc. 18:14). La alegría de los humildes no radica en ser merecedores, sino en recibir misericordia.

HUMILLAOS EN INGENUIDAD, SERVIDUMBRE Y CONFIANZA DESHECHA

"…De cierto os digo, que si no os volvéis y os hacéis como niños, no entraréis en el reino de los cielos. Así que, cualquiera que se humille como este niño, ese es el mayor en el reino de los cielos" (Mt. 18:3-4).

"…sea el mayor entre vosotros como el más joven, y el que dirige, como el que sirve" (Lc. 22:26).

"El discípulo no es más que su maestro, ni el siervo más que su señor… Si al padre de familia llamaron Beelzebú, ¿cuánto más a los de su casa? Así que, no los temáis…" (Mt. 10:24-26).

La clave de la humildad no radica solamente en sentir la ausencia de mérito (como vimos en el capítulo anterior), sino en la manifestación de la gracia inmerecida. La humildad no se manifiesta solo en la manera en que el siervo dijo: "Soy un siervo indigno"; la humildad es también como un niño que descansa en los brazos de su padre. Jesús dijo: "…De cierto os digo, que si no os volvéis y os hacéis como niños, no entraréis en el reino de los cielos. Así que, cualquiera que *se humille* como este *niño*, ese es el mayor en el reino de los cielos" (Mt. 18:3-4). Debemos humillarnos de ambas maneras: como un siervo indigno y como un niño confiado.

¿Qué sentido tiene la comparación con un niño? Si no nos apartamos del contexto original, la atención recaería principalmente en tres términos: *humildad, pequeños* y *confianza*.

HUMILDAD

En Mateo 18:4, Jesús dice: "Así que, cualquiera que se *humille* como este niño, ese es el mayor en el reino de los cielos". El verbo griego que se traduce como "humillar" no denotaba, por regla general, una virtud en la época de Jesús. Por lo general, significaba aplastar, derribar, afligir y degradar.[1] Se eligió esa palabra porque el mandamiento de Jesús no era para nada romántico, a pesar de que la ingenuidad resultaba tierna y fácil. Para una persona fuerte, con confianza en sí misma, autosuficiente, inteligente, ingeniosa y controladora, el mandamiento de Jesús resulta devastadora. Jesús sabía que los niños no constituían un modelo para imitar en aquella época. La razón por la que los escogió fue gracias a "su impotencia y su baja posición social".[2] Su mandamiento es que terminemos nuestro romance con el poder, la posición social, la autosuficiencia, los derechos y el control.

PEQUEÑOS

Esto queda confirmado con el término "pequeños", que Él utiliza para describir a los discípulos que son como los niños. Dice: "...cualquiera que haga tropezar a alguno de *estos pequeños* que creen en mí, mejor le fuera que se le colgase al cuello una piedra de molino de asno, y que se le hundiese en lo profundo del mar" (Mt. 18:6). Describe a los creyentes como "pequeños" y describe a los pequeños como aquellos que "creen". Ambos términos son importantes. "Pequeños" hace énfasis en que no son grandes a los ojos del mundo; no son fuertes ni autosuficientes. En vez de lo anterior, lo que los caracteriza es que ellos "creen en mí". Es decir, no confían en sí mismos, sino en Jesús.

CONFIANZA

Este es probablemente el punto más importante de la comparación que hace Jesús entre sus discípulos y los niños. Los niños pueden tener

---

1. Ver el artículo acerca de ταπεινός *(tapeinos)* en el *Theological Dictionary of the New Testament*, ed. Gerhard Friedrich, Vol. VIII (Grand Rapids, Mich.: Eerdmans, 1972), 4-9. "[En el mundo griego y helenístico] los hombres 'explotaban', 'oprimían'... 'humillaban', 'derribaban'... 'humillaban a otros destrozando su espíritu'... Se rechaza el hecho de que el hombre deba humillarse" (4).
2. Ulrich Luz, *Matthew 8–20: A Commentary*, trad. James E. Crouch, ed. Helmut Koester, Hermenia (Mineápolis, Augsburg Fortress, 2001), 428.

toda clase de defectos, pero, en una familia normal y sana, confían en que su papá se hace cargo de ellos. No pierden el sueño preocupándose de dónde saldrá el próximo plato de comida ni se inquietan en el coche porque el cielo se esté tornando gris: "El niño es, por la posición que ocupa, humilde… y vive confiando instintivamente".[3] Ellos son humildes y no tienen aires de grandeza según las normas mundanas. Son felices, no padecen de ansiedad y confían en que se les proveerá todo lo que necesiten. El mundo no da títulos honorarios a los niños, no escribe libros acerca de sus logros ni los ponemos a cargo de nada, pero esto no les molesta en lo más mínimo. Se contentan con que sus padres los cuiden.

Claro, Jesús no nos llama a ser tan improductivos ni inmaduros como los niños. Ese no es el objetivo de la comparación. El objetivo es que dejemos de ansiar el ser más fuertes, más inteligentes o más ricos que otros, que nuestro gozo no radique en la sensación de superioridad. El objetivo es que no envidiemos la ausencia de los reconocimientos si el mundo no valora lo que Jesús nos llama a hacer. No debemos inquietarnos porque nos crean humildes o incluso tontos según las normas mundanas. En cambio, debemos "creer" en Jesús de la misma manera en que un niño cree. Debemos encontrar nuestra seguridad, razón de ser, gozo en Jesús y todo lo que nuestro Padre celestial es para nosotros en Él (véase el *Mandamiento #4*).

LA HUMILDAD LLEVA A UN ESPÍRITU DE SERVIDUMBRE

Jesús hace énfasis en que la pobreza de espíritu, la humildad de los niños y la confianza, nos lleva a un espíritu y una vida de servidumbre. Más de una vez encontraron a los discípulos de Jesús discutiendo entre ellos acerca de cuál era el más grande o sería el más grande en el reino de los cielos. Jesús les respondió cada vez con el mismo mandamiento más o menos: "…Si alguno quiere ser el primero, será el postrero de todos, y el servidor de todos" (Mr. 9:35). A veces ejemplificaba su idea poniendo a un niño en medio de todos ellos y diciendo: "El que reciba en mi nombre a un niño como este, me recibe a mí; y el que a mí me recibe, no me recibe a mí sino al que me envió" (Mr. 9:37). En otras palabras: si estás dispuesto

---

3. Alexander McClaren, *The Gospel According to Matthew, Chapters XVII to XXVII* (Londres: Hodder and Stoughton, s.f.), 3.

a trabajar en una guardería y con alegría, llevar a los niños en tu regazo, serás "el primero".

Hasta en la Última Cena, cuando se preparaba para dar su vida en la mayor demostración de amor de siervo, los discípulos discutían acerca de cuál era el más grande. Así de arraigado en nosotros está ese anhelo. Jesús dijo: "Los reyes de las naciones se enseñorean de ellas, y los que sobre ellas tienen autoridad son llamados bienhechores; mas no así vosotros, sino sea el mayor entre vosotros como el más joven, y el que dirige, como el que sirve. Porque, ¿cuál es mayor, el que se sienta a la mesa, o el que sirve? ¿No es el que se sienta a la mesa? Mas yo estoy entre vosotros como el que sirve" (Lc. 22:25-27). Jesús cambió bruscamente del deseo de ser grande entre los hombres a un estilo de vida alternativo, es decir, un servicio humilde.

Cómo Jesús sirvió y servirá

¿Qué significa servicio? En Mateo 20:26-28, Jesús relaciona su mandamiento de que sirvamos a otros con su propio servicio por nosotros y nos muestra lo que tiene en mente: "…el que quiera hacerse grande entre vosotros será vuestro servidor, y el que quiera ser el primero entre vosotros será vuestro siervo; como el Hijo del Hombre no vino para ser servido, sino para servir, y para dar su vida en rescate por muchos". Servicio significa hacer cosas por amor que conlleven un sacrificio por parte nuestra, pero cuyo objetivo sea llevar beneficios temporales y eternos a otros.

Para asombro nuestro, el papel de siervo de Jesús no terminó junto con su vida en la tierra. Nos anuncia su segunda venida no solo como una demostración de gran poder y gloria (Mr. 13:26), sino también como una época en que volverá a asumir su papel humilde (pero hermoso) de siervo: "Bienaventurados aquellos siervos a los cuales su señor, cuando venga, halle velando; de cierto os digo que se ceñirá, y hará que se sienten a la mesa, y vendrá a servirles" (Lc. 12:37). Jesús nunca dejará de servirnos. ¿No inclina esto tu corazón a servir a otros al tiempo que sigues a aquel que te amó, se entregó por ti y nunca deja de servirte? El corazón de un pecador salvo que quiere seguir a Jesús no pregunta: "¿Cómo puedo alcanzar aplausos o prestigio supremo?", sino pregunta: "¿Cómo puedo hacer el mayor bien por aquellos que necesitan mi auxilio sin importar lo que me cueste?".

Cuando Jesús dijo (repetidamente): "…el que se enaltece será humillado, y el que se humilla será enaltecido" (Mt. 23:12; Lc. 14:11; 18:14), nos advertía sobre lo que mata al servicio (el orgullo que nos ensalza) y hacía un llamado a lo que posibilita el servicio (la humildad que nos hace depender de Cristo).

El denuedo desesperado en la causa de la verdad

Una de las funciones de la servidumbre que en nuestros días resulta necesaria es el denuedo desesperado en la proclamación de la verdad de Dios. Hago mención de esto porque el espíritu de relativismo ha creado en nuestros días un ambiente en que hablar la verdad con convicción y llamar a otros a creer no se considera muestra de humildad. A la aseveración de Jesús de que Él es el único camino al cielo (Jn. 5:23; 14:6), la típica crítica es calificarlo de arrogante.

G. K. Chesterton lo predijo en 1908 al escribir:

De lo que padecemos hoy es de humildad en el lugar erróneo. La modestia ya no está en el órgano de la ambición. La modestia se asentó en el órgano de la convicción; donde nunca estuvo destinada a asentarse. Se supone que un hombre dude de sí mismo, pero no de la verdad. El planteamiento anterior se ha invertido. Hoy día, el elemento del hombre que los hombres hacen valer es precisamente el que no debieran hacer valer: ellos mismos. De lo que dudan es exactamente de lo que no debieran dudar: la Razón Divina… El nuevo escéptico es tan humilde que duda hasta de que pueda aprender… Existe una humildad real, típica de nuestro tiempo, pero sucede que es prácticamente una humildad más venenosa que las más disparatadas postraciones de los ascetas. …La antigua humildad hacía que el hombre dudara de sus esfuerzos, cosa que lo hacía trabajar más duro, pero la nueva humildad hace que el hombre dude de sus metas, lo que lo hace dejar de trabajar completamente… Vamos camino a formar una raza de hombres demasiado modestos mentalmente como para creer en la tabla de multiplicar.[4]

---

4. G. K. Chesterton, *Orthodoxy* (Garden City, NY: Doubleday and Co., 1957), 31-32.

Si la humildad no es conformidad con el relativismo de nuestros días, ¿qué es entonces? Espero que lo que analizamos aquí arroje luz sobre esta cuestión y nos ayude a darnos cuenta de que, por el bien de Jesús y el servicio a otros, debemos decir con valentía lo que Él nos enseñó. He aquí al menos cinco consecuencias de lo que hemos comentado en los últimos dos capítulos.

La humildad: Cinco consecuencias de decir la verdad con denuedo

Primero: la humildad comienza con el sentido de subordinación a Dios en Jesús: "El discípulo no es más que su maestro, ni el siervo más que su señor…" (Mt. 10:24). Nuestra convicción no proviene de exaltarnos a nosotros mismos, sino de someternos a Aquel que se nos revela en su Palabra y nos manda que la anunciemos.

Segundo: la humildad no siente que tiene derecho a recibir un mejor tratamiento que el que recibió Jesús: "…Si al padre de familia llamaron Beelzebú, ¿cuánto más a los de su casa?" (Mt. 10:25). Por consiguiente, la humildad no paga mal con mal. No se trata de llevar una vida basada en derechos percibidos; es una vida de sacrificios.

Tercero: la humildad confirma la verdad, no para exaltar el ego con control o con triunfos. en el debate La humildad dice la verdad como un servicio a Cristo y amor por el adversario: "Lo que os digo en tinieblas, decidlo en la luz… y no temáis…" (Mt. 10:27-28).

Cuarto: la humildad sabe que depende de la gracia para todo lo que se conoce, se cree y se habla: "separados de mí nada podéis hacer" (Jn. 15:5). Esto engendrará un comportamiento que no es ni arrogante ni tímido.

Quinto: la humildad sabe que es falible. Es por eso que toma en cuenta las críticas y aprende de ellas, pero también sabe que Dios abastece la convicción humana y que nos llama a persuadir a otros. Jesús nos dijo que la Iglesia debe estar presta a reprender al miembro díscolo (Mt. 18:15-17) y nos dijo que incluso a pesar de ser falibles y de que tal vez necesitemos una reprimenda, debemos, sin vergüenza ninguna, ir a hacer discípulos a todas las naciones diciéndoles que hagan todo lo que Jesús mandó (Mt. 28:19-20).

La humildad: El don de recibir todas las cosas como un regalo

Cuando medité acerca de terminar el presente capítulo con una sección acerca de cómo obedecemos el mandamiento de humillarnos, me di cuenta de que la respuesta no estaba en ninguna nueva técnica, sino en los capítulos anteriores que tratan los actos de arrepentirse (*Mandamiento #2*), de venir a Jesús (*Mandamiento #3*), de creer en Jesús (*Mandamiento #4*), de amar a Jesús (*Mandamiento #5*), de permanecer en Jesús (*Mandamiento #7*) y de tomar la cruz con Jesús (*Mandamiento #8*). En todos ellos, la respuesta sale a flote: La humildad no fluye directamente de la autorrenunciación de la voluntad. La razón es que en cuanto renunciamos a nuestra voluntad, nos damos cuenta del logro y nos vemos atrapados por la tentación de sentirnos orgullosos de ese mismo acto de renuncia. ¿Cómo escapar de esta trampa?

En el fondo, la verdadera humildad percibe que esta es un don que va más allá de nuestro alcance. Si ser humilde dependiera de nosotros, instintivamente nos sentiríamos orgullosos de serlo. La humildad es el don de recibir, agradecido y con naturalidad, todas las cosas como un regalo. Tal vez pueda terminar con un toque personal acerca de cómo yo (de manera imperfecta) libré esta batalla. El 6 de diciembre de 1988, anoté lo siguiente en mi diario. Es mi propia confesión de necesidad y mi respuesta a la cuestión de cómo humillarnos.

> ¿No es concentrarme en la gloria de Dios la manera más eficaz de frenar mi deleite en que me enaltezcan? La abnegación y la crucifixión de la carne son esenciales, pero ¡ay, qué fácil es que me enaltezcan, incluso por mi abnegación! ¿Cómo destruir este insidioso motivo de placer que es que me alaben si no es concentrando todos mis sentidos en el deleite del placer de dar la gloria a Dios? El hedonismo cristiano[5] es la solución indiscutible. Es más profunda que la muerte del ser. Hay que ahondar en la

---

5. Para más información acerca del término, ver John Piper, *Sed de Dios: Meditaciones de un hedonista cristiano* (Barcelona: Andamio, 2011). La oración que resume el hedonismo cristiano es: Dios se gloría más en nosotros cuando estamos más satisfechos en Él. Un hedonista cristiano es aquel que hace del deleite en Jesucristo la gran búsqueda de su vida porque cree que dicha búsqueda es la mejor manera de demostrar que Jesús es la Realidad más gloriosa del universo.

tumba de la carne para encontrar el verdadero arroyo de agua milagrosa y liberadora que nos embelesa con el sabor de la gloria de Dios. Solamente en esa admiración que deja estupefactos y nos satisface completamente se encuentra el fin del ser.

No os enojéis, confiad en la providencia de Dios

"Oísteis que fue dicho a los antiguos: No matarás; y cualquiera que matare será culpable de juicio. Pero yo os digo que cualquiera que se enoje contra su hermano, será culpable de juicio; y cualquiera que diga: Necio, a su hermano, será culpable ante el concilio; y cualquiera que le diga: Fatuo, quedará expuesto al infierno de fuego" (Mt. 5:21-22).

Una y otra vez hemos visto que Jesús nos manda hacer lo que nosotros solos no podemos hacer. A veces, al igual que ocurre con el mandamiento de amar o creer, intentamos cambiar sus mandamientos para que nos sea posible cumplirlos definiéndolos como meros actos externos o meras decisiones volitivas. Creemos que los controlamos más que a nuestros sentimientos. Es posible, pero en lo que respecta al enojo, Jesús hace explícitamente lo contrario de lo que nosotros intentamos al modificar sus mandamientos para hacerlos más externos y posibles de cumplir. Él dice que el acto externo de matar está mal y, de manera más radical, que el sentimiento interno de enojo que lo impulsa también es malo. Nos manda entonces (junto con la ley de Moisés) que no *realicemos* el acto externo de matar, pero va más allá exigiéndonos que no *sintamos* ese sentimiento interno de ira que se esconde detrás del acto.

Nadie decide si se enoja o no

Podemos apreciar cuán radical resulta, si nos detenemos a analizar que nadie *decide* si se enoja o no. No presenciamos un indignante acto de injusticia y crueldad despiadada para ponernos a pensar si el enojo sería la reacción adecuada para, entonces, después de analizarlo, tomar la decisión de comenzar a sentir el nivel adecuado de enojo. Nadie vive de esa manera. Simplemente sucede. El enojo es espontáneo. No es una elección racional. Es una experiencia que no se premedita.[1] Algo sucede, y el enojo colma nuestros corazones. Lo que lo desata, y la fuerza y la duración con que lo hace, es una combinación del mal que observamos, así como del estado de nuestras mentes y corazones. El mandamiento de Jesús, por tanto, no es que controlemos las expresiones de nuestro enojo por medio del autocontrol, aunque es a menudo lo que nos exige el deber. Su exigencia es que tenga lugar un cambio en nuestro estado. Jesús nos llama a una profunda transformación interna de la mente y el corazón que no desate el enojo que no debemos sentir. Él describió ese cambio de distintas maneras: por ejemplo, el nacer de nuevo (*Mandamiento #1*), el arrepentimiento (*Mandamiento #2*) y la fe (*Mandamiento #4*).

Por consiguiente, lo que hablamos en el presente capítulo acerca del mandamiento de que no nos enojemos está enraizado en otras enseñanzas de Jesús. A Él no le interesan los meros cambios psicológicos ni emocionales, le interesan los discípulos nacidos de nuevo que viven por fe en su obra salvadora y su cuidado actual. *Él* derramó su sangre; *nosotros* experimentamos perdón (Mt. 26:28). *Él* pagó el rescate; *nosotros* quedamos libres de la condena y de la esclavitud del pecado (Mr. 10:45; Jn. 8:32). *Él* nos trajo el reino de Dios; *nosotros* experimentamos su gobierno transformador (Lc. 11:20). *Él* es la vid; *nosotros* somos los pámpanos. Separados de Él, nada podemos hacer (Jn. 15:5). Esto incluye obedecer el mandamiento de no enojarnos.

¿Qué es el enojo?

Como con todas las emociones que existen desde antes del lenguaje e independientemente de este, el enojo es difícil de definir, pero debemos intentarlo porque, evidentemente, hay diferentes experiencias a las que

---

1. No quiero dar a entender que lo que hacemos con nuestra voluntad no tiene efecto en nuestro enojo. Podemos decidir si no olvidamos la ofensa y, de esa manera, intensificamos nuestro enojo. Podemos elegir desviar nuestra atención hacia la misericordia de Cristo para con nosotros y reducir nuestro enojo. Pero a lo que me refiero es a que la experiencia en sí no se controla inmediatamente por medio de la voluntad, de la misma manera que se levanta la mano.

llamamos enojo, de las cuales unas son pecaminosas y otras no. Por ejemplo, en Marcos 3:5, Jesús mismo se enojó por culpa de los líderes religiosos que no querían que curara a un hombre en el día de reposo: "mirándolos alrededor *con enojo*, entristecido por la dureza de sus corazones…". Jesús, además, hace repetidas referencias al enojo de *Dios*, ya sea de manera directa, como la ira de Dios en el juicio (Jn. 3:36; Lc. 21:23), o de manera indirecta, por medio de parábolas (Mt. 18:34; 22:7; Lc. 14:21).

Enojo se define como "un profundo sentimiento de desagrado y, por lo general, de antagonismo". La razón por la cual la frase "un profundo sentimiento de desagrado" no puede sostenerse por sí misma es porque no pensamos que una comida con muy mal sabor desate nuestro enojo, a pesar del profundo desagrado. Ese desagrado necesita de otro componente antes de que uno sienta enojo como tal. Si alguien no deja de darnos comida con un sabor horrible y nos da la impresión de que lo hace de manera intencionada, entonces puede que nos enojemos. El enojo parece ser un desagrado más o menos profundo con respecto a algo que sucede deliberadamente y que, según nosotros, no debería pasar.

Por supuesto, a veces nos enojamos sin ser ese el caso. Si tropezamos con una raíz, puede que nos volvamos y pateemos la raíz con enojo. Si nos damos en la cabeza con un mueble de la cocina, puede que golpeemos la puerta de dicho mueble con enojo. Sin embargo, pasado el momento, consideramos que dichas reacciones son tontas. Intuitivamente, pensamos que les estamos imputando conciencia a la raíz y al mueble, como si nos hubieran hecho algo a propósito.

Fue por eso que el joven Jonathan Edwards resolvió no enojarse con los objetos inanimados. Su Determinación #15 dice: "*Resuelvo*: Nunca sufrir la más mínima expresión de enojo contra los seres irracionales".[2] Por lo tanto, la diferencia entre el enojo y otros sentimientos de desagrado es que el primero implica un profundo desagrado por algo que sucede de manera intencional y que, en nuestra opinión, no debería suceder.

El enojo de Jesús y el nuestro

Si Jesús, como el ser humano ideal, pudo sentir y expresar enojo,

---

2. Jonathan Edwards, *Memoirs of Jonathan Edwards, A. M.*, en *The Works of Jonathan Edwards*, ed. Edward Hickman, 2 vols. (Edimburgo: Banner of Truth, 1974), I:xxi.

nos vemos obligados a preguntar cuál es la prohibición que aparece en Mateo 5:22 cuando dice: "cualquiera que se enoje contra su hermano, será culpable de juicio". En su perfección humana, Él hizo un azote de cuerdas y volcó las mesas de los cambistas que estaban en el templo (Jn. 2:15; Mt. 21:12); sintió enojo y tristeza en la sinagoga (Mr. 3:5); y llamó a los escribas y fariseos hijos del infierno (Mt. 23:15), "insensatos y ciegos" (Mt. 23:17) y "sepulcros blanqueados" (Mt. 23:27).

No asumo que solo a Jesús se le permite enojarse porque es el Hijo de Dios y ningún otro ser humano puede hacerlo. Las Escrituras que Él leyó y afirmó (Jn. 10:35; Mt. 5:18), describieron el enojo de los hombres santos de la antigüedad (Éx. 32:19; Nm. 16:15; Neh. 5:6; Sal. 4:4). Soy de la opinión de que la solución se encuentra, más bien, en intentar definir qué caracteriza al enojo positivo y qué al negativo. Él nos ayuda al respecto en el contexto de Mateo 5:22 y en las demás cosas que dijo. Echemos un vistazo primero al resto de sus planteamientos y después retomaremos el contexto de Mateo 5:22.

Yo veo, al menos, cinco factores en las enseñanzas de Jesús que determinan si enojarse en un momento dado es legítimo o no. Se les puede describir con cinco palabras clave. En el presente capítulo, abordaremos tres de ellos: *amor, proporción* y *providencia*. En el capítulo siguiente abordaremos la *misericordia* y la *servidumbre,* así como su relación con el enojo.

El amor y el enojo

Para que el enojo humano sea positivo debe regirlo el amor por aquellos que nos enfurecen. Jesús dijo: "…Amad a vuestros enemigos y orad por los que os ultrajan y os persiguen… haced bien a los que os aborrecen, bendecid a los que os maldicen…" (Mt. 5:44; Lc. 6:27-28). Los mandamientos anteriores ejercen un efecto controlador en la naturaleza de nuestro enojo. Nos dicen que el enojo legítimo no tiene por qué deleitarse ni desear la condenación de aquellos que nos hacen enojar. Si nuestro enojo ha de ser positivo, ha de regirlo nuestra obediencia al mandamiento de bendecir, orar y hacer el bien a aquellos que nos hacen enojar.

Esto conforma la definición misma de enojo. Si asumimos que este *siempre* implica sentimientos de afán de venganza y hostilidad, entonces, por definición, no hay enojo positivo. Pero esa no es la única manera en que las personas piadosas se han enojado. El que Jesús se haya enojado nos dice que el enojo positivo existe. Es por eso que hemos de definirlo de manera que el amor lo rija. En otras palabras, debemos asumir que, con la ayuda de Jesús, podemos enojarnos con alguien y, al mismo tiempo, orar por esa persona, bendecirla y hacerle un bien. Este enojo estaría marcado por un fuerte desagrado para con la acción realizada, e incluso para con el corazón corrupto de donde provino la acción, pero, a la vez, desearíamos su bien y oraríamos por esto y obraríamos en pos de esto. Un enojo así no tiene por qué ser negativo.

La proporción y el enojo

Jesús nos enseña que una respuesta sagrada al mal debería ser proporcional a su grado de flagrancia moral. Por ejemplo, nos ejemplifica el propósito de Dios de castigar a algunas personas más que a otras con la siguiente parábola:

> Aquel siervo que conociendo la voluntad de su señor, no se preparó, ni hizo conforme a su voluntad, recibirá muchos azotes. Mas el que sin conocerla hizo cosas dignas de azotes, será azotado poco; porque a todo aquel a quien se haya dado mucho, mucho se le demandará; y al que mucho se le haya confiado, más se le pedirá (Lc. 12:47-48).

Una de las implicaciones de las palabras anteriores es que, si el castigo varía en función de los diferentes grados de maldad, lo mismo ha de suceder con los grados de enojo en respuesta al mal.

En otras palabras, nuestro enojo debe ser controlado no solo por nuestro amor por quienes nos hacen enojar, sino también por la gravedad de la ofensa. Si nuestro enojo es desproporcionado en relación con la ofensa, no es enojo positivo. Lo anterior es obvio cuando pensamos en no enojarnos más de lo que la ofensa amerita. Todos nos hemos enojado alguna vez, más de lo que la ofensa requería. Un padre gritándole con furia a su hijo de tres años y golpeándolo de manera incontrolable constituiría un claro ejemplo de enojo desproporcionado.

Resulta menos obvio que muy poco enojo pueda constituir también una falta. La ausencia de enojo en presencia del mal no resulta necesariamente una falta. Jesús nos dice claramente que no nos enojemos con nuestro hermano (al menos en determinadas circunstancias), lo que implica que debe haber situaciones en las que enojarse parece ser natural, pero no debemos hacerlo. Cómo es eso posible se analizará en un momento pero, por ahora, debe añadirse que hay razones de índole *negativa* para no enojarse al igual que de índole positiva. Una persona puede no discernir o puede ser insensible ante la gravedad del pecado, la ofensa a Dios que constituye y el daño que puede ocasionar a las personas. La ausencia de enojo en un caso así resulta desproporcionada a la gravedad del mal y no es positivo.

La providencia y el enojo

Una de las grandes verdades que Jesús nos enseñó para ayudarnos a quedar libres del enojo pecaminoso es acerca de la providencia completamente abarcadora de Dios, es decir, su control sabio y soberano sobre todas las cosas por el bien de sus hijos. El aumento y la intensidad de nuestro enojo debe ser gobernado por nuestra confianza en la providencia de Dios, en que Él gobierna sobre el mal que nos hace enojar y no permitirá que nos suceda nada que, al final, no redunde en un bien para nosotros.

El enojo que podría suscitarse en nuestros corazones cuando se nos trata injustamente o vemos que tratan con crueldad a nuestros seres queridos sería natural e intenso. Para los momentos en que tengamos que hacer frente a tales amenazas, Jesús habló directamente a nuestro miedo, no a nuestro enojo. Sin embargo, las implicaciones relacionadas con el enojo son claras; al respecto dijo: "Y no temáis a los que matan el cuerpo, mas el alma no pueden matar; temed más bien a aquel que puede destruir el alma y el cuerpo en el infierno. ¿No se venden dos pajarillos por un cuarto? Con todo, ni uno de ellos cae a tierra sin vuestro Padre. Pues aun vuestros cabellos están todos contados. Así que, no temáis; más valéis vosotros que muchos pajarillos" (Mt. 10:28-31).

La cuestión es, primeramente, que Dios gobierna los más insignificantes detalles de la vida en la tierra: ni un pajarillo cae a tierra sin el permiso de nuestro Padre. Y la segunda cuestión es que Dios está cerca y tiene completo conocimiento de nuestra situación: hasta nuestros cabellos están todos contados. Conclusión: Nada te sobrevendrá sin su sabia y amorosa providencia con respecto a tu situación. No temas. Y, como consecuencia, no te enojes de manera que contradiga tu confianza en el cuidado de Dios por tu vida. La providencia de Dios debe cambiar la forma en que vivimos las distintas situaciones que, de otro modo, nos enfurecerían por completo.

Cuando Jesús predijo lo que sobrevendría a sus discípulos en el futuro, dijo: "…seréis entregados aun por vuestros padres, y hermanos, y parientes, y amigos; y matarán a algunos de vosotros; y seréis aborrecidos de todos por causa de mi nombre. Pero ni un cabello de vuestra cabeza perecerá" (Lc. 21:16-18). Nuevamente se nos asegura de manera sorprendente que, incluso si nos mataran por Cristo ("matarán a algunos de vosotros"), estaríamos, aun así, completamente a salvo ("ni un cabello de vuestra cabeza perecerá"). La providencia de Dios dominará todo el mal que nos sobrevenga para que sus propósitos se cumplan. Esto afectará la manera en que nos enojamos. El mal se continúa haciendo, pero no tiene la última palabra y, al final, servirá incluso a los designios ocultos de Dios. Puede que haya enojo, pero la amargura, la agresión y la hostilidad desaparecerán serán eliminados por esta confianza.

Gózate en la persecución

Uno de los ejemplos más claros de cómo la providencia de Dios supera el efecto controlador del enojo es el mandamiento de Jesús de que nos regocijemos cuando se nos persiga injustamente. Dice: "Bienaventurados sois cuando por mi causa os vituperen y os persigan, y digan toda clase de mal contra vosotros, mintiendo. Gozaos y alegraos, porque vuestro galardón es grande en los cielos; porque así persiguieron a los profetas que fueron antes de vosotros" (Mt. 5:11-12). Pocas cosas nos harían enojar más que un trato tan injusto. No solo se nos daña con ultrajes y persecución, sino que Jesús recalca que es "mal" y es "mentira". Dichos factores tienden a enfurecernos.

Pero el Señor transforma completamente ese sentimiento común y comprensible de enojo. En vez de decir: "Enójense con toda su razón" o "Traten de controlar su enojo", dice la cosa más increíble que puede uno imaginar: "Gozaos y alegraos". El lenguaje que se utiliza en Lucas 6:23

resulta aun más extraordinario. Dice: "Gozaos en aquel día, y *alegraos...*". El enojo producto de ser perseguido injustamente no puede escapar a este mandamiento. Nuestra ira ante el trato injusto no puede permanecer inalterable si nos gozamos en dicho trato.

El que nos gocemos no es sinónimo de que aprobemos el trato. No significa que dejemos de pensar que es injusto y, probablemente, tampoco quiera decir que *no* exista enojo alguno. Algún tipo de enojo sagrado, un profundo sentimiento de desagrado, podría ser sentimentalmente compatible con el gozo. El alma humana a imagen de Dios es así de compleja y sabemos, gracias a todo lo que Jesús nos enseñó acerca de Dios, que este siente enojo y gozo simultáneamente porque ve y reacciona de forma perfecta ante todo mal y todo bien al mismo tiempo.[3]

Nuestro gozo en presencia de la persecución es posible gracias a la providencia de Dios. Ni uno de tus cabellos perecerá (cuando te maten). Ni un pajarillo cae (o recibes un golpe en la cabeza) si no es la voluntad de tu Padre. La providencia rige tu sufrimiento y, al final, "vuestro galardón es grande en los cielos". Ese es el argumento de Jesús de por qué el gozo y no el enojo puede dominar nuestra experiencia de persecución: "Gozaos y alegraos, *porque vuestro galardón es grande en los cielos...*" (Mt. 5:12). Por consiguiente, la fe rige el enojo positivo en la sabia, todopoderosa y misericordiosa providencia de Dios.

---

3. Jesús, por ejemplo, nos enseñó que Dios alimenta a todas las aves y viste a los lirios del campo (Mt. 6:26-30) y ni un ave cae a tierra sin que Él lo sepa (Mt. 10:29), que cada cabello está contado (Mt. 10:30) y que ni en todas las hostilidades de la vida perecerá un cabello nuestro (Lc. 21:18). En otras palabras, Dios es perfectamente consciente de cada microdetalle de lo que sucede en el mundo, y su ira (Jn. 3:36) y su gozo (Lc. 15:7) tienen lugar en perfecta proporción con lo que ve. Como existe incredulidad y arrepentimiento y ambos suceden de manera simultánea todo el tiempo, Él es capaz de reaccionar siempre ante ambos con sentimientos distintos de manera simultánea.

No os enojéis, abrazad la misericordia y el perdón

"…Señor, ¿cuántas veces perdonaré a mi hermano que peque contra mí? ¿Hasta siete? Jesús le dijo: No te digo hasta siete, sino aun hasta setenta veces siete" (Mt. 18:21-22).

"…saca primero la viga de tu propio ojo, y entonces verás bien para sacar la paja del ojo de tu hermano" (Mt. 7:5).

La misericordia y el enojo

El enojo no solo recibe la influencia de la providencia de Dios que nos asegura su cuidado actual y futura recompensa (como vimos en el capítulo anterior), sino que también es regido por el recuerdo sincero de que el perdón de nuestros pecados se debe a una misericordia colosal. Jesús enseña que vivir conscientes de que somos delincuentes perdonados (por los asaltos perpetrados contra el honor de Dios) destrozará el poder del enojo impío en nuestras vidas. Nos lo ejemplifica cuando sus discípulos le preguntan cuántas veces deben perdonar a las personas.

Los discípulos de Jesús son conscientes de cuán exasperante puede ser que alguien peque contra nosotros no solo una, sino una y otra vez. Pocas cosas nos hacen enojar más. Por eso, Pedro, el discípulo de Jesús, le preguntó: "Señor, ¿cuántas veces perdonaré a mi hermano que peque contra mí? ¿Hasta siete? Jesús le dijo: No te digo hasta siete, sino aun hasta setenta veces siete" (Mt. 18:21-22). La pregunta pide a gritos que la hagan: ¿Cómo es eso humanamente posible si alguien nos ha herido por centésima vez?

Jesús responde con una parábola acerca del reino de los cielos que nos muestra cuán estrechamente relacionado está el reino al poder del perdón.

Le dice a Pedro y al resto de los que pueden oírlo: "Por lo cual el reino de los cielos es semejante a un rey que quiso hacer cuentas con sus siervos" (Mt. 18:23). Resulta significativo que llame a esta parábola una comparación con el reino de los cielos. Esto significa que el triunfo sobre el enojo por medio del perdón forma parte del gobierno (reino) de Dios en la vida de su pueblo. El perdón no es sencillamente una técnica psicológica para manejar las relaciones humanas, es la obra de Dios y el fruto del perdón que Jesús dijo que obtendría con su propia sangre (Mt. 26:28).

Cómo perdonamos setenta veces siete

La parábola narra la historia de un rey que tenía un siervo quien le debía la pasmosa suma de diez mil talentos (Mt. 18:24). "La gigantesca cuantía de esta suma nos queda esclarecida por el hecho de que el rey Herodes tenía un ingreso anual de unos 900 talentos y que Galilea y Perea [la 'tierra más allá del Jordán'] pagaron 200 talentos de impuestos en el año 4 a.C."[1] Al parecer, esta suma es una exageración intencional (como cuando decimos "millones" de dólares) o dicho siervo era un oficial de alto rango que tenía las relaciones para malversar altas sumas del tesoro real a lo largo de muchos años. En cualquier caso, su deuda resulta casi incalculable.

El rey lo amenazó con venderlo a él y a su familia, pero "…aquel siervo, postrado, le suplicaba, diciendo: Señor, ten paciencia conmigo, y yo te lo pagaré todo [cosa imposible, al parecer, en vista de la suma]. El señor de aquel siervo, movido a misericordia, le soltó y le perdonó la deuda" (Mt. 18:26-27). Este perdón resulta tan espectacular como el monto de la deuda. Esa es la cuestión. Jesús quiere que nos percatemos de que el pecado es una deuda incalculable con Dios. Nunca podríamos pagarla. Nunca podríamos saldar la cuenta con Dios. Ninguna cantidad de penitencias ni buenas obras podría pagar la deuda de deshonor que hemos acumulado ante Él a cuenta de nuestros pecados.

Pero este siervo no tomó el perdón tal como era: asombroso, inmerecido, humillante, generador de misericordia. Jesús no nos informa de ninguna palabra de gratitud ni de asombro de parte de dicho siervo. ¡Increíble!

---

1. Walter Grundman, *Das Evangelium Nach Matthius* (Berlín: Evangelische Verlagsanstalt, 1968), 423.

Sencillamente, cuenta los incomprensibles sucesos que le siguieron: "Pero saliendo aquel siervo, halló a uno de sus consiervos, que le debía cien denarios [un denario era un día de trabajo para un obrero]; y asiendo de él, le ahogaba, diciendo: Págame lo que me debes. Entonces su consiervo, postrándose a sus pies, le rogaba diciendo: Ten paciencia conmigo, y yo te lo pagaré todo. Mas él no quiso, sino fue y le echó en la cárcel, hasta que pagase la deuda" (Mt. 18:28-30). En otras palabras, el que este hombre experimentara "perdón" de parte del rey no hizo mella en su enojo. Asió y ahogó a su consiervo.

Esto llegó a oídos del rey y (¡con toda razón!) se enojó (Mt. 18:34). Le dijo: "…Siervo malvado, toda aquella deuda te perdoné, porque me rogaste. ¿No debías tú también tener misericordia de tu consiervo, como yo tuve misericordia de ti? Entonces su señor, enojado, le entregó a los verdugos, hasta que pagase todo lo que le debía" (Mt. 18:32-34). La conclusión de la parábola va directa al fondo de la cuestión del enojo y el perdón. Jesús dice: "Así también mi Padre celestial hará con vosotros si no perdonáis de todo corazón cada uno a su hermano sus ofensas" (Mt. 18:35).

El tema de esta parábola es que Dios no tiene obligación de salvar a la persona que clama ser su discípulo, si el supuesto discípulo no ha recibido el don del perdón tal como es: infinitamente precioso, asombroso, inmerecido, humillante y generador de misericordia. Si aseveramos que Jesús nos perdonó, pero en nuestros corazones no hay perdón para con los demás, el perdón de Dios estará ausente (cp. Mt. 6:14-15; Mr. 11:25).[2]

Recuerda que esa parábola se dijo a Pedro para ayudarlo a lidiar con el mandamiento de Jesús de perdonar setenta veces siete (Mt. 18:22). Es decir, se dijo para ayudarnos a lidiar con el enojo que, de manera natural, se desata en nuestros corazones cuando alguien nos hiere por centésima vez. La solución, dice Jesús, es ser sobrecogedora e increíblemente consciente de que nos han condonado una deuda más cuantiosa que la

---

2. El objetivo de la parábola de Jesús no es remitirse al problema más amplio de si podemos experimentar verdaderamente el perdón de Dios y después perder dicho perdón. Ya vimos en el *Mandamiento #7* que Jesús nos enseña que no permitirá que ninguno de sus discípulos se descarríe. El objetivo de la parábola es que el perdón ofrecido de manera divina que no transforme nuestras vidas de tal forma que perdonemos a los demás, no nos hará salvos.

suma de todos los males que nos han hecho. O, para decirlo de otra forma: Debemos vivir asombrados y conscientes de que el enojo de Dios para con nosotros ha sido quitado, aunque hemos pecado contra Él mucho más de setenta veces siete. El efecto de ser conscientes es un gozo humilde, contrito y tierno. Y dicho gozo desconsolado rige nuestro enojo. El único enojo positivo es aquel que se suscita en este corazón humilde.

"Saca primero la viga de tu propio ojo"

Otra enseñanza de Jesús confirma cómo Él estructura la misericordia como una manera de gobernar nuestro enojo. Una de las formas en que el enojo se expresa es juzgando a otros. Jesús nos dejó un mandamiento al respecto:

> No juzguéis, para que no seáis juzgados. Porque con el juicio con que juzgáis, seréis juzgados, y con la medida con que medís, os será medido. ¿Y por qué miras la paja que está en el ojo de tu hermano, y no echas de ver la viga que está en tu propio ojo? ¿O cómo dirás a tu hermano: Déjame sacar la paja de tu ojo, y he aquí la viga en el ojo tuyo? ¡Hipócrita! saca primero la viga de tu propio ojo, y entonces verás bien para sacar la paja del ojo de tu hermano (Mt. 7:1-5).

El mandamiento de no juzgar suena tan absoluto como el mandamiento de no enojarnos: "No juzguéis, para que no seáis juzgados". Pero lo que sigue al mandamiento nos muestra que existe una clase de juicio que es negativo y otra clase de juicio que es necesario y positivo, así como hay enojo positivo y enojo negativo. Cuando Jesús dice: "...saca primero la viga de tu propio ojo, y entonces verás bien para sacar la paja del ojo de tu hermano", muestra que es necesario juzgar la paja en el ojo del hermano. Lo que convierte ese juicio bueno, curativo, producto de la preocupación en el juicio sentencioso que Jesús prohíbe es la incapacidad de no ver la viga en el ojo propio.

Sucede igual que con el siervo implacable que no fue capaz de percatarse de la "gran deuda" que le había sido perdonada (diez mil talentos) para que él gustoso pudiera perdonar la "pequeña deuda" de su hermano (cien denarios). Jesús asume que cuando vemos la viga en nuestro propio ojo, sabemos cómo quitarla, es decir, sabemos cómo encontrar el perdón y la ayuda de Jesús. De otra manera, el delicado proceso de quitar la paja del ojo de nuestro hermano no sería posible. No se puede efectuar una delicada y amorosa cirugía ocular con una viga colgando del ojo.

El objetivo de las palabras de Jesús es mostrarnos cómo puede destruirse el enojo del juicio sentencioso. Lo rompe un corazón deshecho. Vivimos conscientes de nuestra gran capacidad para pecar y conscientes de que solo la misericordia de Jesús puede sacar la viga de nuestro ojo con perdón y curación. El que seamos conscientes torna el juicio producto del enojo en tolerancia paciente y tierna, y en corrección delicada. El enojo justificado puede no desaparecer, porque nos disgusta que las pajas plaguen los ojos de nuestros seres queridos, pero este no es enojo de juicio sentencioso. Al enojo positivo lo rige la experiencia de misericordia.

Servidumbre y enojo

Nos vemos tentados a enojarnos no solo cuando se nos hiere repetidamente, sino cuando otros nos dicen qué hacer, en especial, si no queremos hacerlo. Dicho enojo está por lo general enraizado en la clase de orgullo que no siente ningún deber ni gozo en la servidumbre. Sin embargo, todo lo que Jesús nos enseña acerca de servir a otros nos conduce a vivir la servidumbre de otra manera (cp. *Mandamiento #17*). Algo que resulta esencial para ser discípulo de Jesús es la voluntad de abrazar la abnegación y llevar la cruz: "…Si alguno quiere venir en pos de mí, niéguese a sí mismo, y tome su cruz, y sígame" (Mt. 16:24).

Jesús va a la cruz a morir por otros y nos llama a acompañarlo y, si fuera necesario, a morir por otros. Esta disposición a sufrir como parte del proceso de seguirle engendra un espíritu de servicio que no siente enojo cuando se nos imponen las exigencias. Jesús hizo uso de una frase increíble para expresarlo: "siervo de todos". Dijo: "…y el que de vosotros quiera ser el primero, será *siervo de todos*. Porque el Hijo del Hombre no vino para ser servido, sino para servir, y para dar su vida en rescate por muchos" (Mr. 10:44-45).

Jesús no quiere indicar que el seguirlo termina en una relación de rabia, sin gozo: "Estas cosas os he hablado, para que mi *gozo* esté en vosotros, y vuestro gozo sea cumplido" (Jn. 15:11). Martín Lutero captó el gozoso espíritu de la "esclavitud" cristiana cuando, en 1520, dijo: "Un hombre cristiano es el más libre de todos los hombres y no está sujeto a nadie;[3] un hombre cristiano es el siervo más consciente de sus deberes y está sujeto a cada uno de ellos".[4] No somos dueños de nosotros mismos, pertenecemos a Jesús. Lo que Él nos pide que hagamos, lo hacemos o le oiremos decir: "¿Por qué me llamáis, Señor, Señor, y no hacéis lo que yo digo?" (Lc. 6:46).

Este espíritu de sumisión transforma los sentimientos de enojo. Como "siervos de todos", los sentimientos que despertaría el que nos requieran que hagamos cosas que no teníamos en mente hacer no serían los mismos que si fuéramos *señores de todo*. Por amor a Jesús, el esclavo se goza en servir al bien de otros. Dice con su Amo: "…Mi comida es que haga la voluntad del que me envió, y que acabe su obra" (Jn. 4:34). Fuimos enviados expresamente a servir. Al enojo positivo lo determina la conformidad que da Jesús para servir a otros, incluso a aquellos que no lo merecen.

¿Qué clase de enojo prohíbe Jesús?

Retomamos la prohibición de Jesús acerca del enojo: "Oísteis que fue dicho a los antiguos: No matarás; y cualquiera que matare será culpable de juicio. Pero yo os digo que cualquiera que se enoje contra su hermano, será culpable de juicio…" (Mt. 5:21-22). En vista de todo lo que hemos analizado, me gustaría aclarar en este momento que el enojo que Jesús prohíbe es aquel que lleva al asesinato. En otras palabras, está recalcando el mandamiento de no matar.

Nos señala que no solo el hecho de matar merece condenación, sino también el sentimiento que lo impulsa. Es decir, Él no prohíbe todo tipo de enojo, sino el que conduce a matar.

Este enfoque de su prohibición se confirma mediante los dos ejemplos que da a continuación: "…cualquiera que diga: Necio, a su hermano, será

---

3. Esto es lo que Jesús quiso decir cuando dijo a Simón Pedro: "¿Qué te parece, Simón? Los reyes de la tierra, ¿de quiénes cobran los tributos o los impuestos? ¿De sus hijos, o de los extraños? Pedro le respondió: De los extraños. Jesús le dijo: Luego los hijos están exentos" (Mt. 17:25-26). Después, para demostrar que los hijos libres (los discípulos) eran siervos también, le dijo a Pedro que, de todas maneras, pagara (Mt. 17:27).

4. Martín Lutero, "The Freedom of a Christian" en *Three Treatises* (Filadelfia: Fortress, 1960), 277.

culpable ante el concilio; y cualquiera que le diga: Fatuo, quedará expuesto al infierno de fuego" (Mt. 5:22). En ambos casos se hace referencia a acciones *externas*, no solo al enojo interior. Es por eso que revelan la clase de enojo a la que Jesús se refiere. En su opinión, cuando Él condena el enojo, este es un profundo sentimiento de desagrado que *incluye* el desdén y la hostilidad las cuales buscan su expresión en el asesinato o en insultos peyorativos. Todo *ese* odio es el que Él prohíbe. Mas no asumo por esto que Jesús condenaría todo enojo, en especial el suyo propio (Mr. 3:5). El resto de sus enseñanzas nos guían en el discernimiento de si nuestro enojo está justificado, especialmente las enseñanzas que hemos analizado bajo los encabezamientos de amor, proporción, prudencia, misericordia y servidumbre.

La vid es la fuente para apaciguar la fuerza del enojo

No obstante, la exigencia de no enojarnos resulta radical y devastadora. Nos coloca frente a frente con la imposibilidad de salvarnos a nosotros mismos. La exigencia de Jesús no es algo que se encuentra en nuestras manos. Enojarnos no es una decisión que tomamos, es un fruto que se encuentra en los pámpanos de nuestras vidas. Las preguntas son las siguientes: ¿A que vid pertenecemos? ¿De quién es el fruto que llevaremos? La exigencia de Jesús de que no nos enojemos es, por lo tanto, también una exigencia de que permanezcamos en Él como nuestra vid: "…el que permanece en mí, y yo en él, este lleva mucho fruto; porque separados de mí nada podéis hacer" (Jn. 15:5).

Haced la voluntad de mi Padre que está en los cielos: Confiad en Jesús y sed justificados

*"No todo el que me dice: Señor, Señor, entrará en el reino de los cielos,
sino el que hace la voluntad de mi Padre que está en los cielos"* (Mt. 7:21).

"…si quieres entrar en la vida, guarda los mandamientos" (Mt. 19:17).

*"…el publicano, estando lejos, no quería ni aun alzar los ojos al
cielo, sino que se golpeaba el pecho, diciendo: Dios, sé propicio
a mí, pecador. Os digo que este descendió a su casa justificado
antes que el otro; porque cualquiera que se enaltece, será
humillado; y el que se humilla será enaltecido"* (Lc. 18:13-14).

La conformidad externa con las leyes no es suficiente

Un hombre rico le preguntó a Jesús: "…Maestro bueno, ¿qué haré para heredar la vida eterna?" (Mr. 10:17). Jesús respondió a esta pregunta en dos pasos. Primero le dijo: "Los mandamientos sabes: No adulteres. No mates. No hurtes. No digas falso testimonio. No defraudes. Honra a tu padre y a tu madre" (Mr. 10:19). En otras palabras, relacionó la vida eterna con obedecer la ley de Dios: "…si quieres entrar en la vida, guarda los mandamientos" (Mt. 19:17).

El hombre respondió: "…Maestro, todo esto lo he guardado desde mi juventud" (Mr. 10:20). ¿Era eso cierto? Tal vez, en cierta medida, lo fuera. Tal vez no había ningún comportamiento externo que contradijera las leyes de Dios, pero ¿y su corazón? Jesús ya había dicho en otro lugar:

"…si vuestra justicia no fuere mayor que la de los escribas y fariseos, no entraréis en el reino de los cielos" (Mt. 5:20; véanse los *Mandamientos #25-27*). El problema con estas personas que guardaban la ley y que eran tan rigurosas radicaba en que se concentraban solo en el comportamiento externo: "¡Ay de vosotros, escribas y fariseos, hipócritas! porque limpiáis lo de fuera del vaso y del plato, pero por dentro estáis llenos de robo y de injusticia" (Mt. 23:25). ¿Sucedía igual con el hombre rico?

El segundo paso en la respuesta de Jesús al hombre rico revela un serio problema en su corazón. Jesús dijo: "…Una cosa te falta: anda, vende todo lo que tienes, y dalo a los pobres, y tendrás tesoro en el cielo; y ven, sígueme…" (Mr. 10:21). Esto es asombroso. Dice que solo carece de "una cosa". Presumiblemente, si el hombre tuviera esa única cosa, sería perfecto. De hecho, así registró Mateo las palabras de Jesús: "Si quieres ser *perfecto*, anda, vende lo que tienes, y dalo a los pobres, y tendrás tesoro en el cielo; y ven y sígueme" (Mt. 19:21). Entonces, *no* es perfecto, no ha guardado la ley de Dios a la perfección y, por consiguiente, no heredará la vida eterna a menos que tenga lugar esa "cosa" que le falta.

"Una cosa te falta"

¿Qué es esa "cosa"? más bien parecen tres cosas: vende lo que tienes, dalo a los pobres y sígueme. ¿Cómo son una, en realidad, estas tres exigencias? Se las puede resumir de la siguiente manera: "Hay que reemplazar tu apego a las posesiones por apego a mí". Es como si el hombre se hubiera parado ahí, con las manos llenas de dinero, y Jesús le hubiera dicho: "Una cosa te falta; extiéndete y toma mi mano". Para hacerlo, el hombre tiene que abrir las manos y dejar caer el dinero. La "cosa" no es lo que cae de sus manos, sino lo que toma con ellas.

Cuando una persona valora a Jesús más que al dinero, los pobres son siempre los beneficiarios. Es por eso que el Señor menciona a los pobres, pero la idea central gira alrededor de lo que sucede entre dicho hombre y Jesús: "Una cosa te falta. Te falto yo. Deja de atesorar dinero y comienza a atesorarme a mí. Quieres heredar vida eterna. Quieres entrar en el reino de los cielos. Yo soy el tesoro del cielo. Si quieres tener tesoro en el cielo, has de tenerme a mí. Si ahora prefieres al dinero y no a mí, no entrarás al cielo, donde yo soy el tesoro. Pero si me valoras ahora más que a tu dinero, 'tendrás tesoro en el cielo'. Ahí estaré. Solo si vienes en pos de mí, heredarás la vida eterna. Si quieres ser perfecto, que es la única vía para entrar en el reino de Dios, sígueme".

LA PERFECCIÓN POR MEDIO DE JESÚS

Esta es una lección de importancia fundamental para nosotros. Jesús no desdeña la ley de Dios, no dice que guardar los mandamientos no sea importante, sino: "Si dependes solo de guardar los mandamientos, no heredarás la vida eterna. Siempre te faltará algo". La norma de la ley es la perfección: "Sed, pues, vosotros perfectos —dijo Jesús—, como vuestro Padre que está en los cielos es perfecto" (Mt. 5:48). Él no baja el nivel; sino que lo exige al mundo entero y se lo ofrece por medio de sí mismo: "Si quieres ser perfecto, anda… y sígueme". Jesús es el único camino a la obediencia perfecta, y la obediencia perfecta es un requisito para la vida eterna.

La pregunta crucial es: *¿Cómo* es Jesús el camino a la perfección? Una respuesta histórica es que Jesús mismo es nuestra perfección. Es decir, cuando estamos ligados a Él por la fe, Dios nos considera perfectos gracias a Jesús, aunque por nosotros mismos no lo seamos. Otra respuesta histórica es que Jesús, con su presencia y poder dentro de nosotros, nos transforma para que realmente comencemos a amar igual que Él y marchemos en pos de la perfección, que al final obtendremos en el cielo. Personalmente, a mí me parece que el Señor nos da razones de peso para creer que ambas respuestas son ciertas.

Jesús dijo que Él había venido "…para dar su vida en rescate por muchos" (Mr. 10:45), que su sangre sería "…derramada para remisión de los pecados" (Mt. 26:28) y que creer en Él cuando lo subieran a la cruz daría vida eterna a los pecadores indignos (Jn. 3:14-15). Todo esto supone que la vida y muerte de Jesús son nuestra única esperanza de escapar de la ira (Jn. 3:36) y entrar al cielo. Él dijo con respecto de los más cumplidores entre los que guardaban la ley de Israel: "…ninguno de vosotros cumple la ley" (Jn. 7:19) y hasta muy claramente llamó a sus discípulos "malos": "Pues si vosotros, *siendo malos*, sabéis dar buenas dádivas a vuestros hijos, ¿cuánto más vuestro Padre que está en los cielos dará buenas cosas a los que le pidan?" (Mt. 7:11). En otras palabras: Todos los seres humanos somos pecadores ante la ira santa de Dios, sin esperanza de vida eterna dependiendo de nuestra propia obediencia. Jesús vino a resolver ese problema.

Él lo resuelve quitando la ira de Dios. La quita soportando el castigo que nos merecíamos y pagando la deuda que nunca podríamos pagar (véase el *Mandamiento #11*). Por consiguiente, gracias a la sangre de Jesús derramada se nos perdonan todos nuestros pecados y Dios no nos ve como pecadores ni imperfectos. Ello, gracias a nuestra relación con Jesús por fe.

"Este descendió a su casa justificado"

Sin embargo, Jesús nos enseña que nuestra perfección consiste en algo más que en la ausencia de culpa. Cuenta una parábola de un fariseo y un publicano que fueron a orar al templo. Ambos representan los grupos que eran popularmente considerados los más justos (los fariseos) y los más pecadores (los publicanos judíos, quienes se pusieron en una situación comprometida al trabajar para los romanos y desplumaban a su propio pueblo para llenar sus propios bolsillos).

El fariseo recalcó cómo obedecía la ley: "…no soy como los otros hombres, ladrones, injustos, adúlteros, ni aun como este publicano; ayuno dos veces a la semana, doy diezmos de todo lo que gano" (Lc. 18:11-12); "Mas el publicano —dice Jesús—, estando lejos, no quería ni aun alzar los ojos al cielo, sino que se golpeaba el pecho, diciendo: Dios, sé propicio a mí, pecador. Os digo que este descendió a su casa *justificado* antes que el otro…" (Lc. 18:13-14).

La palabra "justificado" resulta crucial: Encierra el propósito mismo de la parábola. Lucas nos presentó dicha parábola de la siguiente manera: "A unos que *confiaban en sí mismos como justos,* y menospreciaban a los otros, dijo también esta parábola" (Lc. 18:9). Por lo tanto, esta trata la cuestión de cómo ser "justos" ante Dios.

La parábola compara entonces de forma dramática a aquellos que "confiaban en sí mismos como justos" (debido a que guardaban la ley ampliamente) con aquellos que perdieron las esperanzas de su propia justicia y se volvieron a la misericordia de Dios para que los justificara aunque no lo merecieran. Presta atención a que en esta parábola aquellos que "confiaban en sí mismos como justos" estaban incluso dispuestos a darle el mérito a Dios por su capacidad de producir esta justicia: "...Dios, *te doy gracias* porque no soy como los otros hombres..." (Lc. 18:11), pero no les valió de nada. Nuestra propia justicia, aun si es producto de la gracia de Dios, no es base suficiente para la vindicación en su santa presencia.

EL HOMBRE RICO NECESITA DE JESÚS PARA SER JUSTO

Jesús no entra en detalles de cómo su propia obediencia y muerte disponen las bases para la justificación, pero tenemos buenas razones para pensar que la justificación de Dios es dada a los pecadores que ven en Jesús su única esperanza de que el Padre los acepte. Jesús dijo al hombre rico: "El hecho de guardar la ley no te dará entrada al reino. No eres perfecto: 'una cosa te falta'. Ven a mí". Jesús era lo que le faltaba. Si el hecho de que lo justificaran, aunque no se lo mereciera, era la única esperanza del hombre (como nos muestra la parábola del publicano[1]), Jesús constituye entonces los cimientos de dicha justificación. Esa es la razón por la que el hombre debe desprenderse de su dinero e ir en pos de Él.

Entonces, en un sentido, la perfección de la que el hombre rico carecía se encontraba en Jesús. Dios tomará al hombre como perfecto si deja de depender de su dinero y comienza a depender de Cristo. Esa es la primera respuesta histórica a la pregunta de cómo es este el camino a la perfección. En relación con Él, nos cuentan como perfectos, aunque seguimos siendo pecadores. Eso quiere decir ser justificado. Abordaremos la segunda respuesta en el capítulo siguiente, es deccir, que Jesús, con su presencia y poder en nosotros, nos transforma para que comencemos a amar igual que Él y vayamos camino a la perfección.

---

1. Resulta significativo que Lucas entreteja primero la parábola del fariseo y el publicano (Lc. 18:9-14) con unas palabras acerca de la necesidad de recibir el reino como un niño (Lc. 18:15-17), y luego con la historia del hombre rico que carecía de una cosa, es decir, Jesús, para completar su obediencia (Lc. 18:18-23). Es como si la verdad de las justificaciones por fe de los impíos se ejemplificara en las historias que siguen.

Haced la voluntad de mi Padre que está en los cielos: Transformaos confiando en Jesús

"…todo aquel que hace la voluntad de Dios, ése es mi hermano, y mi hermana, y mi madre" (Mr. 3:35).

"…bienaventurados los que oyen la palabra de Dios, y la guardan" (Lc. 11:28).

"No todo el que me dice: Señor, Señor, entrará en el reino de los cielos, sino el que hace la voluntad de mi Padre que está en los cielos" (Mt. 7:21).

En el capítulo anterior, vimos que al hombre rico que buscaba vida eterna "le faltaba una cosa". Si "quería ser perfecto" necesitaba a Jesús (Mt. 19:21). Él es el camino hacia la perfección. Pero, *¿cómo* es el camino hacia la perfección? En el último capítulo se decía que confiar en Dios es la base de nuestra perfección ante Él. Ahora veremos otra respuesta que también es cierta: Jesús, por su presencia y poder dentro de nosotros, nos transforma para que realmente empecemos a amar como ama Él y avancemos hacia la perfección.

Se requiere cierta cantidad de obediencia real y vivida

La respuesta del último capítulo en sí mismo no explica completamente la forma en que Jesús habla sobre cómo hacer la voluntad de Dios. El Señor dice que hacer la voluntad de Dios realmente es necesario para la entrada definitiva en el reino de los cielos: "No todo el que me dice: Señor, Señor, entrará en el reino de los cielos, sino el que hace la voluntad de mi Padre que está en los cielos" (Mt. 7:21). Expresa que en el día del juicio final, realmente rechazará a algunas personas porque son "hacedor[as] de maldad": "Entonces les declararé: Nunca os conocí; apartaos de mí, hacedores de maldad" (Mt. 7:23). Expone que las personas "irán al castigo eterno" porque no amaron a los otros creyentes: "...en cuanto no lo hicisteis a uno de estos más pequeños, tampoco a mí lo hicisteis" (Mt. 25:45-46).

No hay duda de que Jesús consideró que cierta cantidad de obediencia a la voluntad de Dios, real y vivida, era necesaria para la salvación final: "...todo aquel que hace la voluntad de Dios, ese es mi hermano, y mi hermana, y mi madre" (Mr. 3:35). Luego, la segunda respuesta histórica a la pregunta de cómo es Jesús el camino hacia la perfección ha sido que Él nos permite cambiar, nos transforma para que realmente empecemos a amar como ama Él y así avanzar hacia la perfección que finalmente alcanzamos en el cielo.

Lo digo de esa manera porque Jesús no nos da ninguna indicación de que podamos ser perfectos en el tiempo actual. Él nos enseña a orar el Padrenuestro y coloca junto a la petición de "El pan nuestro de cada día, dánoslo hoy", la petición de "perdónanos nuestras deudas, como también nosotros perdonamos a nuestros deudores" (Mt. 6:11-12). En otras palabras, de la misma forma que oramos diariamente por el pan, debemos orar diariamente por el perdón. Por lo tanto, Jesús no prevé que exista un momento en esta época que no necesitemos del perdón diario.

Por esto digo que Jesús nos transforma para que realmente *empecemos* a amar como ama Él para que avancemos *hacia* la perfección que *finalmente alcanzamos en el cielo*. Pero aunque nuestra perfección vivida solo llega en el cielo, el Señor realmente nos transforma ahora y esta transformación es realmente necesaria para la salvación final. La *manera* en que nuestra nueva conducta es necesaria, es diferente de la manera en que es necesario confiar en Jesús para nuestra perfección. Confiar en Cristo nos vincula con Él. Entonces, debido solamente a la obra de Jesús, Dios nos considera justos, aun antes de que se transforme nuestra conducta. El publicano que exclamó: "...Dios, sé propicio a mí, pecador" (Lc. 18:13) no se atrevería a señalar ninguna conducta justa en sí mismo como la base de su justificación. Obvió lo que era y suplicó misericordia. Dios lo declaró justo antes de que su conducta cambiara. Por lo tanto, es necesario confiar en Jesús para estar vinculado con Él, que es la base de nuestra justificación. Pero es necesaria una conducta nueva y transformada como el *fruto* y la *evidencia* de este vínculo con Jesús.

Todo buen árbol da frutos buenos

Vimos en el *Mandamiento #7* que estar vinculado con Jesús por la fe da como resultado una nueva vida de amor. Ese es el fruto que Él produce cuando trabaja dentro de nosotros: "Yo soy la vid, vosotros los pámpanos; el que permanece en mí, y yo en él, este lleva mucho fruto; porque separados de mí nada podéis hacer" (Jn. 15:5). En otra parte, deja claro que ser un "buen árbol", es decir, ser una persona que verdaderamente cree en Él, dará frutos buenos: "...todo buen árbol da buenos frutos, pero el árbol malo da frutos malos" (Mt. 7:17).

Los frutos no hacen que el árbol sea bueno. Es el árbol el que hace que los frutos sean buenos. Las buenas acciones no nos unen con Jesús. No son la base para que seamos declarados justos. Confiar en Jesús nos conecta con Él. Esta relación da como resultado la declaración de Dios de que somos perfectos y a su vez libera el poder que produce los frutos. La razón por la que Jesús puede decir: "Todo árbol que no da buen fruto, es cortado y echado en el fuego" (Mt. 7:19) no es porque el fruto sea la base de nuestra aceptación con Dios, el publicano no tenía frutos que ofrecer, sino porque la ausencia de frutos muestra que no estamos vinculados con Jesús.[1]

Por lo tanto, cuando Jesús exige que hagamos la voluntad de su Padre que está en los cielos, quiere decir dos cosas. Primero: "Cree en mí como

---

1. Aunque pueda causar confusión, es posible utilizar la palabra "justificar" para describir cómo el fruto de la buena conducta funciona en el día del juicio. Los frutos pueden "justificarnos" en el sentido de probar que somos creyentes, que pertenecemos a Jesús y tenemos una posición correcta con Dios en Él. Así es como yo interpreto Mateo 12:37: "...por tus palabras serás *justificado*, y por tus palabras serás condenado". Es como si un juez dijera: "La evidencia es convincente; tus palabras aseguran el fallo de que crees verdaderamente en mi Hijo, de que has presentado las pruebas ante Él y has confiado en su justicia para ser aceptado en este tribunal". O: "Tus palabras justifican [aseguran, avalan] las conclusiones a que ha llegado este tribunal, de que has confiado en la justicia de Jesucristo para tu justificación ante este tribunal".

tu única esperanza de obtener una justicia perfecta que no es tuya. Esta perfección es la base de tu aceptación con Dios y tu herencia de vida eterna". Es por eso que cuando le preguntaron: "…¿Qué debemos hacer para poner en práctica las obras de Dios?", Él pudo responder sencillamente: "Esta es la obra de Dios, que *creáis* en el que él ha enviado" (Jn. 6:28-29). Creer en Jesús es el primer y más esencial aspecto de la voluntad de Dios para nosotros. Segundo: "La misma fe que te une a mí para obtener justificación también te une a mí de la manera en que una rama depende de la vid; de esta forma produces los frutos del amor que cumple la ley de Dios con una conducta real y vívida".

¿La voluntad de Dios hoy está expresada en la ley del Antiguo Testamento?

Recordando ahora al hombre rico que fue a Jesús y le preguntó: "… Maestro bueno, ¿qué haré para heredar la vida eterna?" (Mr. 10:17), ¿cómo se ajusta la observancia de la ley en la respuesta de Jesús? La primera respuesta de este al hombre fue: "…si quieres entrar en la vida, guarda los mandamientos" (Mt. 19:17). Hemos visto que aunque el hecho de guardar los mandamientos nunca nos dará la justicia suficiente y buena como para obtener la aceptación de Dios, hacer la voluntad del Padre es esencial. La cuestión ahora es si la voluntad de Dios hoy está expresada en la ley del Antiguo Testamento. Una simple respuesta afirmativa podría inducir a error; y un simple "no" también podría inducir a error. Más bien, debemos decir algo así: "Sí, siempre que la ley sea filtrada por el tamiz de todos los cambios producidos por Jesús, quien es la meta y el cumplimiento de la ley".

Jesús dijo: "…era necesario que se cumpliese todo lo que está escrito de mí en la ley de Moisés, en los profetas y en los salmos" (Lc. 24:44). La ley y los profetas estaban apuntando a Jesús. No resulta sorprendente que cuando Él viniese, se cumplirían y cambiarían. Jesús habló acerca de este cambio cuidadosa y respetuosamente: "No penséis que he venido para abrogar la ley o los profetas; no he venido para abrogar, sino para cumplir. Porque de cierto os digo que hasta que pasen el cielo y la tierra, ni una jota ni una tilde pasará de la ley, hasta que todo se haya cumplido" (Mt. 5:17-18).

La abolición no es el propósito de Jesús. Es el cumplimiento. Y cuando la ley se haya cumplido en Jesús, su uso original cambia dramáticamente.

Ha nacido una era nueva y los seguidores de Cristo se relacionarán con la ley de manera diferente que Israel. Es por eso que Jesús dijo: "La ley y los profetas eran hasta Juan [el Bautista]; desde entonces el reino de Dios es anunciado, y todos se esfuerzan por entrar en él" (Lc. 16:16).

Cómo nuestra experiencia de la ley cambia con la venida de Jesús

He aquí un sencillo esquema de los cambios que han ocurrido en nuestra experiencia de la ley desde que Jesús vino.

Primero, cuando Él enseñó que "...todo lo de fuera que entra en el hombre, no le puede contaminar..." (Mr. 7:18), casi invalidó las leyes ceremoniales del Antiguo Testamento. Marcos hace esta sencilla observación: "...Esto decía, haciendo limpios todos los alimentos" (Mr. 7:19). "Por su propia autoridad solamente, Jesús apartó el principio de la pureza ceremonial expresada en una buena parte de la ley mosaica".[2] De ahora en adelante "...los hijos están exentos" (Mt. 17:26) y podemos comer o no comer de acuerdo con lo que exige el amor.

Segundo, menciono el amor como el criterio central de nuestra conducta porque esto es lo segundo que Jesús hizo con respecto al cambio de cómo apreciamos la ley. Dijo que todo se resumía en el amor: "Así que, todas las cosas que queráis que los hombres hagan con vosotros, así también haced vosotros con ellos; porque esto es la ley y los profetas" (Mt. 7:12). Al decir esto, el Señor aparta nuestra atención de los mandamientos en sí mismos y nos hace centrarnos en una relación con Él que produce el fruto de amor cumplidor de la ley (véase el *Mandamiento #32*).

Tercero, Jesús contó una parábola sobre el dueño de una viña cuyos arrendatarios no querían darle lo que producían. Repetidamente, envió siervos a quienes los labradores golpeaban. Finalmente, envió a su hijo a quien mataron. Todo esto representaba la relación de Dios con Israel como pueblo. La mayoría de ellos no entregaban el fruto de la adoración y la obediencia; finalmente, mataron al Hijo de Dios (Mt. 21:33-41). Jesús les preguntó a quienes lo escuchaban qué debía hacer el propietario. Ellos dijeron: "A los malos destruirá sin misericordia, y arrendará su viña a

---

2. George Ladd, *The Presence of the Future* (Grand Rapids, Mich.: Eerdmans, 1974), 285.

otros labradores, que le paguen el fruto a su tiempo" (Mt. 21:41). Jesús aplicó esta respuesta correcta a sus oyentes judíos de manera catastrófica, lo cual indica un inmenso cambio en la ley.

Él dijo: "Por tanto os digo, que el reino de Dios será quitado de vosotros [Israel], y será dado a gente que produzca los frutos de él" (Mt. 21:43). En otras palabras, Dios está desviando su atención primaria y redentora de Israel hacia las naciones de los gentiles (véase el *Mandamiento #50*). El pueblo de Dios ya no se caracterizaría por su origen étnico o por la participación en el sistema teocrático de reyes, sacerdotes, jueces y todas las leyes ceremoniales y cívicas que mantenían unido al sistema. El pueblo se caracterizaría por la fe en Jesús y el fruto del amor.

Las implicaciones de este cambio eran inmensas. Ya no es la voluntad de Dios que su pueblo tome venganza de los impíos en su nombre, como en el caso de la conquista de Canaán (Dt. 9:3-6). El pueblo de Dios (los seguidores de Jesús) ya no se gobierna a sí mismo ajusticiando a los blasfemos (Lv. 24:14), o a los adúlteros (Lv. 20:10), o a los fornicarios (Dt. 22:21), o a los que no guardan el día de reposo (Éx. 31:14), o a las hechiceras (Éx. 22:18), o a los falsos testigos (Dt. 19:16, 19), o a los que desobedecen a los padres (Éx. 21:15, 17). Tales mandatos de la ley estaban entrelazados mediante el gobierno cívico y teocrático de un pueblo étnico que ya no es aplicable a un pueblo de Dios con ninguna identidad étnica o política, sino que más bien se encuentra diseminado por todos los grupos étnicos y políticos del mundo (Mt. 28:19).

Cuarto, todo el sistema religioso que comprende sacerdotes, templos y expiaciones alcanzó su meta y fin en Jesús. Vimos en el *Mandamiento #12* que el propio Señor, mediante su muerte y resurrección, tomó el lugar del templo y asumió las expiaciones por el pecado. Por tanto, las leyes que rigen la reconciliación de un pecador con Dios mediante este sistema se cumplen y terminan con la muerte y resurrección de Cristo.

Cree en su Hijo y produce el fruto del amor

Por lo tanto, concluyo, que la exigencia de Jesús de que hagamos la voluntad de Dios y guardemos los mandamientos es la exigencia de que hagamos lo que Jesús le exigió al hombre rico que le preguntó cómo podía alcanzar la vida eterna. La exigencia más urgente de Jesús es que dejemos de atesorar el dinero y lo atesoremos a Él como nuestra única esperanza de tener el "aquello" que nos falta, la justicia perfecta. Sí, debemos guardar los mandamientos, pero solo a través del filtro de su cumplimiento en Jesús. En la práctica, esto significa que debemos acudir a Jesús mismo, revelado en su vida, muerte y enseñanzas, para recibir la guía que necesitamos. Debemos confiar en su poder para hacerlo de la misma manera que una rama depende de la viña. De esta manera, Cristo, y no Moisés, recibe todo el mérito por la adquisición y el cumplimiento del nuevo pacto.

Pero aun con esta transformación hecha posible por Dios (Mr. 10:27), nuestra justicia no es perfecta en esta vida y no será suficiente para nuestra justa posición ante Dios. Por lo tanto, la exigencia de Jesús de que hagamos la voluntad de su Padre y que guardemos sus mandamientos es también la exigencia de que perdamos las esperanzas de hacer de nuestra obediencia la base de la aceptación de Dios. Nuestra transformación es el fruto de nuestra unión con Cristo. En esa unión es donde radica la base de nuestra aceptación. Y esa unión se establece creyendo en Él. El fruto demuestra la realidad de la unión y la autenticidad de la fe. Esta es la voluntad de Dios, que creamos en su Hijo, que disfrutemos nuestra unión con Él, que descansemos en la misericordiosa declaración de Dios de nuestra perfección y aceptación, y que produzcamos el fruto del amor.

Esforzaos por entrar por la puerta estrecha, porque toda la vida es una guerra

"Y alguien le dijo: Señor, ¿son pocos los que se salvan? Y él les dijo: Esforzaos a entrar por la puerta angosta; porque os digo que muchos procurarán entrar, y no podrán" (Lc. 13:23-24).

Jesús nos enseñó que la vida es una guerra. Cuando Él dijo: "…Esforzaos a entrar por la puerta angosta…" (Lc. 13:24), la palabra griega que sirve de base a "esforzarse" es reconocible en la transliteración: *agōnizesthe* (ἀγωνίζεσθε). Se puede ver la palabra *agonizar* en esa palabra griega. La alusión es que debemos luchar, batallar y hacer un gran esfuerzo. Pero lo más importante de la palabra "esforzarse" es que el otro lugar en que la encontramos en los labios de Jesús es en Juan 18:36, donde dice que sus discípulos estarían "peleando" si su reino fuera de este mundo: "…Mi reino no es de este mundo; si mi reino fuera de este mundo, mis servidores *pelearían* [*ēgōnizonto*, ἠγωνίζοντο] para que yo no fuera entregado a los judíos…". Luego, la frase "esforzarse por entrar" significa que *entrar* es una batalla.

¿Esforzarse por entrar dónde?

¿Entrar dónde? En el reino de Dios. Esto queda claro en el siguiente texto. Después de decir que debemos "esforzarnos por entrar por la puerta angosta", hace referencia a un padre de familia que se levanta y cierra la puerta para que nadie más pueda entrar (Lc. 13:25). Los que están afuera, tocan a la puerta y dicen: "Señor, ábrenos", pero él responde: "No sé de dónde sois". Entonces ellos dicen: "…Delante de ti hemos comido y bebido, y en nuestras plazas enseñaste. Pero os dirá: …apartaos de mí todos vosotros, hacedores de maldad" (Lc. 13:25-27).

Luego Jesús aplica esta imagen a la situación real de algunas personas que quedarán excluidas del reino de Dios mientras que gentiles del mundo entero "…se sentarán a la mesa en el reino de Dios". "Allí será el llanto y el crujir de dientes, cuando veáis a Abraham, a Isaac, a Jacob y a todos los profetas en *el reino de Dios*, y vosotros estéis excluidos. Porque vendrán del oriente y del occidente, del norte y del sur, y se sentarán a la mesa *en el reino de Dios*" (Lc. 13:28-29).

Entonces la "puerta estrecha" por la que debemos "esforzarnos" a entrar es la puerta al reino de Dios. Afuera, hay "…el llanto y el crujir de dientes…" (Lc. 13:28). Esta es una de las maneras en que Jesús se refiere al infierno: "…los echarán en el horno de fuego; allí será el lloro y el crujir de dientes" (Mt. 13:50). La alternativa a entrar por la puerta estrecha es la perdición: "Entrad por la puerta estrecha; porque ancha es la puerta, y espacioso el camino que lleva a la *perdición…*" (Mt. 7:13). En otras palabras, lo que está en juego cuando Jesús manda que nos "esforcemos por entrar" es el cielo y el infierno. Es una cuestión fundamental.

La mayor amenaza es nuestro propio pecado diario

¿Contra qué quiere Jesús que nos esforcemos para que podamos entrar por la puerta estrecha? ¿Cuáles son los obstáculos? Si la vida es una guerra, ¿quién es el enemigo? Al esforzarnos, el objetivo es no herir a nadie. Jesús deja claro que debemos amar a nuestros enemigos y hacer el bien a los que nos aborrecen (Lc. 6:27). Decir que la vida es una guerra no significa que hagamos la guerra contra las personas, sino contra el pecado, especialmente el propio. De hecho, es nuestro pecado el que únicamente impide que entremos al reino, no el pecado de nadie. El pecado de los demás puede herirnos, hasta matarnos, pero no impide que entremos al reino de Dios. Nuestro propio pecado es la mayor amenaza para entrar al reino de Dios. Pero la tentación de cometer pecado viene de diversas y asombrosas fuentes.

Jesús exige una seria vigilancia personal. La exigencia de "velar" es uno de sus mandatos más frecuentes. La idea es que debemos estar despiertos, alertas y listos, no sea que las tentaciones de la vida nos cojan desprevenidos y nos venzan y arruinen. Jesús les dijo a sus discípulos en el huerto de Getsemaní: "Velad y orad, para que no entréis en tentación; el espíritu a la verdad está dispuesto, pero la carne es débil" (Mr. 14:38). Este mandato es relevante para toda la vida. Las tentaciones abundan y Jesús no las toma a la ligera. El lema de toda la vida es velar, estar alertas.

Digo *toda la vida* porque Jesús advirtió que los días justo antes de su segunda venida serían, en muchos sentidos, normales. Serán, dice el Señor, como los días de Noé antes que llegara el diluvio y arrasara con las personas que no sospechaban absolutamente nada. No estaban atentos. La vida parecía demasiado normal, por lo que no estaban vigilantes: "…como en los días antes del diluvio estaban comiendo y bebiendo, casándose y dando en casamiento… así será también la venida del Hijo del Hombre… *Velad*, pues, porque no sabéis a qué hora ha de venir vuestro Señor" (Mt. 24:38-39, 42). No hay nada más normal que comer, beber y casarse. El asunto es que hay que estar siempre vigilantes, no solo cuando los tiempos parecen peligrosos. Siempre lo son. Las tentaciones destructoras del alma que conducen a la falta de fe y al pecado están presentes en la vida cotidiana y normal. Esforzarse por entrar por la puerta estrecha es una ocupación de todo el día, todos los días y toda la vida.

El dolor y el placer pueden impedir que entremos por la puerta estrecha

La exigencia de Jesús hacia la vigilancia lo abarca todo. Tanto las partes placenteras de la vida como las partes dolorosas de esta presentan peligros al alma. En la parábola de las cuatro tierras, Jesús advierte sobre el peligro de ambas. Lo doloroso y lo placentero amenazan con destruir en nuestra vida la obra de la Palabra, sustentadora de la fe. Cuando la palabra cae en pedregales, nace, pero luego muere. Esto representa a los que la escuchan, pero "…al venir la aflicción o la persecución por causa de la palabra…" (Mt. 13:21) tropiezan y caen. No entran por la puerta estrecha.

Cuando la palabra cae entre espinos, retoña; luego muere. Esto representa a los que la oyen, pero luego "…son ahogados por los afanes y las riquezas y los placeres de la vida…" (Lc. 8:14). No entran por la puerta estrecha. Una persona cae debido al dolor (aflicción o persecución); la otra persona cae debido a los placeres (riquezas y placeres de la vida). El llamado a vigilar lo abarca todo. No existe lugar en esta vida que no esté asediado.

Quizá nos extrañe que la exigencia de Jesús acerca de la vigilancia vaya dirigida más a menudo a los placeres de la vida que al dolor. El dolor aparta de Dios a algunas personas, pero los placeres apartan a muchas más. Muy rara vez el placer hace que en estas despierte la necesidad de Dios; el dolor, sí. Por lo que Jesús se preocupa más en advertirnos sobre el peligro de la prosperidad que el de la pobreza.

El peligro del elogio y la complacencia física

Una poderosa atracción que aleja del reino de Dios es el elogio de los hombres. Por eso, Jesús dijo: "Guardaos de los escribas, que gustan de andar con ropas largas, y aman las salutaciones en las plazas, y las primeras sillas en las sinagogas, y los primeros asientos en las cenas" (Lc. 20:46). "Guardaos" significa estar alertas, tener cuidado, prestar mucha atención. Este es un llamado a la vigilancia contra la atracción de seguir a aquellos que viven por el elogio de los hombres: "Guardaos de hacer vuestra justicia delante de los hombres, para ser vistos de ellos…" (Mt. 6:1). Nos sentimos bien cuando hablan bien de nosotros. Puede que no sea incorrecto, pero es peligroso. Son tiempos de vigilancia: "¡Ay de vosotros —dijo Jesús— cuando todos los hombres hablen bien de vosotros! porque así hacían sus padres con los falsos profetas" (Lc. 6:26).

Menos sutil es la atracción de la complacencia física. Jesús centra la atención en el alcohol y el efecto de disipación que ejerce sobre la mente y el cuerpo. Él dice: "Mirad también por vosotros mismos, que vuestros corazones no se carguen de glotonería y embriaguez y de los afanes de esta vida, y venga de repente sobre vosotros aquel día… como un lazo" (Lc. 21:34-35). Existen drogas, comidas y prácticas que "cargan" el corazón. Hacen que este se vuelva aletargado. Esto es lo opuesto de la vigilancia. No nos "esforzaremos por entrar por la puerta estrecha" si somos indulgentes con nosotros mismos y consumimos drogas, comidas o bebidas que emboten nuestra alerta espiritual y vigilancia.

El dinero es una amenaza mortal a la entrada por la puerta estrecha

El peligro del que Jesús nos advierte con más frecuencia es el del dinero. Este es un peligro mortal. El cielo y el infierno están pendientes de un hilo en nuestra vigilancia contra la atracción que representa el dinero. Jesús dejó esto lo más claro posible con las siguientes palabras: "Más fácil es pasar un camello por el ojo de una aguja, que entrar un rico en el reino de Dios" (Mr. 10:25). La cuestión es entrar al reino. Esforzarse por tener riquezas no es el esfuerzo que lleva a la puerta estrecha.

Una y otra vez, Jesús nos advierte que estemos vigilantes contra la atracción de las riquezas: "No os hagáis tesoros en la tierra..." (Mt. 6:19); "...No podéis servir a Dios y a las riquezas" (Mt. 6:24); "No os afanéis, pues, diciendo: ¿Qué comeremos, o qué beberemos, o qué vestiremos?" (Mt. 6:31); "...el engaño de las riquezas, y las codicias de otras cosas, entran y ahogan la palabra..." (Mr. 4:19); "Vended lo que poseéis, y dad limosna..." (Lc. 12:33); "...donde esté vuestro tesoro, allí estará también vuestro corazón" (Mt. 6:21); "...cualquiera de vosotros que no renuncia a todo lo que posee, no puede ser mi discípulo (Lc. 14:33); "Mas ¡ay de vosotros, ricos! porque ya tenéis vuestro consuelo" (Lc. 6:24); "... Bienaventurados vosotros los pobres, porque vuestro es el reino de Dios" (Lc. 6:20);[1] "...Mirad, y guardaos de toda avaricia; porque la vida del hombre no consiste en la abundancia de los bienes que posee" (Lc. 12:15).

El "ojo bueno" nos ayudará a esforzarnos a entrar por la puerta estrecha

Parece ser, entonces, que esforzarse por entrar en el reino de Dios por la puerta estrecha es en gran medida una batalla de cómo nos relacionamos

---

1. Aunque Jesús dictamina la condenación sobre los ricos (Lc. 6:24) y la bienaventuranza sobre los pobres (Lc. 6:20), no quiere decir que las finanzas lo hacen a uno bienaventurado o condenable. Sabemos esto porque, en primer lugar, también dice: "¡Ay de vosotros, los que ahora reís!..." (Lc. 6:25) y "Bienaventurados los que ahora lloráis..." (Lc. 6:21) y conocemos por este preciso contexto que los discípulos han de alegrarse ahora (Lc. 6:23). Por lo que Jesús presupone que vamos a matizar sus aparentemente absolutas declaraciones. Los ricos y los pobres que son bienaventurados son aquellos para quienes Jesús es su tesoro supremo y, por tanto, tratan de usar su riqueza o pobreza para magnificar el valor de Cristo por encima del dinero y lo que puede comprarse con él. También sabemos que Jesús no dictaminó condenación y bienaventuranza basado solo en la simple condición financiera, porque le dijo al joven rico que vendiera todo lo que tenía (Mr. 10:21), mas elogió a Zaqueo por entregar la mitad de su dinero (Lc. 19:8-9). Sin embargo, habiendo dicho esto, resulta significativo que Jesús considera la riqueza tan peligrosa y la pobreza tan auspiciosa; simplemente dice ¡ay! de uno y bienaventurado el otro

con el dinero. Debemos detenernos aquí ya que Jesús lo hizo. Es celoso de que nos "guardemos de toda avaricia". Está profundamente preocupado por nuestros "ojos" en cuanto al tesoro de nuestra vida. Esto lo vemos en una desconcertante afirmación que hizo en Mateo 6:22-23: "La lámpara del cuerpo es el ojo; así que, si tu ojo es bueno [lit., "sencillo"], todo tu cuerpo estará lleno de luz; pero si tu ojo es maligno, todo tu cuerpo estará en tinieblas. Así que, si la luz que en ti hay es tinieblas, ¿cuántas no serán las mismas tinieblas?". En otras palabras, si el ojo es bueno, todo el cuerpo estará lleno de luz, pero si el ojo es maligno, el cuerpo estará en tinieblas. Es decir, la manera en que ves la realidad determina si estás en tinieblas o no.

Naturalmente, te preguntarás qué tiene que ver eso con el dinero. Primero que todo, fíjate que esas palabras de Jesús están intercaladas entre la exigencia de hacer tesoros en el cielo (6:19-21) y la advertencia de que no se puede servir a Dios y al dinero (6:24). ¿Por qué esta declaración sobre el ojo bueno y el maligno está intercalada entre dos enseñanzas sobre el dinero? Yo creo que es porque lo que hace al ojo bueno es la manera en que este ve a Dios en relación con el dinero. Esta es la cuestión a ambos lados de la declaración. En Mateo 6:19-21 el asunto es el siguiente: Uno debe desear la recompensa en el cielo, no en la tierra; lo cual, en resumen, significa: Desea a Dios, no el dinero. En Mateo 6:24, la cuestión es si se puede servir a dos amos. La respuesta es: No se puede servir a Dios y al dinero.

¡Esta es una descripción doble de la luz! Si estás haciendo tesoros en el cielo, no en la tierra, estás caminando en la luz. Entre estas dos descripciones de la luz, Jesús dice que el ojo es la lámpara del cuerpo y que un ojo bueno produce una plenitud de dicha luz. Entonces, ¿qué es el ojo bueno que da tanta luz y el ojo malo que nos deja en las tinieblas?

¿Qué es el ojo bueno?

En Mateo 20:15 encontramos una pista. Jesús ha acabado de decir que a los hombres que trabajarían una hora se les pagaría igual que a los que trabajaran todo el día porque el amo es misericordioso y generoso. Y además todos aceptaron cuál sería el jornal antes de trabajar. Los que trabajaron todo el día se quejaron de que se les pagaba demasiado a los que trabajaron una hora. Jesús respondió con las mismas palabras que aparecen en Mateo 6:23: "¿Tu ojo es maligno porque yo soy bueno?" (traducción literal).

¿Qué tiene de maligno el ojo? Lo que tiene de maligno es que el ojo de ellos no ve la misericordia del amo como algo hermoso. Lo ven como algo feo. No ven la realidad tal cual es. No tienen un ojo que pueda ver la misericordia como algo más valioso que el dinero.

Ahora traslademos esa interpretación del "ojo maligno" a Mateo 6:23 y dejaremos que nos ayude a comprender el significado del "ojo maligno". ¿Qué puede ser el ojo bueno que nos llena de luz? Sería un ojo que ve la generosidad del Señor como algo más valioso que el dinero. Lo cual significa que el ojo bueno ve a Dios y sus caminos como el gran tesoro de la vida, no el dinero. El ojo bueno ve las cosas tales como son. Dios es realmente más importante que todo lo que pueda comprarse con el dinero.

Tú tienes un ojo bueno si acudes a Dios y al amor para maximizar la recompensa de su comunión, es decir, hacer tesoros en el cielo. Tienes un ojo bueno si miras a los dos amos, el dinero y a Dios, y ves a Dios, el Señor, como algo infinitamente más valioso. En otras palabras, un "ojo bueno" es un ojo que hace valoraciones sabias, un ojo con criterio, un ojo que atesora con sagacidad. No percibe solo lo que es verdadero y falso. Ve la belleza y la fealdad; detecta el valor y lo despreciable; discierne lo que es realmente deseable y lo que es indeseable. La visión del ojo bueno no es neutral. Cuando ve a Dios, lo ve hermoso, lo ve deseable.

Es por eso que el ojo bueno guía el camino hacia la luz, haciendo tesoros en el cielo y sirviendo a Dios, no al dinero. El ojo bueno es un ojo *único*. Tienes *un* tesoro: Dios. Cuando eso sucede en tu vida, te llenas de luz. Y esto es tan importante que Jesús añade en Lucas 11:35: "*Mira pues*, no suceda que la luz que en ti hay, sea tinieblas". En otras palabras, sé vigilante. No seas superficial, ni negligente, ni descuidado en este asunto. Esfuérzate, lucha, pelea por mantener bueno tu ojo. Esto es, haz lo que sea necesario para ver a Dios, y no al dinero, como lo supremamente valioso y deseable.

En el siguiente capítulo, continuaremos desarrollando las implicaciones del mandamiento de Jesús de esforzarnos por entrar por la puerta estrecha. Veremos cómo Él hace un llamado a estar vigilantes y alertas con respecto de los falsos profetas y falsos Cristos y lo repentino de su segunda venida. Y luego preguntaremos: ¿Cómo el mandamiento de vigilar encaja con el mandamiento de descansar en Él? ¿Cómo encaja la gravedad de estar alertas con la dulzura del cuidado de Jesús?

Esforzaos por entrar por la puerta estrecha, porque Jesús cumple el nuevo pacto

"Entrad por la puerta estrecha; porque ancha es la puerta, y espacioso el camino que lleva a la perdición, y muchos son los que entran por ella; porque estrecha es la puerta, y angosto el camino que lleva a la vida, y pocos son los que la hallan" (Mt. 7:13-14).

"…Esta copa es el nuevo pacto en mi sangre…" (Lc. 22:20).

La exigencia de Jesús acerca de la vigilancia —"esforzaos a entrar por la puerta estrecha"— se debe a los numerosos peligros que amenazan nuestra alma. Uno de los imperativos más frecuentes expresados por Él es "¡Cuidado!", "¡Vigila!", "¡Mantente alerta!". Vimos en el capítulo anterior la necesidad de luchar contra los peligros del dolor y el placer: el engaño del dinero, el elogio de los hombres, la atracción de la complacencia física. Ahora veremos el peligro que representan los falsos profetas y los falsos Cristos y el peligro de la nostalgia por la época en que el costo del discipulado no era tan alto. Y ahora la pregunta crucial: ¿Toda esta vigilancia y todo este esfuerzo por entrar por la puerta estrecha es coherente con la dulce invitación que hace Jesús de venir a Él y hallar descanso?

El peligro de los falsos profetas y los falsos Cristos

Jesús nos advierte que los falsos profetas y hasta los falsos Cristos abundarán. De hecho, la primera advertencia que nos hace después de decir "Estrecha es la puerta, y angosto el camino que lleva a la vida" es lo siguiente: "Guardaos de los falsos profetas, que vienen a vosotros con vestidos de ovejas, pero por dentro son lobos rapaces. Por sus frutos los conoceréis…"

(Mt. 7:15-16). Este no es un comentario fortuito. Es una advertencia de vida o muerte: "Se levantarán falsos Cristos y falsos profetas, y harán señales y prodigios, para engañar, si fuese posible, aun a los escogidos. *Mas vosotros mirad*; os lo he dicho todo antes" (Mr. 13:22-23). ¡Mantente alerta! ¡Ve con cuidado! ¡Vela! ¡Vigila! Esfuérzate por entrar por la puerta estrecha.

Jesús hace hincapié en que la puerta que conduce a la vida es *estrecha*. No todos los reclamos cabrán por la puerta estrecha del reino de Dios. Hay muchos falsos Cristos. En este contexto, *Cristo* significa el Mesías judío, el que cumple todas las promesas de Dios, trae el reino, se sienta en el trono de David y reina en el mundo entero. Hay un solo Cristo y los demás son "falsos Cristos". Jesús es el único Mesías. Por lo tanto, la puerta es tan estrecha como la fe en Jesús, el único y verdadero Mesías y Rey de reyes.

Me he reunido en mi oficina con seguidores de otro "Cristo" y les he rogado que acojan al único y verdadero Cristo, Jesús. Dijeron que el Cristo había venido en nuestros días y que ahora estaba reuniendo un pueblo para él. Les leí Lucas 17:24 para mostrarles que Jesús dijo que cuando viniera sería inconfundible a escala mundial y que el que diga que ya sucedió es un impostor: "Porque como el relámpago que al fulgurar resplandece desde un extremo del cielo hasta el otro, así también será el Hijo del Hombre en su día". Dijeron que, para poder entender el significado secreto de este versículo, yo tendría que leer un libro escrito por su líder, el "Cristo" en el que ellos creían. Mientras se marchaban, me paré junto a la ventana mirándolos atravesar el parqueo y oré por ellos. Agradecí que Dios me ayudara "a estar alerta". Jesús dijo que esto sucedería y me ayudó a vigilar mientras estuve allí en mi oficina. Esta vigilancia es parte de lo que significa "esforzarse por entrar por la puerta estrecha".

Uno no sabe cuándo el Señor va a venir

Lo que le da a la exigencia de vigilancia y esfuerzo de Jesús esa urgencia inusual es la advertencia de que el momento de su segunda venida es desconocido para todos nosotros: "*Velad*, pues, porque no sabéis a qué hora ha de venir vuestro Señor... Velad, pues, porque no sabéis el día ni la hora..." (Mt. 24:42; 25:13). Cuando Jesús nos dice "velad" porque no sabemos el momento de su segunda venida, no quiere decir que dejemos de dormir y miremos por la ventana. Esto lo sabemos porque la exigencia de velar es el punto culminante de la parábola de las diez vírgenes, cinco de las cuales eran prudentes y cinco insensatas, pero las diez dormían. Las prudentes se aseguraron que sus lámparas tuvieran aceite de manera que cuando llegara el esposo pudieran salir a saludarlo. Esa era su tarea. Jesús dice que "...cabecearon todas y se durmieron" (Mt. 25:5). Él no criticó a las vírgenes prudentes por dormir.

Cuando llegó el esposo a medianoche (que representa la segunda venida de Jesús a la tierra a una hora inesperada), este dijo: "...las que estaban preparadas [las cinco vírgenes prudentes] entraron con él a las bodas; y se cerró la puerta" (Mt. 25:10). Las vírgenes insensatas tuvieron que ir a buscar aceite porque no estaban preparadas. Cuando regresaron, dijeron: "...¡Señor, señor, ábrenos!" (Mt. 25:11). Pero el esposo (que representa a Jesús) respondió: "...De cierto os digo, que no os conozco" (Mt. 25:12). La lección que Jesús extrae de esta parábola es "*Velad*, pues, porque no sabéis el día ni la hora..." (Mt. 25:13). Pero las diez vírgenes dormían, incluso las cinco vírgenes prudentes. Es así como sabemos que cuando Jesús dice "Velad" no quiere decir que dejemos de dormir y miremos por la ventana.

Él quiere decir que velemos por nuestras vidas. Que velemos por lo que el Esposo nos ha llamado a hacer. Las vírgenes prudentes habían hecho la voluntad del Señor: Las lámparas estaban preparadas. Dormir estaba bien porque habían cumplido con su tarea. Por tanto, una manera de describir "esforzarse por entrar por la puerta estrecha" es: cumple tu cometido. Mantente alerta para hacer lo que Dios te ha llamado a hacer. Te sentirás feliz si Jesús viene y te encuentra totalmente ocupado en tu cometido terrenal por su gloria: "...¿Quién es el mayordomo fiel y prudente al cual su señor pondrá sobre su casa, para que a tiempo les dé su ración? Bienaventurado aquel siervo al cual, cuando su señor venga, le halle haciendo así" (Lc. 12:42-43). Luchar por entrar en el reino por la puerta estrecha incluye la fidelidad vigilante en la obra que Jesús nos dejó para que hagamos. Como dijo en una de sus parábolas: "...Negociad entre tanto que vengo" (Lc. 19:13). Haz con todas tus fuerzas lo que Él te ha dado para hacer.

LA PERSEVERANCIA Y EL PELIGRO DE LA NOSTALGIA

Una de las grandes tentaciones que impide que cumplamos lo que Jesús nos llamó a hacer es que nos cansemos en la batalla y miremos hacia atrás para analizar cómo era de fácil la vida antes que empezáramos a seguirlo. Esforzarnos por entrar por la puerta estrecha significa luchar por la perseverancia. El fervor de muchos de los que pretenden seguir a Jesús se enfría y se alejan. Este dijo: "…por haberse multiplicado la maldad, el amor de muchos se enfriará. Mas el que persevere hasta el fin, este será salvo" (Mt. 24:12-13). En otras palabras, uno de los factores que hacen que la puerta del reino de Dios sea estrecha es que la batalla por entrar debe durar hasta el final.

Por lo tanto, Jesús nos advierte contra la nostalgia del pasado mundanal. Dice que las tensiones de los últimos tiempos llevarán a muchos a mirar atrás. Así, con total sencillez advierte: "Acordaos de la mujer de Lot" (Lc. 17:32). Esta es una referencia a una mujer del Antiguo Testamento que debía abandonar su ciudad natal, Sodoma, porque Dios iba a destruir la ciudad por su pecado. Trágicamente, igual que los numerosos aspirantes a seguidores de Jesús que empiezan a abandonar el antiguo camino del pecado, ella miró hacia atrás: "La mujer de Lot miró atrás… y se volvió estatua de sal" (Gn. 19:26). Dios vio un corazón idólatra cuando ella volvió la vista atrás hacia Sodoma. Ese era su verdadero amor, no Dios. Esforzarse por entrar por la puerta estrecha significa prestar atención a la advertencia de Jesús: "…Ninguno que poniendo su mano en el arado mira hacia atrás, es apto para el reino de Dios" (Lc. 9:62).

¿Cómo se relaciona el esfuerzo por entrar por la puerta estrecha con descansar en Jesús?

Y ahora es ineludible esta pregunta: ¿Toda esta vigilancia y todo este esfuerzo por entrar por la puerta estrecha es coherente con la dulce invitación de Jesús de venir a Él y hallar descanso? Si este esfuerzo y esta vigilancia parecen una manera triste y agobiante de vivir, no olvides que Jesús reprendió a los intérpretes de la ley por cargar a las personas con leyes ridículas sin ofrecer ayuda alguna: "…¡Ay de vosotros también, intérpretes de la ley! porque cargáis a los hombres con cargas que no pueden llevar, pero vosotros ni aun con un dedo las tocáis" (Lc. 11:46). Y, sobre todo, ten presente cómo Jesús invitó a las personas a la comunión con Él: "Venid a mí todos los que estáis trabajados y cargados, y yo os haré descansar. Llevad mi yugo sobre vosotros, y aprended de mí, que soy manso y humilde de corazón; y hallaréis descanso para vuestras almas; porque mi yugo es fácil, y ligera mi carga" (Mt. 11:28-30).

Lo que hace que los mandamientos de Jesús de esforzarse y estar alertas parezcan agobiantes es la suposición de que nos ha dejado solos. La tendencia natural es pensar que si nos dice que hagamos algo y pone eso como condición para entrar en el reino de Dios y tener vida eterna, entonces simplemente se quedará mirando para ver si lo hacemos o no. No pensamos que si Él exige algo, hará posible que lo hagamos.

Jesús vino a cumplir el nuevo pacto en su sangre

Jesús sabía que Él había venido a cumplir el "nuevo pacto" prometido por el profeta Jeremías. Al final de su vida, en la Última Cena, tomó la copa que representaba su sangre y dijo: "…Esta copa es el *nuevo pacto* en mi sangre…" (Lc. 22:20).

Lo novedoso que tenía el "nuevo pacto" era que los mandamientos de Dios no solo se escribirían en piedra (Éx. 24:12), como en el pacto con Moisés, sino que se escribirían en el corazón del pueblo de Dios. En Jeremías, Dios prometió: "He aquí que vienen días, dice Jehová, en los cuales haré nuevo pacto con la casa de Israel y con la casa de Judá. No como el pacto que hice con sus padres el día que tomé su mano para sacarlos de la tierra de Egipto… Pero este es el pacto que haré con la casa de Israel después de aquellos días, dice Jehová: *Daré mi ley en su mente, y la escribiré en su corazón…*" (Jer. 31:31-33).

Jesús vino a inaugurar este nuevo pacto mediante su vida, muerte, resurrección y enviando al Espíritu Santo. El profeta Ezequiel escribió que la manera en que el nuevo pacto conseguiría la obediencia del pueblo de Dios (el esfuerzo por entrar por la puerta estrecha) era dándoles el Espíritu de Dios y haciendo nuevo su propio espíritu. En Ezequiel, Dios dice: "…pondré dentro de vosotros mi Espíritu, y haré que andéis en mis estatutos… un espíritu nuevo pondré dentro de ellos; y quitaré el corazón de piedra de en medio de su carne, y les daré un corazón de carne, para que anden en mis ordenanzas, y guarden mis decretos y los cumplan…" (Ez. 36:27; 11:19-20). La intención de Dios era dar sus mandamientos *y* la capacidad para cumplirlos. Ese es el nuevo pacto.

Mediante su sangre derramada, Jesús adquirió este nuevo pacto para todos los que confían en Él. Luego, sobre la base del perdón de los pecados que obtuvo para su pueblo (Mt. 26:28), les prometió el Espíritu Santo. Él dijo:

> …yo rogaré al Padre, y os dará otro Consolador, para que esté con vosotros para siempre: el Espíritu de verdad… [Él] mora con vosotros, y estará en vosotros… cuando venga el Consolador, a quien yo os enviaré del Padre, el Espíritu de verdad, el cual procede del Padre, él dará testimonio acerca de mí… Él me glorificará; porque tomará de lo mío, y os lo hará saber (Jn. 14:16-17; 15:26; 16:14).

Sin Cristo, nuestro esfuerzo sería inútil

Por tanto, por su muerte y por enviar el Espíritu, Jesús obtiene las promesas del nuevo pacto para aquellos que confían en Él. Y lo esencial de ese pacto estriba en que nuestros pecados son perdonados y el Espíritu de Dios es dado para ayudarnos a hacer lo que Jesús exige, concretamente, esforzarnos por entrar por la puerta estrecha. En otras palabras, el mandamiento de Jesús de "esforzarnos por entrar" no significa que Él se queda al margen y simplemente se queda observando. Como escribió Martín Lutero en su famoso himno:

> Nuestro valor es nada aquí, con él todo es perdido.
> Mas con nosotros luchará, de Dios el escogido:
> Es nuestro rey Jesús, el que venció en la cruz,
> Señor y Salvador, y siendo Él solo Dios,
> Él triunfa en la batalla.[1]

No nos deja solos en nuestro esfuerzo. El mandato de esforzarnos es el de sentir el esfuerzo poderoso de Dios a nuestro favor, en cumplimiento de su promesa del nuevo pacto de andar en sus estatutos (Ez. 36:27). Esto lo veremos aún con más claridad y fuerza en el siguiente capítulo que trata sobre la presencia del reino de Dios, la presencia de vida eterna, la manera de mantener la esperanza, el gozo y la paz mientras nos esforzamos por entrar por la puerta estrecha.

---

1. Martín Lutero, "Castillo fuerte es nuestro Dios" (1529).

Esforzaos por entrar por la puerta estrecha, porque ya estáis en el poder del reino

"De cierto os digo, que el que no reciba el reino de Dios como un niño, no entrará en él" (Mr. 10:15).

El mandamiento de esforzarse por entrar en el reino de Dios a través de la puerta estrecha debe escucharse en relación con la verdad de que ya Dios hizo algo para que ese esfuerzo esté lleno de esperanza y confianza. Nos esforzamos no con temor de que no entremos, sino con la seguridad de que no solo *entraremos*, sino que en un sentido rotundo, ya hemos entrado. Esto puede parecer paradójico: esforzarte por entrar, porque ya has entrado, pero es profundamente cierto para todos aquellos que confían en Jesús.

El secreto del reino de Dios: Está aquí

En el centro del mensaje de Jesús se encuentra la afirmación de que tanto el reino de Dios como la vida eterna son vivencias *actuales*, así como promesas *futuras*. Es decir, cuando Jesús manda que nos esforcemos por entrar en el reino por la puerta estrecha, está centrando la atención en la experiencia futura del gozo final y la comunión perfecta con Dios cuando el reino llegue plenamente en el futuro. Esfuérzate por entrar ahí. Pero el "secreto del reino" (Mr. 4:11) que Jesús les reveló a sus discípulos era que este *ya* había llegado en su ministerio y que sus seguidores debían entrar en él *ahora* y sentir su poder incluso antes de la consumación final.[1] Por ejemplo, Jesús dijo: "Mas si por el dedo de Dios echo yo fuera los demonios, ciertamente *el reino de Dios ha llegado a vosotros*... he aquí el reino de Dios *está entre vosotros*" (Lc. 11:20; 17:21). En su ministerio, el reino de Dios, que será consumado en el futuro, se ha acercado y su poder estriba en liberar a las personas de la esclavitud de Satanás y del pecado.

Lo cual significa, para los seguidores de Jesús, que nuestro esfuerzo por "entrar por la puerta estrecha" se hace en el poder del reino que hemos recibido como un regalo. Recuerda lo que Jesús expresó: "De cierto os digo, que el que no *reciba* el reino de Dios como un niño, no *entrará* en él" (Mr. 10:15). Lo recibimos ahora como un regalo de fe y sentimos su poder. Por este poder del reino, caminaremos por el "camino angosto" y entraremos por la "puerta estrecha".

Paradójicamente, nos esforzamos por *entrar* al reino desde *dentro* de él. El actual poder del reino está aquí y hemos entrado en ese poder por la fe. La consumación del reino, con su victoria sobre la muerte, las enfermedades y todo el pecado, aún está en el futuro y aún no estamos allí.

La vida eterna es nuestra ahora

La misma interrelación entre el futuro y el presente es válida para la *vida eterna*, no solo para el reino de Dios. Por un lado, Jesús habla de vida eterna como una herencia futura: "...cualquiera que haya dejado casas, o hermanos, o hermanas, o padre, o madre, o mujer, o hijos, o tierras, por mi nombre, recibirá cien veces más, y *heredará la vida eterna*" (Mt. 19:29; cp. 25:46). Pero, por otro lado, el Señor enseña que creer en Él significa tener vida eterna ahora: "De cierto, de cierto os digo: El que oye mi palabra, y cree al que me envió, *tiene* vida eterna; y no vendrá a condenación, mas *ha pasado de muerte a vida*" (Jn. 5:24; cp. 3:36). Al confiar en Jesús, tenemos vida eterna ahora, pero la viviremos al máximo en el futuro.

---

1. "El misterio del reino es la llegada de este a la historia antes de su manifestación apocalíptica. Es, en resumen, 'cumplimiento sin consumación'... la nueva verdad, dada ahora por revelación en la persona y misión de Jesús, e*s que el reino que ha de venir finalmente con poder apocalíptico, previsto por Daniel, de hecho ha entrado en la tierra anticipadamente para obrar en secreto desde dentro y entre los hombres*". George Ladd, *The Presence of the Future* (Grand Rapids, Mich.: Eerdmans, 1974), 222 (énfasis añadido).

La presencia de vida y reino no produce presunción, sino gozo

La enseñanza de Jesús sobre esta verdad, que entrar en el reino de Dios y entrar en la vida eterna son tanto experiencia actual como esperanza futura, no se expresa a sí misma en presunción y descuido. No produce un actitud que dice: "Ya soy salvo; no importa cómo viva. No necesito estar alerta. No necesito esforzarme por entrar por la puerta estrecha". Esa no es la forma en la que habla una persona que ha entrado en la vida eterna y que ha sido asida por el poder del reino de Dios. Al contrario, esta verdad se expresa a sí misma en el esfuerzo gozoso.

Para algunas personas, esforzarse no les parece una forma alegre de vivir. Les parece oneroso. Pero esa no es la manera en que los seguidores de Jesús lo sienten. Por supuesto, tomar la cruz y negarnos a nosotros mismos convirtiéndonos en "siervo de todos" (Mr. 10:44) a veces resulta doloroso. Pero no es opresivo. Hay alegría a cada paso. En esto radica el *Mandamiento #10*: "Gozaos y alegraos" (Lc. 6:23). De hecho, es la alegría de tener vida eterna ahora, de estar en el reino de Dios ahora, de saber que nuestros pecados son perdonados ahora y de disfrutar de la comunión con Jesús ahora la que nos sostiene en nuestro esfuerzo hacia esa futura entrada por la puerta estrecha a la consumación del reino de Dios. En eso estriba la parábola que aparece en Mateo 13:44: "El reino de los cielos es semejante a un tesoro escondido en un campo, el cual un hombre halla, y lo esconde de nuevo; y gozoso por ello va y vende todo lo que tiene, y compra aquel campo". La alegría es el motivo para venderlo todo para esforzarnos por entrar por la puerta estrecha.

Este es un ejemplo de cómo hacer algo difícil y al parecer opresivo, vender todo lo que uno tiene, se hace con alegría: *Gozoso por ello* va y vende todo lo que tiene". Esa es la bandera que ondea por encima de todo nuestro esfuerzo cuando seguimos a Jesús: *En nuestro gozo* luchamos contra todas las tentaciones que pudieran hacer perder nuestra alma con placeres o dolores engañosos. Peleamos como los que *tienen* que pelear y *hemos* de vencer. El esfuerzo es esencial y el resultado para las ovejas de Dios es cierto: "Mis ovejas oyen mi voz, y yo las conozco, y me siguen, y yo les doy vida eterna; y no perecerán jamás, ni nadie las arrebatará de mi mano" (Jn. 10:27-28).

Ayuda para los pusilánimes

El mandamiento de Jesús de que nos "esforcemos por entrar por la puerta estrecha" es general. Da un sentido de urgencia a todos sus mandamientos. No se refiere a una clase de mandamientos, sino a todos ellos. Es el mandamiento de que tomemos su Palabra con seriedad. Exige una vigilancia durante toda la vida, todos los días, a cada hora de nuestros pensamientos, sentimientos y acciones. De ahí que para algunos de sus seguidores que son pusilánimes les resulta problemático. He tratado de ayudarnos a todos a sentir aliento. Podría ser práctico y útil terminar este capítulo con una lista de formas en que se puede mantener la esperanza y la alegría mientras nos esforzamos juntos por entrar por la puerta estrecha.

La lucha es valorar lo que tenemos, no obtener lo que no tenemos

Primero, recuerda que la batalla principal es la lucha por seguir viendo a Jesús como el tesoro supremo de nuestra vida. Él no nos llama para luchar por obtener joyas falsas. Seguir a Jesús es el resultado de hallar un tesoro escondido en el campo: un tesoro infinitamente valioso. Luego, en nuestra alegría, nosotros con gusto dejamos "que lleven con furor los bienes, vida, honor, los hijos, la mujer"[2] para disfrutar ese tesoro al máximo. Esforzarnos por entrar por la puerta estrecha solo es difícil en la medida en que atesorar a Jesús por encima de todas las cosas sea difícil.

La batalla no es hacer lo que no queremos, sino querer lo que es infinitamente merecedor de desear. La pelea no es la lucha opresiva por obtener el descanso final de Dios, sino la lucha que satisface de descansar en la paz que Jesús da libremente: "Venid a mí todos los que estáis trabajados y cargados, y yo os haré descansar. Llevad mi yugo sobre vosotros, y aprended de mí, que soy manso y humilde de corazón; y hallaréis descanso para vuestras almas; porque mi yugo es fácil, y ligera mi carga" (Mt. 11:28-30). Los mandamientos de Jesús solo son difíciles de obedecer en la medida en que sea difícil atesorar sus promesas y difícil gozar de su presencia.

---

2. Martín Lutero, "Castillo fuerte es nuestro Dios" (1529).

Jesús promete ayudarnos a hacer lo imposible

Segundo, recuerda que Jesús promete ayudarnos a obedecer su mandamiento: "Yo soy la vid, vosotros los pámpanos; el que permanece en mí, y yo en él, este lleva mucho fruto; porque separados de mí nada podéis hacer" (Jn. 15:5; cp. *Mandamiento #7*, "Permaneced en mí"). Él prometió que estaría con nosotros hasta el fin del mundo (Mt. 28:20). Nos prometió que no nos dejaría huérfanos cuando regresara al cielo, sino que vendría a ayudarnos (Jn. 14:16-18). Él reconoce que lo que pide es imposible, pero luego promete ayuda omnipotente: "…Para los hombres es imposible, mas para Dios, no; porque todas las cosas son posibles para Dios" (Mr. 10:27). No pienses en esforzarte para obtener su apoyo. Piensa en esforzarte con el apoyo de su ayuda.

El perdón y la justificación están detrás de nuestro esfuerzo

Tercero, recuerda que el perdón de los pecados y la justificación por la fe están detrás de nuestro esfuerzo (véase el *Mandamiento #20*). No nos esforzamos por ellos, sino porque los tenemos. Jesús ofrece perdón en Mateo 26:28 ("…esto es mi sangre del nuevo pacto, que por muchos es derramada para remisión de los pecados"), igual que ofrece justificación en Lucas 18:13-14 ("…el publicano, estando lejos, no quería ni aun alzar los ojos al cielo, sino que se golpeaba el pecho, diciendo: Dios, sé propicio a mí, pecador. Os digo que este descendió a su casa justificado…"). Nuestra posición ante Dios como seres perdonados y justos es la base de nuestro esfuerzo, no el objetivo de nuestro esfuerzo. Debemos esforzarnos por entrar porque esa es la marca de los que pertenecen a Jesús. Si no nos esforzamos, no llevamos la marca de pertenecer a Él. Pero el esfuerzo no crea la relación. La relación segura produce el esfuerzo alegre.

La perfección espera por el siglo venidero

Cuarto, ten presente que la perfección espera por el siglo venidero. Ciertamente, deseamos poder estar libres de todo sentimiento, pensamiento y acción pecaminosos ahora. Ese anhelo y esa labor es parte de nuestro esfuerzo. Pero nos desesperaríamos si la perfección en esta vida fuera un prerrequisito para entrar por la puerta estrecha. Se requiere de perfección. Lo vimos cuando tratamos el *Mandamiento #20* ("…Si quieres ser perfecto, anda, vende lo que tienes…" Mt. 19:21), pero ningún ser humano puede alcanzarla. Solo Jesús cumple toda justicia (Mt. 3:15). Es por esto que nos enseña a orar, no una vez, sino todos los días, "…perdónanos nuestras deudas…" (Mt. 6:12). Muy claramente Jesús llama a sus discípulos (no aspirantes a discípulos, sino discípulos consagrados) "malos": "Pues si vosotros, *siendo malos*, sabéis dar buenas dádivas a vuestros hijos…" (Mt. 7:11). Entonces, sintamos aliento de que la marca de un verdadero seguidor de Jesús no es aún la perfección, sino más bien una batalla implacable contra el pecado. Fallamos, pero no nos apartamos.[3] Tropezamos, pero no caemos de cabeza en la apostasía.

Jesús ora por nosotros para que no fallemos

Quinto, recuerda que no nos apartamos, porque Jesús no solo nos está ayudando con su presencia y su Espíritu, sino que también está orando por nosotros. Él le dijo a Pedro que estaba a punto de negar tres veces que lo conocía: "…yo he rogado por ti, que tu fe no falte; y tú, una vez vuelto, confirma a tus hermanos" (Lc. 22:32). Jesús sabía que Pedro pecaría y conocía que volvería de su negación pecaminosa. Él dijo *"una vez* vuelto" y no *"si* vuelves". No usó su poder soberano para impedir el pecado de Pedro, pero sí lo usó para impedir que Pedro se apartara. No existe razón alguna para pensar que Jesús ha dejado de orar así por sus amados. Dios le responderá a su Hijo cuando ore así: "…Padre santo, a los que me has dado, guárdalos en tu nombre, para que sean uno, así como nosotros" (Jn. 17:11).

Nos estamos esforzando por entrar en la casa de nuestro padre

Sexto, recuerda tu posición como verdadero *hijo* de Dios. Jesús enseñó a sus discípulos a conocer y a confiar en Dios como su *Padre* personal

---

3. El término "apartarse" puede referirse a una separación temporal de Cristo en temor seguido de arrepentimiento y restauración. Por ejemplo, en Mateo 26:31, Jesús dijo a sus discípulos: "Esta noche todos vosotros os apartaréis por causa de mí, pues escrito está: Heriré al pastor, y las ovejas del rebaño se dispersarán" (LBLA). Pero aquí yo uso el término en un sentido más absoluto. Los verdaderos seguidores de Jesús no se apartarán completa y definitivamente.

en el cielo. Antes de que Jesús viniera, Israel como pueblo pensaba en Dios como el Padre de la nación, pero relacionarse con Dios de manera *individual* como Padre era poco usual. No obstante, Jesús hizo de esto un aspecto primordial y se refirió al mismo una y otra vez. La implicación era la siguiente: Dios te ama personalmente como hijo suyo y te cuidará. Puedes contar con ello.

Esto no era aplicable a todo el mundo. Por ejemplo, a algunas personas les dijo: "...Si vuestro padre fuese Dios, ciertamente me amaríais; porque yo de Dios he salido, y he venido... Vosotros sois de vuestro padre el diablo, y los deseos de vuestro padre queréis hacer" (Jn. 8:42, 44). Esto es muy importante para los seguidores de Jesús: Si Dios es nuestro Padre, amamos a Jesús. Esto significa que ser un hijo de Dios implica tener una nueva naturaleza. La marca de esta nueva naturaleza es el amor por su Hijo. Por lo tanto, amar a Jesús es una señal segura de que somos los hijos de Dios.

Y si ya somos hijos, podemos tener la plena confianza de que nuestro esfuerzo por entrar por la puerta estrecha de la casa de nuestro Padre culminará con éxito. Él se hará cargo de eso. Él es nuestro Padre ahora; no mira para saber si nos esforzamos lo suficiente para ser sus hijos, sino que nos está ayudando activamente a llegar a casa. Por ejemplo, cuando se nos pone a prueba públicamente para ver si somos testigos de Jesús como debemos, este dice que no nos preocupemos: "...no sois vosotros los que habláis, sino el Espíritu de *vuestro Padre* que habla en vosotros" (Mt. 10:20). Ni un solo pajarillo caerá a la tierra sin el permiso de "vuestro Padre", dice Jesús. "...no temáis; más valéis vosotros que muchos pajarillos" (Mt. 10:29, 31). Ese es el espíritu de confianza que viene de ser un hijo de Dios.

TU NOMBRE ESTÁ ESCRITO EN LOS CIELOS

Séptimo, recuerda, en tu esfuerzo por entrar por la puerta estrecha, que tu nombre está escrito en los cielos. Jesús dijo: "No os regocijéis de que los espíritus se os sujetan, sino regocijaos de que vuestros nombres están escritos en los cielos" (Lc. 10:20). Si el nombre de cada persona está escrito en los cielos, no hay razón para regocijarse, pero muchos están en el camino de la perdición, no de la puerta estrecha: "...espacioso [es] el camino que lleva a la perdición, y muchos son los que entran por ella..."

(Mt. 7:13). No todos los nombres están escritos allí. Que tu nombre esté escrito en el cielo significa que Dios te librará del mal y te llevará a su reino. Jesús había leído sobre este libro en un profeta que conocía bien, Daniel 12:1: "...será tiempo de angustia, cual nunca fue desde que hubo gente hasta entonces; pero en aquel tiempo será libertado tu pueblo, *todos los que se hallen escritos en el libro*".

FUISTE ESCOGIDO POR DIOS Y DADO A JESÚS

Octavo, recuerda que Jesús no está reuniendo discípulos que Dios no conozca. Dios los conoció primero y los escribió en su libro. Ahora el Padre los está llevando a su Hijo para la salvación: "Todo lo que el Padre me da, vendrá a mí; y al que a mí viene, no le echo fuera" (Jn. 6:37). Los seguidores de Jesús pertenecieron primero a Dios y luego fueron dados al Hijo (Jn. 17:9). Si alguien viene a Jesús, es porque el Padre lo conoció y se lo dio. Es por esto que Jesús dice: "...ninguno puede venir a mí, si no le fuere dado del Padre" (Jn. 6:65). Cuando vienen, Jesús les revela el Padre a ellos y el Padre impide que se aparten: "He manifestado tu nombre a los hombres que del mundo me diste; tuyos eran, y me los diste..." (Jn. 17:6); "Mi Padre que me las dio, es mayor que todos, y nadie las puede arrebatar de la mano de mi Padre" (Jn. 10:29). Cuando recuerdes y te regocijes de ser un hijo escogido de Dios, tu esfuerzo no te parecerá ni opresivo ni esclavizante.

JESÚS SOSTIENE NUESTRO ESFUERZO CON SU GOZO

Noveno, recuerda que el gozo en Dios es la manera principal en que Jesús nos permite esforzarnos por entrar por la puerta estrecha. Primero, el Señor dice: "Yo soy la vid, vosotros los pámpanos... separados de mí nada podéis hacer" (Jn. 15:5). Luego dice: "Estas cosas os he hablado, para que mi gozo esté en vosotros, y vuestro gozo sea cumplido" (Jn. 15:11). En otras palabras, la manera en que Jesús nos permite esforzarnos con éxito para entrar por la puerta estrecha es impartiéndonos su gozo. Luego, más adelante, añade: "...nadie os quitará vuestro gozo" (Jn. 16:22). Este gozo en Jesús y todo lo que Dios representa para nosotros en Él sostiene el esfuerzo de toda la vida por entrar por la puerta.

Nuestro esfuerzo no será en vano

La vigilancia es la marca de los seguidores de Jesús. Ellos saben que "… ancha es la puerta, y espacioso el camino que lleva a la perdición" (Mt. 7:13). Toman la vida en serio. El cielo y el infierno están en juego. Por tanto, están verdaderamente alegres. El Hijo de Dios los ha rescatado de culpa y del poder del pecado. Ellos son Hijos de Dios. Sus nombres están escritos en los cielos. Han recibido al Ayudador, al Espíritu de verdad. Tienen la promesa de Jesús de estar con ellos hasta el fin del mundo. Saben que Él ora por ellos. Se regocijan porque son justos ante Dios gracias a Jesús. Han recibido el reino. Tienen la vida eterna como bien actual. Y se admiran del hecho de que nadie puede arrancarlos de la mano de Dios. En este gozo toman fuerzas para luchar por entrar por la puerta estrecha. Y están confiados de que su esfuerzo no será en vano.

Vuestra justicia debe superar la de los fariseos, porque esta era hipócrita y despreciable

"Porque os digo que si vuestra justicia no fuere mayor que la de los escribas y fariseos, no entraréis en el reino de los cielos" (Mt. 5:20).

"¡Ay de vosotros, escribas y fariseos, hipócritas! porque sois semejantes a sepulcros blanqueados, que por fuera, a la verdad, se muestran hermosos, mas por dentro están llenos de huesos de muertos y de toda inmundicia. Así también vosotros por fuera, a la verdad, os mostráis justos a los hombres, pero por dentro estáis llenos de hipocresía e iniquidad" (Mt. 23:27-28).

"Porque de dentro, del corazón de los hombres, salen los malos pensamientos, los adulterios, las fornicaciones, los homicidios, los hurtos, las avaricias, las maldades, el engaño, la lascivia, la envidia, la maledicencia, la soberbia, la insensatez. Todas estas maldades de dentro salen, y contaminan al hombre" (Mr. 7:21-23).

"Bienaventurados los de limpio corazón, porque ellos verán a Dios" (Mt. 5:8).

Jesús dijo que no podemos entrar en el reino de los cielos si nuestra justicia no es mayor que la de los escribas y fariseos (Mt. 5:20). Alguien pudiera entender esto como que debemos ganarles a los fariseos. Ellos fueron los estudiosos judíos más meticulosos de la ley mosaica y los que con más rigurosidad hacían cumplirla en todos sus detalles. La tradición había establecido 246 mandamientos positivos en la ley (los primeros cinco libros de la Biblia) y 365 prohibiciones.[1] Entenderlos bien y guardarlos meticulosamente era la ocupación de los fariseos. Luego, ¿quiere decir Jesús que debemos ser aún más meticulosos al verificar las leyes y conformar nuestra conducta alrededor de ellas?

John Stott responde:

> No es tanto, digamos, que los cristianos logran guardar unos 240 mandamientos cuando el mejor de los fariseos solo puede haber llegado a 230. No. La justicia cristiana es mejor que la justicia farisaica porque es más profunda al ser una justicia del corazón… La justicia que es del agrado de [Dios] es una justicia interna de mente y motivación. Porque "Jehová mira el corazón".[2]

Esta es la respuesta correcta. Pero para verla con claridad, tenemos que distinguir lo que vio Jesús al constatar la justicia de los escribas y fariseos. No es nada agradable.

Jesús y los fariseos: ira y súplica

No hubo grupo que despertara tanto la ira y el dolor en el corazón de Jesús como los fariseos. Mateo 23 es el capítulo más severo de los cuatro Evangelios. Es una crítica total a los fariseos. Sin embargo, termina con la manifestación del dolor en el corazón de Jesús: "¡Jerusalén, Jerusalén,

---

1. Maimónides (1135–1204) fue un gran filósofo y médico judío español, probablemente el más importante estudioso judío de la Edad Media. Publicó una lista definitiva de leyes del Pentateuco (los primeros cinco libros de la Biblia). Calculó 613, dos más que el número tradicional, porque consideró "Yo soy el Señor tu Dios…" (Éx. 20:1) y "Oye, Israel: Jehová nuestro Dios, Jehová uno es" (Dt. 6:4) como mandamientos positivos. "Él creía que, como el cuerpo humano tenía 248 partes diferentes, uno debía recordarse de obedecer los mandamientos positivos de Dios con "todo su ser"; y puesto que había 365 días en el año, uno debía recordarse de no desobedecer los mandamientos de Dios cada día del año. Desde la época de Maimónides, se ha aceptado su cálculo de 613 leyes como el número tradicional". John Sailhamer, *The Pentateuch as Narrative* (Grand Rapids, Mich.: Zondervan, 1992), 481. La lista de los 613 mandamientos se encuentra en Sailhamer, 482-516.

2. John R. W. Stott, *The Message of the Sermon on the Mount* (Leicester, Inglaterra: Inter-Varsity, 1978), 75. La referencia a Dios que mira el corazón es de 1 Samuel 16:7; ver también Lucas 16:15.

que matas a los profetas, y apedreas a los que te son enviados! ¡Cuántas veces quise juntar a tus hijos, como la gallina junta sus polluelos debajo de las alas, y no quisiste!" (Mt. 23:37). Y su anhelo por los fariseos también está expresado en la parábola del hijo pródigo y la actitud asumida por su hermano mayor. Este representa a los fariseos y escribas que criticaron a Jesús por comer con los pecadores: "...los fariseos y los escribas murmuraban, diciendo: Este a los pecadores recibe, y con ellos come" (Lc. 15:2).

Jesús relató la parábola del hijo pródigo en respuesta a su crítica. El tema central de la misma era que el hecho de que Jesús comiera con los pecadores no era una complicidad de Dios con el pecado, sino la búsqueda de los pecadores por parte de Dios. Pero, al final de la parábola, Jesús extiende su mano a los fariseos. Él describe al padre (que representa a Dios) saliendo y suplicando al hijo mayor farisaico para que se una en la celebración del regreso de su hermano que se había perdido. En otras palabras, la parábola es un ofrecimiento misericordioso a los fariseos de que participen en la celebración de gracia en la vida y ministerio de Jesús.

Pero el hijo mayor no abandona su posición iracunda de *siervo* farisaico para ir a unirse a la gozosa posición de ser un hijo: "...He aquí, tantos años te *sirvo*, no habiéndote desobedecido jamás, y nunca me has dado ni un cabrito para gozarme con mis amigos" (Lc. 15:29). Él se ve a sí mismo como un siervo merecedor, no como un hijo libremente amado. Las últimas palabras del padre a este hermano mayor están llenas del dolor que Jesús sentía por los fariseos: "...Hijo, tú siempre estás conmigo, y todas mis cosas son tuyas.[3] Mas era necesario hacer fiesta y regocijarnos,

---

3. Esto no significa que los fariseos son salvos. Sabemos que Jesús espera que sean expulsados del reino si no se arrepienten. Él dijo en Mateo 8:11-12: "...os digo que vendrán muchos del oriente y del occidente [es decir, los gentiles], y se sentarán con Abraham e Isaac y Jacob en el reino de los cielos; mas los hijos del reino serán echados a las tinieblas de afuera; allí será el lloro y el crujir de dientes". Lo que Jesús quiere decir es que sus compatriotas, el pueblo judío (representado en sus líderes por los fariseos y el hermano mayor), tenían un privilegio extraordinario. Dios les había dado la ley, el pacto, las promesas y había venido en la carne como el Mesías judío. El reino de Dios pertenecía al pueblo judío, por así decirlo, como herencia natural. Pero el ministerio de Jesús reveló que muchas personas en Israel no amaban al Dios de Israel y estaban mostrando que no estaban aptas para recibir la herencia. Mientras el hijo mayor insista en no ser un hijo gozoso, sino un siervo iracundo, no podrá recibir la bendición de lo que está sucediendo en la casa. Este es el

porque este tu hermano era muerto, y ha revivido; se había perdido, y es hallado" (Lc. 15:31-32). Al parecer, el hermano mayor no hace lo que es necesario hacer. No quiere amar la misericordia. Quiere que lo consideren según sus propios méritos, no por la misericordia de su padre. La parábola tiene un final abierto. Los fariseos que escuchan deben oír la invitación que se les hace. Jesús los recibe en la celebración de gracia y salvación si apartan sus pretensiones de superioridad moral y se deleitan en la misericordia.

Pero, hasta donde sabemos, muy pocos fariseos dieron ese paso. Al parecer, Nicodemo sí lo hizo; fue el fariseo que vino a Jesús de noche para hacerle preguntas y le oyó decir: "...el que no naciere de nuevo, no puede ver el reino de Dios" (Jn. 3:3). Después de la muerte de Jesús, encontramos a Nicodemo dando un paso extremadamente arriesgado para "...un principal entre los judíos" (Jn. 3:1). Llevó setenta y cinco libras de especias para honrar el cuerpo de Jesús (Jn. 19:39) y se unió a José de Arimatea para darle adecuada sepultura. La Biblia no dice que se había convertido en discípulo, aunque dice que José lo era (Mt. 27:57). Pero es difícil imaginarse a un fariseo correr tanto riesgo si no había alcanzado la fe en Jesús; mas eso no era común. En su mayor parte, los fariseos tuvieron muy arraigada su animadversión hacia Cristo hasta el final.

Lo que amaban los fariseos: el elogio, el dinero y el sexo

El cuadro que pinta Jesús de ellos es trágico y despreciable. La raíz del problema es que sus corazones están alejados de Dios. Él les dijo en Mateo 15:7-8: "...bien profetizó de vosotros Isaías, cuando dijo: Este pueblo de labios me honra; mas su corazón está lejos de mí". Sus corazones no atesoran a Dios; atesoran el dinero, el elogio y el sexo.

Después que Jesús contó una parábola en Lucas 16:1-9 sobre el uso correcto del dinero, los fariseos lo ridiculizaron. Lucas dice que la razón era que ellos "eran avaros" (Lc. 16:14). Más adelante, Jesús dijo: "Guardaos de los escribas... que devoran las casas de las viudas..." (Lc.

---

significado de las palabras amenazadoras de Jesús en Mateo 21:43: "Por tanto os digo, que el reino de Dios será quitado de vosotros [los líderes judíos que se oponen a Jesús], y será dado a gente que produzca los frutos de él" [judíos y gentiles que tienen fe en Jesús y lo siguen en el camino de amor del Calvario].

20:46-47). Es decir, crean reglas y conservan tradiciones que hacen de las ofrendas del templo un sustituto del cuidado de los pobres, hasta de los propios padres (Mr. 7:9-13). Y cuando Jesús describió lo que estaba en el corazón de los fariseos, dijo que estaban "…llenos de robo y de injusticia" (Mt. 23:25). En toda su absoluta religiosidad, no amaban a Dios; amaban al dinero.

Y amaban el elogio de los hombres. La recompensa que buscaban por lo que hacían no era el gozo de la comunión con Dios, sino la admiración de los demás. Jesús dijo: "…hacen todas sus obras para ser vistos por los hombres. Pues ensanchan sus filacterias, y extienden los flecos de sus mantos; y aman los primeros asientos en las cenas, y las primeras sillas en las sinagogas, y las salutaciones en las plazas, y que los hombres los llamen: Rabí, Rabí" (Mt. 23:5-7). Este romance con el elogio de los hombres imposibilitaba la fe genuina en el Cristo sacrificado. Por eso, Jesús les dijo:[4] "¿Cómo podéis vosotros creer, pues recibís gloria los unos de los otros, y no buscáis la gloria que viene del Dios único?" (Jn. 5:44). Sus corazones no se sentían atraídos por Dios como recompensa, sino por el elogio de los hombres.

Y como sucede por lo general con aquellos que obran por amor al dinero y el elogio de los seres humanos, los fariseos, al parecer, también se veían envueltos en sexo ilícito. Jesús los llama "generación mala y *adúltera*". Entonces, algunos escribas y fariseos le respondieron diciendo: "…Maestro, deseamos ver de ti señal —pero Él les respondió—: La generación mala y *adúltera* demanda señal…" (Mt. 12:38-39). En el *Mandamiento #9*, yo argumentaba que esto se refiere al menos en parte al adulterio *espiritual* de que Israel no quisiera a Jesús como su verdadero esposo. Pero es natural suponer que la palabra "adúltera" quiere decir que la palabra alternativa "esposos" incluye no solo el dinero y el elogio humano, sino también el sexo ilícito. Cuando el corazón no está profundamente extasiado por la gloria de Dios, por lo general lo mueve el penoso poder del dinero y el elogio de los hombres.

---

4. Los fariseos no se mencionan de manera explícita en Juan 5, pero "los judíos" que se mencionan en Juan 5:10, 15, 16, 18 son probablemente los voceros del pueblo, a saber, los escribas y los fariseos. Su función es idéntica a la de los fariseos en otras partes.

La hipocresía: el manto de la fidelidad al cumplimiento de la ley

Lo que hacía que esta idolatría fuera tan despreciable a Jesús era que todo venía bajo un manto limpio y religioso. Esta era la esencia de lo que Él llamó hipocresía: "¡Ay de vosotros, escribas y fariseos, hipócritas! porque limpiáis lo de fuera del vaso y del plato, pero por dentro estáis llenos de robo y de injusticia" (Mt. 23:25). Limpiar lo de fuera del vaso significa usar la ley de Dios para ocultar el rechazo de Dios. Esto hacía enfurecer a Jesús más que todo: "¡Ay de vosotros, escribas y fariseos, hipócritas! porque sois semejantes a sepulcros blanqueados, que por fuera, a la verdad, se muestran hermosos, mas por dentro están llenos de huesos de muertos y de toda inmundicia. Así también vosotros por fuera, a la verdad, os mostráis justos a los hombres, pero por dentro estáis llenos de hipocresía e iniquidad" (Mt. 23:27-28). Estas son las palabras fuertes que describen el corazón de los fariseos: robo, injusticia, inmundicia, huesos de muertos, hipocresía e iniquidad. Todo esto encubierto en la fidelidad al cumplimiento de la ley.

Pero esto empeora. En el siguiente capítulo veremos algunas de las conductas exentas de amor que produce esta corrupción interna. A estas alturas, no debe quedar duda de que la justicia de los fariseos no consigue nada con Dios. Debemos tener una justicia que sobrepase lo que vemos en los fariseos.

Vuestra justicia debe superar la de los fariseos: Limpiad el interior del vaso

*"…Mirad, guardaos de la levadura de los
fariseos y de los saduceos"* (Mt. 16:6).

"¡Guías ciegos, que coláis el mosquito, y tragáis el camello!" (Mt. 23:24).

*"¡Ay de vosotros, escribas y fariseos, hipócritas! porque limpiáis
lo de fuera del vaso y del plato, pero por dentro estáis llenos
de robo y de injusticia. ¡Fariseo ciego! Limpia
primero lo de dentro del vaso y del plato, para que
también lo de fuera sea limpio"* (Mt. 23:25-26).

*"…atan cargas pesadas y difíciles de llevar, y las ponen sobre los hombros
de los hombres; pero ellos ni con un dedo quieren moverlas"* (Mt. 23:4).

La descripción que hace Jesús del corazón de los fariseos, que vimos en el capítulo anterior, es devastadora: robo, injusticia, inmundicia, huesos de muertos, hipocresía e iniquidad. No es una sorpresa que cuando esta clase de corazón se protege a sí mismo y provee para sí mirando "lo justo" por fuera, necesariamente se concentra en los aspectos menores de la justicia.

Ciegos a cualquier proporción espiritual

Es más fácil dar el diezmo que amar la justicia, la misericordia y la fe: "¡Ay de vosotros, escribas y fariseos, hipócritas! porque diezmáis la menta y el eneldo y el comino,[1] y dejáis lo más importante de la ley: la justicia, la misericordia y la fe. Esto era necesario hacer, sin dejar de hacer aquello" (Mt. 23:23). Estaban ciegos a cualquier sentido de proporción espiritual: "¡Guías ciegos, que coláis el mosquito, y tragáis el camello!" (Mt. 23:24). Y peor aún, cuando los ciegos se convierten en guías, otras personas salen lesionadas y hasta se pierden: "…son ciegos guías de ciegos —dijo Jesús— y si el ciego guiare al ciego, ambos caerán en el hoyo" (Mt. 15:14).

Lo cual significa que su ceguera y su falta de vida espiritual eran tanto suicidas como asesinas. Se estaban perdiendo a sí mismos y a los demás: "¡Ay de vosotros, escribas y fariseos…! —advirtió Jesús— que sois como sepulcros que no se ven, y los hombres que andan encima no lo saben" (Lc. 11:44). El contacto con los muertos se consideraba contaminante. Irónicamente, a pesar de todo su esfuerzo por mantenerse ceremoniosamente limpios, demostraron que no solo estaban muertos ellos mismos, sino que lesionaban a los demás con su falta de vida.

La condición diabólica de ser despiadadamente exigente

Ni les importaba. Como sucede por lo general con los hipócritas con pretensiones de superioridad moral, su actitud para con los demás es despiadadamente exigente: "…atan cargas pesadas y difíciles de llevar, y las ponen sobre los hombros de los hombres; pero ellos ni con un dedo quieren moverlas" (Mt. 23:4). En otras palabras, su uso de la ley es despiadado. A diferencia de Jesús, cuyo yugo es fácil y ligera su carga (Mt. 11:28-30) porque Él da lo que exige,[2] ellos solo exigen y no levantan ni un dedo para ayudar. De esta manera, no solo se destruyen a sí mismos, sino que arrastran a otras personas con ellos: "…¡ay de vosotros, escribas y fariseos, hipócritas! porque cerráis el reino de los cielos delante de los hombres; pues ni entráis vosotros, ni dejáis entrar a los que están entrando" (Mt. 23:13).

Rigurosamente hablando, esto es diabólico. Los hipócritas que van al infierno luchan por llevarse a los demás con ellos. Con profundo amor por las personas perdidas y vulnerables, Jesús desató su furia contra los agentes del infierno: "…¡ay de vosotros, escribas y fariseos, hipócritas!

---

1   Menta, eneldo y comino son especias que representan las minucias de su obediencia externa en contraste con la magnitud de su corrupción interna.

2.   Véanse los *Mandamientos #7, 21, 23 y 24*.

porque cerráis el reino de los cielos delante de los hombres; pues ni entráis vosotros, ni dejáis entrar a los que están entrando" (Mt. 23:15). Aquí Jesús no habla con vagas metáforas. Son hijos del infierno porque el diablo es su padre, no Dios. Jesús les dijo: "…Si vuestro padre fuese Dios, ciertamente me amaríais; porque yo de Dios he salido, y… él me envió… Vosotros sois de vuestro padre el diablo, y los deseos de vuestro padre queréis hacer" (Jn. 8:42-44). Es decir, los afectos y elecciones de su corazón están moldeados por voluntad de Satanás. Su disposición está formada por las modas del infierno.

Los fariseos tratan de desviar esta valoración de sí mismos cambiando las cosas y acusando a Jesús de obrar con Satanás. Ellos dicen: "…Este no echa fuera los demonios sino por Beelzebú, príncipe de los demonios" (Mt. 12:24). Pero Jesús señala que este ministerio vencedor sobre Satanás no puede explicarse por medio de la complicidad con este: "…si Satanás echa fuera a Satanás, contra sí mismo está dividido; ¿cómo, pues, permanecerá su reino?" (Mt. 12:26). No, el hecho es que los fariseos son una "generación de víboras" que no pueden hablar lo bueno porque *son* malos: "…¿Cómo podéis hablar lo bueno, siendo malos? Porque de la abundancia del corazón habla la boca" (Mt. 12:34).

Limpia el interior para que el exterior también esté limpio

En esto radica la esencia de su problema: Su corazón es malvado y "duro" (Mr. 3:5; 10:5). Todo su esfuerzo religioso y moral está dedicado a limpiar lo de fuera y cuidando lo que les entra por la boca, no lo que les sale del corazón. Era totalmente crucial para sus discípulos que Jesús les dejara claro que los fariseos tenían esto al revés. Por tanto, les explica en privado: "¿No entendéis que todo lo que entra en la boca va al vientre, y es echado en la letrina? Pero lo que sale de la boca, del corazón sale; y esto contamina al hombre… pero el comer con las manos sin lavar no contamina al hombre" (Mt. 15:17-20).

Los fariseos se estaban comportando como necios, como si al Dios que había hecho lo de fuera ya no le importara lo de dentro: "Necios —dijo Jesús— ¿el que hizo lo de fuera, no hizo también lo de adentro?" (Lc. 11:40). Luego les dijo sin rodeos y de la manera más clara posible lo que debían hacer: "¡Fariseo ciego! Limpia primero lo de dentro del vaso y del plato, para que también lo de fuera sea limpio" (Mt. 23:26). Y en otra parte lo expresó de manera más indirecta y provocadora. Él dijo: "Pero dad limosna de lo que tenéis, y entonces todo os será limpio" (Lc. 11:41).

Al contrario de este consejo, los fariseos daban limosnas para ser vistos por los hombres (Mt. 23:5). En otras palabras, no lo hacían de corazón. Cuando daban a los pobres, no daban su corazón. Es decir, no daban amor. No les importaba si los pobres se convertían en hijos del infierno o en hijos del cielo. Simplemente querían ser admirados por su acción. El remedio de Jesús para esto es: "...Limpia primero lo de dentro del vaso y del plato, para que también lo de fuera sea limpio". Primero viene la transformación del interior. Luego, como resultado, ("para que", ἵνα), lo de fuera estará limpio. Para Jesús, la conducta es importante, pero no aislada.

Es por esto que un evangelio meramente social nunca encontrará en Jesús a un defensor: "Haz buenas obras" no es el mensaje principal de Jesús. Totalmente indispensable en cualquier acción que sea de su agrado de Jesús y que lo obedezca es lo siguiente: "...Limpia primero lo de dentro del vaso...". Y la frase "para que" muestra que la única conducta externa que le importa a Jesús es lo que sale de un corazón transformado: "...Limpia primero lo de dentro del vaso y del plato, para que [ἵνα] también lo de fuera sea limpio". Lo de fuera importa, pero solo como el fruto de lo de dentro.

Stott tenía razón

Ahora estamos en condiciones de ver cuánta razón tenía John Stott en la cita que aparece al comienzo del capítulo anterior. ¿Qué quiere decir Jesús cuando expresa: "...si vuestra justicia no fuere mayor que la de los escribas y fariseos, no entraréis en el reino de los cielos" (Mt. 5:20)? Stott respondió: "La justicia cristiana es mejor que la justicia farisaica porque es más profunda al ser una justicia del corazón... La justicia que es del agrado de [Dios] es una justicia interna de mente y motivación. Porque 'Jehová mira el corazón'".[3] Claro está, Stott piensa que esta verdadera justicia tendrá una expresión externa y visible en la vida. Pero lo decisivo es la justicia del corazón.

---

3. John R. W. Scott, *The Message of the Sermon on the Mount* (Leicester: Inter-Varsity Press, 1978), 75. Cp. 1 Samuel 16:7; Lucas 16:15.

UNA "JUSTICIA" DESPRECIABLE ES FÁCIL DE EXCEDER... Y DIFÍCIL

En vista de lo que hemos considerado, esto es exactamente lo que Jesús quiso decir. La descripción que hizo de la "justicia" de los fariseos es tan despreciable que nuestra respuesta podría ser: que es fácil de exceder. Eso sería cierto en un sentido y falso en otro. La parte cierta es que Jesús dijo: "...mi yugo es fácil y ligera mi carga" (Mt. 11:30). Él no quiere estar en la categoría de aquellos que "[cargan] a los hombres con cargas que no pueden llevar pero... ni aun con un dedo las [tocan]" (Lc. 11:46). Por tanto, es correcto pensar que, en un sentido, la justicia que Jesús exige es "fácil" y su carga "ligera".

Pero en otro sentido, como vimos en el *Mandamiento #18,* es difícil. De hecho, no solo es difícil, sino imposible. Cuando el hombre rico se apartó de Jesús y tomó el camino de los fariseos, enamorado de su dinero, Jesús comentó sobre lo difícil que es "limpiar lo de dentro del vaso" y dejar de amar el dinero: "...Para los hombres es imposible, mas para Dios, no; porque todas las cosas son posibles para Dios" (Mr. 10:27). Quiso decir que, por sí solo, este hombre no puede cambiar su corazón. Atesora el dinero más que lo que atesora a Jesús. Eso es lo que debe cambiar. Esa es la justicia que los fariseos no tienen.

La justicia que excede la de los fariseos es el nuevo corazón que confía en Jesús y lo atesora por encima del dinero, los elogios, el sexo y todo lo demás en el mundo. Atesorar lo que es infinitamente valioso es, en un sentido, lo más fácil del mundo, como recibir la orden de disfrutar nuestra comida favorita, pero cuando nuestro corazón no atesora a Jesús de esta manera, cambiar nosotros solos está fuera de nuestro alcance.

SEIS ANTÍTESIS MUESTRAN LA JUSTICIA QUE EXCEDE LA DE LOS FARISEOS

Después de decir en Mateo 5:20 que nuestra justicia debe ser mayor que la de los escribas y fariseos, en el resto de ese capítulo del Sermón del Monte, Jesús pasa a mostrar que aunque la verdadera justicia incluye amar las buenas acciones, es decisiva y esencialmente interna. *Decisivamente* porque lo que está en el interior decide si la conducta externa tiene valor ante Dios; y *esencialmente* porque la esencia de la bondad de la conducta es su motivación interior, no los movimientos de músculos o el efecto sobre lo externo. Todo lo que Jesús dijo sobre la hipocresía de los fariseos, nos lleva a esta conclusión.

Jesús confirma esto en lo que sigue en Mateo 5. Él ofrece seis ejemplos de cómo la lectura externa de la ley debe llevarse hacia adentro hasta que la exigencia de Dios penetre en el corazón y reivindique los sentimientos más profundos del mismo. A veces estos seis mandatos se llaman antítesis porque Jesús pone sus mandamientos en contraste (antítesis) con la interpretación que los fariseos le estaban dando a la ley del Antiguo Testamento y los ajustes temporales a la propia ley.[4]

De no matarás a no sentirás ira

Primero, Jesús se refiere al mandamiento de no matar. Frente a la mera aplicación del mismo, Él da el mandamiento de no sentir ira y dice que el enojo, aun sin la acción externa, es como matar (Mt. 5:21-26). Así, vemos que la justicia que excede la de los fariseos es, en esencia, el cambio interno que no siente ira cuando se le hace un mal (véanse los *Mandamientos #18-19*).

De no cometerás adulterio a no codiciarás

Segundo, Jesús se refiere al mandamiento de no cometer adulterio y, frente a su mera aplicación externa, añade el mandato de no codiciar: "Pero yo os digo que cualquiera que mira a una mujer para codiciarla, ya adulteró con ella en su corazón" (Mt. 5:28). Así, muestra que la justicia

---

4. Jesús reafirmó la ley mosaica con tanta vehemencia, en Mateo 5:17-18 y otras partes, que es difícil imaginar que sus mandamientos en Mateo 5:21-48 deban entenderse como antitéticos del *verdadero* significado de la ley misma: "No penséis que he venido para abrogar la ley o los profetas; no he venido para abrogar, sino para cumplir. Porque de cierto os digo que hasta que pasen el cielo y la tierra, ni una jota ni una tilde pasará de la ley, hasta que todo se haya cumplido" (Mt. 5:17-18). Por esto es que digo que Jesús pone su mandamiento en antítesis de cómo los fariseos estaban interpretando la ley del Antiguo Testamento. Estaban dando un tratamiento limitado a la ley y, sobre todo, de forma externa. Jesús muestra que se necesita algo mucho más profundo y mucho más extenso. No quiero decir que Jesús nunca elevó el nivel de algunos principios de la ley mosaica. Algunas partes de esta eran ajustes temporales a la dureza del corazón del hombre. Por ejemplo, Jesús dijo: "Por la dureza de vuestro corazón Moisés os permitió repudiar a vuestras mujeres; mas al principio no fue así" (Mt. 19:8). Con la aparición del Mesías, la llegada del poder del reino de Dios, la institución del nuevo pacto (véase el *Mandamiento #23*) y la entrega del Espíritu Santo, Jesús ordenó a sus discípulos que persiguieran un principio más alto que cuando Moisés permitió realizar acciones debido a la dureza del corazón humano.

que excede la de los fariseos es esencialmente el cambio interno que vence la servidumbre del corazón al deseo sexual ilícito. La justicia que Jesús exige no es la acción simplemente, sino la pureza del corazón detrás de la castidad externa.

Del divorcio a la fidelidad

Tercero, Él se refiere a lo estipulado para el divorcio que aparece en el Antiguo Testamento y lo enfrenta con el ideal superior de no divorciarnos de nuestras esposas: "Pero yo os digo que el que repudia a su mujer, a no ser por causa de fornicación, hace que ella adultere; y el que se casa con la repudiada, comete adulterio" (Mt. 5:32). La justicia que excede la de los escribas y fariseos es la nueva capacidad de hallar una respuesta a los problemas del matrimonio, no en la solución externa del divorcio, sino en la transformación del corazón.[5]

Del cumplimiento de los juramentos a la pura sinceridad

Cuarto, Jesús se refiere al mandamiento de "...cumplirás al Señor tus juramentos" (Mt. 5:33). En oposición a esto, pide algo más radical y más interno. Él exige que nuestro corazón sea tan transparentemente sincero que no haya necesidad de confirmaciones externas (como los juramentos) para respaldar nuestro simple sí o no. La justicia que excede la de los escribas y fariseos es el compromiso interno de sinceridad total que convierte en superflua la frase "yo juro".

De la represalia al amoroso contentamiento

Quinto, Jesús cita la ley: "...Ojo por ojo, y diente por diente". Luego, en contraste, da seis mandamientos: "Pero yo os digo: [1] No resistáis al que es malo; [2] antes, a cualquiera que te hiera en la mejilla derecha, vuélvele también la otra; [3] y al que quiera ponerte a pleito y quitarte la túnica, déjale también la capa; [4] y a cualquiera que te obligue a llevar carga por una milla, ve con él dos. [5] Al que te pida, dale; y [6] al que quiera tomar de ti prestado, no se lo rehúses" (Mt. 5:39-42). Todos ellos son conductas, no solo inclinaciones internas.

---

5. Para conocer más sobre los puntos de vista de Jesús sobre el divorcio y el volver a casarse, véanse los *Manadamientos #40, 41 y 42.*

Por lo tanto, no debemos decir que la justicia que excede la de los escribas y los fariseos es simplemente interna. Está claro que implica actos de paciencia, abnegación y amor fuera de lo común. Pero tampoco podemos pasar por alto el hecho de que estos seis mandatos son tan radicalmente contrarios al egoísmo natural, humano (¡y farisaico!) que es imposible cumplirlos sin un cambio interno que ponga nuestro contentamiento y nuestra seguridad en otra cosa que no sea lo que este mundo ofrece, es decir, en Jesús.

De amor limitado a amar a nuestros enemigos

Finalmente, Jesús cita la distorsión de la ley del Antiguo Testamento (Lv. 19:18): "Oísteis que fue dicho: Amarás a tu prójimo, y aborrecerás a tu enemigo" (Mt. 5:43). Luego contradice la distorsión: "Pero yo os digo: Amad a vuestros enemigos… y orad por los que os ultrajan y os persiguen" (Mt. 5:44). El amor se hace visible en las acciones sacrificiales del servicio. Pero el amor no es primero visible. Primero, es un cambio en el corazón.

Esto lo vemos claramente en el mandato "…*orad* por los que os ultrajan y os persiguen". La acción de orar significa que realmente les deseamos el bien.[6] Estamos orando por su salvación, por su gozo perpetuo y para que la salvación misericordiosa de Dios se haga en sus vidas. Esto no sucederá si solo existe el compromiso básico de actuar con cortesía externa hacia nuestros enemigos. Si vamos a orar por ellos verdaderamente, nuestros corazones tendrán que cambiar drásticamente de egoísmo a seguridad en Jesús. Este cambio, conjuntamente con las acciones que nacen de él, es la justicia que excede la de los escribas y fariseos.

En el siguiente capítulo, veremos la batalla por la conquista de esa pureza y ese amor internos de los cuales carecían los fariseos. Es tan radical como cortarse la mano o sacarse un ojo. Pero también veremos que la seguridad que tenemos no descansa simplemente en la *demostración* de un corazón diferente del que ellos tenían, sino también en nuestra *posición* en el perdón, la aceptación, el amor y la vida eterna de Dios.

---

6. Para reflexiones sobre los salmos imprecatorios que expresan una voluntad por la destrucción del enemigo, véase "Digresión sobre el aborrecimiento de los impíos" en el *Mandamiento #29*.

VUESTRA JUSTICIA DEBE SUPERAR LA DE LOS FARISEOS, PORQUE TODO BUEN ÁRBOL DA BUENOS FRUTOS

"Bienaventurados los de limpio corazón,
porque ellos verán a Dios" (MT. 5:8).

"Pero yo os digo que cualquiera que mira a una mujer para codiciarla,
ya adulteró con ella en su corazón. Por tanto, si tu ojo derecho te
es ocasión de caer, sácalo, y échalo de ti; pues mejor te es que se
pierda uno de tus miembros, y no que todo tu cuerpo sea echado
al infierno. Y si tu mano derecha te es ocasión de caer, córtala, y
échala de ti; pues mejor te es que se pierda uno de tus miembros,
y no que todo tu cuerpo sea echado al infierno" (MT. 5:28-30).

"…todo buen árbol da buenos frutos, pero el
árbol malo da frutos malos" (MT. 7:17).

El error de los fariseos fue que concentraron su esfuerzo moral en limpiar lo de "fuera del vaso" y descuidaron la pureza del corazón. En este capítulo, centramos la atención en la batalla por esa pureza que va más allá de la de los fariseos. Como en todas las batallas, prevalece el interrogante con respecto al triunfo. ¿Ganaremos esta batalla? Por tanto, al final, dirigiremos la atención al fundamento de nuestra seguridad en el perdón, la aceptación, el amor y la vida de Dios.

PUREZA DEL CORAZÓN: ATESORAR UNA COSA

Cuando, en Mateo 5:8, Jesús dice: "Bienaventurados los de limpio [καθαροὶ] corazón, porque ellos verán a Dios", está describiendo la justicia que excede la de los escribas y los fariseos. Él usa la misma palabra "limpio" (καθαρός) para describir lo que necesitan estos últimos: "¡Fariseo ciego! Limpia [καθάρισον] primero lo de dentro del vaso y del plato, para que también lo de fuera sea limpio [καθαρόν]" (Mt. 23:26). La impureza que a Jesús le preocupa más es el no confiar en Dios y no amarlo. El corazón está hecho para Jesús, para confiar en Él y amarlo. El significado de *impuro* es cualquier cosa que ocupe el lugar de Dios o disminuya el grado de nuestra fe y nuestro amor por Él.

Søren Kierkegaard escribió un libro titulado *La pureza del corazón es querer una sola cosa.*[1] Este título se acerca a la esencia de la pureza. Yo solo cambiaría la palabra "querer" por "atesorar". *Querer* puede entenderse muy fácilmente como un acto del alma contra nuestros propios deseos. Pero querer tener a Dios de esa manera no sería pureza del corazón. La pureza alcanza el grado en que se *atesora* a Dios supremamente en Jesús. En esto fracasaron los fariseos y en aquello que la justicia superior hace.

El cambio de corazón que crea una forma nueva de atesorar a Jesús es un don de Dios que sentimos cuando se abren los ojos del corazón para ver a Cristo como más deseable que cualquier otra realidad. Él se refiere a ese cambio como 'nacer de nuevo' (véase el *Mandamiento #1*) o arrepentimiento (véase el *Mandamiento #2*). Es el llamado sobreentendido de Jesús en todos sus otros mandamientos: busca un nuevo corazón; nace de nuevo. Eso es lo que vemos aquí implícitamente en la exigencia de una justicia o una pureza que exceda la de los escribas y los fariseos. Esta exigencia es un profundo llamado a nacer de nuevo.

Este cambio interno es un don. Dios lo exige y también lo da. Jesús dice: "...Os es necesario nacer de nuevo" (Jn. 3:7), pero también señala: "El viento sopla de donde quiere, y oyes su sonido; mas ni sabes de dónde viene, ni a dónde va; así es todo aquel que es nacido del Espíritu" (Jn. 3:8). Jesús emite el mandato. El espíritu libre e impredecible otorga el don. *Nuestra* responsabilidad es ver al Jesús que realmente está ahí y confiar en Él por todo lo que representa.

---

1. Kierkegaard, *La pureza del corazón es querer una sola cosa* (Buenos Aires: La Aurora, 1979).

La batalla de vida o muerte por la pureza del corazón

Lo que queda claro de las enseñanzas de Jesús es que guardar y hacer crecer el don de la pureza y la justicia que exceda la de los escribas y los fariseos es una batalla de vida o muerte. No nos quedamos pasivos. *Jesús* da el poder decisivo, como dice Juan 15:5: "...separados de mí nada podéis hacer". Pero sentimos ese poder en la voluntad de participar en ataques radicales y persistentes contra nuestro propio pecado. Jesús pronunció una bendición sobre "...los que tienen hambre y sed de justicia...". Ellos son los que "...serán saciados" (Mt. 5:6). El hambre y la sed son implacables. Nunca cesan. Son signos de vida. Somos capaces de hacer casi cualquier cosa en nuestro poder para saciar el hambre y la sed. Así es como Jesús nos enseña a buscar la pureza.

Por ejemplo, cuando trata sobre la impureza de la lujuria sexual interna, Jesús pide que se haga todo lo que sea necesario porque nuestras almas están en juego:

> ...si tu ojo derecho te es ocasión de caer, sácalo, y échalo de ti; pues mejor te es que se pierda uno de tus miembros, y no que todo tu cuerpo sea echado al infierno. Y si tu mano derecha te es ocasión de caer, córtala, y échala de ti; pues mejor te es que se pierda uno de tus miembros, y no que todo tu cuerpo sea echado al infierno (Mt. 5:29-30).

Esto puede ser a lo que Jesús se refiere cuando dice: "Desde los días de Juan el Bautista hasta ahora, el reino de los cielos sufre violencia, y los violentos lo arrebatan" (Mt. 11:12).[2] Tomar el reino por la fuerza puede que sea la manera de repetir lo que dice Jesús sobre la lucha contra la lujuria: Sácate el ojo o arráncate la mano —haz lo que sea necesario— para heredar el reino y no ir al infierno. Toma (arrebata) el reino por la fuerza, fuerza contra el pecado, no fuerza contra Dios. La batalla por la justicia en nuestro corazón es una batalla feroz.

---

2. Ver George Ladd, *The Presence of the Future* (Grand Rapids, Mich.: Eerdmans, 1974), 163-164.

Lo radical de sacarse el ojo derecho

Fíjate en tres cosas de esta batalla. Una es que el ojo es el primer órgano que se ataca: "…si tu ojo derecho te es ocasión de caer, sácalo…". Aunque el problema es el pecado sexual, Jesús no dice que te cortes el órgano sexual para impedir el acto, sino que te saques el ojo para evitar el deseo. La batalla es por la pureza del corazón antes que la pureza en la cama. Sin pureza del corazón, todo en la cama es impuro.

Segundo, fíjate que Él dice sacarte el ojo *derecho*. Lo trascendente aquí es que esto deja intacto el ojo izquierdo para despertar tanta lujuria como antes. Por lo tanto, lo que Jesús quiere decir no es que sacándote el ojo derecho, literalmente, se vaya a resolver nada. La cuestión no es que los deseos internos puedan controlarse mediante la mutilación externa. La cuestión es cuán grandes son los riesgos. Tan grandes son, que debemos hacer todo lo que sea necesario para derrotar nuestra esclavitud al deseo pecaminoso. Resulta sorprendente cuántas personas enfrentan sus pecados a la ligera. Jesús pide lo contrario. Lucha por un corazón puro con la misma urgencia que sacarte un ojo y cortarte una mano.

Tercero, fíjate en lo que está en juego: el infierno: "…mejor te es que se pierda uno de tus miembros, y no que todo tu cuerpo sea echado al infierno". Muchos cristianos que aman la verdad de la justificación por la gracia sola mediante la fe sola, la cual yo amo y creo que Jesús enseña (véase el *Mandamiento #20*), encuentran difícil de creer estas amenazas de Jesús al pie de la letra. Pero no hay manera de evitarlas, están diseminadas por todos los Evangelios y claramente quiere decir que si abandonamos la batalla por la pureza, pereceremos.

Sentir seguridad descansa en nuestra posición y demostración

Si no tenemos una justicia que excede la de los escribas y los fariseos, Jesús dice que no entraremos en el reino de los cielos (Mt. 5:20). Todo lo que hemos visto en este capítulo demuestra que Cristo no está pensando principalmente en su propia justicia que se nos imputa.[3] Está pensando en

---

3. Para la interpretación que Jesús le da a la justificación por la fe y la imputación de la justicia, véase el *Mandamiento #20*.

la clase de transformación interna y aplicación externa revelada en las seis antítesis siguientes de Mateo 5:21-48.

¿Cómo entonces tenemos seguridad en Jesús cuando lo que Él exige es un verdadero cambio de corazón y una verdadera conducta justa? Intenté darle respuesta a esta pregunta especialmente en el *Mandamiento #24*. De hecho, trato de darle respuesta a lo largo del libro. Por lo que termino este capítulo con otra exposición sucinta. Piensa en nuestro sentido de la seguridad, la certeza de que vamos a entrar en la manifestación final del reino de Dios en el fin del mundo, descansando contundentemente en nuestra *posición* en el favor invencible de Dios, pero también en la *demostración* de nuestra conducta de que estamos realmente en ese lugar.

Lo que quiero decir con *posición* en el favor invencible de Dios son al menos seis gloriosas verdades sobre aquellas personas que han confiado en Jesús: (1) Pertenecimos a Dios antes de pertenecer a Jesús (Jn. 17:6); es decir, teníamos el favor de Dios antes de tener ninguna justicia. (2) Nuestros nombres están escritos en el cielo entre aquellos ciudadanos que Dios piensa llevar allí (Lc. 10:20). (3) Somos justificados, declarados justos, por fe en la misericordia gratuita de Dios debido a Cristo (Lc. 18:14). Jesús nos aseguró que no necesitamos, ni nos atrevemos a confiar en ninguna justicia propia como base de nuestra posición en el favor de Él. Lucas nos dice que la parábola del fariseo y el publicano fue dirigida "A unos que confiaban en sí mismos como justos, y menospreciaban a los otros..." (Lc. 18:9). (4) Somos rescatados de todos los enemigos que destruirían nuestras almas (Mr. 10:45). (5) Todos nuestros pecados son perdonados por la sangre de Cristo (Mt. 26:28). (6) Poseemos ahora la vida del Espíritu que es eterna (Jn. 5:24).

Esa es nuestra posición. Es completa y perfecta. No podemos ser más escogidos, escritos, justificados, rescatados, perdonados o eternos de lo que somos.

La demostración de nuestra posición

Lo que quiero decir con la *demostración* es que la manera en que vivimos muestra nuestra posición; no la crea. Dios establece nuestra posición solo mediante la fe. Pero Él ha decretado que es adecuado que la posición tenga una demostración en el mundo. Esta es la justicia que excede la de los escribas y los fariseos. Es necesaria, no es opcional. Es decir, Jesús supone que si no hay una demostración de nuestra posición en el favor de Dios, entonces esta no existe. Jesús dice que dicha demostración es necesaria para la salvación final (como decimos nosotros, para ir al cielo) porque Él quiere ser glorificado por la gracia de crear nuestra *posición* en su favor eterno de una vez por todas *y* por la gracia de brindar la ayuda que necesitemos para *demostrar* dicha posición mediante nuestra conducta. Nadie que tiene una posición por la fe en el favor invencible de Dios, dejará de tener todo lo que sea necesario para demostrarlo en la vida.

La seguridad de que Dios permitirá infaliblemente nuestra demostración se basa en innumerables verdades. Por ejemplo, (1) Jesús promete que nada puede arrebatarnos de su mano (Jn. 10:28-29); (2) que vendrá un Consolador y no nos dejará solos en esta batalla (Jn. 14:16, 26; 15:26); (3) que estará con nosotros hasta el fin del mundo (Mt. 28:20); (4) Él ruega para que nuestra fe no falte y que el Padre nos guarde (Lc. 22:32; Jn. 17:11, 15); (5) Jesús presupone nuestra imperfección y provee para esto (Mt. 6:12); (6) enseñó que lo que se nos exige, aun cuando es imposible para nosotros, no es imposible para Dios (Mt. 19:26); (7) lo que se exige en nuestra demostración es que haya evidencia de una vida dada por Dios y no perfección. Estas y otras verdades nos dan la seguridad de que la obra de Dios en nuestra vida producirá la demostración exaltadora de gracia requerida en el día final.

TODO BUEN ÁRBOL DA BUENOS FRUTOS

La imagen que Jesús utilizó para ilustrar la necesidad de la demostración es la de un árbol y su fruto: "...todo buen árbol da buenos frutos, pero el árbol malo da frutos malos. No puede el buen árbol dar malos frutos, ni el árbol malo dar frutos buenos. Todo árbol que no da buen fruto, es cortado y echado en el fuego" (Mt. 7:17-19). Cuando Él dice que "no puede el buen árbol dar malos frutos", no quiere decir que sus seguidores nunca pecan. La forma más natural de pensar en el tiempo presente de un verbo griego como "dar" es "seguir dando". Luego, Jesús estaría diciendo que "no puede el buen árbol *seguir dando* malos frutos". En otras palabras, el árbol se corta no por algún que otro fruto malo. Se corta por producir tantos frutos malos que no existe evidencia de que el árbol sea bueno. Lo que Dios exigirá en el juicio no es nuestra perfección, sino suficientes frutos para demostrar que el árbol tuvo vida, en nuestro caso, vida divina.

"Porque os digo que si vuestra justicia no fuere mayor que la de los escribas y fariseos, no entraréis en el reino de los cielos" (Mt. 5:20). Que Dios nos permita confiar en Cristo por la seguridad de nuestra posición en el invencible favor del Padre y por la ayuda que Él promete para nosotros: cambiar nuestros corazones y guiarnos en actos demostrables de amor.

AMAD A VUESTROS ENEMIGOS: GUIADLOS HACIA LA VERDAD

"Pero yo os digo: Amad a vuestros enemigos, bendecid a los que os maldicen… y orad por los que… os persiguen" (Mt. 5:44).

"…Amad a vuestros enemigos, haced bien a los que os aborrecen; bendecid a los que os maldicen, y orad por los que os calumnian" (Lc. 6:27-28).

"…si amáis a los que os aman, ¿qué mérito tenéis? Porque también los pecadores aman a los que los aman. Y si hacéis bien a los que os hacen bien, ¿qué mérito tenéis? Porque también los pecadores hacen lo mismo. Y si prestáis a aquellos de quienes esperáis recibir, ¿qué mérito tenéis? Porque también los pecadores prestan a los pecadores, para recibir otro tanto" (Lc. 6:32-34).

"Santifícalos en tu verdad; tu palabra es verdad" (Jn. 17:17).

El mandamiento que hace Jesús de que amemos a nuestros enemigos, seamos misericordiosos, hagamos la paz y perdonemos supone que existen personas a las que resulta difícil amar. El mandamiento aparece expresado de distintas maneras porque las personas resultan difíciles de amar en distintas maneras. Jesús llama a algunas personas nuestros "enemigos", lo cual significa que están en contra nuestra. Estos quieren vernos fracasar. Ámalas, dice el Señor (Mt. 5:44; Lc. 6:27, 35). Otras puede que no sean nuestros enemigos personales en este sentido, sino simplemente personas cuyo carácter, personalidad o condición las hace poco atractivas o incluso repulsivas. Sé misericordioso con ellas, dice Jesús (Mt. 5:7; 18:33; Lc. 10:37). No bases tu trato hacia ellas en lo que suscitan o se merecen, sino en la misericordia. Otras pudieran ser parientes o amigos nuestros que se sienten ofendidos por algo que hicimos (con razón o sin ella) y la relación se enfrió o dejó de existir. Reconcíliate pronto con ellas, dice Jesús (Mt. 5:23-26). Otras puede que tengan o no algo contra ti, pero tú sí contra ellas. Perdónalas, dice Jesús (Mt. 6:14-15). No dejes que la pereza, el orgullo o la ira evite que hagas la obra humilde de perdonar, hacer las paces y reconciliarte.

TENER ENEMIGOS PUEDE SIGNIFICAR QUE ESTÁS EN SINTONÍA CON JESÚS

El mandamiento de Jesús también supone que *tendremos* enemigos y que no todos se reconciliarán con nosotros, no importa lo que hagamos. Él nos enseña que tener enemigos no tiene necesariamente que ser algo malo, sino que puede significar que estamos en sintonía con Él. Por ejemplo, Jesús pronunció una bienaventuranza sobre aquellos que fueran perseguidos por causa de su lealtad hacia Él: "Bienaventurados sois cuando *por mi causa* os vituperen y os persigan, y digan toda clase de mal contra vosotros, mintiendo" (Mt. 5:11). En otras palabras, tener enemigos es de esperar: "…Si al padre de familia llamaron Beelzebú, ¿cuánto más a los de su casa?… Si a mí me han perseguido, también a vosotros os perseguirán" (Mt. 10:25; Jn. 15:20).

En realidad, Jesús advirtió que si no hubiera persecución, esto podría ser un signo de parecerse más a un falso profeta que a Él: "¡Ay de vosotros, cuando todos los hombres hablen bien de vosotros! porque así hacían sus padres con los falsos profetas" (Lc. 6:26). La enemistad entre el mundo y los seguidores de Jesús estriba en la verdad de que el mundo lo rechaza (Jn. 18:37) y en la profunda diferencia que Jesús obra al cambiar a una persona: "Si fuerais del mundo, el mundo amaría lo suyo; pero porque no sois del mundo, antes yo os elegí del mundo, *por eso el mundo os aborrece*". (Jn. 15:19; cp. 17:14). Por tanto, no debemos suponer que si tenemos enemigos es porque hicimos algo mal. Esto pudiera ser cierto, y debemos buscar en nuestros corazones las ofensas innecesarias y arrepentirnos, pero Jesús dijo muy claramente que los discípulos *fieles* tendrán enemigos. Espéralos.

AMA A AQUELLOS QUE MATAN Y A AQUELLOS QUE DESPRECIAN

Es sorprendente que Jesús llama la atención tanto acerca de la persecución severa como del mero desprecio para señalar los tipos de enemistad con los cuales debemos lidiar. Podríamos pensar que Él se ocuparía solamente del peor tipo de enemistad y supondría que la otra se resolvería sola. Pero, evidentemente, Él cree necesario decirnos que amemos no solo cuando nuestra vida esté amenazada, sino que también cuando nuestro ego se vea amenazado por un mero desaire. Considera el rango de enemistades que menciona.

Debemos amar a aquellos que nos persiguen (Mt. 5:44), nos aborrecen (Lc. 6:27), nos maldicen, nos calumnian (Lc. 6:28), nos hieren en la mejilla, nos quitan la capa (Lc. 6:29). Todas estas son conductas que normalmente nos lastimarían profundamente, ya sea física o emocionalmente, o ambas y que podrían causarnos la muerte (Mt. 10:21; Lc. 11:49). A todo esto debemos responder con amor. Pero, además de estas formas de enemistad tan dolorosas, también pueden molestarnos cosas pequeñas. Jesús dijo, por ejemplo: "Y si saludáis a vuestros hermanos solamente, ¿qué hacéis de más? ¿No hacen también así los gentiles?… Y si hacéis bien a los que os hacen bien, ¿qué mérito tenéis?…" (Mt. 5:47; Lc. 6:33). Aquí está hablando de actos sencillos como saludar y hacer actos de bondad. Y el asunto es: ¿Cuán dispuestos estamos a saludar a alguien o hacer un bien a alguien que es un mero extraño o que no ha hecho nada por nosotros? No nos han lastimado. No nos han mostrado enemistad. Simplemente andan de un lado para otro en sus asuntos sin prestarnos ninguna atención. Podríamos sentirlo como un desprecio. O podríamos no sentir nada. Jesús dice: Ámalos. No ames solo al que te reconoce y hace cosas buenas por ti. Ama al perseguidor y a la persona que sencillamente actúa como si no existieras.

Todo esto suscita dos interrogantes básicos. El primero: ¿Qué amor es este? ¿Qué aspecto tiene? ¿Cuánto implica de nosotros? El segundo: ¿De dónde proviene? ¿Cómo surge en nuestros corazones, cómo se sostiene en el tiempo y brota de nosotros cuando lo más natural pareciera decir:

"No se necesita amor aquí, ni es posible"? Comencemos primero por el interrogante sobre qué amor es este.

El amor preserva la verdad de la Biblia

La primera respuesta a la cuestión de qué implica este amor es tan evidente que pudiéramos no verla. Al mandarnos amar a nuestros enemigos, Jesús está enfrentando y corrigiendo un mal uso de la Biblia: "Oísteis que fue dicho: Amarás a tu prójimo, y aborrecerás a tu enemigo. Pero yo os digo: Amad a vuestros enemigos, bendecid a los que os maldicen, haced bien a los que os aborrecen, y orad por los que os ultrajan y os persiguen" (Mt. 5:43-44). En el acto mismo de mandarnos amar, Él nos está amando al corregir una falsa y perniciosa interpretación de las Escrituras.

Las Escrituras judías que Jesús y sus contemporáneos utilizaban no decían: "Aborrecerás a tu enemigo". Decían: "No te vengarás, ni guardarás rencor a los hijos de tu pueblo, sino amarás a tu prójimo como a ti mismo…" (Lv. 19:18). Algunos habían tomado estas referencias a "tu propio pueblo" y a "prójimo" y habían llegado a la conclusión de que el mandamiento de amar se aplicaba solamente al prójimo: a quienes son como nosotros. El primer acto de amor de Jesús en su mandamiento es mediante su propio ejemplo de cómo Él nos lo da: Nos muestra que el amor rechaza la mala interpretación de la Palabra de Dios y expone la verdad.

La verdad es la raíz del amor

Menciono el ejemplo del amor de Jesús primero no solo porque es el primer y más inmediatamente presente acto de amor en sus palabras, sino también porque, en nuestra época, al amor con frecuencia se le contrasta con la defensa de la verdad. No es eso lo que demuestra Jesús. Ni aquí ni en ninguna otra parte. Si alguien le hubiera dicho al Señor las palabras: "El amor une; la doctrina divide", creo que Jesús habría mirado profundamente dentro del alma de esa persona y le habría dicho: "La verdadera doctrina es la raíz del amor. Por tanto, quienquiera que a ella se oponga, destruye la raíz de la unidad".

Jesús nunca contrapuso la verdad al amor. Hizo lo contrario. Dijo que

Él mismo era la encarnación y suma de la verdad: "Yo soy el camino, y *la verdad*, y la vida…" (Jn. 14:6). Refiriéndose a sí mismo, dijo: "El que habla por su propia cuenta, su propia gloria busca; pero el que busca la gloria del que le envió, este es *verdadero*, y no hay en él injusticia" (Jn. 7:18). Al final de su vida, lo que incitó la cínica pregunta de Pilato: "…¿Qué es la verdad?" (Jn. 18:38) fue la abarcadora afirmación de Jesús acerca de por qué había venido al mundo: "…Yo para esto he nacido, y para esto he venido al mundo, para dar testimonio a la *verdad*…" (Jn. 18:37). Incluso sus adversarios vieron cuán indiferente era Jesús a la opinión de los demás y cuán consagrado parecía estar a la verdad: "…Maestro, sabemos que eres hombre *veraz*, y que no te cuidas de nadie…" (Mr. 12:14). Y cuando Jesús deja el mundo y regresa al Padre en el cielo, el Espíritu que enviaría en su lugar sería llamado "el Espíritu de verdad": "Pero cuando venga el Consolador, a quien yo os enviaré del Padre, el *Espíritu de verdad*, el cual procede del Padre, él dará testimonio acerca de mí" (Jn. 15:26).

Por tanto, a diferencia de tantos que prometen la verdad para ganar un seguidor, Jesús hizo lo contrario. La incredulidad de quienes lo escuchaban era confirmación de la necesidad de un cambio profundo *en ellos*, no en la verdad: "…Todo aquel que es de la verdad, oye mi voz" (Jn. 18:37); "El que es de Dios, las palabras de Dios oye; por esto no las oís vosotros, porque no sois de Dios" (Jn. 8:47); "Y a mí, porque digo la verdad, no me creéis" (Jn. 8:45). En otras palabras, cuando la verdad no produce la respuesta que desees (cuando no "funciona"), no la abandones. Jesús no es pragmático cuando se trata de amar a las personas con la verdad. Debes decir la verdad y, si no ganas convencimiento, no consideres cambiarla. Ora para que la verdad despierte y cambie a quienes la escuchen: "y conoceréis la verdad, y la verdad os hará libres" (Jn. 8:32); "Santifícalos en tu verdad —oró Jesús— tu palabra es verdad" (Jn. 17:17).

Cuando Jesús ora para que las personas sean "santificadas en la verdad", revela las raíces del amor. La santificación, o santidad, según Jesús la entiende, implica ser una persona amorosa. Él está orando para que nos convirtamos en personas amorosas y para que seamos misericordiosos, pacíficos y clementes. Todo esto está incluido en la oración "Santifícalos". Y todo esto sucede en la verdad y por ella, no separado de esta. El esfuerzo por poner al amor contra la verdad es como poner al fruto en contra de la raíz, o como poner a las astillas contra el fuego, o como poner los cimientos de una casa contra el dormitorio del segundo piso. La casa se desplomará, y el lecho matrimonial con ella, si los cimientos se derrumban. El amor vive y arde por la verdad y se sostiene en ella. Es por esto que el primer acto de amor de Jesús al mandarnos amar es corregir una falsa interpretación de las Escrituras.

El uso de la verdad sin amor

Por supuesto, es posible usar la verdad sin amor. Por ejemplo, cuando en una aldea de Samaria no recibieron a Jesús "…porque su aspecto era como de ir a Jerusalén" (Lc. 9:53), Jacobo y Juan sabían que esta respuesta era un insulto a la verdad. Era una agresión a la verdad de Jesús. Así que le dijeron, en defensa de la verdad: "…Señor, ¿quieres que mandemos que descienda fuego del cielo, como hizo Elías, y los consuma?" (Lc. 9:54). La respuesta fue rápida y directa: "Entonces volviéndose él, los reprendió…" (Lc. 9:55).

Sin embargo, la solución a esta respuesta sin amor no fue quedarse en la aldea y alterar la verdad para conseguir una mejor respuesta. Él no le dijo a los samaritanos: "La doctrina divide, el amor une, así es que pongamos a un lado nuestras diferencias doctrinales y tengamos unidad de relación". No, la solución fue: "…Y se fueron a otra aldea" (Lc. 9:56). Hay muchas personas aún que amar con nuestra verdad. Seguiremos ofreciendo la verdad salvadora en amor en dondequiera que podamos y no seremos violentos con aquellos que nos rechazan. Pero esta no será cambiada. Es la raíz de la vida del amor, las astillas del fuego del amor y los cimientos de la fortaleza del amor. Cuando Jesús mandó que amáramos a nuestros enemigos contrastando esto con la interpretación que decía: "Ama a tu prójimo y aborrece a tu enemigo", nos estaba enseñando amorosamente que corregir las falsas interpretaciones de la Biblia es una vía crucial para amar a nuestros enemigos.

Desafiar la autoridad absoluta del amado

La siguiente implicación obvia de las palabras de Jesús para el significado del amor es que no es desamor llamar a alguien enemigo. Vivimos en una época emocionalmente frágil. Las personas se ofenden con facilidad y describen su reacción a las críticas como sentirse herido. En realidad, vivimos en tiempos en que las ofensas emocionales, o el sentirse lastimados, con frecuencia se convierten en criterio para decidir si se ha mostrado amor. Si una persona puede alegar que se siente herida por lo que tú dijiste, muchos supondrán que no actuaste en amor. En otras palabras, no se define al amor según la calidad del acto y sus motivos, sino por la respuesta subjetiva de los demás. En esta forma de relación, la persona lastimada tiene autoridad absoluta. Si él dice que tú lo lastimaste, entonces tú *no puedes* haber actuado amorosamente. Eres culpable. Jesús no permitirá que esta forma de relación permanezca incuestionable.

Al amor no lo define la respuesta de la persona amada. Una persona puede ser genuinamente amada y sentirse herida, ofendida, airada, vengativa o insensible sin que esto disminuya en modo alguno la belleza y el valor del acto de amor que la lastima. Conocemos esto más claramente con la muerte de Jesús, el más grande acto de amor que jamás haya ocurrido, porque las respuestas al mismo cubrieron un rango que fue desde el afecto (Jn. 19:27) hasta la violencia (Mt. 27:41-42). Que las personas estuvieran destrozadas, heridas, irritadas, airadas y fueran cínicas en respuesta a su muerte no alteró el hecho de que lo que Él hizo fue un gran acto de amor.

Esta verdad está demostrada por la forma en que vivió su vida. Él amó de un modo que con frecuencia no fue interpretado como amor. Nadie que yo haya conocido en persona o en la historia fue tan directo como Jesús en la forma de tratar con las personas. Evidentemente, su amor era tan auténtico que no necesitaba andar con paños tibios. Es debido a mi convivencia con el Jesús de los Evangelios durante cincuenta años lo que me hace tan consciente de cuán emocionalmente frágiles y quebradizos somos hoy día. Si Jesús nos hablara hoy de la manera en que habitualmente hablaba en su propia época, nos sentiríamos ofendidos y lastimados continuamente. Esto es cierto con respecto a la forma en que hablaba tanto con sus discípulos como con sus adversarios.[1]

---

1. A sus propios discípulos les hablaba francamente, llamándolos "malos" (Mt. 7:11), "de poca fe" (Mt. 6:30; 8:26; 14:31; 16:8; 17:20), una "generación incrédula" (Mt. 17:17) y diciéndole a un aspirante a discípulo quien quería ir a un entierro que dejara que los muertos enterraran a sus muertos (Lc. 9:60). Fue franco con sus huéspedes, que lo invitaron a cenar: "No me diste beso; mas esta, desde que entré, no ha cesado de besar mis pies. No ungiste mi cabeza con aceite; mas esta ha ungido con perfume mis pies"

Las personas también se ofendían en su tiempo: "...¿Sabes que los fariseos se *ofendieron* cuando oyeron esta palabra?", le preguntaron sus discípulos (Mt. 15:12). Su respuesta a esta información fue breve y aguda: "Toda planta que no plantó mi Padre celestial, será desarraigada.[2] Dejadlos; son ciegos guías..." (Mt. 15:13-14). En otras palabras, "son plantas que no producen el fruto de la fe porque Dios no las ha plantado. Ellos no ven mi conducta como amor porque son ciegos, no porque Yo no tenga amor". Estas y docenas de otras cosas les dijo Él tanto a amigos como a enemigos de una manera que haría estremecernos emocionalmente y haría que muchos de nosotros nos retiráramos con lástima de nosotros mismos.

El énfasis de esto es que la autenticidad de un acto de amor no está determinada por el sentimiento subjetivo de quien es amado. Jesús emplea la palabra "enemigos". Eso podría resultar ofensivo para algunos, especialmente cuando Él continúa exponiendo su idea con palabras como: "Y si saludáis a vuestros *hermanos* solamente, ¿qué hacéis de más?..." (Mt. 5:47). A Él no le inquieta la posible crítica de que no está siendo lo

---

(Lc. 7:45-46). "...Dijo también al que le había convidado: Cuando hagas comida o cena, no llames a tus amigos, ni a tus hermanos, ni a tus parientes, ni a vecinos ricos; no sea que ellos a su vez te vuelvan a convidar, y seas recompensado. Mas cuando hagas banquete, llama a los pobres, los mancos, los cojos y los ciegos..." (Lc. 14:12-13). Dijo que se alegraba de que Dios hubiera escondido la verdad a los "sabios y entendidos": "...Te alabo, Padre, Señor del cielo y de la tierra, porque escondiste estas cosas de los sabios y de los entendidos, y las revelaste a los niños" (Mt. 11:25). No le respondió a aquellos que hacían juegos de palabras con la multitud (Mt. 21:23-27). Llamó a Herodes "zorra" (Lc. 13:32) y reprendió a los fariseos llamándolos "generación de víboras" (Mt. 23:33), "sepulcros blanqueados" (Mt. 23:27), "guías ciegos" (Mt. 23:16), "hipócritas" (Mt. 23:13) e "insensatos" (Mt. 23:17). Y, por supuesto, hizo un látigo y echó fuera a los cambistas del templo (Mt. 21:12). Todo esto y tantas cosas más colocarían a Jesús tan lejos fuera del rango de tolerancia emocional de nuestros días que su conducta sencillamente no se consideraría amorosa. Todo lo cual viene a mostrar que el criterio acerca de qué es el amor no reside en la respuesta subjetiva de aquel que es amado.

2. "Aquellas plantas que su Padre había plantado eran aquellos que habían recibido la revelación dada por el Padre del carácter de Jesús: una revelación que Él había ocultado de los 'sabios y entendidos' (11:25-27; 13:11-17; 16:16-17; cp. 14:33)". Craig S. Keener, *A Commentary on the Gospel of Matthew* (Grand Rapids, Mich.: Eerdmans, 1999), 413. La expresión va a la par de Juan 10:26: "...vosotros no creéis, porque no sois de mis ovejas...", o Juan 18:37: "...Todo aquel que es de la verdad, oye mi voz", o Juan 8:47: "El que es de Dios, las palabras de Dios oye; por esto no las oís vosotros, porque no sois de Dios".

bastante cuidadoso en distinguir enemigos reales de hermanos molestos. Jesús parece esperar que manejemos palabras duras como "enemigo" mezcladas con tiernas palabras de familia como "hermano".

El amor no es ajeno o indiferente a sus efectos

No me refiero a que el amor sea ajeno a las palabras que utiliza o a los efectos que estas puedan tener en otros. El amor sí se preocupa por la bendición del amado. Desea llevar al amado fuera del dolor y la tristeza hacia una experiencia más profunda del gozo en Dios, ahora y para siempre. Pero estoy haciendo hincapié en otro lado del problema que parece estar excepcionalmente extendido en nuestro mundo psicologizado. Sencillamente, estoy llamando la atención hacia el hecho de que no *sentirse* amado no es lo mismo que no *ser* amado. Jesús está ejemplificando para nosotros en su vida la objetividad del amor, con motivaciones reales y acciones reales. Y cuando estas tienen amor, la respuesta de quien es amado no cambia esa realidad.

Esta es una buena nueva para el que ama, porque significa que *Dios es* Dios y el que es amado *no* es Dios. La valoración del amado lastimado no es absoluta: puede ser correcta o equivocada, pero no es absoluta. Dios es absoluto. Es a Él a quien damos cuenta. Y solo Él conoce nuestros corazones. La cuestión decisiva sobre nuestro amor cuando nos presentemos ante Dios no es qué pensaron los otros de este sentimiento, sino si era real. Que a algunas personas pueda no gustarle la manera en que amamos, no es decisivo. Al final, la mayoría de las personas no reconocieron el amor de Jesús, ni aún lo hacen hoy día. Lo que importa no es que estemos justificados delante de los hombres, sino que Dios conozca que nuestros corazones son verdaderamente (aunque no de manera perfecta) amorosos. Y solo Él puede hacer ese juicio final (Lc. 16:15).

AMAD A VUESTROS ENEMIGOS: ORAD POR LOS QUE OS CALUMNIAN

*"…Amad a vuestros enemigos… y orad por
los que… os persiguen"* (MT. 5:44).

"…orad por los que os calumnian" (LC. 6:28).

"…Padre, perdónalos, porque no saben lo que hacen…" (LC. 23:34).

Antes de comenzar con el mandamiento de que oremos por aquellos que nos persiguen y calumnian, necesitamos hacer una aclaración más sobre este mandamiento de Jesús, esta es, que el amor aborrece el mal que destruye a quienes amamos.

EL AMOR ABORRECE EL MAL QUE DESTRUYE A LAS PERSONAS

No podemos afirmar desear el bien de quien amamos y ser indiferentes a lo que lo destruye. El mandamiento de Jesús de amar a nuestro enemigo implica que el amor debe aborrecer el mal que destruye a quien amamos. Si existiera un universo en el cual no hubiera mal que lastimara a las personas o desacreditara a Jesús, allí solo habría amor y no odio. No habría nada que aborrecer. Pero en un mundo como el nuestro es necesario no solo que amemos y aborrezcamos, sino que nuestro amor incluya el aborrecimiento.

DIGRESIÓN SOBRE EL ABORRECIMIENTO DE LOS IMPÍOS

Este quizás sea el mejor lugar para insertar algunos pensamientos acerca del tipo de aborrecimiento sobre los cuales Jesús leyó en los Salmos que son a veces llamados salmos imprecatorios, esto es, salmos que expresan aborrecimiento hacia los enemigos de Dios e invocan maldiciones divinas sobre ellos. Estos incluyen el Salmo 5:10; 10:15; 28:4; 31:17-18; 35:4-6; 40:14-15; 58:6-11; 69:22-28; 109:6-15; 139:19-22; 140:9-10. El Salmo 139:19-22 dice: "De cierto, oh Dios, harás morir al impío; apartaos, pues, de mí, hombres sanguinarios. Porque blasfemias dicen ellos contra ti; tus enemigos toman en vano tu nombre. ¿No odio, oh Jehová, a los que te aborrecen, y me enardezco contra tus enemigos? Los aborrezco por completo; los tengo por enemigos".

Sabemos que Jesús conocía estos salmos y que no los criticaba, sino que los citaba como Escritura fidedigna. Al menos uno de los más severos entre ellos (el Salmo 69) parece haber sido un favorito del cual Jesús, en su naturaleza humana, extrajo consejo, incentivo y conocimiento de sí mismo (Jn. 15:25 = Sal. 69:4): "... Sin causa me aborrecieron"; Jn. 2:17 = Sal. 69:9: "...El celo de tu casa me consume"; Mt. 27:34 = Sal. 69:21: "...le dieron a beber vinagre mezclado con hiel..."). Este salmo dice: "Derrama sobre ellos tu ira, y el furor de tu enojo los alcance" (69:24).

Considera en algunos de estos salmos que el *amor* por el enemigo se ha estado buscando durante largo tiempo: "Me devuelven mal por bien... cuando ellos enfermaron, me vestí de cilicio..." (35:12-13); "En pago de mi amor me han sido adversarios; mas yo oraba. Me devuelven mal por bien, y odio por amor" (109:4-5). Aunque no expresado, este puede ser el caso en todos los salmos. La maldad a la vista se ha resistido al amor.

Ten en cuenta también que el aborrecimiento puede referirse en ocasiones (no siempre) a repugnancia moral y no a venganza personal. Esto no es lo mismo que decir: "Odia al pecado y ama al pecador" (lo cual puede ser un buen consejo, pero no es todo lo que hay que decir). Existe un tipo de odio por el pecador (visto como moralmente corrupto y hostil a Dios) que puede coexistir con la misericordia e incluso con el deseo de su salvación. El odio es repugnancia moral, no deseo de destrucción. La analogía con la comida puede ayudar. Tú puedes odiar las espinacas (a causa de su sabor) mientras afirmas que vale la pena y deseas obtener sus efectos beneficiosos. Así que es posible odiar a una persona en el sentido de encontrar que su carácter es aborrecible (digamos, un asesino caníbal y violador de niños) mientras que estás dispuesto a dar tu vida por su salvación. El odio que Jesús nos prohíbe es el odio que desea la destrucción de una persona.

Sin embargo, puede que se llegue a un punto en el que la perversidad sea tan persistente, arrogante y aborrecedora de Dios que el tiempo de redención pasa y solo queda perversidad irremediable y juicio. Por ejemplo, Jesús habla del pecado imperdonable (Mt. 12:32). De los fariseos, que evidentemente habían cruzado el punto de no retorno, dice: "Dejadlos; son ciegos guías de ciegos; y si el ciego guiare al ciego, ambos caerán en el hoyo" (Mt. 15:14). Este es un "Dejadlos" ominoso. Craig Keener lo compara con Mateo 7:6: "No… echéis vuestras perlas delante de los cerdos…".[1] Parece que Jesús continúa lo que los salmos afirman, es decir, que llega un punto en que la falta de amor hacia Dios está tan extendida, endurecida y arrogante que puede ser apropiado dejar que una persona vaya a la destrucción e invocar anatema sobre ella. Jesús deja claro que esto sucederá al final de los tiempos. Él dice que el Rey "…dirá también a los de la izquierda: Apartaos de mí, *malditos*, al fuego eterno preparado para el diablo y sus ángeles'" (Mt. 25:41).

De todo esto y del hecho de que Jesús afirma la inspiración divina de los Salmos (Mt. 22:43; Jn. 10:35), concluyo que Él vio al salmista hablando bajo la inspiración del Espíritu Santo y anunciando al Mesías y Juez, quien tiene el derecho supremo de invocar juicio sobre los enemigos de Dios. Esto no es afán de venganza personal. Es la interpretación profética de lo que sucederá el último día cuando Dios arroje a todos sus enemigos no arrepentidos al infierno (Lc. 12:5; Mt. 22:13; 25:30). Nosotros haríamos bien en dejar estas valoraciones finales a Dios y darnos cuenta de nuestra propia y corrupta incompetencia para odiar

---

1. Craig Keener, *A Commentary on the Gospel of Matthew* (Grand Rapids, Mich.: Eerdmans, 1999), p. 413.

como deberíamos. A pesar de que hay pecado imperdonable, se nos dice que amemos a nuestros enemigos y oremos por aquellos que nos persiguen y nos devuelven mal por bien (como hizo David en el Sal. 35:12-13; 109:4-5). Esta es nuestra vocación por fe. Temblemos y confiemos en Dios, no sea que fallemos y nos encontremos del otro lado de la maldición.

Para ilustrar la verdad de que en un mundo como el nuestro es necesario que nuestro amor incluya el aborrecimiento, considera que Jesús dice en Juan 5:29, que en el último día, cuando los muertos sean resucitados, todas las personas resucitarán, "…los que hicieron lo bueno, saldrán a resurrección de vida; mas los que hicieron lo *malo*, a resurrección de condenación". Esto significa que hay *maldad* en el mundo que conduce a la destrucción final de las personas que amamos. ¿Qué siente el amor hacia esa maldad? Mi punto de vista es que el amor aborrece al mal. Nosotros no aborrecemos el juicio de Dios. Este es justo y sabio. Pero sí odiamos al mal que conduce a una persona a oponerse a Dios y merecer su juicio.

No existe el mal que te lastime solo a ti

Uno podría verse tentado a decir llegado a este punto que el mal que debo aborrecer es solamente aquel que lastima a otra persona pero no el que me lastima a mí. En otras palabras, no sería falta de amor hacia *ti* que yo me entregue a una mala conducta que me involucre solo a mí. Jesús diría que tal conducta no existe. ¿Por qué no? Porque todo lo que hago afecta mi deleite en Jesús y mi capacidad para mostrar su valor. Para esto fuimos creados (Mt. 5:16; 10:32). Fuimos creados para mostrar el valor de Jesús a los demás, para que puedan despertar más y más, disfrutarlo y reflejarlo para siempre. Este es el bien más grande que podemos hacer por ellos. Esto es lo que significa amarlos. Pero si nos hacemos cosas mutuamente que dañan nuestro deleite en Jesús y la manera en que mostramos su valor a los demás (y esta es la verdadera esencia del mal, daña nuestro deleite en Jesús y nuestra capacidad para mostrar su valor), entonces les estamos robando a los demás lo que Dios nos hizo para darles: una muestra de su valor. Eso es lo contrario al amor. Por tanto, este debe aborrecer al mal, ya sea el mal que se hace el amado por su cuenta y riesgo, o el mal que me hago a cuenta y riesgo mío *y* a la *suya*.

Señalo la relación entre amor y odio simplemente para que nos despertemos del sopor sentimental de tanto hablar sobre el amor. Existen personas, especialmente en nuestros días, cuya perspectiva global del mundo es tan relativista y cuya personalidad está tan moralmente flácida que ni siquiera tienen una categoría para el mal, no sea que vayan a agraviar la exigencia de tolerancia hacia todos los puntos de vista. Jesús diría: la tolerancia hacia todos los puntos de vista es lo contrario al amor. Aprueba aquello que destruye. No podemos leer las palabras de Jesús con un corazón honrado y llegar a la conclusión de que Él niega la existencia del mal que destruye y el bien que conduce al gozo eterno. Por tanto, minimizar o negar la existencia del mal, en vez de aborrecerlo, lo convierte a uno en cómplice de la destrucción de los seres humanos. Este no es el amor que Jesús exige.

"Orad por los que os persiguen"

Jesús ofrece numerosos ejemplos de los tipos de conductas que implican amar a nuestros enemigos. El primero que se menciona en el Sermón del Monte después del mandato de amar es la oración: "Amad a vuestros enemigos… y *orad* por los que os… persiguen" (Mt. 5:44). Y "… *orad* por los que os calumnian" (Lc. 6:28). Esto tiene una importancia enorme al decirnos cómo piensa Jesús acerca de qué es el amor. Primero, nos dice que el amor *realmente quiere* el bien del enemigo. Esto lo confirma el mandato adicional: "*Bendecid* a los que os maldicen…" (Lc. 6:28). Bendecir es querer el bienestar de alguien y convertirlo en un deseo expresado directamente a Dios. Por ejemplo, Jesús conocía la famosa bendición de Números 6:24-26: "Jehová te bendiga, y te guarde; Jehová haga resplandecer su rostro sobre ti, y tenga de ti misericordia; Jehová alce sobre ti su rostro, y ponga en ti paz". Haz esto, dice Él, por tu enemigo, el cual necesita que la luz de la faz de Dios brille sobre él y derrita su corazón.

Por tanto, está claro desde este mandato específico que el amor no es meramente comportamiento. Con seguridad, *es* hacer el bien por el enemigo, pero no es meramente eso; es también un deseo del corazón.

Baso esto en la suposición de que cuando oramos por nuestros enemigos, pedimos la bendición de Dios *desde nuestro corazón*. Jesús no nos está pidiendo que hagamos oraciones hipócritas. Él no nos está exigiendo oraciones fingidas. Él nos está exigiendo oraciones verdaderas, es decir, el deseo real expresado a Dios del bien de nuestro enemigo. El amor verdaderamente quiere que el enemigo experimente lo mejor de Dios. Hacer cosas buenas no es suficiente. El corazón debe aspirar a lo mejor que podemos esperar para nuestro enemigo.

Lo que hemos de orar por nuestros enemigos

No solo eso, el mandamiento de orar por nuestro enemigo nos dice cuáles son las mejores cosas que desearle. Catorce versículos después de este mandamiento en el Sermón del Monte, Jesús nos dice cómo espera que oremos. Nos indica que oremos así:

> …Padre nuestro que estás en los cielos, santificado sea tu nombre. Venga tu reino. Hágase tu voluntad, como en el cielo, así también en la tierra. El pan nuestro de cada día, dánoslo hoy. Y perdónanos nuestras deudas, como también nosotros perdonamos a nuestros deudores. Y no nos metas en tentación, mas líbranos del mal… (Mt. 6:9-13).

Sería injustificado pensar que en la oración de amor por nuestros enemigos deberíamos pedir cosas menos importantes que las que pedimos para nosotros mismos. Así que supongo que esta oración es la que debemos hacer por nuestros enemigos.

- Esto significa que debemos pedir a Dios que nuestro enemigo ante todo venga a santificar el nombre de Dios, que valore a Dios por encima de todo, que lo adore y admire en proporción al valor de Dios.
- Debemos orar para que nuestro enemigo venga bajo la influencia salvadora del señorío del reino de Dios con la finalidad de que Él ejerza su poder real y haga de nuestro enemigo su propio súbdito leal.

- Debemos orar para que nuestro enemigo ame hacer la voluntad de Dios del mismo modo en que los ángeles lo hacen en el cielo con todo su poder, sin reservas y con los más puros motivos y supremo gozo.
- Debemos orar para que Dios supla a nuestro enemigo con todos los recursos materiales de alimento, vestido, abrigo, educación, salud, transporte, etc., que él necesite, para cumplir con el llamado del Padre en su vida. Debemos querer esto para él del mismo modo que lo queremos para nosotros.
- Debemos orar para que sus pecados sean perdonados y para que él sea una persona misericordiosa.
- Y, finalmente, debemos orar para que Dios lo libre de la tentación y de los poderes destructivos del diablo.

Esto es por lo que ora el amor.

Resulta patético ver al amor despojado de Dios. Incluso algunos cristianos son conducidos engañosamente a pensar que se puede amar a alguien sin ansiar, orar y tener como objetivo la exaltación de Dios en el corazón de su enemigo. Lo que resulta muy triste acerca de esto es que no solamente traiciona el disminuido lugar de Dios en el corazón del cristiano, sino que también implica que puede existir verdadero amor donde no nos importa si alguien se pierde eternamente, siempre y cuando tenga prosperidad aquí en la tierra. Es cierto que nuestro amor y oración pueden no tener éxito en mostrarle a nuestro enemigo la fe en Jesús y la santificación del nombre de Dios. El amor es el *objetivo* de nuestro sacrificio, no el éxito. Puede que tengamos éxito o no en la transformación a la que aspiramos, que exalta a Jesús y santifica a Dios. Pero un corazón cuya aspiración no sea el eterno gozo de nuestro enemigo en Jesús no posee el amor incondicional y robusto que este exige. Es un sustituto pobre y patético, no importa cuán creativa, sacrificada y elogiada por los medios sea la labor por el bienestar terrenal de nuestro enemigo. El amor ora por nuestro enemigo con todos los objetivos y anhelos del Padrenuestro.

"Padre, perdónalos, porque no saben lo que hacen"

El ejemplo más convincente de orar por nuestros enemigos fue la oración de Jesús en la cruz. Después del sencillo y subestimado hecho en Lucas 23:33: "Le crucificaron allí", Jesús oró: "Padre, perdónalos, porque no saben lo que hacen" (Lc. 23:34). Esta oración reúne tres actos del corazón implicados en el amor hacia nuestros enemigos: la oración, el perdón y la misericordia. Jesús es incansable en pedir que sus discípulos sean personas misericordiosas.

Cuando Pedro le preguntó: "…Señor, ¿cuántas veces perdonaré a mi hermano que peque contra mí? ¿Hasta siete? —respondió Jesús—: No te digo hasta siete, sino aun hasta setenta veces siete" (Mt. 18:21-22). En otras palabras: "No pongas límites, Pedro. Deja que la misericordia en tu corazón sea tan infinita como la mía hacia ti"; "Sed, pues, misericordiosos, como también vuestro Padre es misericordioso" (Lc. 6:36). La misericordia y el perdón se necesitan cuando hay verdadera culpa, verdadera ofensa. El "enemigo" te ha ofendido verdaderamente y tú "mereces" adecuada compensación. Es entonces cuando la misericordia y el perdón se vuelven relevantes y apremiantes. La misericordia dice: "Te trataré mejor de lo que mereces". Y el perdón dice: "Estoy dispuesto a no dar importancia a tu ofensa en mi contra. Quiero restablecer la relación".

¿Por qué necesitan perdón si no saben lo que hacen?

La oración de Jesús ilustra esto, aun cuando no lo parezca al principio. Él dice: "Padre, perdónalos, porque no saben lo que hacen". "Perdona a aquellos que me asesinan porque no saben lo que hacen". Esto hace surgir la pregunta: ¿Por qué perdonar a una persona por lo que ella no sabe que está haciendo? ¿No habríamos dicho: "Padre, como ellos no saben lo que hacen, no son culpables y no necesitan ser perdonados"? ¿No es o lo uno o lo otro? ¿O sabes lo que haces y necesitas ser perdonado, o no sabes lo que haces y no necesitas ser perdonado? ¿Por qué Jesús llama la atención acerca de su ignorancia sobre lo que están haciendo *y* le pide a Dios que los perdone?

La respuesta es que ellos son culpables de no saber lo que hacen. Solo un culpable necesita el perdón. Nadie puede perdonar a una persona inocente. Así que cuando Jesús dice: "Padre, perdónalos", significa que son culpables. Entonces cuando dice: "porque no saben lo que hacen", quiere decir: "Y ellos *deberían* saber lo que hacen. Y son culpables de no saber lo que hacen". En otras palabras, ellos tienen tanta evidencia de la verdad que la única explicación a su ignorancia es que no quieren verla. Son duros y resistentes y tienen una ceguera culpable. Es por eso que necesitan ser perdonados.

Así que aquí están gentiles y judíos dando muerte al Hijo de Dios, al Mesías de Israel, el hombre más inocente y amoroso que jamás existió. Pero ellos no sabían a quién estaban dando muerte. Por ignorar esto eran culpables y necesitaban el perdón. E, increíblemente, Jesús ora por ellos para que su Padre les abra los ojos y les ayude a ver su pecado, arrepentirse y recibir el perdón. Esto es lo hermoso de la oración de Jesús: declara culpa y ofrece perdón al mismo tiempo. Nos ayuda a amar a nuestros enemigos al recordarnos que ellos son en realidad culpables y que esto no debe detener nuestro amor, misericordia y perdón. Sobre todo nos ayuda porque sabemos que Jesús estaba sufriendo por *nosotros* y orando por *nosotros*. Se nos llama a amar y perdonar a nuestros enemigos porque nosotros fuimos amados y perdonados cuando éramos los enemigos de Dios.

AMAD A VUESTROS ENEMIGOS: HACED BIEN A LOS QUE OS ABORRECEN; A CUALQUIERA QUE OS PIDA, DADLE

"…se le acercó Pedro y le dijo: Señor, ¿cuántas veces perdonaré a mi hermano que peque contra mí? ¿Hasta siete? Jesús le dijo: No te digo hasta siete, sino aun hasta setenta veces siete" (Mt. 18:21-22).

"Pero a vosotros los que oís, os digo: Amad a vuestros enemigos, haced bien a los que os aborrecen" (Lc. 6:27).

"Y si saludáis a vuestros hermanos solamente, ¿qué hacéis de más? ¿No hacen también así los gentiles?" (Mt. 5:47).

Cerramos el capítulo anterior hablando de la oración como una forma de amor hacia nuestros enemigos. Esto estaba claro en el mandamiento de Jesús de "Amad a vuestros enemigos… y *orad* por los que os… persiguen" (Mt. 5:44). Tomamos la oración de Jesús para sus enemigos como un ejemplo. Su enfoque era el perdón: "Padre, perdónalos…" (Lc. 23:34). El perdón y la reconciliación están claramente cerca del núcleo de la vida y del mensaje de Jesús. Por consiguiente, necesitamos ahondar en estos mandamientos más profundamente aquí, para luego volver a algunas otras formas de amar al enemigo (saludar a aquellos que no pertenecen a nuestro grupo, hacer el bien a aquellos que nos aborrecen, volver la otra mejilla y darle a cualquiera que te pida). Finalmente, nos enfrentaremos a la cuestión de que todos estos mandatos, como este de darle a cualquiera que te pida, son absolutamente la única manera en la que responde el amor.

LO CONTRARIO DEL PERDÓN NO ES LA ALIENACIÓN

Perdonar de corazón, no solo de dientes para afuera, es lo que exige Jesús a sus discípulos: "Así también mi Padre celestial hará con vosotros [refiriéndose al castigo de Dios en la parábola del siervo inclemente], si no perdonáis *de todo corazón cada uno a su hermano sus ofensas*" (Mt. 18:35). Lo contrario del perdón no es la alienación. Lo contrario es guardar rencor. La razón para aclarar esto es que puedes tener un corazón misericordioso y estar dispuesto a perdonar una ofensa dolorosa, pero el que te ofendió puede que no esté dispuesto a arrepentirse o incluso a reconocer que te ofendió. Por tanto, aun cuando ofrezcas perdonar, la relación puede que no se restablezca. Sabemos esto porque Jesús ofreció perdonar continuamente, pero no todos se reconciliaron con Él. Así que lo contrario del perdón es guardar rencor, no la alienación que aleja. Somos responsables de lo que hacemos, no de lo que hacen los demás. Somos responsables de nuestro corazón, no del de los demás.

Pero Jesús deja claro que el *esfuerzo* por reconciliarse es crucial. Debemos hacer todo esfuerzo razonable por reconciliarnos con aquellos que se han sentido ofendidos por nuestras palabras o acciones. Digo todo esfuerzo *razonable* porque no siempre las personas se ofenden justificadamente. Jesús no habría podido hacer nada más en su vida si hubiera tenido que buscar personalmente a cada escriba y fariseo enfadado con Él. Debemos tener esto en mente cuando leemos la exigencia de reconciliación que hace Jesús. Él dijo: "…si traes tu ofrenda al altar, y allí te acuerdas de que tu hermano tiene algo contra ti, deja allí tu ofrenda delante del altar, y anda, reconcíliate primero con tu hermano, y entonces ven y presenta tu ofrenda" (Mt. 5:23-24). Asumo que las palabras: "si… tu hermano tiene algo contra ti" quieren decir: "si… tu hermano tiene algo *legítimo* contra ti".

Alguien siempre tuvo algo contra Jesús. Nunca hubo un momento de su ministerio público en el que alguien no se sintiera ofendido con Él. Si no se le hubiese permitido adorar hasta que se acercara a todas estas personas individualmente para reconciliarse, nunca habría adorado. Así mismo ha sucedido con la mayoría de sus representantes a través de la historia: Siempre han tenido adversarios irreconciliables. En realidad, Jesús nos advirtió que probablemente no seamos sus fieles seguidores si "…todos los hombres hablen bien de vosotros…" (Lc. 6:26). Más bien: "Bienaventurados seréis cuando los hombres os aborrezcan, y cuando os aparten de sí, y os vituperen, y desechen vuestro nombre como malo, por causa del Hijo del Hombre" (Lc. 6:22).

RESISTIRSE A LA RECONCILIACIÓN PONE EN PELIGRO AL ALMA

Así que el planteamiento de Mateo 5:23-24 es que si un hermano tiene una verdadera razón para sentirse herido u ofendido por algo que hicimos, debemos apresurarnos a reconciliarnos. Podemos ver cuán crucial resulta esto en el uso de la palabra "así" o "por tanto" (οὖν) al comienzo del versículo 23: "*Por tanto*, si traes tu ofrenda al altar, y allí te acuerdas de que tu hermano tiene algo contra ti… ". Estas palabras conectoras significan que Jesús acababa de decir algo que convierte en una urgencia la exigencia de los versículos 23-24. He aquí lo que Él acababa de decir: "…cualquiera que se enoje contra su hermano, será culpable de juicio… y cualquiera que le diga: Fatuo, quedará expuesto al infierno de fuego" (Mt. 5:22). En una palabra, esto significa: Despreciar a tu hermano pone en peligro tu alma.

"*Por tanto…*", siguen los versículos 23 y 24. Si el menosprecio de un hermano o hermana pone en peligro nuestra alma, si amenaza con apartarnos de Dios para siempre, como dice el versículo 22 (al referirse al infierno), entonces no podemos ir alegremente a adorar con algo como eso en nuestro corazón. Debemos resolverlo, dijo Jesús, ¡y rápido! Como despreciar a un hermano nos trae problemas con Dios, es improbable que Él reciba nuestra adoración mientras despreciamos a un hermano en nuestro corazón.

Pero esto *no es exactamente* lo que Jesús dice en los versículos 23 y 24. Él no se centra de forma explícita en nuestra ira, sino en la relación que se ha visto afectada por nuestro pecado. El enfoque de Mateo 5:21-22 era ciertamente nuestro enojo y desprecio. Y la palabra "por tanto" al comienzo del versículo 23 muestra que este enojo está todavía más allá de lo que Jesús está por decir. Lo que Él en realidad sí dice se aleja de nuestra sensación subjetiva de ira o desprecio hacia la relación que se ha visto destrozada a causa de nuestro enojo. El mandamiento es: "…deja allí tu ofrenda delante del altar, y anda, reconcíliate primero con tu hermano, y entonces ven y presenta tu ofrenda" (Mt. 5:24). Jesús supone que esto implicará que dejes a un lado tu enojo. Pero el énfasis está en los pasos concretos que debes seguir para hablar con el hermano ofendido; esto implicará confesar tu pecado y pedir perdón. Es una de las cosas más difíciles de hacer por un ser humano orgulloso y pecador. Pero cuando sucede, las puertas del cielo se abren para la más dulce experiencia de adoración.

El amor saluda a las personas que no pertenecen a nuestro grupo

Amar a nuestro enemigo incluye a aquellos que son difíciles de amar, ya sea un extraño hostil o un cónyuge con mal genio. Y, por tanto, las formas de amar que Jesús exige son tan variadas como el sacrificio de sí mismo en un extremo del espectro y un simple saludo en el otro extremo. Es sorprendente que en el contexto del amor hacia los enemigos Jesús diga algo tan cotidiano como: "Y si saludáis a vuestros hermanos solamente, ¿qué hacéis de más? ¿No hacen también así los gentiles?" (Mt. 5:47). Las personas preocupadas con el sufrimiento mundial y las injusticias internacionales podrían pensar que esto es algo ridículamente individualista e insignificante. ¿Saludar? ¿Realmente importa en un mundo como el nuestro a quién decimos "hola" por la calle? Jesús sabe que el estado verdadero de nuestros corazones lo revelan no solo las causas globales que defendemos, sino también los actos diarios de cortesía que mostramos. Él persigue incansablemente la transformación de nuestro corazón, no solo la modificación de nuestros compromisos sociales.

"Haced bien a los que os aborrecen"

La transformación de nuestro corazón tendrá por consecuencia una radical modificación de nuestros compromisos sociales. Uno de los ejemplos de amor hacia nuestros enemigos que Jesús nos da es la misericordia diaria de Dios con este mundo rebelde: "[Dios]… hace salir su sol sobre malos y buenos, y… hace llover sobre justos e injustos" (Mt. 5:45). El sol y la lluvia son dos cosas esenciales fuera del control humano que las cosechas necesitan para crecer. Así que Jesús está diciendo que

Dios llega hasta sus enemigos y les ayuda a suplir sus necesidades de alimento y agua. Él no espera a que ellos se arrepientan, sino que muestra misericordia. Por tanto, amar a nuestro enemigo significa actos prácticos de utilidad en la vida cotidiana. Dios brinda a sus enemigos la luz del sol y la lluvia. Tú bríndales alimento y agua. Esta y muchas otras cosas prácticas incluye la frase sencilla y corta de "haced bien": "...haced bien a los que os aborrecen..." (Lc. 6:27, cp. vv. 33, 35).

Hacer el bien mediante el acto de sanar

Uno de los mandatos para hacer el bien a los demás que fue sobresaliente en el ministerio de los doce apóstoles durante el ministerio de Jesús fue el mandato de sanar. Detrás de este estaba la propia autoridad de Jesús para sanar. El ministerio de sanidad fue una parte extensa y esencial del ministerio de Jesús, fue una manifestación de la llegada del reino de Dios. Así que predicar el reino y sanar iban de la mano: "Y recorrió Jesús toda Galilea, enseñando en las sinagogas de ellos, y *predicando el evangelio del reino, y sanando toda enfermedad* y toda dolencia en el pueblo" (Mt. 4:23).

El ministerio de sanidad fue también uno de los testimonios primordiales de que Jesús era el Mesías. Cuando Juan el Bautista, que se encontraba en la prisión de Herodes, comenzó a dudar de que Jesús fuera el Mesías, le mandó un recado preguntándole: "¿Eres tú aquel que había de venir, o esperaremos a otro?". Jesús respondió refiriéndose a su ministerio de sanidad: "Id, y haced saber a Juan las cosas que oís y veis. Los ciegos ven, los cojos andan, los leprosos son limpiados, los sordos oyen, los muertos son resucitados, y a los pobres es anunciado el evangelio; y bienaventurado es el que no halle tropiezo en mí" (Mt. 11:3-6; véase también Mt. 9:6).

Los milagros de sanidad que Jesús obró estaban destinados a dar testimonio acerca de su exclusivo papel de Mesías e Hijo de Dios: "...las obras que yo hago en nombre de mi Padre, ellas dan testimonio de mí..." (Jn. 10:25). Por tanto, Jesús llamó a las personas a creer en Él a causa de sus obras: "...creed a las obras, para que conozcáis y creáis que el Padre está en mí, y yo en el Padre... Creedme que yo soy en el Padre, y el Padre en mí; de otra manera, creedme por las mismas obras" (Jn. 10:38; 14:11).

La autoridad de Jesús y el mandato de sanar

No obstante, aunque los milagros de Jesús dieron especial testimonio de su única e incomparable relación con Dios y de su única e incomparable autoridad, Él confirió una parte de esta autoridad a sus discípulos. Esto se convirtió en los cimientos de su mandato de sanar: "Entonces llamando a sus doce discípulos, *les dio autoridad* sobre los espíritus inmundos, para que los echasen fuera, y *para sanar* toda enfermedad y toda dolencia" (Mt. 10:1). Habiéndoles dado esta autoridad, les ordenó extender su propio modelo del ministerio: "Y yendo, predicad, diciendo: El reino de los cielos se ha acercado. Sanad enfermos, limpiad leprosos, resucitad muertos, echad fuera demonios…" (Mt. 10:7-8).

Así sucedió no solo con los doce apóstoles, sino también con un grupo más amplio de setenta y dos personas: "Después de estas cosas, designó el Señor también a otros setenta, a quienes envió… delante de él" (Lc. 10:1). Su mandato para ellos fue: "…sanad a los enfermos… y decidles: Se ha acercado a vosotros el reino de Dios" (Lc. 10:9).

¿Cómo debemos obedecer el mandato de sanar?

De todo esto surge la cuestión de nuestra responsabilidad hoy para continuar el ministerio sanador de Jesús como testimonio de la llegada del reino en su vida y obra. Están aquellos que dicen que debemos ciertamente continuar el ministerio de Jesús hoy, predicando y llevando a cabo curaciones milagrosas de la misma manera en que Él lo hizo. Otros argumentan que tales dones milagrosos y autoridad cesaron con la desaparición de los apóstoles y la primera generación de creyentes.

Mi propio punto de vista se encuentra entre estas dos posiciones. Pienso que el primer grupo necesita aceptar el papel que las curaciones milagrosas tenían de dar testimonio de la personalidad y obra exclusivas de Jesús. En otras palabras, sí parece ser que el fabuloso ministerio de sanidades milagrosas que Jesús y algunos de sus primeros seguidores poseían era parte de los extraordinarios sucesos relacionados con la encarnación del Hijo de Dios. La regularidad y amplitud con que Él sanó no tuvo paralelos en la historia humana. Todos los ministerios de sanidad milagrosa posterior a los sucesos de aquellos primeros días quedan muy por debajo de lo que Jesús verdaderamente hizo. No creo que esto se deba a la incredulidad sino a la unicidad del Señor y a aquellos días fundacionales. Lo que Jesús hizo al sanar y levantar a los muertos fue para revelar y anticipar la clase de cosas que sucederían de hecho en los tiempos venideros.

Por otra parte, no veo ninguna razón para negar que, en alguna medida, la sanidad milagrosa deba acompañar al ministerio del evangelio hoy. Supongo que siempre existirán juicios discrepantes en cuanto a cuán importante debe ser ese ministerio. El mejor camino a seguir, me parece a mí, es apreciar a *ambos* por la realidad de la sanidad milagrosa como testimonio de la compasión *y* el poder de Dios, y por la posición central de su Palabra en la salvación de los pecadores y la soberanía de Dios para sanar según sea su voluntad. Por tanto, la obediencia a Jesús hoy significará para algunos grupos un retorno a la posición central de la Palabra, y para otros grupos un descubrimiento de la libertad y el misericordioso poder de Dios en la sanidad.

Hacer el bien cuando somos aborrecidos

Los milagros de Jesús no siempre resultaron en una fe salvadora. Algunas personas se sintieron más impresionadas con su poder que con su persona. En una ocasión, los propios hermanos de Jesús estuvieron más enamorados de la aclamación pública que estaba recibiendo que de la belleza espiritual revelada a través de estos milagros. Ellos trataron de que Él hiciera más públicamente sus milagros en Jerusalén: "Porque ninguno que procura darse a conocer hace algo en secreto. Si estas cosas haces, manifiéstate al mundo". A lo cual añade Juan: "Porque ni aun sus hermanos creían en él" (Jn. 7:4-5). Y uno debe reflexionar con dolor sobre el hecho abrumador de que Judas probablemente obró milagros de sanidad junto a los demás apóstoles, pero al final traicionó a Jesús.

Así pues, incluso el ministerio de la sanidad puede caer dentro del mandato: "Haced el bien a los que os aborrecen". Debemos hacer una pausa e interiorizar bien esto. *Aborrecer* es una palabra muy fuerte. Piensa en cómo te verías y cómo te sentirías al ser aborrecido. Y luego sopesa la maravilla de hacer el bien a aquel que te aborrece. Jesús ciertamente sabía lo que era ser aborrecido (Lc. 19:14; Jn. 7:7; 15:18, 24-25) y entregó su vida por todos sus enemigos que recibieran su amor. Cuando Jesús dijo: "Nadie tiene mayor amor que este, que uno ponga su vida por sus *amigos*" (Jn. 15:13), Él no estaba midiendo la grandeza de su amor por el hecho de estar muriendo por sus *amigos*, sino por el hecho de que estaba *muriendo*, y haciéndolo *libremente*. Al referirse a sus *amigos* quiso decir que el propósito de su muerte de eliminar la ira de Dios (Jn. 3:14-15, 36) y perdonar pecados (Mt. 26:28) solo sería experimentado por aquellos que ahora son enemigos pero ponen a un lado su enemistad y se convierten en sus amigos.

Y Jesús dejó claro que así como Él fue aborrecido, ciertamente nosotros seremos aborrecidos si lo seguimos: "Y seréis aborrecidos de todos por causa de mi nombre…" (Mt. 10:22). Y esto resultará más doloroso aun porque a veces el odio vendrá de antiguos amigos: "Muchos tropezarán entonces, y se entregarán unos a otros, y unos a otros se aborrecerán" (Mt. 24:10). Piensa en la clase de emociones que naturalmente surgen en tu corazón cuando alguien realmente te aborrece y miente acerca de ti y quiere hacerte daño. La mayoría de nosotros tiene un sentido tan fuerte de los derechos que nos sentimos inmediatamente justificados para vengarnos. Jesús exige que nuestros corazones cambien. Puede haber indignación legítima sobre el mal, pero el corazón debe querer el bien del aborrecedor y "hacer bien". Nuestro amor puede traer arrepentimiento al corazón del aborrecedor, o puede ser pisoteado en el fango (como el amor de Jesús). Pero eso no nos interesa. Jesús dice: "Haced el bien a los que os aborrecen".

Vuelve la otra mejilla, y a cualquiera que te pida, dale

Son muy gráficas sus descripciones de este mandamiento de devolver bien por mal: "Al que te hiera en una mejilla, preséntale también la otra; y al que te quite la capa, ni aun la túnica le niegues. A cualquiera que te pida, dale; y al que tome lo que es tuyo, no pidas que te lo devuelva" (Lc. 6:29-30). El reto que percibo al enfrentarme con estos mandamientos radicales es cómo dejar que tengan un total impacto en mi corazón y mi vida sin tomarlos de forma más absoluta de la que Jesús los concibió. Mi temor es que si hago alguna salvedad, esto pueda minimizar su fuerza. Por otra parte, también perderán su fuerza si parecen tan irreales que las personas los pasen por encima como irrelevantes para la vida real. Así que trataré de encontrar el punto medio de mostrar que Jesús no absolutiza estas ilustraciones de amor, pero tampoco las diluye a la irrelevancia de la mera moralidad de clase media.

"El obrero es digno de su salario"

Existen varias razones superpuestas de por qué creo que la intención de Jesús es que tomemos estos mandatos como ilustrativos del tipo de cosas que el amor *con frecuencia* hace, en vez de como lo que el amor *siempre* hace. Primero, el requisito de que nosotros siempre accedamos a las demandas de alguien, e incluso demos más de lo que se nos exige, socavaría, según parece, el principio de justicia en el orden económico que Jesús mismo aprueba. Por una parte, Jesús dice: "A cualquiera que *te pida*, dale [la palabra es general en vez de un término técnico para "mendigar"]; y al que tome lo que es tuyo, no pidas que te lo devuelva" (Lc. 6:30). Pero, por otro lado, Jesús aprobaba darle al obrero lo que sería un salario justo, no simplemente lo que ellos querían que su empleador les diera (Mt. 20:9-14).

Jesús defendía el principio económico: "El obrero es digno de su salario…" (Lc. 10:7), el cual parece implicar que el obrero no está obligado a trabajar sin salario y el empleador no está obligado a pagar salario sin trabajo. Este orden económico que Jesús apoya se vendría abajo lo mismo si la mano de obra o la administración aplicara el mandato de Jesús: "A cualquiera que te pida, dale" como garantía para exigir que el otro (¡obedeciendo a Jesús!) diera sin remuneración alguna. No obstante, el Señor dice a sus discípulos que en su ministerio: "…de gracia recibisteis, dad de gracia" (Mt. 10:8). Así es que, por un lado, tenemos las declaraciones que demandan liberación radical de la necesidad de remuneración ("A cualquiera que te pida, dale") y, por otro lado, tenemos las declaraciones que afirman el orden económico que se sostiene en el principio de una remuneración justa, incluso en el ministerio: "…el obrero es digno de su salario" (Lc. 10:7). Me parece, por tanto, que el mandamiento de Jesús de "A cualquiera que te pida, dale" no es un mandamiento universal o absoluto para cualquier circunstancia, pero es una manera frecuente en la que el amor actúa.[1]

---

1. Podríamos plantear la misma pregunta sobre otros tres aspectos del orden social además del orden económico: la familia, la educación y el gobierno. En la familia, ¿apoyaría Jesús una enseñanza que vuelva la otra mejilla al niño que golpea a sus padres? ¿Apoyaría Jesús

Cuando hacer bien no significa dar lo que nos piden

Otro indicador de que estos mandamientos no son absolutos para cada situación es que los dos mandamientos, "haced bien" a los que nos aborrecen y "A cualquiera que te pida, dale" puede que no siempre nos lleven a actuar de la misma manera. Podemos tener un muy buen plan de cómo hacer bien a una persona que *no* implique darle lo que pida. Y darle lo que pida puede no significar hacerle bien. Esto puede verse fácilmente en programas de recuperación donde el plan implica no consumir alcohol durante seis meses de internado. Si el paciente exige dinero para beber, le diremos con amor que esa no es la manera en que podemos hacer bien por él en ese momento.

Jesús no siempre dio al que le pidió. Un ejemplo es cuando los principales sacerdotes y los ancianos del pueblo le preguntaron: "…¿Con qué autoridad haces estas cosas? ¿y quién te dio esta autoridad?". Jesús puso a prueba la autenticidad de ellos, pero fallaron la prueba y Él les dijo: "…Tampoco yo os digo con qué autoridad hago estas cosas" (Mt. 21:23, 27). Lo que esto significa es que hacer bien no siempre es lo mismo que dar a quien te pida.

Cuando los candidatos por nuestro amor compiten

Un tercer indicador de que estos mandamientos no son absolutos para cualquier situación es que casi siempre tenemos candidatos compitiendo por nuestro amor. En otras palabras, lo que el amor parece exigir para una persona es una conducta que no será de amor para otra. Muy sencillo: ¿Y si dos personas te pidieran la misma cosa al mismo tiempo? ¿O si el dinero que tienes separado para pagar el alquiler de una persona pobre te lo pide un mendigo? ¿O si un ladrón te dice que le entregues las llaves de tu auto

---

una educación en la que los maestros ofrecieran las calificaciones según los estudiantes las pidan? ¿Se opondría Jesús a que el estado utilice la fuerza policial para doblegar a los criminales en vez de decirle a la policía que vuelva la otra mejilla? Sospecho que encontraremos que el principio se sostiene: Jesús respalda el legítimo uso de la ley de remuneración en estas esferas del orden social. Esto significaría entonces que no se espera que los mandatos radicales que estamos viendo sean la única forma en que actúa el amor. Más bien, estos son válidos para los creyentes como una forma frecuente de amor radical dentro del orden económico generalmente aceptado como testimonio de la verdad de que el orden de este mundo no es absoluto ni definitivo; solo Jesús lo es.

cuando tu hijo está en el asiento trasero? La mayoría de las veces, cualquier elección de dar nuestro tiempo o dinero a una persona significa que no podemos dárselo a otra. Por tanto, no nos queda otra opción que aplicar *otros* principios además del simple mandato de dar, con el fin de decidir la forma más amorosa de hacerlo. Así que, concluyo que los mandamientos de Jesús de dar a quien te pida y prestar sin esperar nada a cambio no son definitivos o absolutos para cualquier situación. El propio mandamiento de amar que Él ilustra funciona como guía de cómo se aplican.[2]

Normalmente, los comentaristas dirían que estos mandamientos son *hipérboles*: exageraciones retóricas.[3] Yo les pediría aclarar si se refieren a: hipérboles por la clase de acción que Jesús exige, o hipérboles por la *frecuencia* con que se exige. En mi opinión, la última es la correcta. Dicho de otro modo, no quiero negar que cualquiera de estos mandatos deba ser cumplido literalmente en ocasiones. Más bien, pienso que lo que resulta hiperbólico es la impresión de que estas conductas son la *única* forma en

---

2. Este punto acerca de la competencia entre quienes reclaman nuestro amor es parte del fundamento de por qué los seguidores de Jesús pueden, en ocasiones, apoyar duras medidas contra personas que están haciendo daño o a punto de hacerles daño a otras. El uso de la fuerza por la policía y por el ejército se defiende en parte sobre esta base. Si no se utiliza la fuerza contra una persona o grupo de personas, entonces estos harán daño o matarán o esclavizarán a otros. Así que, aun cuando usar la fuerza no se parezca a "volver la otra mejilla" (Mt. 5:39; Lc. 6:29), es en realidad un esfuerzo por amar a una persona o grupo de personas mayor que si simplemente dejamos que las personas agresivas les hagan daño. En tales situaciones, el mandato de Jesús es que busquemos extraordinaria prudencia: "He aquí, yo os envío como a ovejas en medio de lobos; sed, pues, prudentes como serpientes, y sencillos como palomas" (Mt. 10:16; cp. Lc. 12:42). Y, además de prudencia, Él está exigiendo una liberación radical de la necesidad de riquezas terrenales, seguridad y honor. Lee más sobre esto más delante.

3. Craig Keener, en su *Commentary on the Gospel of Matthew* (Grand Rapids, Mich.: Eerdmans, 1999), brinda comentarios prudentes y moderados con respecto a la mayoría de estos mandamientos en Mateo 5:38-48. Por ejemplo, él reconoce que Mateo 5:40 ("…y al que quiera ponerte a pleito y quitarte la túnica, déjale también la capa") "si se cumple literalmente, dejaría a la mayoría de los discípulos en cueros… Negar que aquí Jesús apoya la desnudez (¡una ofensa a la cultura judía que seguramente habría sido comentada por las otras fuentes!) y vivir en la calle, es decir, afirmar que Jesús está hablando el idioma de la exageración retórica (5:18-19, 29-32; 6:3), no significa atenuar la seriedad de esta exigencia. Jesús habló con hipérboles precisamente para retar a sus oyentes, para obligarlos a pensar en lo que valoraban. Las palabras de Jesús en este caso golpean el núcleo mismo del egoísmo humano, llamando a sus discípulos a dar valor a los demás por encima de sí mismos de manera concreta y consecuente" (195).

que actúa el amor en respuesta a las situaciones descritas. Pienso que Jesús mismo nos da abundantes indicios de que no fue esto lo que Él quiso decir. Hay momentos cuando "hacer bien" a alguien no implicará darle lo que pida.

¿Qué significan entonces estos radicales mandatos? ¿Qué debemos hacer en respuesta a ellos? Si estos no son de forma absoluta la manera de actuar para cualquier situación, ¿qué son? Sobre eso hablaremos en el próximo capítulo, así como también sobre la pregunta ¿cómo es posible amar así?

AMAD A VUESTROS ENEMIGOS PARA DEMOSTRAR QUE SOIS HIJOS DE DIOS

*"Al que te hiera en una mejilla, preséntale también la
otra; y al que te quite la capa, ni aun la túnica le niegues.
A cualquiera que te pida, dale; y al que tome lo que es
tuyo, no pidas que te lo devuelva"* (Lc. 6:29-30).

*"…Amad a vuestros enemigos… y orad por los que…
os persiguen; para que seáis hijos de vuestro Padre
que está en los cielos…"* (Mt. 5:44-45).

*"Sed, pues, misericordiosos, como también vuestro
Padre es misericordioso"* (Lc. 6:36).

*"Amad, pues, a vuestros enemigos, y haced bien,
y prestad, no esperando de ello nada; y será
vuestro galardón grande…"* (Lc. 6:35).

Al final del capítulo anterior lidiamos con el radical mandamiento de Jesús: "Al que te hiera en una mejilla, preséntale también la otra; y al que te quite la capa, ni aun la túnica le niegues. A cualquiera que te pida, dale; y al que tome lo que es tuyo, no pidas que te lo devuelva" (Lc. 6:29-30). Argumentamos que Jesús no quiere decir que estas respuestas son la única forma en que el amor actúa. En este capítulo nos ocuparemos de una declaración más positiva de lo que se nos exige y luego de la pregunta ¿cómo somos capaces de amar así?

Jesús es nuestro tesoro, nuestra seguridad y nuestro honor

¿Qué es entonces lo que Jesús está exigiendo en mandatos radicales como el de Lucas 6:29-30? No puedo evitar llegar a la deducción de que detrás y dentro de estos mandatos está la exigencia de ser radicalmente libres del amor al dinero y de la necesidad de seguridad y honor terrenales. Volver la otra mejilla cuando has recibido una bofetada es una indignante deshonra pública, así como prestar sin esperar que te sea devuelto y hacer tiempo dentro de tu horario para llevar la carga de un soldado el doble de la distancia que él exigió[1]. Todas estas cosas implican que tu tesoro, tu seguridad y tu honor están en el cielo y no en la tierra. Jesús se ha vuelto radicalmente satisfactorio para ti. Si no fuera este el caso, uno solo puede imaginarse que el corazón estaría hirviendo de ira mientras hace el bien y sufre deshonra. Por tanto, infiero que en todos estos mandatos Jesús está exhortándonos a una transformación en nuestros corazones que busca de Él y de su recompensa en vez de lo que este mundo nos puede dar.

Sin embargo, sería un error subrayar solamente que el Señor nos está exhortando a una transformación en nuestros corazones que nos haga apreciarlo más que al dinero, la seguridad y el honor. Él también nos está exhortando a hacer realmente el bien por nuestro enemigo y a que realmente deseemos hacer este bien. Hemos visto esto más claramente en el mandamiento de bendecir y orar por nuestros enemigos (Mt. 5:44; Lc. 6:28). El verdadero bien al que debemos aspirar, si amamos a nuestros enemigos, es que todas las peticiones del Padrenuestro se hagan realidad para ellos. Desear estas cosas de corazón para nuestros enemigos y arriesgar nuestras vidas por llevarlas acabo, eso es amor.

Cuando tratamos con un mentiroso hábil

Añadiría una descripción más sobre el aspecto de este amor. Me parece que en medio de toda la complejidad de la vida, que puede fácilmente ayudarnos a racionalizar la desobediencia de estos mandatos, debemos

---

1. Mateo 5:41: "Y a cualquiera que te obligue a llevar carga por una milla, ve con él dos". "Como la recaudación impositiva no cubría todas las necesidades del ejército romano, los soldados podían requisar lo que necesitaran… y legalmente exigir a los habitantes locales realizar trabajos forzados (Mt. 27:32)". Craig S. Keener, *Commentary on the Gospel of Matthew* (Grand Rapids, Mich.: Eerdmans, 1999), 199.

recurrir a la obediencia literal cuando no estamos seguros de lo que el amor requiere. Por ejemplo, ¿debo dar a los que piden dinero en las calles en mi contexto urbano en los Estados Unidos? ¿Cómo hago bien a los que piden? Jesús no parecía estar tan preocupado porque se aprovecharan de Él como yo lo estoy (Mt. 5:40, 42). Con frecuencia me enojo con las mentiras que me dicen. Este enojo me hace sentir justificado a no dar nada. Pero no creo que este sea el espíritu de Cristo.

Creo que su espíritu sentiría primero compasión aun por un mentiroso hábil. Luego desearía entrar en la vida de ese mentiroso con la buena nueva de que Él vino al mundo para salvar a los mentirosos. Luego intentaría, si las otras exigencias de amor lo permiten, comprometerse más profundamente con la persona y, si es posible, llevarla a alguna parte a comer juntos y hablar. Si esto no es posible, entonces el amor debe ser dado profusamente, aun sabiendo que la persona probablemente sea un artista del engaño. Y a veces el amor puede decir "no": por ejemplo, si la persona ha venido reiteradamente, ha demostrado ser una mentirosa y se ha rehusado sistemáticamente a una relación de amor. Pero mi punto es que, cuando estas cosas son menos claras, el espíritu de Jesús me parece que aboga por dar generosamente.

¿Cómo podemos amar así?

La pregunta final que planteo acerca del mandamiento que hace Jesús de amar a nuestros enemigos es: ¿*Cómo* podemos hacer esto? ¿De dónde proviene el poder para amar así? ¡Piensa cuán sorprendente es esto cuando aparece en el mundo real! Resulta algo increíble cuando una persona ama de esta manera. Verlo en grado sumo en alguien es raro. Esto debería hacernos sobrios, despojarnos de toda presunción y hacernos buscar el poder para ser de esta manera. Si limitamos nuestra respuesta a lo que vemos en los contextos inmediatos de Mateo 5:38-48 y Lucas 6:27-36, hay tres respuestas entretejidas.

En la seguridad y ayuda de nuestro Padre celestial

Lo primero lo encontramos en la promesa de que si amamos a nuestros enemigos seremos hijos de Dios: "Amad a vuestros enemigos… y orad por los que… os persiguen; *para que seáis hijos de vuestro Padre que está en los cielos*" (Mt. 5:44-45). Alguien pudiera tomar esto como que debes convertirte primero en una persona que ama a sus enemigos *antes* de poder ser hijo de Dios. Pero también puede querer decir (y creo que eso dice) que ames a tus enemigos y de esta manera *demuestras ser lo que ya eres: un hijo de Dios.* Es decir, demuestras que eres un hijo de Dios actuando como actúa tu Padre. Si eres su hijo, entonces su carácter está en ti y tú serás proclive a hacer lo que Él hace. Dios ama a sus enemigos (a los malos y a los injustos) al hacer llover y hacer salir el sol sobre ellos en vez de juzgarlos inmediatamente (Mt. 5:45).

Existen varias razones para pensar que Jesús no está diciendo "tú no eres un hijo de Dios hasta que pruebes que puedes amar a tu enemigo", sino que más bien está diciendo "*demuestra* que eres hijo de Dios amando a tu enemigo". La primera viene del párrafo más cercano y tiene su paralelo en Lucas. En Mateo 5:48, Jesús dice: "Sed, pues, vosotros perfectos, como vuestro Padre que está en los cielos es perfecto". Y en Lucas 6:36 dice: "Sed, pues, misericordiosos, como también vuestro Padre es misericordioso". Ambas declaraciones suponen que a los discípulos se les exhorta a amar (de manera perfecta) porque ellos *son* hijos de Dios, no para que se *conviertan* en hijos de Dios.

Confirmando esta interpretación de Mateo 5:45 ("para que seáis hijos de vuestro Padre" = "para que podáis probar que sois hijos de vuestro Padre"), existen otros paralelos que utilizan similares palabras. Por ejemplo, Jesús dice en Juan 15:8: "En esto es glorificado mi Padre, en que llevéis mucho fruto, *y seáis así mis discípulos*". Las palabras "seáis así" traducen el mismo verbo (γένησθε) que se utiliza en Mateo 5:45. Jesús dice que llevar fruto es posible porque ellos *ya* son discípulos, es decir, ellos son pámpanos en la vid que es Jesús (Jn. 15:5), y ahora demostrarán por sí mismos que lo son haciendo lo que hacen los pámpanos, esto es, llevar fruto (véase también Jn. 8:31).

Otro argumento de que amar a nuestros enemigos prueba que somos hijos de Dios, no que nos convertirnos en hijos suyos, está al principio de Mateo 5, donde Jesús dice: "Así alumbre vuestra luz delante de los hombres, para que vean vuestras buenas obras, y glorifiquen a vuestro *Padre* que está en los cielos" (5:16). Fíjate en dos cosas: una es que Jesús habla a sus discípulos y dice que Dios es el Padre de ellos. Él no dice:

"Él puede *convertirse* en vuestro Padre", sino que dice: "Él *es* vuestro Padre". Segundo, fíjate que cuando los hombres vean las buenas obras de los discípulos (como amar a sus enemigos), ellos glorificarán *a su Padre*. ¿Por qué? Porque su Padre está en ellos ayudándolos y permitiéndoles hacer las buenas obras. Si hicieran las buenas obras por sí mismos, para poder convertirse en hijos de su Padre, el mundo vería sus buenas obras y los glorificaría *a ellos*. Así que Jesús no solo está diciendo que Dios *ya* es el Padre de los discípulos antes de que ellos hagan las buenas obras, sino también, por deducción, que esta es la razón misma por la que ellos pueden hacer las obras de amor que hacen. La luz que alumbra a través de ellos *es* la luz del amor de su Padre dentro de cada uno.

Así que cuando Jesús dice: "Amad a vuestros enemigos... y orad por los que... os persiguen; *para que seáis hijos de vuestro Padre que está en los cielos*", Él no quiere decir que amar a nuestros enemigos otorga el derecho a ser hijos de Dios. No se puede ganar el estatus de hijo. Puedes nacer a ello. Puedes serlo por adopción. No puedes esforzarte hasta conseguirlo. Jesús quiere decir que al amar a nuestros enemigos demostramos que Dios ya se ha convertido en nuestro Padre y que la única razón por la que somos capaces de amarlos es porque Él nos ama y ha suplido primero nuestras necesidades.

Por tanto, la primera respuesta a *cómo* podemos amar a nuestros enemigos es que el ser hijos de Dios nos libera de la ansiedad. Nosotros no tememos perder nuestro tesoro, seguridad u honor por el maltrato de nuestro enemigo o por la pérdida de nuestras posesiones terrenales. Este es el planteamiento de Mateo 6:31-32: "No os afanéis, pues, diciendo: ¿Qué comeremos, o qué beberemos, o qué vestiremos? Porque los gentiles buscan todas estas cosas; *pero vuestro Padre celestial sabe que tenéis necesidad de todas estas cosas*". De manera similar, este es el énfasis de Mateo 10:29-31: "¿No se venden dos pajarillos por un cuarto? Con todo, ni uno de ellos cae a tierra sin *vuestro Padre*... Así que, no temáis; más valéis vosotros que muchos pajarillos". La profunda sabiduría y el tierno y soberano cuidado de nuestro omnipotente y omnisciente Padre celestial nos hace libres para la clase de riesgos radicales y pérdidas que exige el amor a los enemigos.

"Será vuestro galardón grande"

Entretejido con este otorgamiento de poder hay otro en el contexto inmediato a los mandatos. Si amamos a nuestros enemigos, Jesús promete "galardón grande", no en esta vida, sino en el cielo: "Amad, pues, a vuestros enemigos, y haced bien, y prestad, no esperando de ello nada; *y será vuestro galardón grande,* y seréis hijos del Altísimo…" (Lc. 6:35). Digo que las dos fuentes de poder están *entretejidas* porque el "galardón grande" está relacionado con "seréis hijos del Altísimo". En otras palabras, cuando demuestren ser hijos de Dios amando a su enemigo, su heredad como hijos está asegurada. Los hijos son herederos, y los herederos de Dios son los herederos de todo: "Bienaventurados los mansos, porque ellos recibirán *la tierra* por heredad" (Mt. 5:5).

La razón por la que digo que la recompensa está *en el cielo* y no en la tierra es, primero, porque amar a nuestros enemigos nos puede costar la vida (Lc. 21:16). Jesús dijo que nuestro gozo en medio de la persecución se basa en nuestra recompensa en el cielo: "Bienaventurados sois cuando por mi causa os vituperen y os persigan, y digan toda clase de mal contra vosotros, mintiendo. Gozaos y alegraos, porque *vuestro galardón es grande en los cielos…*" (Mt. 5:11-12). El gozo que nos sostiene en medio de la persecución, mientras procuramos amar a nuestros enemigos, no se basa principalmente en lo que este mundo pueda ofrecer, sino en lo que será Dios para nosotros como nuestro Padre y lo que será Jesús para nosotros como nuestro Rey, en el siglo venidero (véase Lc. 14:14).

Así como recibisteis misericordia de gracia, dadla de gracia

Una tercera verdad que nos permite amar a nuestro enemigo está entretejida con las otras dos en Lucas 6:36: "Sed, pues, misericordiosos, como también vuestro Padre es misericordioso". La deducción aquí no solo es que Dios ya es nuestro Padre y que su herencia como recompensa es el gozo que nos sostiene en las penalidades, sino también que su misericordia nos ha sido ya mostrada a través de su Hijo Jesús. Esto significa que la misericordia que se nos exhorta a mostrar no solo está ejemplificada en la misericordia de Dios, sino que está enraizada en la experiencia salvadora de su misericordia. Jesús lo dice así: "…de gracia recibisteis, dad de gracia" (Mt. 10:8).

En otras palabras, Dios ha perdonado de gracia nuestros pecados a causa de Jesús: "…Tus pecados te son perdonados… Tu fe te ha salvado, ve en paz" (Lc. 7:48, 50). Este perdón, dice Jesús, fue comprado para nosotros con su propia sangre (Mt. 26:28). Nosotros no lo merecíamos ni nos lo ganamos. Lo recibimos por fe. Él vino "…para dar su vida en rescate por muchos" (Mr. 10:45). Él no vino a llamar a justos sino a pecadores (Lc. 5:32). Por tanto, la asombrosa nueva es: Los recaudadores de impuestos y las rameras entrarán al reino de Dios antes que los escribas y ancianos del pueblo (Mt. 21:31); lo cual significa que llegamos a la posición de un discípulo de Jesús perdonado, un ciudadano de su reino y un hijo de Dios por fe, no por amar a nuestros enemigos primero.

Ahora que hemos recibido todo esto "de gracia" (sin pagarlo, ganarlo o merecerlo), se nos dice: De gracia recibisteis amor cuando erais enemigos de Dios; ahora dad de gracia amor a vuestros enemigos.

Amarás a tu prójimo como a ti mismo, pues esta es la ley y los profetas

"Maestro, ¿cuál es el gran mandamiento en la ley? Jesús le dijo:
Amarás al Señor tu Dios con todo tu corazón, y con toda tu alma,
y con toda tu mente. Este es el primero y grande mandamiento. Y el
segundo es semejante: Amarás a tu prójimo como a ti mismo. De estos
dos mandamientos depende toda la ley y los profetas" (Mt. 22:36-40).

"Así que, todas las cosas que queráis que los hombres
hagan con vosotros, así también haced vosotros con ellos;
porque esto es la ley y los profetas" (Mt. 7:12).

El punto central del "segundo" mandamiento, "…Amarás a tu prójimo como a ti mismo" (Mt. 22:39), no es que el destinatario del amor sea enemigo o amigo, sino que el que ame desee el bien del prójimo como lo desea para sí. Se advierte su importancia por las dos estupendas cosas que se encuentran a cada lado. A un lado está el más grande mandamiento en la Palabra de Dios: "…Amarás al Señor tu Dios con todo tu corazón, y con toda tu alma, y con toda tu mente". Al otro lado esta la afirmación de que todo[1] lo que está escrito en la ley y los profetas depende de estos dos mandamientos. Estamos en presencia de superlativos incomparables, los dos más grandes mandamientos en toda la Palabra de Dios y toda esa Palabra depende de ellos. Deberíamos quitarnos los zapatos como reverencia aquí. En las Escrituras hay pocos textos más grandiosos que este.

---

1. Mateo 22:40: "De estos dos mandamientos depende toda la ley y los profetas".

Un mandamiento sobrecogedor y sorprendente

El segundo mandamiento me parece un mandamiento sobrecogedor. Parece exigir que me arranque la piel del cuerpo y envuelva a otra persona con ella para poder sentir que yo soy esa otra persona; y todos mis anhelos por mi propia seguridad, salud, éxito y felicidad los siento ahora por esa otra persona como si fuera por mí. Es un mandamiento totalmente sorprendente. Si eso es lo que significa, entonces algo increíblemente poderoso y estremecedor, reconstructivo, conmovedor y trascendental tendrá que pasar en nuestra alma. Algo sobrenatural. Algo muy superior a lo que un ser humano como yo, caído, que se resguarda, se da realce, se exalta, se estima y se engrandece a sí mismo es capaz de hacer por sí solo.

Subrayando la grandeza de este mandamiento está el hecho de que lo supera solo el de amar a Dios con todo nuestro ser. He dedicado un capítulo al mismo (*Mandamiento #9*). Pero subrayando también la importancia del segundo mandamiento está la amplia declaración de que toda la ley y los profetas dependen de él cuando se vincula al primero: "De estos dos mandamientos depende toda la ley y los profetas" (Mt. 22:40). Esta frase, "la ley y los profetas", se refiere a todo el Antiguo Testamento, como vemos en Lucas 24:27: "Comenzando desde Moisés, y siguiendo por todos los profetas, les declaraba en *todas las Escrituras* lo que de él decían".

Esta declaración es asombrosa. Aquí tenemos la autoridad del Hijo de Dios diciéndonos algo totalmente crucial sobre el origen y el diseño de todo el plan y la Palabra de Dios. Primero, considera el hecho de que *Jesús dijo esto*. Él no tenía que decirlo. El intérprete de la ley que lo llevó a esta conversación no preguntó sobre esto. Jesús fue más allá de lo que le preguntó ("¿Cuál es el gran mandamiento en la ley?", Mt. 22:36) y dijo más. Al parecer, quiere defender la importancia y la centralidad de estos mandamientos lo más posible. Él dijo que el mandamiento de amar a Dios es el más grande y primer mandamiento. Dijo que el de amar al prójimo como a uno mismo es "semejante" (Mt. 22:39). Eso es suficiente como para subir la apuesta hasta el máximo posible. Tenemos el más grande mandamiento de toda la revelación de Dios a la humanidad (amar a Dios); y tenemos el segundo gran mandamiento, que es como el más grande (amar al prójimo como a uno mismo).

Pero Jesús no se detiene ahí. Él quiere que nos quedemos atónitos ante la importancia de estos dos mandatos. Quiere que nos detengamos y nos maravillemos. Por eso añade: "De estos dos mandamientos dependen toda la ley y los profetas". También son los dos mandamientos de donde parte todo lo demás en las Escrituras.

DE ESTOS DOS MANDAMIENTOS DEPENDE TODA LA LEY Y LOS PROFETAS

¿Qué significa esto? El responder esta pregunta abre una ventana al cielo. Esto lo veremos si empezamos comparando lo que Jesús dice aquí en Mateo 22:40 con lo que dice en Mateo 7:12. Este versículo es más conocido como la regla de oro. Una manera de ver esto es como un buen comentario acerca de "Amarás a tu prójimo como a ti mismo". En ese contexto, Jesús ha dicho que Dios nos dará cosas buenas si pedimos, buscamos y llamamos porque Él es un Padre bondadoso. Luego, en Mateo 7:12 dice: "Así que todas las cosas que queráis que los hombres hagan con vosotros, así también haced vosotros con ellos, pues esto es la ley y los profetas".

Fíjate que Jesús se refiere a la ley y los profetas de la misma manera que en Mateo 22:40. Él dice que si haces a los demás lo que quieres que ellos hagan contigo, entonces "esto es la ley y los profetas". En Mateo 22:40, Él dijo: "De estos dos mandamientos dependen toda la ley y los profetas". Fíjate que el primer mandamiento —amar a Dios con todo nuestro ser— no se menciona en Mateo 7:12. Al contrario, Jesús simplemente dice que tratar a otros de la manera en que nos gustaría que nos tratasen a nosotros "es la ley y los profetas".

¿JESÚS RESUME EL ANTIGUO TESTAMENTO SIN DIOS?

Debemos tener cuidado aquí. Algunas personas a lo largo de los siglos han tratado de tomar oraciones como la regla de oro y decir que Jesús era principalmente un gran maestro de la ética humana y que lo que Él enseñaba no depende de Dios ni de ninguna relación con Dios. Estas personas dicen: "¿Ven? Él puede resumir el Antiguo Testamento completo, la ley y los profetas, en relaciones humanas prácticas que ni siquiera mencionan a Dios".

Yo digo que hay que tener cuidado aquí porque pensar de esa manera no solo ignora las palabras maravillosas que Jesús dijo de Dios en otras partes y las palabras asombrosas que dijo de sí mismo acerca de venir de Dios para dar su vida en rescate por todos (Mr. 10:45), sino que también ignora el contexto inmediato. El versículo 12 comienza con "Así que": "Así que todas las cosas que queráis que los hombres hagan con vosotros, así también haced vosotros con ellos". Lo que demuestra esto es que la regla de oro depende de lo anterior, en nuestra relación con Dios como nuestro Padre que nos ama y escucha nuestras oraciones y nos da cosas buenas si se lo pedimos (Mt. 7:7-11).

El versículo inmediato anterior (Mt. 7:11) dice: "Pues si vosotros, siendo malos, sabéis dar buenas cosas a vuestros hijos, ¿cuánto más *vuestro Padre* que está en los cielos dará buenas cosas a los que le pidan? *Así que…* [observa la regla de oro]". Esta relación lógica significa que Dios está manteniendo la regla de oro por su provisión paternal. Su amor por nosotros, y nuestro amor confiado y de oración a Él, es la fuente de poder para vivir la regla de oro. De modo que no se puede convertir a Jesús en un mero maestro de ética. Él está aquí y siempre saturado de Dios.

Amar a Dios se hace visible amando a los demás

Aun así, Jesús sí dice que tratar a los demás como uno quiere ser tratado "es la ley y los profetas". Él no dice aquí que dos mandamientos son la ley y los profetas, son solo uno. Esto parece muy diferente de Mateo 22:40 donde la ley y los profetas dependen de ambos mandamientos.

¿Por qué lo dice de esta manera? Creo que lo que quiere decir es que cuando uno ve a las personas amar de esa forma (guardar la regla de oro), lo que uno ve es la expresión visible del objetivo de la ley y los profetas. Esta conducta entre las personas manifiesta abierta, pública y prácticamente de lo que trata el Antiguo Testamento. Cumple laa ley y los profetas haciendo visible el objetivo. Sin embargo, amar a Dios es *invisible.* Es una pasión interna del alma. Pero se expresa cuando se ama a los demás. Entonces, amar a los demás es la manifestación externa, la expresión visible, la demostración práctica y, por ello, el cumplimiento de amar a Dios y de lo que trata el Antiguo Testamento.

Luego, hay un sentido en que el segundo mandamiento (amar al prójimo) es la meta visible de toda la Palabra de Dios. No es como si el amar a Dios no estuviera presente en este mandato, o que amar a Dios sea menos importante; más bien, amar a Dios se hace visible, manifiesto y pleno en nuestro perceptible, práctico y sacrificado amor por los demás. Creo que por eso el segundo mandamiento se sostiene por sí mismo aquí como expresión de lo que son la ley y los profetas: "...pues *esto* es la ley y los profetas". Amar al prójimo no es la ley y los profetas independientemente de amar a Dios. Más bien, amar al prójimo se basa en nuestro amor por Dios y, como el exceso de ello, es a lo que apuntaban la ley y los profetas.

¿Cómo dependen la ley y los profetas del amor?

Regresemos ahora a Mateo 22:37-40. Aquí Jesús *sí* menciona tanto el amor a Dios como el amor al prójimo; y explícitamente dice en el versículo 40: "De estos dos mandamientos depende toda la ley y los profetas". ¿Por qué? Sugiero que está diciendo algo diferente de Mateo 7:1, aunque no contradictorio. Aquí Él no dice que estos dos mandamientos "son" la ley y los profetas, sino que la ley y los profetas *dependen* de estos dos mandamientos: "De estos dos mandamientos depende toda la ley y los profetas".

Aquí nos estamos enfrentando a la ventana que da al cielo, la cual mencioné anteriormente. Jesús dice que la ley y los profetas literalmente *cuelgan* como una piedra al cuello (Mt. 18:6) o un hombre a una cruz (Lc. 23:39). ¿De qué cuelgan? Cuelgan del amor. Esto es lo contrario de lo que dice Mateo 7:12. Allí Jesús dijo que la ley y los profetas llevan al amor y hallan expresión en él. Pero aquí, en Mateo 22:40, Jesús lo dice al revés: El amor lleva a la ley y los profetas y halla expresión en los mismos. La ley y los profetas cuelgan de —dependen de— algo anterior a ellos, concretamente, la pasión de Dios de que este mundo, esta historia de la humanidad, sea un mundo de amor a Dios y de amor radical y orientado a los demás.

Permíteme ilustrar esto para que podamos verlo con más claridad. Imagínate la historia de la redención inspirada por Dios desde la creación hasta la consumación como un pergamino. Esta es la ley y los profetas (y el Nuevo Testamento). El relato de los actos y propósitos de Dios en la historia está contado en este pergamino junto sus mandamientos y promesas. Mateo 7:12 nos dice que cuando el pueblo de Dios ama al prójimo como se ama a sí mismo, el propósito de este pergamino queda cumplido. Su objetivo se expresa visiblemente y se manifiesta prácticamente "para que [las personas] vean vuestras buenas obras, y glorifiquen a vuestro Padre que está en los cielos" (Mt. 5:16). Entonces, el pergamino conduce al amor. El amor fluye del pergamino.

La ventana al cielo

Así, Jesús nos ofrece una perspectiva incomparable. Él abre una ventana al cielo, por así decirlo. Nos saca de la historia y del mundo por un instante y nos muestra el pergamino desde la distancia. Ahora podemos verlo completo: la ley y los profetas, el Antiguo Testamento, la historia de la redención, los propósitos y actos de Dios en la historia. Y lo que vemos es que el pergamino *cuelga* de dos cadenas doradas, una sujeta a cada extremo de los asideros del pergamino. Entonces Jesús nos alza la vista al cielo y vemos cómo las cadenas suben y desaparecen en el mismo. Luego nos lleva al cielo y nos muestra los extremos superiores de las cadenas; están sujetas al trono de Dios. Una de ellas está sujeta al brazo derecho del trono donde están inscritas las palabras: "Amarás al Señor tu Dios con todo tu corazón, y con toda tu alma, y con toda tu mente". Y la otra cadena está sujeta al brazo izquierdo del trono donde están inscritas las palabras: "Amarás a tu prójimo como a ti mismo".

Jesús se vuelve hacia nosotros y dice: "Todo el pergamino, toda la ley y los profetas, toda la historia de la redención, todos los planes y actos de mi padre cuelgan de estos dos grandes propósitos de Dios: de que Él sea amado por su creación y que ellos amen a los demás como se aman a sí mismos". Creo que no exageraría en decir que toda la creación y toda la obra de la redención, incluso la obra de Cristo como nuestro sufrido, muerto y resucitado Redentor, así como toda la historia, cuelgan de estos dos grandes propósitos: que los seres humanos amen a Dios con todo su corazón, y que del exceso de ese amor nos amemos unos a los otros.

Lo que significa que el amor es el origen (Mt. 22:40) y la meta (Mt. 7:12) de la ley y los profetas. Es el principio y fin de por qué Dios inspiró la Biblia. Es fuente y manantial en un extremo, y el océano sin fin en el otro extremo del río de la historia redentora, recordada y prometida en la Palabra de Dios. Con seguridad, el propósito de Dios es que tomemos este mandamiento con tremenda seriedad. Sería inteligente, dentro de este contexto majestuoso, no suponer que ya hemos visto todo lo que el amor puede constituir o que ya ocupa el debido lugar central en nuestra vida. Jesús está diciendo que todas las Escrituras, todos sus planes para la historia, *cuelgan* de estos dos propósitos: que Él sea amado con todo nuestro corazón y que nos amemos unos a los otros como a nosotros mismos.[2]

---

2. Aunque no he tratado con detalle una exigencia de Jesús estrechamente relacionada que Él dio en el contexto de una controversia sobre la ley, al menos debiera mencionarse en este capítulo: "Id, pues, y aprended lo que significa: Misericordia quiero, y no sacrificio" (Mt. 9:13; cp.12:7). Resumiendo, parece que Jesús está diciendo que existen indicaciones en el Antiguo Testamento, como la cita de Oseas 6:6, que, si realmente las entendiéramos, nos permitiría ver que toda la ley apuntaba más allá de lo ceremonioso y lo externo al amor más sincero exigido por Jesús.

Amarás a tu prójimo con la misma dedicación que tienes por tu propio bienestar

"…como a ti mismo" (Mt. 22:39).

En este capítulo, examinaremos la exigencia misma con más detenimiento, especialmente la devastadora frase "como a ti mismo". "Amarás al prójimo[1] *como a ti mismo*" (Mt. 22:39) es una exigencia muy radical. Lo que quiero decir con "radical" es que llega a la *raíz* de nuestro pecado, lo expone y lo cercena por la gracia de Dios.

La raíz del pecado: el deseo de ser feliz independientemente de Dios

La raíz de nuestro pecado es el deseo de lograr nuestra propia felicidad *independientemente de Dios* e *independientemente de la felicidad de los demás en Dios*. Esto debe leerse con cuidado. Lo repito: La raíz de nuestro pecado es el deseo de lograr nuestra propia felicidad *independientemente de Dios* e *independientemente de que otros hallen la felicidad eterna en Dios*. Todo pecado viene del deseo de ser feliz separado de la gloria de Dios y separado del bien de los demás. La exigencia de Jesús corta esto de raíz, lo expone y lo cercena.

Otro nombre que se le puede dar a esta raíz del pecado es *orgullo*. Orgullo es la presunción de que podemos ser felices sin depender de

---

1. En el siguiente capítulo veremos cómo define Jesús el alcance de la palabra *prójimo*, pero basta con decir aquí que cualquier intento de circunscribirla desde el punto de vista étnico, familiar o de relaciones estaría haciendo caso omiso a las intenciones de Jesús. El que necesita de ti en tu camino, al que tú puedes ayudar, es tu prójimo.

Dios como fuente de nuestra felicidad y sin importarnos si los demás hallan su felicidad en Él. El orgullo es la pasión contaminada y corrupta por ser feliz. Es corrupta por dos cosas: (1) no querer ver a Dios como la única fuente de verdadero y eterno gozo y (2) no querer ver a los demás como diseñados por Dios para dar a conocer nuestro gozo en Él. Si tomas el deseo de ser feliz y le quitas a Dios como la fuente de tu felicidad y le quitas las personas como aquellas que esperas que compartan tu felicidad en Dios, lo que queda es el instrumento del orgullo. El orgullo es la búsqueda de la felicidad en cualquier lugar menos en la gloria de Dios y en el bien de los demás por amor a Él. Esta es la raíz de todo pecado.

¿Qué significa "como a ti mismo"?

Ahora Jesús dice: "Amarás al prójimo como a ti mismo". Y con ese mandamiento va a la raíz de nuestro pecado. ¿Cómo es eso? Jesús dice en efecto: "Comienzo con la característica humana innata, profunda y definitoria: el amor a ti mismo. Mi mandato es: 'Amarás al prójimo *como a ti mismo*'. Tú te amas a ti mismo. Esto es un hecho dado. Yo no lo exijo, lo presupongo.[2] Tienes el poderoso instinto de conservación y realización personal: quieres ser feliz; deseas vivir, pero vivir con satisfacción; quieres comida y ropa; deseas un lugar donde vivir; quieres recibir protección contra la violencia hacia ti; aspiras a participar en actividades significativas y agradables con qué ocupar el día. Quieres tener amigos a los que les agrades y que quieran dedicarte un poco de tiempo. Quieres que la vida tenga algún significado. Todo esto es amor a ti mismo. El amor a ti mismo es el profundo anhelo de disminuir el dolor y aumentar la felicidad". Con eso empieza Jesús cuando dice "como a ti mismo".

Todo el mundo, sin excepción, tiene esta característica humana. Esto es lo que nos mueve a hacer una u otra cosa. Hasta el suicidio parte de este principio de amor a ti mismo.[3] En medio de un sentimiento de absoluto

---

2. Creo que la cruzada moderna de ver el "amor a ti mismo" como una "imagen de ti mismo positiva" e interpretar como un mandato que busquemos esta imagen positiva para que podamos amar a los demás es totalmente errónea. Véase John Piper, "Is Self-Love Biblical?", *Christianity Today* 21 (12 de agosto de 1977): 6-9.

3. El matemático y filósofo francés, Blaise Pascal, escribió: "Todos los hombres buscan la

vacío, desesperanza y parálisis por la depresión, el alma dice: "Peor que esto, imposible. Así que, aunque yo no sepa lo que pueda ganar con la muerte, sí sé de lo que me libraré". Entonces, el suicidio es el intento de librarse de lo que es intolerable. Es un acto equivocado de amor a sí mismo.

Jesús empieza con el hecho dado y lo bueno del amor por sí mismo

Ahora Jesús dice: "Empiezo con este amor a ti mismo. Esto es lo que yo sé de ti. Esto es algo común a todas las personas. No se aprende. Viene con tu humanidad. Mi Padre lo creó. En sí mismo y de sí mismo es bueno". Querer comer no es malo, ni querer estar abrigado en el invierno, ni querer estar a salvo en una crisis, ni querer estar saludable durante una epidemia, ni querer agradar a los demás, ni querer que la vida sea significativa; nada de lo anterior es malo. Era un rasgo humano definitorio antes de la caída del hombre en el pecado y no es malo en sí mismo.

Si se ha convertido en algo malo en tu vida, quedará expuesto cuando oigas y respondas al mandamiento de Jesús. Él exige: "*Como te amas a ti mismo*, amarás al prójimo". Lo que significa lo siguiente: Así como deseas tener comida cuando tengas hambre, desea alimentar al prójimo cuando este tenga hambre. Así como deseas tener buena ropa que ponerte, desea buena ropa para el prójimo. Así como trabajas para conseguir un lugar cómodo donde vivir, desea un lugar cómodo donde vivir para el prójimo. Así como procuras estar a salvo de los desastres y la violencia, procura el alivio y la seguridad para el prójimo. Así como buscas amigos para ti, sé amigo del prójimo. Así como deseas que tu vida sea significativa, desea la misma importancia para el prójimo. Así como te esfuerces por obtener buenas notas para ti, esfuérzate por ayudar al prójimo a obtener buenas notas. Así como te gusta sentirte bien recibido entre un nuevo grupo de personas, trata de que los demás se sientan bien

---

felicidad. Sin excepción. Cualesquiera que sean los diferentes medios que empleen, todos tienden a este fin. La causa de que algunos vayan a la guerra y que otros la eviten es el mismo deseo en los dos desde diferentes puntos de vista. La voluntad nunca da el más mínimo paso si no es a este fin. Este es el móvil de todas las acciones que realiza el hombre, hasta de los que se ahorcan". *Pensées* (Nueva York: E. P. Dutton, 1958), 113, Pensamiento #425.

recibidos: "Las cosas que queráis que los hombres hagan con vosotros, así también haced vosotros con ellos".

El interés propio se convierte en la medida de cuánto das de ti mismo

En otras palabras, convierte tu *interés propio* en la medida de lo que *das de ti* mismo. Cuando Jesús dice: "Amarás al prójimo como a ti mismo", la palabra "como" es muy radical: "Amarás al prójimo *como* a ti mismo". ¡Qué palabra tan *grande* la de "como"! Significa que si buscas tu propia felicidad de manera *enérgica*, busca de manera enérgica la felicidad del prójimo. Si eres *creativo* en la búsqueda de tu propia felicidad, sé creativo en la búsqueda de la felicidad del prójimo. Si *perseveras* en la búsqueda de tu propia felicidad, persevera en la búsqueda de la felicidad del prójimo.

En otras palabras, Jesús no solo dice que busques para el prójimo las *mismas cosas* que buscas para ti, sino que también las busques de la *misma manera*, con el mismo empeño, energía, creatividad y perseverancia. Y con el mismo compromiso de vida o muerte cuando estás en peligro. Convierte tu propio interés en la medida de lo que das de ti mismo. Mide tu búsqueda de la felicidad de los demás, y lo que esta debe ser, mediante la búsqueda de tu propia felicidad. ¿Cómo buscas tu propio bienestar? Pues busca el bienestar del prójimo de la misma manera.

Ahora bien, esto es muy intimidante y casi abrumador porque inmediatamente sentimos que si tomamos a Jesús en serio, no solo tendremos que amar a los demás "como a nosotros mismos", sino que tendremos que amarlos *en vez de* amarnos a nosotros mismos. Eso es lo que parece. Tememos que si seguimos a Jesús en esto y realmente nos dedicamos a buscar la felicidad de los demás, entonces nuestros propios deseos de felicidad siempre quedarán en segundo lugar. El reclamo que hace el prójimo de mi tiempo, energía y creatividad siempre tendrá prioridad. Por lo que el mandamiento de amar al prójimo como me amo a mí mismo realmente parece una amenaza a mi amor por mí. ¿Cómo puede ser esto posible? Si nacemos con un deseo natural de conseguir nuestra propia felicidad y si esto en sí mismo no es malo, sino bueno, ¿cómo podemos renunciar a ello y empezar a buscar la felicidad de los demás a expensas de la nuestra?

CÓMO EL PRIMER MANDAMIENTO CONFIRMA EL SEGUNDO

Pienso que esa es exactamente la amenaza que Jesús quiere que sintamos hasta que nos demos cuenta de que esto, exactamente esto, es por qué el primer mandamiento es el primero. Es el primer mandamiento el que hace que el segundo sea realizable y elimina la amenaza de que este último sea realmente el suicidio de nuestra propia felicidad. El primer mandamiento es: "Amarás al Señor tu Dios con todo tu corazón, y con toda tu alma, y con toda tu mente" (Mt. 22:37). El primer mandamiento es la base del segundo mandamiento; por cuanto este último es una expresión visible del primero, que significa lo siguiente: Antes de convertir tu interés propio en la medida de lo que das de ti mismo, haz a Dios el centro de ese interés propio. Esta es la esencia del primer mandamiento.

"Amar a Dios con todo el corazón" significa hallar en Él una satisfacción tan profunda que llena el corazón. "Amar a Dios con toda el alma" significa hallar en Él un significado tan rico y tan profundo que llena todos los doloridos rincones del alma. "Amar a Dios con toda la mente" significa hallar en Dios la riqueza del conocimiento, la percepción y la sabiduría que guían y satisfacen todo lo que la mente humana debe significar.

En otras palabras, toma todo tu amor propio, todos tus anhelos de gozo, esperanza, amor, seguridad, realización y significado, y concéntralos en Dios hasta que Él satisfaga tu corazón, alma y mente. Descubrirás que esto no es una anulación del amor a ti mismo, sino la consumación y la transformación de ese amor. El amor a ti mismo es el deseo de tener vida y satisfacción en vez de frustración y muerte. Dios dice: "Ven a mí y te daré gozo pleno. Satisfaré tu corazón y alma y mente con mi gloria". Este es el primer y gran mandamiento.

Y con ese gran descubrimiento, que Dios es la fuente inagotable de nuestro gozo, la manera en que amamos a los demás cambiará para siempre. Cuando Jesús dice: "Amarás al prójimo *como a ti mismo*", no respondemos con: "Oh, esto es intimidante. Esto significa que el amor a mí mismo es imposible debido a todos los reclamos que hace el prójimo. Nunca podría hacerlo". Al contrario, decimos: "Oh, sí, me amo a mí mismo. Tengo anhelos de gozo, satisfacción, realización, significado y seguridad. Pero Dios me ha llamado, de hecho, me ha exigido, que venga a Él primero en busca de todas esas cosas y exige que mi amor por Él sea la forma de mi amor por mí mismo". Esto no es una errata. Mi amor por Él es la forma de amor a mí mismo. Es decir, todos los anhelos que me pueden satisfacer (amor por mí mismo) los dirijo a Él y los satisfago en Él. Eso es lo que el amor por mí mismo es ahora. Es mi amor por Dios. Se han convertido en una sola cosa. Ahora, mi búsqueda de felicidad no es más que mi búsqueda de Dios. Y Él se halla en Jesús.

El amor a ti mismo, consumado en el amor a Dios, se convierte en la medida del amor al prójimo

Entonces, ¿qué nos exige Jesús en el segundo mandamiento (que amemos al prójimo como a nosotros mismos)? Él nos ordena que nuestro amor a nosotros mismos, que ha descubierto su consumación en el amor a Dios, sea la medida y el contenido de nuestro amor al prójimo. O, dicho de otra manera, Él está ordenando que nuestro innato interés propio, que ahora se ha revertido en la búsqueda de Dios, se desborde y se extienda al prójimo. Así, por ejemplo:

- Si anhelas ver más bondad y generosidad de Dios mediante el suministro de comida, alquiler y ropa, entonces intenta mostrar a los demás la grandeza de esa divina bondad mediante la generosidad que has hallado en Él. Que la consumación de tu amor a ti mismo en amor al Dios generoso, se desborde mediante tu amor al prójimo. O mejor aún, busca que Dios, quien es la consumación del amor que profesas, se desborde mediante el amor que le brindas a tu prójimo y se convierta en la consumación de tu amor propio hacia este.
- Si quieres tener más compasión de Dios mediante el consuelo que Él te da en el dolor, entonces intenta mostrar a los demás esa compasión mediante el consuelo que les das a ellos en su dolor.
- Si anhelas recibir más sabiduría de Dios mediante los consejos que Él da en las relaciones estresantes, entonces intenta extender más de la sabiduría de Dios a los demás en sus relaciones estresantes.
- Si disfrutas al ver la bondad de Dios en momentos tranquilos de

descanso, entonces extiende esa bondad a los demás ayudándolos a tener momentos de este tipo, relajados y saludables.

- Si quieres que la gracia salvadora de Dios se manifieste con más fuerza en tu vida, entonces extiende esa gracia a la vida de los demás que necesitan de esa gracia salvadora.
- Si quieres disfrutar más de las riquezas de la amistad personal que Dios te da en las duras y en las maduras, entonces extiende esa amistad, en las duras y en las maduras, a los que están solos.

En ninguna de estas formas, el amor al prójimo amenaza al amor a ti mismo porque este último se ha convertido en amor a Dios, y el amor a Dios ni se amenaza, ni disminuye, ni se agota al ser volcado en la vida de los demás.

AMARÁS A TU PRÓJIMO COMO A TI MISMO Y COMO JESÚS NOS HA AMADO

"Pero él, queriendo justificarse a sí mismo, dijo a Jesús: ¿Y quién es mi prójimo?" (Lc. 10:29).

"Así que, todas las cosas que queráis que los hombres hagan con vosotros, así también haced vosotros con ellos; porque esto es la ley y los profetas" (Mt. 7:12).

"Un mandamiento nuevo os doy: Que os améis unos a otros; como yo os he amado, que también os améis unos a otros. En esto conocerán todos que sois mis discípulos, si tuviereis amor los unos con los otros" (Jn. 13:34-35).

No presumo en los capítulos anteriores haber resuelto todas las perplejidades en la vida del amor. Hay reclamos que compiten por nuestro tiempo y recursos limitados. Es difícil escoger a qué renunciamos y con qué nos quedamos. Existen diferentes interpretaciones de lo que es bueno para otra persona. No quiero decir que todo esto se convierte en algo sencillo.

MANDAMIENTO RADICAL Y PROVISIÓN RADICAL

Lo que sí quiero decir es esto: Amar a Dios nos sostiene a lo largo de todo el gozo, el dolor, las perplejidades y las incertidumbres de lo que debe ser amar al prójimo. Cuando el sacrificio es grande, recordamos que la gracia de Dios es suficiente. Cuando la bifurcación en el camino del amor no tiene señales, recordamos con gozo y amor que su gracia es suficiente. Cuando el mundo nos distrae y nuestro corazón cede temporalmente al egoísmo de modo que nos desviamos del camino, recordamos que solo Dios puede satisfacer y nos arrepentimos, por lo cual amamos su misericordia y paciencia aún más.

Es un mandato muy radical. Va a la raíz del pecado llamado orgullo, es decir, la pasión por ser feliz (amor propio), contaminada y corrupta por dos cosas: 1) no querer ver a Dios como la única fuente de verdadero y eterno gozo y 2) no querer ver a los demás como diseñados por Dios para recibir nuestro gozo en Él. Pero esa es exactamente la corrupción del amor a ti mismo que Jesús contrarresta en estos dos mandamientos. En el primero, Él centra la atención en la pasión por ser feliz firmemente en Dios y solo en Dios. En el segundo, abre todo un mundo cada vez mayor de gozo en Dios y dice que los seres humanos, dondequiera que estén, están diseñados para recibir y aumentar su gozo en el Padre. Ámalos de la misma manera en que te amas a ti mismo. Dales, mediante todos los medios prácticos disponibles, lo que has encontrado en Dios para ti mismo.

Advertencia: no restrinjas el significado de "prójimo"

Antes de dejar el mandamiento de amar al prójimo como a nosotros mismos, es necesario oír una advertencia que Jesús hizo. Él nos advirtió que cuando oyéramos el mandamiento "Amar al prójimo como a ti mismo", no debíamos tratar de justificar nuestra falta de amor reduciendo la lista de quién es el prójimo. Hizo esta advertencia con la parábola del buen samaritano.

En una ocasión, "…un intérprete de la ley se levantó y dijo, para probarle: Maestro, ¿haciendo qué cosa heredaré la vida eterna?". Jesús le respondió: "¿Qué está escrito en la ley? ¿Cómo lees?". El intérprete de la ley respondió con los dos grandes mandamientos: "Amarás al Señor tu Dios con todo tu corazón, y con toda tu alma, y con todas tus fuerzas, y con toda tu mente; y a tu prójimo como a ti mismo". Jesús dijo: "Bien has respondido; haz esto, y vivirás".[1] Luego el intérprete de la ley dijo algo que al Señor no le gustó. Lucas describe el motivo detrás de las palabras que a

---

1. Véase el *Mandamiento #20* para algunas reflexiones sobre cómo esto se relaciona con la interpretación que hace Jesús de la justificación por la fe sola.

continuación dijo el hombre: "Pero él, queriendo justificarse a sí mismo, dijo a Jesús: ¿Y quién es mi prójimo?" (Lc. 10:25-29).

De los innumerables argumentos que pudieran extraerse de la parábola del buen samaritano, yo me concentro en uno solo. Jesús responde la pregunta de autojustificación con una parábola que no responde su pregunta, sino que la cambia. Él cambia la pregunta de *¿qué clase de persona es mi prójimo?* a *¿qué clase de persona soy yo?* Él cambia la pregunta de *¿qué estatus social en las personas las hace dignas de mi amor?* a *¿cómo puedo convertirme en la clase de persona cuya compasión ignora el estatus social?*

El Señor expone la doble intención del intérprete de la ley mostrándole que ya él sabía la respuesta a su pregunta y que solo le estaba tratando de tender una trampa (Lc. 10:25). Ahora el intérprete de la ley sabe que su motivo ha sido expuesto y que necesita confesar o cubrir su hipocresía. Él opta por cubrirla o, para darle otro nombre, él opta por "justificarse" (Lc. 10:29). Lo hace diciendo algo parecido a esto: "Bueno, tú sabes, Jesús, no es tan fácil conocer quién es el prójimo. La vida es complicada. ¿A qué clase de personas tengo que amar? ¿Quién tiene derecho a llamarse prójimo en este mandamiento de 'Amar al prójimo'? ¿Todas las razas? ¿Todas las clases? ¿Ambos sexos? ¿Todas las edades? ¿Los marginados? ¿Los pecadores?".

Una pregunta que Jesús no responderá

¿Cómo responde Jesús? A Él no le gusta esta pregunta, esta división de la humanidad en grupos, algunos de los cuales son dignos de nuestro amor y otros no. Jesús no responde la pregunta de "¿Quién es mi prójimo?", sino que cuenta una parábola que cambia la pregunta. Entre Jerusalén y Jericó, un hombre cae en manos de unos ladrones. Lucas 10:30 dice que "...le despojaron; e hiriéndole, se fueron, dejándole medio muerto". Las dos primeras personas que pasaron por allí fueron un sacerdote y un levita[2] —los individuos más religiosos— y ambos pasan de largo por el otro lado del camino (Lc. 10:31-32). Después pasó un samaritano, ni siquiera un

---

2. Los levitas eran descendientes de la tribu de Israel que llevaba el nombre de Leví (Éx. 6:25; Lv. 25:32; Nm. 35:2). El nombre, sin embargo, se usa generalmente para la parte de la tribu que asistía a los sacerdotes en el oficio religioso del templo (1 R. 8:4; Esd. 2:70).

judío, y la frase clave sobre este hombre está al final de Lucas 10:33: "…fue movido a misericordia".

Puede verse cómo cambió el punto central. En la historia ya ni aparece qué clase de hombre se está muriendo. El centro de atención ahora es en la clase de personas que pasan de largo. Los dos primeros no sintieron ninguna compasión. El samaritano era una clase de persona diferente. Entonces, cuando se llega al final, ¿cuál es la pregunta que hace Jesús? Fue "¿El hombre herido era un allegado?". No, esa no es la pregunta. Jesús le preguntó al intérprete de la ley: "¿Quién, pues, de estos tres te parece que *fue* el prójimo del que cayó en manos de los ladrones?" (Lc. 10:36). El intérprete de la ley respondió: "El que usó de misericordia con él". Y Jesús le dijo: "Ve, y haz tú lo mismo" (Lc. 10:37). Jesús no da una respuesta a la pregunta de "¿Quién es mi prójimo?". Al contrario, dice en efecto, ve y sé una nueva clase de persona, busca tener un corazón compasivo.

LA MUERTE DE JESÚS: ADQUISICIÓN Y MODELO

Esto es exactamente por lo que murió Jesús. Esta es la promesa del nuevo pacto en Ezequiel 36:26: "Os daré corazón nuevo, y pondré espíritu nuevo dentro de vosotros…". Y Jesús dijo en la Última Cena: "…Esta copa es el nuevo pacto en mi sangre, que por vosotros se derrama" (Lc. 22:20). Aquellos que le siguen hasta la cruz lo verán allí pagando por el nuevo corazón con su propia sangre.

Lo que nos trae a un punto final en este capítulo es la relación entre el mandamiento que nos hace Jesús de que amemos a nuestro prójimo como a nosotros mismos y su mandamiento de que nos amemos unos a otros como nos ha amado Él. La muerte de Jesús carga con las culpas y guía a la vez. Es una muerte que perdona el pecado y una muerte que modela el amor. Es la adquisición de nuestra vida para no perecer y el modelo para una vida de amor. Con este punto termino debido al conflicto aparente entre los dos mandamientos: "amar al prójimo como a ti mismo" y el "nuevo mandamiento".

En Juan 13:34-35, Jesús dice: "Un mandamiento nuevo os doy: Que os améis unos a otros; como yo os he amado, que también os améis unos a otros. En esto conocerán todos que sois mis discípulos, si tuviereis amor los unos con los otros" (véase también Jn. 15:12). Jesús relaciona su amor y su muerte cuando dice: "Nadie tiene mayor amor que este, que uno *ponga su vida* por sus amigos" (Jn. 15:13). Por tanto, es importante que veamos la relación entre la muerte de Jesús y nuestra consumación del mandamiento de "amar al prójimo como a ti mismo". Por un lado, la muerte de Jesús nos sirve de ejemplo de cómo debemos amar y, por otro, esta nos compra esa transformación que nos permite amar.[3] Hemos tratado la obra de adquisición en capítulos anteriores (véanse los *Mandamientos #10, 23*). Aquí debemos reflexionar sobre cómo el modelo del amor de Jesús se relaciona con el mandamiento "amar al prójimo como a ti mismo".

El Señor llamó el mandamiento de amar como Él amaba "un nuevo mandamiento" (Jn. 13:34). Pero el de "amar al prójimo como a ti mismo" es un antiguo mandamiento de Levítico 19:18. ¿Significa eso que el mandato de amar al prójimo como a nosotros mismos está pasado de moda y tenemos uno nuevo, el de amar como amó Jesús? Me parece que no.

Lo nuevo es que nunca habíamos visto el antiguo mandamiento de amar vivido para nosotros perfectamente por el Hijo de Dios. Antes de Jesús, nadie había podido decir sin reservas: "Ama como yo he amado". No solo eso, lo novedoso parece relacionarse con el propósito de Jesús de tener un nuevo pueblo cuya marca en el mundo sería la lealtad a Él (y a su Padre) y unos a otros en amor. Por eso dice: "En esto conocerán todos que sois mis discípulos, si tuviereis amor los unos con los otros" (Jn. 13:35); "El amor como el mío es la insignia de pertenencia al nuevo pueblo que estoy reuniendo".

JESÚS NOS AMÓ DE MANERA PERFECTA AL AMARSE A SÍ MISMO DE IGUAL FORMA

Pero la esencia de lo que es el amor, lo que desarrollamos anteriormente en este capítulo, no es diferente de lo que Jesús exige aquí. Cuando murió por nosotros, nos amaba como se amaba a sí mismo, cumplía

---

3. Véanse los *Mandamientos #20, 21, 27* para conocer la relación entre la transformación que la muerte de Jesús compra y la posición o justificación que adquiere. La cuestión ahí es que Él es la base de una nueva "posición" en el favor de Dios que se convierte en el fundamento y la esperanza de la demostración de ese favor mediante un corazón y una vida transformados.

perfectamente el mandamiento de "amar al prójimo como a ti mismo". Jesús se amaba de manera perfecta, porque deseaba su felicidad con un deseo perfectamente santo. Es decir, Él halló su felicidad desde toda la eternidad en su comunión con su Padre y en ser uno solo con este (Jn. 10:30). Cuando entregó su vida por nosotros, no negó ni descartó ese deseo por su propia e infinita felicidad en Dios. Él la expresó. Él la buscó.

Cuando Jesús murió, adquirió para los pecadores como nosotros todo lo necesario para que pudiéramos hallar nuestro gozo en Dios. Puesto que nuestro gozo en Dios magnifica el valor del Padre, esto es exactamente en lo que Jesús se ha deleitado por toda la eternidad. Por lo tanto, al morir por nuestro gozo en Dios, Cristo está muriendo para demostrar y conservar su gozo más pleno en la gloria del Padre. Esta se refleja en nuestro gozo en Dios adquirido con sangre. Luego, el amor de Jesús es la perfecta expresión y consumación del mandamiento de "amar al prójimo como a ti mismo".

Entonces, ya sea que Él diga "Ama a Dios y ama a tu prójimo como a ti mismo porque de estos dos mandamientos depende toda la ley y los profetas" o que diga "Amaos unos a otros como yo os he amado para que todos sepan que sois mis discípulos", Él está exigiendo esencialmente lo mismo. Es un mandamiento radical. Debemos convertir nuestra propia pasión por la felicidad en la medida de nuestra pasión por el bien de los demás. Y debemos convertir la medida del sufrimiento de Jesús y la perfección de su felicidad en Dios la norma de nuestro sacrificio y el centro del gozo que buscamos para nosotros mismos y los demás.

HACEOS TESOROS EN EL CIELO, DANDO SACRIFICADA Y GENEROSAMENTE

"No os hagáis tesoros en la tierra, donde la polilla y el orín corrompen, y donde ladrones minan y hurtan; sino haceos tesoros en el cielo, donde ni la polilla ni el orín corrompen, y donde ladrones no minan ni hurtan. Porque donde esté vuestro tesoro, allí estará también vuestro corazón" (Mt. 6:19-21).

"…de gracia recibisteis, dad de gracia" (Mt. 10:8).

"El que es fiel en lo muy poco, también en lo más es fiel; y el que en lo muy poco es injusto, también en lo más es injusto. Pues si en las riquezas injustas no fuisteis fieles, ¿quién os confiará lo verdadero? Y si en lo ajeno no fuisteis fieles, ¿quién os dará lo que es vuestro?" (Lc. 16:10-12).

Cuanto más sacrificadamente generoso seas en la tierra, mayor será tu gozo en el cielo. Por tanto, ya que Jesús nos ama y nos convoca a potenciar al máximo nuestro eterno gozo en el cielo, Él exige libertad radical con respecto al amor por el dinero y generosidad radical, especialmente hacia los pobres.

EL SACRIFICIO ES LA MEDIDA DEL TAMAÑO DE UNA OFRENDA

La razón por la que digo "cuanto más *sacrificadamente* generoso uno sea" se debe a lo que Jesús dijo acerca de la ofrenda de la viuda. Esta es la historia:

> Estando Jesús sentado delante del arca de la ofrenda, miraba cómo el pueblo echaba dinero en el arca; y muchos ricos echaban mucho. Y vino una viuda pobre, y echó dos blancas, o sea un cuadrante. Entonces llamando a sus discípulos, les dijo: De cierto os digo que esta viuda pobre echó más que todos los que han echado en el arca; porque todos han echado de lo que les sobra; pero esta, de su pobreza echó todo lo que tenía, todo su sustento (Mr. 12:41-44).

La idea en este caso es que el valor de una ofrenda no se mide por su magnitud sino por su sacrificio. Ella puso "más" que todos, dijo Jesús. No más en cantidad, sino más en sacrificio. La razón de lo anterior radica en que el sacrificio es una medida mejor de dónde está tu corazón. Si tú eres rico y das mucho, te sobra tanto que tu corazón puede descansar fácilmente en lo que queda. Pero si te sacrificas por Jesús y te queda poco, entonces el corazón tiene menos donde descansar; es más probable que esté descansando en la esperanza de alcanzar el cielo; es probable que esté dependiendo de Jesús más que del dinero.

¿Por qué tanta preocupación por nuestro dinero y propiedades?

Es sorprendente ver lo mucho que Jesús trata sobre el dinero y lo que hacemos con él. Randy Alcorn considera que "el 15 por ciento de todo lo que Cristo dijo se relaciona con este tema, más que todas sus enseñanzas sobre el cielo y el infierno, juntas".[1] Considera tan solo una muestra de la clase de cosas que Jesús dice sobre el dinero y el estilo de vida relacionado con él:

> …Una cosa te falta: anda, vende todo lo que tienes, y dalo a los pobres, y tendrás tesoro en el cielo; y ven, sígueme… (Mr. 10:21).

> …Bienaventurados vosotros los pobres, porque vuestro es el reino

---

1. Randy Alcorn, *The Treasure Principle* (Sisters, Ore.: Multnomah, 2001), 8. Recomiendo fervientemente este pequeño libro como una forma de ayudar a las personas a vivir el llamado radical que Jesús hace con relación al dinero.

de Dios… Mas ¡ay de vosotros, ricos! porque ya tenéis vuestro consuelo (Lc. 6:20, 24).

…cualquiera de vosotros que no renuncia a todo lo que posee, no puede ser mi discípulo (Lc. 14:33).

…es más fácil pasar un camello por el ojo de una aguja, que entrar un rico en el reino de Dios (Lc. 18:25).

…la vida del hombre no consiste en la abundancia de los bienes que posee (Lc. 12:15).

…buscad primeramente el reino de Dios y su justicia, y todas estas cosas os serán añadidas (Mt. 6:33).

Vended lo que poseéis, y dad limosna; haceos bolsas que no se envejezcan… (Lc. 12:33).

…Zaqueo… dijo al Señor: He aquí, Señor, la mitad de mis bienes doy a los pobres… Jesús le dijo: Hoy ha venido la salvación a esta casa… (Lc. 19:8-9).

…el reino de los cielos es semejante a un tesoro escondido en un campo, el cual un hombre halla, y lo esconde de nuevo; y gozoso por ello va y vende todo lo que tiene, y compra aquel campo (Mt. 13:44).

Levantando los ojos, vio… a una viuda muy pobre, que echaba allí dos blancas. Y dijo: En verdad os digo, que esta viuda pobre echó más que todos (Lc. 21:1-3).

Pero Dios le dijo [al hombre que construyó graneros aún más espaciosos]: Necio, esta noche vienen a pedirte tu alma; y lo que has provisto, ¿de quién será? Así es el que hace para sí tesoro, y no es rico para con Dios (Lc. 12:20-21).

…Las zorras tienen guaridas, y las aves de los cielos nidos; mas el Hijo del Hombre no tiene dónde recostar la cabeza… Sígueme (Lc. 9:58-59).

¿Por qué Jesús expresa una preocupación tan extraordinaria por lo que hacemos con el dinero? La razón de esta, al parecer, es el principio básico que Él estableció: "…donde esté vuestro tesoro, allí estará también vuestro corazón" (Mt. 6:21; Lc. 12:34). En otras palabras, la razón de por qué el dinero resulta tan crucial es porque lo que nosotros hacemos con él señala dónde está nuestro corazón. "Donde está nuestro corazón" significa el lugar en el que está nuestra adoración. Cuando el corazón está empeñado en algo, lo valora, lo aprecia, lo atesora. Eso es lo que significa adorar.

No se puede servir a dos amos: a Dios y a las riquezas

Esto se puede ver en la advertencia de Jesús de que "Ninguno puede servir a dos señores; porque o aborrecerá al uno y amará al otro, o estimará al uno y menospreciará al otro. No podéis servir a Dios y a las riquezas". (Mt. 6:24). La idea de "servir" aquí es peculiar. Se relaciona más con la adoración que con brindar un servicio. Jesús dijo: "…No podéis servir a Dios y a las *riquezas*". ¿Cómo servimos a las riquezas?

La respuesta no es: brindar un servicio para las riquezas, o brindar ayuda a estas, o satisfacer las necesidades de las mismas. Todo lo contrario: servir a las riquezas significa buscar riquezas para que te brinden un servicio personal, ayuda y para que satisfagan tus necesidades. Servir a las riquezas significa planificar, soñar, diseñar estrategias y maniobrar para estar en condiciones de maximizar nuestra riqueza y lo que el dinero puede brindarnos. El dinero es el proveedor y el benefactor en esta relación sirviente-amo. Tú no le haces ningún bien al dinero. Ves a el dinero como algo que te hace un bien a ti.

Ahora Jesús dice: "…No podéis servir a Dios y a las riquezas". El significado de "servir" sería, presumiblemente, el mismo en estas dos relaciones. Así que lo que Jesús está diciendo es que debemos servir a Dios *no* en el sentido de brindar un servicio o darle ayuda, sino al revés: Acudimos a Dios para que sea nuestra ayuda, nuestro benefactor y tesoro. Servirle sería planificar, soñar, diseñar estrategias y maniobrar para estar en condiciones de maximizar nuestro disfrute de Dios y de lo que solo Él promete ser para nosotros. Entonces Él, no las riquezas, se convierte en el principal proveedor y el benefactor en esta relación sirviente-amo. No satisfacemos las necesidades de Dios (¡Él no tiene ninguna!). Acudimos a Dios para que satisfaga las nuestras.

Así que, la razón por la que el dinero resulta tan crucial para Jesús es porque, en todas las culturas y épocas, ha representado la alternativa a Dios como el tesoro de nuestros corazones y, por tanto, el objeto de nuestra adoración. Se convierte en la gran amenaza para nuestra obediencia al primer y último de los Diez Mandamientos: "No tendrás dioses ajenos delante de mí" (Éx. 20:3), y "No codiciarás…" (Éx. 20:17). Las riquezas representan todas las otras cosas materiales, seguridades y placeres que se pueden comprar. Por tanto, representa la gran alternativa a Dios en nuestros corazones. Por eso es que lo que nosotros hacemos con nuestras riquezas es tan crucial para Jesús.

EL EGOÍSMO NOS SEPARA DEL CIELO, Y EL SACRIFICIO AUMENTA EL GOZO EN ÉL

Regresemos a la idea principal que expuse en el primer párrafo de este capítulo: Cuanto más sacrificadamente generoso seas en esta tierra, mayor será tu gozo en el cielo. Aquí se plantean dos cosas. Una es que un espíritu egoísta nos alejará del cielo. Y la otra es que hay grados de recompensa, o grados de gozo, en el mismo, dependiendo de cuán sacrificadamente generosos fuimos en la tierra. Ambos planteamientos son polémicos. Pero teniendo en cuenta lo que hemos visto en los capítulos anteriores, no nos deben sorprender. En el siguiente capítulo los tomaré uno por uno y brindaré evidencia a partir de las palabras de Jesús.

Haceos tesoros en el cielo y aumentad vuestro gozo en Jesús

"…¡Cuán difícilmente entrarán en el reino de Dios los que tienen riquezas! Porque es más fácil pasar un camello por el ojo de una aguja, que entrar un rico en el reino de Dios" (Lc. 18:24-25).

"El que es fiel en lo muy poco, también en lo más es fiel; y el que en lo muy poco es injusto, también en lo más es injusto. Pues si en las riquezas injustas no fuisteis fieles, ¿quién os confiará lo verdadero? Y si en lo ajeno no fuisteis fieles, ¿quién os dará lo que es vuestro?" (Lc. 16:10-12).

En el capítulo anterior surgieron dos planteamientos polémicos que trataré de apoyar en este a partir de las enseñanzas de Jesús. Primeramente, el planteamiento de que un espíritu egoísta nos apartará del cielo. En segundo lugar, el planteamiento de que hay grados de recompensa, o grados de gozo, en el cielo, dependiendo de cuán sacrificadamente generosos fuimos en la tierra.

En primer lugar, Jesús da a entender, una y otra vez, que un espíritu egoísta nos apartará del cielo. Estos son cinco ejemplos que muestran esta verdad.

El gobernante rico y la vida eterna

Primero, cuando el gobernante rico le preguntó a Jesús lo que debía hacer para heredar la vida eterna, Él respondió: "…vende todo lo que tienes y dalo a los pobres, y tendrás tesoro en el cielo; y ven, sígueme" (Lc. 18:18, 22). Esto parece hacer que la vida eterna depende de liberarse del amor a las riquezas y de ser generosos con los pobres; es en efecto lo que Jesús está diciendo, como podemos ver en el hecho de que cuando el hombre que era "extremadamente rico" (Lc. 18:23) se vuelve para irse, Jesús dice: "…¡Cuán difícilmente *entrarán en el reino de los cielos* los que tienen riquezas! Porque es más fácil pasar un camello por el ojo de una aguja, que *entrar un rico en el reino de los cielos*" (Lc. 18:24-25).

Como podemos imaginarnos, los discípulos se sorprenden con esta declaración y preguntan: "…¿Quién, pues, podrá ser salvo?" (Lc. 18:26). Ellos se dan cuenta de que "heredar la vida eterna" y "entrar al reino de Dios" son términos que se refieren a "ser salvos". La respuesta de Jesús *no* es decir: "La salvación no está en juego en el egoísmo de este hombre". Más bien Él dice: "…Lo que es imposible para los hombres, es posible para Dios" (Lc. 18:27). En otras palabras, solo Dios puede cambiar el egoísmo que aparta a un hombre del cielo. Pero está claro que el amor de este hombre por su dinero lo apartaba del cielo: "…se fue triste, porque tenía muchas posesiones" (Mr. 10:22). (Para entender cómo esto se relaciona con la justificación solo por la fe, véase el *Mandamiento #20*).

El rico, el mendigo y los dos destinos

Un segundo ejemplo es la historia del rico y el mendigo a su puerta. Jesús dijo: "Había un hombre rico, que se vestía de púrpura y de lino fino, y hacía cada día banquete con esplendidez. Había también un mendigo llamado Lázaro, que estaba echado a la puerta de aquél, lleno de llagas…" (Lc. 16:19-20). El hombre pobre tan solo quería un mendrugo de la mesa del rico, pero la imagen que obtenemos es que el rico ignoraba o desdeñaba al pobre en su propia puerta. Entonces Jesús describe la muerte, y la vida después de ella, de ambos hombres: "…murió el mendigo, y fue llevado por los ángeles al seno de Abraham; y murió también el rico, y fue sepultado. Y en el Hades alzó sus ojos, estando en tormento, y vio de lejos a Abraham, y a Lázaro en su seno" (Lc. 16:22-23). En otras palabras, Jesús está diciendo que la indiferencia egoísta del rico lo ha llevado al infierno.[1]

---

1. La idea no es que la pobreza lleve a uno al cielo. La condición espiritual del pobre no es la idea central de la parábola. Esta no se menciona. No hay razón para suponer que él no era un creyente auténtico. Pero la idea central está en el rico que murió. La parábola es una alerta al peligro de las riquezas.

LA FALTA DE AMOR Y EL JUICIO FINAL

En tercer lugar, de igual forma, en Mateo 25:31-46, Jesús alerta de que un seguidor confeso de Jesús que sea indiferente a las necesidades de los pobres sufrirá "castigo eterno". Cuando el rey (que representa al Señor en la historia) pronuncia esta terrible sentencia para los egoístas "discípulos", ellos dicen: "…Señor, ¿cuándo te vimos hambriento, sediento, forastero, desnudo, enfermo, o en la cárcel, y no te servimos?". Entonces les responderá diciendo: "De cierto os digo que en cuanto no lo hicisteis a uno de estos más pequeños, tampoco a mí lo hicisteis". Y Jesús dice la palabra final: "E irán estos al castigo eterno, y los justos a la vida eterna" (Mt. 25:44-46). En otras palabras, un espíritu egoísta nos apartará del cielo.

EL RICO NECIO QUE PIERDE SU ALMA

Cuarto, Jesús de nuevo nos narra una parábola de un rico necio. Los campos del hombre prosperan y tiene más de lo que puede usar. En lugar de pensar de manera generosa, él dice: "…Esto haré: derribaré mis graneros, y los edificaré mayores, y allí guardaré todos mis frutos y mis bienes; y diré a mi alma: Alma, muchos bienes tienes guardados para muchos años; repósate, come, bebe, regocíjate" (Lc. 12:18-19). A esta egoísta decisión, Jesús dice que Dios responde con estas palabras: "…Necio, esta noche vienen a pedirte tu alma; y lo que has provisto, ¿de quién será?" (Lc. 12:20). En otras palabras, su espíritu egoísta lo llevó a perder su alma.

CÓMO PERDER RIQUEZAS VERDADERAS Y DURADERAS

Quinto, este es un último ejemplo de cómo un espíritu egoísta nos aparta del cielo. Después de la parábola del administrador deshonesto (Lc. 16:1-9), Jesús llega a estas conclusiones:

> El que es fiel en lo muy poco, también en lo más es fiel; y el que en lo muy poco es injusto, también en lo más es injusto. Pues si en las riquezas injustas no fuisteis fieles, ¿quién os confiará lo verdadero? Y si en lo ajeno no fuisteis fieles, ¿quién os dará lo que es vuestro? (Lc. 16:10-12).

Está muy claro que "lo verdadero" y "lo que es vuestro" se refieren a los tesoros del cielo: los placeres del tiempo futuro cuando disfrutemos una hermandad indisoluble con Jesús. Por tanto, Él está diciendo que no obtendremos esas *verdaderas riquezas* si no hemos sido fieles con lo que nos dieron para usar en este mundo caído. Él se refiere a nuestro dinero, o sea, a los recursos materiales que tenemos a nuestra disposición aquí. Si hemos sido avaros en lugar de haber usado nuestro dinero para llevar a las personas a la fe (Lc. 16:9), no entraremos al cielo con sus verdaderas riquezas de hermandad con Jesús.

La base para que Dios nos acepte

Esto es algo que se infiere de lo que dije en la primera oración de este capítulo: un espíritu egoísta nos apartará totalmente del cielo. Espero que ya esté claro en este libro que yo no creo que un espíritu sacrificadamente generoso sea la base para que Dios nos acepte. Cuando Jesús dice que un espíritu egoísta nos aparta del cielo, Él no quiere decir que Dios vigila para ver si nos mostramos generosos antes de que nos acepte en su eterna gracia. Antes de ser generosos, Dios nos recibe en su gracia a través de la fe en Jesús (Jn. 3:16). Él nos incluye en su familia como sus hijos (Jn. 1:12); nos considera justos (Lc. 18:14); perdona nuestros pecados (Mt. 26:28); nos da vida eterna (Jn. 5:24). Nada de esto se obtiene en esta vida primeramente derrotando nuestro espíritu egoísta. Es todo lo contrario. Reconocemos nuestro espíritu egoísta, nos desesperamos en derrotarlo nosotros mismos y nos volvemos a Jesús como nuestra única esperanza. Al volvernos a Él, somos justificados, perdonados, adoptados, asegurados en su cuidado para siempre (Jn. 10:28-30). Entonces, sobre esa base progresamos en la derrota de nuestro espíritu egoísta.

Un mayor sacrificio de amor nos lleva a un mayor gozo en el cielo

El otro planteamiento polémico que surgió en el capítulo anterior y se mencionó en el primer párrafo de este es que el grado en el que derrotemos nuestro egoísmo determina, hasta cierto punto, el grado de nuestra recompensa, nuestro gozo en el cielo. Cuanto más sacrificadamente generoso sea uno en la tierra, mayor será el gozo en el cielo. La primera indicación de que Jesús quiere decir esto se encuentra en la parábola de las diez minas.[2] Jesús compara su salida de esta tierra con un noble que se marcha a un país lejano a recibir un reino y a cada uno de sus diez siervos (que representan a los seguidores de Jesús) le da una mina diciéndoles: "...Negociad entre tanto que vengo" (Lc. 19:13). Yo considero que este "negocio" incluye el tipo de generosidad amorosa que Jesús ordenaba repetidamente.

Cuando el rey regresa, llama a sus siervos para que rindan cuenta de cómo usaron su mina. El primero vino y dijo que había ganado diez minas más. El segundo dijo que había ganado cinco más. El tercero no ganó ninguna. Al primero, Jesús le dijo: "...Está bien, buen siervo; por cuanto en lo poco has sido fiel, tendrás autoridad sobre diez ciudades". Al segundo le dijo: "Tú también sé sobre cinco ciudades" (Lc. 19:17, 19). Yo considero que estas diferentes recompensas representan la diversidad de recompensas en el cielo. Mi opinión no es cuán literalmente tomar la promesa de las ciudades, sino simplemente que esta es una indicación de que en el reino habrá diferentes recompensas.

La medida que usemos será empleada para volvernos a medir

Otra indicación de que Jesús piensa así del cielo es la forma en que habla en Lucas 6:37-38: "No juzguéis, y no seréis juzgados; no condenéis, y no seréis condenados; perdonad, y seréis perdonados. Dad, y se os dará; medida buena, apretada, remecida y rebosando darán en vuestro regazo; porque con la misma medida que medís, os volverán a medir". ¿Qué quiere decir Jesús en "con la misma medida que medís, os volverán a medir"?

Primero, Él confirma lo que vimos antes, que un espíritu egoísta nos despojará de toda bendición: "...Dad, y se os dará...". Aquí no está hablando de simples relaciones humanas, sino de la aceptación final de Dios. Ese es el contexto del juicio, la condena y el perdón. También se infiere en la promesa de gracia de que nuestra recompensa será "...medida buena, apretada, remecida y rebosando...". Esta es la imagen de la gracia desbordante de Dios. Si damos, Dios nos recompensará con creces. Si no, seremos condenados por nuestro corazón egoísta, duro y no redimido.

---

2. Una mina es una cantidad de dinero, aproximadamente el salario de tres meses de un trabajador.

Pero ¿y "la medida" que usamos al dar? "Con la misma medida que medís, os volverán a medir". De aquí es de donde yo obtengo la idea de que habrá diversidad de recompensas en el cielo para diferentes medidas de generosidad sacrificada en la tierra. A mí me parece que R. C. H. Lenski tiene una visión especialmente profunda acerca de este texto. Él dice:

> Jesús explica este volver a medirnos declarando el principio bajo el cual se da: "Porque con la misma medida que medís, os volverán a medir": ἀντί en el verbo (*anti*metrēthēsetai) significa "a su vez o de vuelta". En otras palabras, al nosotros dar, hacemos la medida con la cual nos darán. Nuestra propia medida es la que se usa para medirnos luego. Al usarla, nosotros mismos declaramos que queremos que Dios la use para nosotros al final… Es la medida que le traemos a Dios, y todo lo que Él puede hacer es llenarla, y de seguro la llenará abundantemente ("medida buena, apretada, remecida y rebosando")… Por tanto, los que no dan nada, recibirán aún menos, y los que dan mucho durante toda su vida recibirán muchísimo más. Esto es tanto justicia como gracia.[3]

Yo supongo que él no se refiere estrictamente a la "justicia", puesto que aun nuestra mayor generosidad es imperfecta y no merece nada de Dios. Pienso que lo que quiere decir es que resulta *adecuado, correcto* y *justo* que haya una correspondencia entre lo que damos y lo que Dios nos da, no exacta, pero sí real. Conque Él usa la misma medida, pero la llena más desbordantemente que lo que nosotros jamás hicimos para nadie aquí.

La idea que estoy recalcando aquí es que hay diferencias en el grado de plenitud que cada uno de nosotros disfrutará en el cielo. Cada uno será satisfecho en el cielo, porque allí no hay frustraciones. Pero el grado de satisfacción de cada cual no será el mismo ya que la medida que usamos para bendecir a otros en la tierra, y que Dios usará para bendecirnos en el cielo, es diferente para distintas personas. Por tanto, repito, cuanto más sacrificadamente generosos somos en la tierra, mayor será nuestro disfrute del cielo.

---

3. R. C. H. Lenski, *The Interpretation of St. Luke's Gospel 1–11* (Mineápolis: Augsburg, 1946), 374-375.

"HACEOS TESOROS EN EL CIELO"

Por esto, considero que la orden de Jesús de "…haceos tesoros en el cielo…" (Mt. 6:20), significa lo siguiente: Esfuérzate para hacer la medida de tu generosidad tan grande como puedas. Esto es claramente lo que Jesús quiere decir en Lucas 12:33: "Vended lo que poseéis, y dad limosna; haceos bolsas que no se envejezcan, tesoro en los cielos que no se agote, donde ladrón no llega, ni polilla destruye". En otras palabras, la manera en que te proporcionas "bolsas que no se envejezcan" y "tesoros en el cielo" es "dar limosna". *Bolsas que no se envejezcan* y *tesoros en el cielo* son metáforas para la recompensa celestial: el tamaño de la medida de gozo que se nos dará en el cielo. Su medida está determinada por la orden constructiva: "Dad limosna". Nos hacemos tesoros en el cielo no acumulando aquí en la tierra, sino usando nuestras posesiones sacrificada y generosamente, o sea, con amor.

En el siguiente capítulo veremos que este tipo de generosidad sacrificada está basada en la bondad de Dios para con nosotros *antes que* y *mientras que* seamos generosos con los demás. Somos capaces de amar y de dar porque Él ya nos ha dado libremente y promete satisfacer cada necesidad que tenemos en una vida de generosidad (Mt. 6:33; 7:7-12; Lc. 12:32).

Haceos tesoros en el cielo: "A vuestro Padre le ha placido daros el reino…"

"No temáis, manada pequeña, porque a vuestro Padre le ha placido daros el reino. Vended lo que poseéis, y dad limosna; haceos bolsas que no se envejezcan, tesoro en los cielos que no se agote, donde ladrón no llega, ni polilla destruye. Porque donde está vuestro tesoro, allí estará también vuestro corazón" (Lc. 12:32-34).

Antes de analizar el fundamento de nuestra acción de dar en la bondad de Dios, hay una pregunta candente que surge siempre que se menciona la motivación de las recompensas. Primero me refiero a ese interrogante y después a la bondad de Dios como base de toda nuestra acción de dar.

¿Por qué no se trata de un egocentrismo prudente?

¿Por qué esta motivación para dar, para aumentar la medida de nuestro gozo en el cielo, no se convierte, de un acto de amor en un acto de egocentrismo prudente? La razón es que en toda nuestra acción de dar nuestro objetivo es que los beneficiados, sean enemigos o hermanos, se sientan ayudados por lo que damos, a ver más de la belleza de Jesús, de manera que ellos sean llevados con nosotros a la recompensa celestial. Ningún seguidor auténtico de Cristo quiere disfrutarlo solo. Esa no es la clase de Jesús que existe. Él no puede ser gozado solo, porque vivió y murió para ser el "rescate por *muchos*" (Mr. 10:45). El gozo que queremos aumentar en nosotros es un gozo compartido. Dar sacrificada y generosamente aumenta la medida de nuestro gozo en el cielo no solo por el tamaño de nuestro *corazón* hacia los demás, sino —para cambiar el énfasis— por el tamaño de nuestro corazón hacia *los demás*. Aspiramos a que compartan nuestro gozo y que nosotros compartamos el suyo, de modo que los dos gozos sean mayores por ser compartidos.

O para ver el problema desde otro ángulo: ¿Qué tipo de amor sería si al dar generosamente a otros no quisiéramos comunicar el gozo que deseamos para ellos? El dar desinteresadamente enviaría la señal de que lo que te estoy dando no vale la pena tenerlo. Si no tengo pasión para disfrutar lo que te ofrezco, entonces ¿cómo puede verse mi oferta como algo valioso? Yo creo que algunas personas se enredan en una contradicción en este caso porque piensan que es un gesto de amor dar a los pobres sin tener en cuenta el eterno gozo de los pobres. Ellos piensan que solo dando a los pobres sin aspirar a que se conviertan, de manera que Jesús se convierta en su tesoro, es tener un gesto de amor. No lo es. Si somos indiferentes al conocimiento de si nuestra generosidad conduce al beneficiado a amar a Cristo, no estamos actuando con amor. No quiero decir que debemos tener éxito para que nuestra generosidad sea amor; puede ser que no logremos nuestro propósito. Puede ser que rechacen a Jesús en tanto que acepten nuestra generosidad. No dejaremos de amarlos por eso mientras vivan. Pero el no *aspirar* a su gozo eterno en Jesús no es una forma de dar con amor.

Dar sacrificadamente muestra que somos libres de las ataduras de las cosas

La acción de dar que Jesús tiene en mente es tan diversa como las formas posibles de bendecir a los demás con lo que tenemos, hacemos y decimos. Su mandamiento es que usemos lo que tenemos para bendecir a otros. Puede ser dinero (Mt. 19:21), o el acto de sanar (Mt. 10:8), o un vaso de agua fría (Mr. 9:41), o tiempo o esfuerzo como el del buen samaritano (Lc. 10:34-35), o tu casa y tu hospitalidad (Lc. 14:13-14). La idea del mandamiento de Jesús es que nos liberemos radicalmente del amor al dinero y lo que este puede comprar, y del temor a perder la seguridad y las comodidades que con él se pueden obtener.

El dinero esclaviza por ambición o por temor. Somos ambiciosos para tener más y temerosos de perder lo que tenemos. Jesús nos quiere libres.

La acción sacrificada de dar es una evidencia de que hemos sido liberados de los ídolos que el dinero proporciona. También es evidencia de que hemos empezado a amar a otras personas de la manera en que debíamos, o sea, nos estamos proyectando hacia fuera por el gozo de hacer felices a otros, no solamente por los placeres privados que se pudren en el pequeño mundo del egoísmo.

Podemos ver cómo Jesús piensa sobre nuestra liberación por la forma en que Él enlaza la promesa de la provisión de Dios con la exigencia de la generosidad sacrificada. Así es como lo hace: "No temáis, manada pequeña, porque a vuestro Padre le ha placido daros el reino. Vended lo que poseéis, y dad limosna…" (Lc. 12:32-33). Con toda seguridad, Jesús trata de que entendamos un "por tanto" entre la promesa y la orden: "No temáis, manada pequeña, porque a vuestro Padre le ha placido daros el reino. *Por tanto*, vended lo que poseéis, y dad limosna…".[1]

Lucas 12:32 es la clave para liberarnos de nuestra temible esclavitud de las propiedades; es la dinamita que puede demoler la casa del materialismo en que vivimos. Lucas. 12:32 es una palabra poderosa de Jesús acerca de la naturaleza de Dios; trata acerca de qué clase de corazón tiene Dios, qué lo pone contento, no simplemente lo que Él tiene o hace. En realidad, es acerca de lo que Dios se *deleita* en hacer, lo que Él *ama* hacer y se *complace* haciendo: "No temáis, manada pequeña, porque a vuestro Padre le ha placido daros el reino". Estas son las palabras que nos liberan para vender nuestras posesiones y dar sacrificada y generosamente.

La bondad de Dios es la base de nuestra acción de dar

Observa cada parte sorprendente de este versículo desbordante de gracia: "…a vuestro Padre *le ha placido* daros el reino". En otras palabras,

---

1. La misma lógica se encuentra en numerosos lugares de las enseñanzas de Jesús. Por ejemplo, Él dice: "Mas cuando hagas banquete, llama a los pobres, los mancos, los cojos y los ciegos; y serás bienaventurado; porque ellos no te pueden recompensar; pero te será recompensado en la resurrección de los justos" (Lc. 14:13-14). Y "Pues si vosotros, siendo malos, sabéis dar buenas dádivas a vuestros hijos, ¿cuánto más vuestro Padre que está en los cielos dará buenas cosas a los que le piden? *Así que*, todas las cosas que queráis que los hombres hagan con vosotros, así también haced vosotros con ellos" (Mt. 7:11-12). Y "No os afanéis, pues, diciendo: ¿Qué comeremos, o qué beberemos, o qué vestiremos? *Porque…* vuestro Padre celestial sabe que tenéis necesidad de todas estas cosas" (Mt. 6:31-32).

Dios no está actuando de esta manera generosa para cubrir y esconder algún motivo malintencionado. Las palabras "le ha placido" eliminan esto por completo. Él no está diciendo para sus adentros: "Tendré que ser generoso por un tiempo, aunque no lo quiera ser, porque lo que realmente quiero hacer es juzgar a los pecadores".

Lo que Jesús quiere decir es inexorable: Dios está actuando libremente aquí. No está presionado en hacer lo que realmente no quiere. En este punto, cuando le da a su manada el reino, Él está actuando por su mayor deleite. Esto es lo que significa la palabra: el gozo de Dios, su deseo, su anhelo, aspiración, esperanza, placer, alegría y deleite, es dar el reino a su manada.

Luego, pensemos en la frase "a vuestro Padre", "No temáis, manada pequeña, porque *a vuestro Padre* le ha placido daros el reino". Jesús no dice: "A vuestro empleador le ha placido pagaros vuestro salario". Él no dice: "A vuestro amo le ha placido proporcionaros albergue". Ni siquiera dice: "A vuestro rey le ha placido mucho cederos el reino". Él escoge cada palabra en esta oración para ayudarnos a liberarnos del temor de que Dios esté predispuesto en contra de nosotros. Es por eso que Él llama a Dios nuestro "Padre".

Dios es el mejor de los padres: ¡Mucho mejor que el que tú tuviste!

Ahora bien, no todos nosotros hemos tenido padres que han modelado nuestra vida en el ejemplo de Dios. Por eso, la palabra *padre* puede no estar llena de paz y seguridad, como Jesús quiere que sea. Conque permíteme tratar de llenar la palabra *padre* con dos de los significados que Jesús se proponía que llevara.

Primeramente, si el Rey es nuestro Padre, entonces somos herederos de su reino. Hay algo natural en que nosotros lo recibamos, es nuestra herencia. Mateo 25:34 dice que en el último día el Rey Jesús dirá: "…Venid, benditos de mi padre, *heredad* [¡observa la palabra!] el reino preparado para vosotros desde la fundación del mundo". Antes del comienzo del mundo, Dios preparó un reino para sus hijos. Es de ellos por derecho de herencia. Y al Padre no le pesa que sus hijos entren en posesión de su herencia. A Él le place darles el reino.

En segundo lugar, si el Rey es nuestro Padre, entonces estamos libres de pagar impuestos. En Mateo 17:25, Pedro se preguntaba si los discípulos tenían que pagar el impuesto del templo. Jesús dice: "...¿Qué te parece, Simón? Los reyes de la tierra, ¿de quiénes cobran los tributos o los impuestos? ¿De sus hijos, o de los extraños?". Y cuando él dijo: "De los extraños", Jesús le expresó: "Luego los hijos están exentos". Dios no impone tributos contra sus hijos. Los que están fuera del palacio son los que sienten la carga de la ley, no los hijos que están dentro. ¡Los hijos están exentos! La paternidad de Dios significa libertad.

La lista de las implicaciones de lo que significa tener a Dios como nuestro Padre podría continuar; y todas ellas servirían para vencer el temor de suponer que a Él le pese ser bondadoso con nosotros. A Él no le pesa, sino que está deseoso, se deleita en dar a sus hijos. Él es nuestro Padre, y si nosotros, que somos malos, sabemos darles buenas cosas a nuestros hijos, cuánto más nuestro Padre que está en los cielos dará el reino a aquellos que se lo pidan (Mt. 7:7-11).

La ternura de la generosidad y el cariño pródigos de Dios

Luego piensa en la palabra "dar": "a vuestro Padre le ha placido daros el reino". Jesús no dice *venderos* el reino ni *negociaros* el reino. Él dice que a vuestro Padre le ha placido *daros* el reino. Dios es un manantial de la montaña y no una zanja de agua. Él se agranda para repletarse; le encanta desbordarse. La naturaleza de una fuente eterna de vida es dar, dar, dar. La buena noticia es que Dios no necesita una brigada de baldes o de hombres sudados por bombear agua, sino bebedores de agua, no aguadores. Seguir a Jesús significa inclinar nuestro rostro y satisfacer nuestra sed del alma con su amor perfecto.

¡Él *da* el reino! No se puede comprar o intercambiar o ganar en forma alguna. Solo hay una manera de obtenerlo, y es la forma más fácil de todas, como en Lucas 18:17: "De cierto os digo, que el que no *recibe* el reino de Dios como un niño, no entrará en él". A nuestro Padre le ha placido *darnos* el reino (véase Lc. 8:10).

Observa también la palabra "manada": "No temáis, *manada* pequeña. A vuestro Padre le ha placido daros el reino". Jesús está acumulando las metáforas. Dios es nuestro Padre. Y ya que nos da un reino, Él debe ser un Rey. Y ya que somos su manada, Él debe ser un Pastor. Jesús hace un gran esfuerzo por escoger todas las palabras posibles para expresar claramente lo que quiere decir: Dios no es la clase de Dios al que le pesa dar bendiciones.

Al llamarnos su "manada" o sus "ovejas" nos recuerda que Jesús decía que el buen pastor entrega su vida por sus ovejas. ¿Lo hace a su pesar o bajo presión? No: "Nadie me la quita [la vida], sino que yo de mi mano la pongo" (Jn. 10:18). Al Padre no le pesó el dar a su Hijo y al Hijo no le pesó dar su vida. Al *Pastor* le ha placido dar el reino a su *manada*.

Entonces medita en la palabra "pequeña": "No temáis, manada *pequeña*, porque a vuestro Padre le ha placido daros el reino". ¿Por qué dice "manada *pequeña*"? Pienso que esto tiene dos efectos. Primero, es una frase de afecto y cariño. Si yo le digo a mi familia cuando están en peligro: "No teman, pequeña familia", lo que quiero decir es que yo sé que ustedes están en peligro y que son pequeños y débiles, pero yo usaré todo mi poder para cuidarlos porque ustedes son valiosos para mí. De manera que "manada *pequeña*" lleva la connotación de afecto y cariño.

También significa que la bondad de Dios para con nosotros no depende de nuestra grandeza. Somos una manada pequeña, pequeña en tamaño, pequeña en fuerza, pequeña en sabiduría, pequeña en justicia, pequeña en amor. Si la bondad de Dios para con nosotros dependiera de nuestra grandeza, tendríamos un problema serio. Pero esa es la cuestión. No depende, por lo que no tenemos el problema: "No temáis, manada *pequeña*, porque a vuestro Padre le ha placido daros el reino".

EL DON DEL GOBIERNO SOBERANO DE DIOS EN FAVOR NUESTRO

Por último, pensemos en la palabra "reino". Todavía podría quedar un espacio pequeño para pensar que Dios está resentido e indispuesto con nosotros. Alguien pudiera decir: "Bien, Dios es nuestro Padre y no nuestro dueño; Él disfruta con dar en lugar de vender; nos trata de la forma en que un buen pastor trata a su manada; nos tiene afecto y lástima en nuestra pequeñez. Pero, a fin de cuentas, ¿qué promete dar?".

Él no promete dar dinero; de hecho, dice: "…es más fácil pasar un camello por el ojo de una aguja, que entrar un rico en el reino de los cielos" (Lc. 18:25). Él no promete popularidad, fama o admiración entre los hombres. De hecho, Él dice: "Bienaventurados seréis cuando los hombres os aborrezcan, y cuando os aparten de sí, y os vituperen, y desechen vuestro nombre como malo, por causa del Hijo del Hombre" (Lc. 6:22). Ni siquiera promete seguridad en esta vida. En vez de eso, dice: "Mas seréis entregados aun por vuestros padres, y hermanos, y parientes, y amigos; y matarán a algunos de vosotros; y seréis aborrecidos de todos por causa de mi nombre" (Lc. 21:16-17).

¿Qué promete dar Él a su manada pequeña, para demostrar de una vez y por todas que no solo le place dar, sino que le place hacerlo en grande? Él promete darles el *reino de Dios.* ¿Y qué significa que a uno le den el reino y el gobierno soberanos de Dios?

Significa de manera sencilla, asombrosa e indescriptible, que el gobierno omnipotente y la autoridad del Rey del universo estarán comprometidos por siempre jamás a nombre de la manada pequeña de Dios. ¿Quién puede describir cómo será cuando suceda lo que dijo Jesús en la Última Cena: "Yo, pues, os asigno mi reino, como mi padre me lo asignó a mí, para que comáis y bebáis a mi mesa en mi reino…" (Lc. 22:29-30)?

Jesús sabe que la manada de Dios lucha con el temor de vender lo que no necesitamos y darlo sacrificada y generosamente a los pobres. Él sabe que uno de esos temores es el pensar que Dios es de la clase de Ser que está fundamentalmente malhumorado y se deleita sobre todo en juzgar a los pecadores y solo hace el bien debido a un sentido de presión y de deber, no de placer. Por tanto, en Lucas 12:32, el Señor se esfuerza por librarnos de este temor diciéndonos la verdad acerca de Dios. Ha escogido cada palabra para ayudarnos a liberarnos del amor al dinero y satisfacernos con todo lo que Dios promete que podemos hallar en Jesús. Cada palabra es importante. Léelo siempre despacio.

> ¡No temáis,
> manada
> pequeña,
> porque a vuestro Padre
> le ha placido
> daros
> el reino!

La sencillez y la generosidad de William Carey

¿Qué clase de vida producirá esta promesa para aquellos que realmente creen en ella? Yo cierro este capítulo con una ilustración de la vida del misionero en la India, William Carey. En octubre de 1795, este recibió un paquete de cartas en la India, provenientes de su patria, Inglaterra. Una de estas lo criticaba por "dedicarse a asuntos de comercio", en lugar de dedicar todo el tiempo a su trabajo como misionero (el cual continuaría durante más de treinta años de sorprendentes éxitos, sin un receso). A Carey le dolió y le irritó la acusación. Si no hubiera trabajado, él y su familia probablemente hubieran muerto de hambre, ya que el apoyo de Inglaterra era muy lento, pequeño y esporádico en llegar. William contestó con estas palabras que describen la clase de vida que es mi oración que vivamos tu y yo:

> Para mí es una máxima constante que si mi conducta no se reivindica a sí misma, no vale la pena reivindicarla... Yo solo digo que, después que mi familia recibe una escasa asignación, todos mis ingresos, y algunos meses mucho más que eso, se destinan a propósitos evangelizadores, a darles ayuda a las personas que trabajan en la traducción de la Biblia, hacen ejemplares, imparten clases, y cosas por el estilo... Menciono... [esto] para mostrar que el amor por el dinero no es lo que me ha movido a trabajar en el plan en el que estoy comprometido. En realidad soy pobre, y siempre lo seré hasta que publiquen la Biblia en bengalí e indostaní, y a las personas [no les falte] instrucción posterior.[2]

Esa es la clase de devoción sacrificada y generosa a la causa de su reino, a la que se refería Jesús cuando ordenó: "Haceos tesoros en el cielo".

---

2. Mary Drewery, *William Carey: A Biography* (Grand Rapids, Mich.: Zondervan, 1984), 91.

NO JURÉIS, VALORAD LA VERDAD Y HABLADLA CON SENCILLEZ

"Además habéis oído que fue dicho a los antiguos: No perjurarás, sino cumplirás al Señor tus juramentos. Pero yo os digo: No juréis en ninguna manera; ni por el cielo, porque es el trono de Dios; ni por la tierra, porque es el estrado de sus pies; ni por Jerusalén, porque es la ciudad del gran Rey. Ni por tu cabeza jurarás, porque no puedes hacer blanco o negro un solo cabello. Pero sea vuestro hablar: Sí, sí; no, no; porque lo que es más de esto, de mal procede" (Mt. 5:33-37).

Jesús nos enseña que la verdad es preciosa. Todos estamos de acuerdo con el planteamiento anterior cuando nos mienten. El profesor más relativista de la universidad, el que en el aula se burla del concepto de la verdad, se sentiría indignado si la cuenta de la electricidad tuviera algún error que lo perjudicara. Llamaría a la compañía y se quejaría de que hubo algún error. No consideraría un chiste que la voz del otro lado de la línea le respondiera: "En *su* opinión es un error, pero no en la *nuestra*".

PARA LAS PERSONAS COMUNES, LA VERDAD ES PRECIOSA

La verdad es preciosa. ¿El niño se tragó la aguja que falta o no? ¿Esta agua es potable o no? ¿Eres de los míos o un espía? ¿Cumplirás los votos matrimoniales de amarme y respetarme o solo te interesa el dinero y el sexo? ¿Nos queda suficiente combustible en el avión como para llegar a nuestro destino o debemos regresar? ¿La cirugía me dejará peor o mejor de lo que estaba? ¿La persona en apuros que llamó a Emergencias dijo "Avenida 11" o "Calle 11"?

Aquellos que se burlan del concepto de la verdad son personas con poder que (por el momento) no necesitan apelar a ella para salvar sus vidas. A los déspotas totalitarios, esta no les interesa, porque tienen el poder de crear la realidad que quieran (durante un breve lapso de tiempo en la historia). Puede que a los profesores titulares no les interese la verdad en el aula, porque tienen el poder y la seguridad de que pueden entretener a sus estudiantes con juegos académicos sin verse obligados a poner en práctica su ignorancia en sus propias vidas una vez que llegan a casa en las noches. Pero, para la mayoría, la verdad sí importa y lo saben. Importa sobremanera. Sus vidas dependen de ella.

"Yo he venido para dar testimonio de la verdad"

Jesús amaba la verdad y odiaba el engaño. Él confirmó el noveno mandamiento: "…No digas falso testimonio…" (Mr. 10:19). Nos advirtió que el "engaño" proviene del corazón y contamina a las personas (Mr. 7:21-22). Él consideraba que la hipocresía religiosa era una forma infernal de mentir (Mt. 23:15). Dijo que aquellos que hacen uso de su piedad para enmascarar su maldad son hijos del diablo: "Vosotros sois de vuestro padre el diablo, y los deseos de vuestro padre queréis hacer. Él ha sido homicida desde el principio, y no ha permanecido en la verdad, porque no hay verdad en él. Cuando habla mentira, de suyo habla; porque es mentiroso, y padre de mentira" (Jn. 8:44). La mentira se origina con el diablo y aquellos que se alejan de hablar verdad, unen sus fuerzas con las de Satanás.

Frente a esto, Jesús vino al mundo para revelar la verdad acerca de Dios, del hombre y de la salvación, y acerca de lo que está bien y lo que está mal. Al final de su ministerio, durante el juicio, le dijo a Poncio Pilato: "…Yo para esto he nacido, y para esto he venido al mundo, *para dar testimonio a la verdad*. Todo aquel que es de la verdad, oye mi voz" (Jn. 18:37). Como muchos cínicos actuales, Pilato le respondió: "¿Qué es la verdad?"; se volvió y se fue sin esperar respuesta.

"Yo soy la verdad"

Nosotros conocemos la respuesta que habría de recibir. Jesús habría de repetirle lo que ya había dicho: "…Yo *soy*… la verdad…" (Jn. 14:6). Jesús mismo, tal como es, lo que hace y lo que dice; es el criterio de qué es real, verdadero, correcto y hermoso. Cuando habla, no comete errores ni pronuncia injusticias. Él dijo de sí mismo: "...el que busca la gloria del que le envió, este es verdadero, y no hay en él injusticia" (Jn. 7:18). Por lo tanto, cuando otros no creyeron lo que Él dijo, no pensó en cambiar el mensaje para poder explicarse mejor. Si a la verdad se le recibe con descreimiento, el problema radica en el corazón incrédulo, no en aquella: "...a mí, porque digo la verdad, no me creéis" (Jn. 8:45). Jesús dijo que las personas no se alejan de la luz porque creen que es falsa, sino porque aman la oscuridad (Jn. 3:19).

Cuando Jesús dejó la tierra, prometió enviar a un Consolador. Lo llamó "el Espíritu de verdad": "Pero cuando venga el Consolador, a quien yo os enviaré del Padre, el *Espíritu de verdad*, el cual procede del Padre, él dará testimonio acerca de mí" (Jn. 15:26). El Espíritu de verdad nos ayudará a distinguirla y a que la verdad nos cambie. Es por eso que Jesús ora antes de partir y pide al Padre que esta surta efecto en nuestras vidas: "Santifícalos en tu *verdad*; tu palabra es verdad" (Jn. 17:17). Así podemos ver la suprema importancia que tiene la verdad para Jesús y cuán dañino y destructivo es el impulso de engañar, desorientar y hablar con artimañas.

La insensatez de cruzar los dedos y de jurar

Es por eso que no resulta sorprendente que, en el Sermón del Monte, Jesús haya invalidado una de las prácticas sutiles de aquella época que era no decir la verdad ni cumplir las promesas. Cuando no se cumple una promesa, se convierte en una mentira, y cuando no se cumple con una promesa que se hizo en un juramento público, le llamamos perjurio. Cuando éramos niños, bromeábamos diciendo que si uno cruzaba los dedos cuando hacía una promesa, no tenía que cumplirla. También contábamos con nuestras propias formas juveniles de reafirmar nuestra palabra cuando se desconfiaba de nosotros. Decíamos: "¡Te lo juro! ¡Que me muera ahora mismo si no es verdad!". Lo que queríamos decir era: Estas palabras me salen del corazón, no solo de mis labios; y si lo que digo es mentira, pues que me muera.

A Jesús no le agradaba ninguno de los recursos anteriores: ni el cruzar los dedos para escapar a la promesa, ni el jurar a cambio de la vida para reafirmarla. He aquí lo que dijo:

> Además habéis oído que fue dicho a los antiguos: No perjurarás, sino cumplirás al Señor tus juramentos. Pero yo os digo: No juréis en ninguna manera; ni por el cielo, porque es el trono de Dios; ni por la tierra, porque es el estrado de sus pies; ni por Jerusalén, porque es la ciudad del gran Rey. Ni por tu cabeza jurarás, porque no puedes hacer blanco o negro un solo cabello. Pero sea vuestro hablar: Sí, sí; no, no; porque lo que es más de esto, de mal procede (Mt. 5:33-37).[1]

Jesús nos pide aquí dos cosas: En primer lugar, que no hagamos uso de evasivas verbales para evitar cumplir una promesa. En segundo lugar, que seamos tan sinceros que los juramentos resulten superfluos.

Evasivas verbales para no cumplir las promesas

Las evasivas verbales que Jesús cita hacen referencia al cielo, la tierra, Jerusalén y la cabeza. Evidentemente, algunas personas pensaron que siempre y cuando sus juramentos no hicieran alusión directa a Dios como testigo, no había que cumplirlos. Si decían entonces: "Juro por el cielo", "Juro por la tierra", "Juro por Jerusalén" o "Juro por mi cabeza", podían romper sus promesas porque no habían dicho: "Juro por *Dios*". Esta lógica retorcida plantea algo parecido a lo siguiente: "Ni el cielo ni la tierra ni Jerusalén ni mi cabeza pueden vengarse de mí si rompo mi promesa, solo Dios puede hacerlo. Pero no puse a Dios como testigo de mis palabras ni le dije que me hacía responsable, así que, en realidad, no tengo ningún problema".

Jesús rechaza este tipo de evasiva. Él advierte que todo por lo que tú juras entraña a Dios de una forma u otra: el cielo es su trono. La tierra es su estrado. Jerusalén es su ciudad. Y la cabeza del hombre está bajo su control, no el del hombre en particular, porque sus cabellos solo cambian de color de acuerdo con las providencias divinas. Por consiguiente, tu problema consiste en tu reducida visión de Dios y la verdad. Crees que la verdad es insignificante y que la puedes manipular a tu antojo y crees que Dios está metido en un rincón sin prestarte atención a si dices o no la verdad a menos que menciones su nombre. En ambas cosas estás equivocado. La

---

1. O, de manera más literal: "Si van a hacer algo digan que sí, y si no lo van a hacer digan que no. Todo lo que digan de más viene del diablo" (BLS).

verdad tiene un valor que excede tu capacidad de imaginación y Dios está detrás de cada molécula presente en el universo y se preocupa de que sus criaturas sean sinceras.

La evasión de la verdad menospreciando a Dios

Jesús encontró dicha estrategia evasiva en los fariseos, Mateo 23:16-22. Su indignación no deja lugar a dudas:

> ¡Ay de vosotros, guías ciegos! que decís: Si alguno jura por el templo, no es nada; pero si alguno jura por el oro del templo, es deudor. ¡Insensatos y ciegos! porque ¿cuál es mayor, el oro, o el templo que santifica al oro? También decís: Si alguno jura por el altar, no es nada; pero si alguno jura por la ofrenda que está sobre él, es deudor. ¡Necios y ciegos! porque ¿cuál es mayor, la ofrenda, o el altar que santifica la ofrenda? Pues el que jura por el altar, jura por él, y por todo lo que está sobre él; y el que jura por el templo, jura por él, y por el que lo habita; y el que jura por el cielo, jura por el trono de Dios, y por aquel que está sentado en él.

Resulta casi increíble que los fariseos no solo hicieran uso de evasivas como esta, sino que, además, las *enseñaran*. Jesús dice de los ciegos guías: "*Decís* [es decir, les enseñan a otros]: Si alguno jura por el templo, no es nada". Tal vez no sea una cita exacta, sino un resumen de lo que decían. En cualquier caso, el Señor está furioso por la manera en que se menosprecia a la verdad y a Dios. Se da más valor al oro que al templo de Dios. Se da más valor a los sacrificios que al altar de Dios. Se da más valor al cielo que a Dios, que ahí habita. Todas estas evasivas ignoran el hecho de que la santidad del cielo, del altar y del templo proviene de su relación con Dios. Sin embargo, esto tiene muy poco valor para aquellos que encaminan sus pasos en la búsqueda de vías para hacer las paces con la falsedad.

¿Qué alternativa ofreció Jesús a todas esas diversas vías para evadir en nuestra vida los reclamos de verdad? A ella nos dedicaremos en el próximo capítulo.

No juréis, sea vuestro hablar sencillamente "sí" o "no"

"Ni por tu cabeza jurarás, porque no puedes hacer blanco o negro un solo cabello. Pero sea vuestro hablar: Sí, sí; no, no; porque lo que es más de esto, de mal procede" (Mt. 5:36-37).

"Mas Jesús callaba. Entonces el sumo sacerdote le dijo: Te conjuro por el Dios viviente, que nos digas si eres tú el Cristo, el Hijo de Dios. Jesús le dijo: Tú lo has dicho…" (Mt. 26:63-64).

Un nuevo nivel de sinceridad

Frente a las formas creativas y corruptas que buscan las personas para no tener que decir la verdad (cosa que analizamos en el capítulo anterior), Jesús dice: "Pero yo os digo: No juréis en ninguna manera… Sea vuestro hablar: Sí, sí; no, no; porque lo que es más de esto, de mal procede" (Mt. 5:34, 37). En otras palabras, Jesús va más allá de la norma del Antiguo Testamento de guardar nuestros juramentos a no hacer ninguno. La razón parece ser que con la llegada del reino de Dios en su ministerio (Lc. 11:20; 17:21), la presencia del Rey mismo (Mt. 21:15-16), el envío del Espíritu de verdad (Jn. 15:26) y el comienzo del nuevo pacto (Lc. 22:20; véase el *Mandamiento #23*), el nivel de sinceridad debe elevarse y la medida del compromiso con el mal en este mundo debe disminuir.

Él arguye: "No juréis en ninguna manera… lo que es más de [un sí, sí; un no, no] de mal procede". La maldad de los corazones humanos ha creado la mentira y el engaño. Jesús dijo que la maldad se había originado con el "padre de la mentira" (Jn. 8:44) y continuaba alimentando sus fuerzas del mal en los corazones humanos. Por consiguiente, la verdad está en riesgo todo el tiempo. Sin embargo, la vida en comunidad no puede sobrevivir sin esta. Debe existir una cierta medida de verdad en los matrimonios, negocios, escuelas, gobernantes y el vasto reino de los acuerdos contractuales, sin contar el valiosísimo grupo de las amistades personales. Es por eso que, mediante los mecanismos llamados juramentos, se ha refrenado el mal de la mentira, la falsedad y el engaño que han invadido el corazón humano y la sociedad.

RECURRIMOS A LOS JURAMENTOS PARA HACER LO QUE EL AMOR NO LOGRA

Los males que arruinaron la verdad fueron, en esencia, el egoísmo y la inquina. Tergiversamos la verdad para obtener lo que queremos, incluso dañando a otros. Esto implica que, para que la verdad prevalezca, el amor debe prevalecer. Si no fuéramos egoístas ni carentes de amor hacia los demás, no romperíamos nuestras promesas, ni diríamos mentiras, ni actuaríamos con hipocresía. La verdad prevalecería.

Pero el amor no prevalece en el mundo. Es por eso que han surgido los juramentos, para compensar lo que debería hacer el amor. Los juramentos surgen a partir de las necesidades que crea la falta de amor. Como no amamos, socavando así la confianza en nuestra palabra, realizamos juramentos para asegurar a las personas que lo que decimos es en serio. Nos ponemos a merced de la amenaza de la Deidad por incumplir nuestras promesas; lo que significa que hacemos de nuestra autoestima la medida de nuestra veracidad. No queremos ser maldecidos por Dios. La autoestima la compartimos con todas las personas (incluso los que no creen en Dios). Por consiguiente, esta clase de juramento pesa a la hora de garantizar nuestra veracidad.

Jesús dice, en efecto: "Yo te llamo a un nuevo nivel de sinceridad. Yo te llamo a ser testigo de la llegada de mi reino, de la clase de integridad que he traído al mundo. Sí, aún vives en un mundo caído. Hay mentiras y engaños. Los juramentos pueden resultarles necesarios a aquellos que no conocen mi poder salvador. Puede que todavía ayuden a sostenerse a esta sociedad caída. Son como un embalse para el río de la falsedad humana".[1]

---

1. Tomé el ejemplo de Adolf Schlatter, *Erläuterungen zum Neuen Testament, Das Evangelium nach Matthäus*, Erster Band (Stuttgart: Calwer Vereinsbuchhandlung, 1928), 76. "Para

Jesús sencillamente dijo: "Tú lo has dicho"

Jesús decía: "Pero para ustedes que me conocen, me siguen y han sido perdonados y transformados por mí, permitan que sus 'sí' y sus 'no' sean iguales a un juramento. Permitan que su integridad sea intachable. Miren al actuario a los ojos cuando les pregunte: '¿Jura decir la verdad, solo la verdad y nada más que la verdad?' y respondan: 'Diré la verdad'". Cuando el sumo sacerdote conjuró a Jesús, en su comparecencia ante el tribunal la noche antes de morir, el sacerdote dijo: "…Te conjuro por el Dios viviente, que nos digas si eres tú el Cristo, el Hijo de Dios" (Mt. 26:63). En otras palabras, le exigió que Jesús pusiera a Dios como testigo por medio de un juramento mientras aseveraba que era el Mesías.

Jesús no cedió. Respondió, según su propio mandamiento que aparece en Mateo 5:37: "…Tú lo has dicho…". Este es el sencillo "Sí" de Jesús: "Tú lo has dicho, y tienes razón" (véanse Mt. 26:64; Mr. 14:62). No había necesidad de jurar. Su "Sí" tenía el mismo valor que un juramento. El sumo sacerdote sintió toda la fuerza que encerraba y no tuvo necesidad de presionarlo para que jurara. Rasgó sus vestiduras y dijo: "…¡Ha blasfemado! ¿Qué más necesidad tenemos de testigos? He aquí, ahora mismo habéis oído su blasfemia" (Mt. 26:65).

¿Los seguidores de Jesús deben hacer juramentos?

Aunque el punto principal de Jesús en su mandamiento radical con respecto a los juramentos es que seamos personas de la mayor integridad posible y completamente sinceros, debemos preguntar lo siguiente: ¿Los seguidores de Jesús deben entonces hacer alguna vez algún juramento? Para responderla, puede resultar de utilidad advertir que la pregunta puede formularse de otra manera. Jesús no solo dijo: "…No juréis en ninguna manera…" (Mt. 5:34), también pronunció una contraparte positiva: "Digan sencillamente 'sí' o 'no'", o literalmente "…sea vuestro hablar: Sí, sí; no, no…" (Mt. 5:37). Es por eso que la pregunta de si se puede o no jurar pudiera formularse de la siguiente manera: ¿Los seguidores de Jesús pueden alguna vez hacer alguna promesa, responder a una pregunta o

---

contrarrestar esta avalancha de pecados, hacemos el juramento de erigir un dique; pero no cumple su cometido, porque solo agranda el poder de la mentira".

hacer una aseveración haciendo uso de otras palabras cualesquiera excepto "sí" y "no"?

La razón por la que puede resultar de utilidad considerar la segunda pregunta es que existen excepciones en el ministerio de Jesús que nos advierten que no debemos decir a sus seguidores que no pueden agregar más palabras a "sí" y a "no" con el objetivo de hacer énfasis en la veracidad del hablante. La más frecuente es el uso de la frase por parte del Señor de: "Ciertamente" o "De cierto". Más de cincuenta veces en el Evangelio dice lo siguiente: "De cierto os digo". Y más de veinticinco usa la frase más enérgica: "De cierto, de cierto os digo".

D. A. Carson dice acerca de dicha frase: "Jesús la utiliza antes de una expresión para confirmar y hacer énfasis en su veracidad e importancia".[2] Si alguna vez existió alguien en el mundo cuya integridad no necesitaba de otras palabras para dar énfasis a su veracidad, ese fue Jesús y a pesar de ello, las utilizó. Evidentemente, el uso de palabras para reafirmar no parte necesariamente de la falta de integridad del hablante, sino de un impulso de amor que el oyente necesita para abrir los ojos a la absoluta veracidad de lo que se le dice porque puede que no sepa cuán confiable es el que habla.

Esto me lleva a pensar, por tanto, que no debería apurarme en decir que un seguidor de Jesús puede ser tan íntegro que no haya situación alguna en que el amor no exija alguna expresión de reafirmación por el bien de los oyentes. Suma a lo anterior que Jesús sabía que Dios mismo, quien es la esencia de la integridad, a veces reafirmó su palabra por medio de juramentos. Dichos juramentos no eran una compensación porque Él no fuera fidedigno, sino que estaban orientados a ayudarnos a creer en lo que decía (véanse Lc. 1:73; Gn. 22:16). Parece, entonces, que el argumento de Jesús apunta a la integridad y veracidad absolutas, pero no tiene la intención de estipular de manera absoluta las palabras que expresen dicha veracidad.

Algunos juramentos pueden permitirse

Retomando entonces la prohibición al parecer absoluta: "No juréis en ninguna manera", ¿debemos inferir de los pensamientos anteriores que

---

2. D. A. Carson, *The Gospel According to John* (Grand Rapids, Mich.: Eerdmans, 1991), 162.

existen excepciones a la prohibición? Me inclino a pensar que deberíamos estar abiertos a la posibilidad de que la redacción de un juramento (como: "Pongo a Dios como testigo de que lo que digo es cierto") podría hacerse de manera en que mostremos amor por alguien que no nos conoce (ni sabe si somos o no de fiar) y cuyo entorno cultural nos daría mérito si hiciéramos uso de esta forma de hablar. En otras palabras, la prohibición absoluta de Jesús está ligada al abuso de los juramentos a los que se hace referencia en Mateo 5:35-36 y 23:16-22, y el principio que es absoluto a través del tiempo y toda cultura es el mandamiento de que seamos personas de veracidad y honradez absolutas.

Cuidado con suavizar la exigencia radical de Jesús acerca de la verdad

Esto implicaría la utilización de un juramento u otra fórmula *no* para compensar la falta de confianza en nosotros, sino solamente para ayudar a otros a abrazar la pura verdad que decimos. Pero aun mientras escribo esto, siento que suavizo las palabras de Jesús. Él nos elevó en verdad a un nivel superior al suyo: "...No perjurarás, sino cumplirás al Señor tus juramentos" (Mt. 5:33). Su intención iba más allá de que tú mantuvieras tus promesas. Hay un llamado a alejarse de los juramentos.

Nuestra nueva tendencia debe ser: No es necesario que jure. Debo tener cuidado al hacer un juramento. Un juramento, muy probablemente (para no decir necesariamente), revela cierta debilidad en mi veracidad que puede deshonrar a Jesús. Una de las glorias de Jesús es que me libera de la necesidad de mentir y de la necesidad de demostrar que no miento.

Los seguidores de Cristo no solo son honrados, se elevan a un estatus en que no será necesario cuidarse de que piensen que son deshonestos. Por consiguiente, encontrarán vías contraculturales de declarar que Él señorea sobre sus mentes y bocas. Al final, la intención de Jesús es darse a conocer como el camino, la *verdad* y la vida. Él nos ordena que vivamos y hablemos de forma que demos a conocer dicha gloria.

Lo que Dios juntó, no lo separe el hombre, porque el matrimonio refleja el pacto de Dios con nosotros

"…¿No habéis leído que el que los hizo al principio, varón y hembra los hizo, y dijo: Por esto el hombre dejará padre y madre, y se unirá a su mujer, y los dos serán una sola carne? Así que no son ya más dos, sino una sola carne; por tanto, lo que Dios juntó, no lo separe el hombre" (Mt. 19:4-6).

"Porque tu marido es tu Hacedor; Jehová de los ejércitos es su nombre…" (Is. 54:5).

Jesús ordena que los esposos y las esposas sean fieles a sus matrimonios. No da por sentado que sea fácil, pero nos enseña que es algo grande porque el matrimonio es la obra de Dios mismo por medio de la cual se crea una nueva realidad, "una sola carne" que supera la comprensión humana y refleja ante el mundo, en forma humana, el pacto de unión entre Dios y su pueblo. El matrimonio es mucho más sagrado de lo que la mayoría de las personas creen, porque es una creación única de Dios, un espectacular retrato de la relación de este con su pueblo y una muestra de su gloria. Frente a las depreciadas posturas con respecto al matrimonio en nuestros días, el mensaje de Jesús es que el mismo es una gran obra de Dios y un pacto sagrado, que solo se puede romper con la muerte.

El matrimonio: El espejo del pacto de Dios con su pueblo

Jesús conocía las Escrituras judías y las vio cumplirse en sí mismo y su obra (Mt. 5:17-18). Esto incluye el que estaba al tanto de lo que Dios había dicho acerca de su relación con su pueblo cuando la calificó de matrimonio. Por ejemplo, Dios dijo: "Porque tu marido es tu Hacedor; Jehová de los ejércitos es su nombre..." (Is. 54:5). Y: "En aquel tiempo, dice Jehová, me llamarás Ishi... Y te desposaré conmigo para siempre; te desposaré conmigo en justicia, juicio, benignidad y misericordia. Y te desposaré conmigo en fidelidad, y conocerás a Jehová" (Os. 2:16, 19-20). Y: "...Pasé yo otra vez junto a ti, y te miré, y he aquí que tu tiempo era tiempo de amores; y extendí mi manto sobre ti, y cubrí tu desnudez; y te di juramento y entré en pacto contigo, dice Jehová el Señor, y fuiste mía" (Ez. 16:8). Y: "Pero como la esposa infiel abandona a su compañero, así prevaricasteis contra mí, oh casa de Israel, dice Jehová" (Jer. 3:20).

Con estas Escrituras como antecedente, resultaba inevitable que Jesús considerara la creación de Dios del matrimonio como un medio para representar su relación con su pueblo. Jesús leyó entonces en Génesis 2:24: "Por tanto, dejará el hombre a su padre y a su madre, y se unirá a su mujer, y serán una sola carne". Cuando Dios dijo lo anterior, y Jesús dice explícitamente que fue *Él* quien lo dijo, no solamente Moisés, quien escribió Génesis (Mt. 19:4-5), tenía en mente (como todas las cosas que tiene presente) que llamaría a su pueblo "esposa" y a sí mismo "esposo". Por consiguiente, la unión entre el hombre y la mujer es, excepcionalmente, una creación de Dios con vistas a mostrar la relación entre Él mismo y su pueblo.

Dios crea la unión de cada matrimonio para su gloria

Jesús es explícito con respecto al matrimonio como creación de Dios. No nos deja para que lo deduzcamos de las Escrituras y no limita la creación al primer matrimonio entre Adán y Eva. Dice: "...por tanto, lo que *Dios* juntó, no lo separe el hombre" (Mt. 19:6). Dios, no el hombre, es el creador decisivo de la unión matrimonial. Y la cuestión es que Dios "junta" a *cada* matrimonio de esta manera, porque nos dice que no nos "separemos", y el único matrimonio que podemos separar de manera decisiva es aquel en el que estamos. Esta unión en particular y no solo la ordenanza general de la unión conyugal ni el primer matrimonio, es entonces obra de Dios. Él ha actuado en la unión del esposo con su esposa. Ambos se convirtieron en una sola carne por obra de Dios, no solo por elección de ellos mismos.

Y como unión creada por Dios en "una sola carne", este hombre y esta mujer forman parte de un pacto análogo al pacto de Dios con Israel. Su matrimonio refleja la relación de Dios con su pueblo. Por medio de la unión matrimonial, Dios llena la tierra de (en su mayoría de forma involuntaria) testigos de la relación entre Él y su pueblo, con el que hizo el pacto. Esta es una de las razones principales por las que divorciarse y volver a casarse es tan grave. Es mentir acerca de la relación de Dios con su pueblo. Él nunca se divorció de su esposa ni se casó con otra. Hubo separaciones y mucho dolor, pero siempre la aceptó de vuelta. El profeta Oseas constituye un testimonio del amor radical de Dios por su díscola esposa. Dios nunca abandona a su esposa y, cuando se ve obligado a alejarla por idolatría adúltera, vuelve a ella en su momento. Eso es lo que el matrimonio tiene que reflejar: el compromiso invencible y de gracia de Dios con el pueblo con el cual hizo el pacto, su esposa.

Es de esa manera en que la unión conyugal está destinada a glorificar a Dios. En Jeremías 13:11, Él dice: "Como el cinto se junta a los lomos del hombre, así hice juntar a mí toda la casa de Israel y toda la casa de Judá, dice Jehová, para que me fuesen por pueblo y por fama, por alabanza y por *honra…*". Dios, por voluntad propia, escogió y se casó con Israel para que mostrara su gloria. Por consiguiente, el matrimonio es obra de su creación, la representación de su pacto de amor y la manifestación de su gloria.

¿Y el permiso de divorcio de Moisés?

Esto da sentido a la razón por la que la exigencia de Jesús de fidelidad matrimonial asombra a los fariseos. Apenas podían creer que iba a exigirles tanto. Tenían que venir con una pregunta: "¿…Es lícito al hombre repudiar a su mujer por cualquier causa?" (Mt. 19:3). Jesús les responde no haciendo referencia a la ley mosaica, sino a la narración mosaica de la creación. En otras palabras, su intención es enraizar el significado del matrimonio en su diseño original, no en la manera en que se maneja la unión conyugal según la ley en vista del pecado.

Jesús dice: "¿…No habéis leído que el que los hizo al principio, varón y hembra los hizo, y dijo: Por esto el hombre dejará padre y madre, y se unirá a su mujer, y los dos serán una sola carne? Así que no son ya más dos, sino una sola carne; por tanto, lo que Dios juntó, no lo separe el hombre" (Mt. 19:4-6). La respuesta a la pregunta entonces es: Dios hizo el matrimonio para que durara, no lo consideres, pues, como algo que puede romperse.

Los fariseos creyeron entonces que tenían a Jesús atrapado. Al parecer, acababa de contradecir la ley de Moisés. Le preguntaron entonces: "¿… Por qué, pues, mandó Moisés dar carta de divorcio, y repudiarla?" (Mt. 19:7). En otras palabras, escucharon correctamente en la respuesta de Jesús la insinuación de que uno nunca debe romper el pacto matrimonial, pero esa no fue la manera en que comprendieron a Moisés. Por eso, le preguntaron: ¿Por qué Moisés había hecho previsiones para el divorcio si, según tú, el pacto no puede romperse?

Jesús respondió: "…Por la dureza de vuestro corazón Moisés os permitió repudiar a vuestras mujeres…" (Mt. 19:8). Jesús asume, entonces, la misma postura que Moisés con respecto a la creación y dice que, al igual que al inicio, el pacto matrimonial no estaba destinado a romperse y, por tanto, en el reino que Él traería a la tierra, esa intención original sería redescubierta y reafirmada. En otras palabras, Jesús aumenta la exigencia a sus discípulos por encima de lo que Moisés permitió. Lo plantea de la siguiente manera: "Y yo os digo que cualquiera que repudia a su mujer, salvo por causa de fornicación, y se casa con otra, adultera" (Mt. 19:9).

Los estragos del divorcio

Nos encontramos ahora en un punto en el que tenemos que lidiar con la siguiente pregunta: ¿Jesús hizo alguna previsión para que sus discípulos pudieran divorciarse y volver a casarse? ¿Existe alguna coyuntura en la que Él sancionaría lo anterior? No hay consenso hoy día entre sus seguidores con respecto a la respuesta a dicha pregunta. Quiero dejar claro desde el comienzo que soy consciente de que hombres más devotos que yo han adoptado diferentes puntos de vista del que expongo en el presente material. No afirmo haber visto, oído ni dicho la última palabra en este asunto ni tampoco (y oro por esto) creo estar por encima de las correcciones si se demuestra que estoy equivocado. Lo que sigue es un intento para mostrar por qué creo que Jesús consideró que el pacto matrimonial podía romperse solo con la muerte y, por tanto, prohibió volver a casarse si el cónyuge aún vive.

Sé que sencillamente decir esto resultará devastador para algunos, añadiendo más sufrimiento al dolor producto de algo que no querían que sucediera. El divorcio es doloroso. A menudo, resulta más desgarrador sentimentalmente que la muerte del cónyuge. En ocasiones transcurren largos años antes de llegar a la decisión del divorcio, y largos años en asentarse y adaptarse después del divorcio. La agitación de la vida es inmensa. Los sentimientos de fracaso, culpa y miedo pueden torturar el alma. Como el salmista, noche tras noche se duerme un cónyuge entre lágrimas (Sal. 6:6). Se afecta el rendimiento laboral. Las personas se acercan o se alejan con sentimientos poco claros. La soledad puede resultar sobrecogedora. La sensación de tener un futuro desolador puede resultar arrolladora. Las disputas que suceden en un tribunal acrecientan el sufrimiento.

Y nunca falta el angustioso lugar de los hijos. Los padres esperan contra todo pronóstico que las cicatrices no los afecten, ni arruinen sus propios matrimonios algún día. Las tensiones por la custodia y la pensión abren más las heridas. Y, para colmo, los incómodos y artificiales días de visita programados pueden alargar la tragedia durante décadas.

Debido a estos y otros factores, las personas que tienen corazones sensibles lloran junto a los que lloran. Tratan de no acrecentar el dolor y, a veces, dicho cuidado se confunde con un compromiso. Las personas creen que el cuidado tierno es incompatible con la confrontación, que la ternura de Jesús y la dureza de sus mandamientos no pueden ser, al mismo tiempo, amor. Pero de seguro esto es incorrecto.

El reto de amar de forma bíblica

Jesús era extraordinariamente bondadoso. Sus enseñanzas respecto al divorcio y a volverse a casar fueron, además, firmes: "Lo que Dios juntó, no lo separe el hombre". De hecho, confrontar a otros de manera firme y bondadosa utilizando los mandamientos de Cristo *es* una forma de ser bondadoso, porque una decisión pecaminosa resulta tan dañina para una persona como el dolor sentimental. Esto se cumple para el individuo, la

Iglesia y la sociedad. Los acuerdos compasivos con respecto a la santidad del matrimonio que debilitan la solidez del pacto matrimonial parecen ser muestras de cariño a primera vista, pero causan estragos a lo largo de décadas. Preservar la solidez del pacto matrimonial con estándares elevados parece difícil a simple vista, pero produce un sinnúmero de bendiciones que las generaciones futuras dan por sentadas.

El gran reto para los seguidores de Jesús al borde del divorcio y de volverse a casar es amar de manera bíblica. El gran reto consiste en mezclar las lágrimas de compasión con el difícil amor a la obediencia. Solamente esto honrará a Cristo y preservará la salud espiritual, el poder del matrimonio y la iglesia que Jesús fundó.

En Mateo 19:3-9 y en Marcos 10:2-12, Jesús rechazó la justificación de los fariseos con respecto al divorcio que aparece en Deuteronomio 24 y reafirmó el propósito de Dios en la creación de que ningún ser humano separe lo que Dios juntó. Dijo que el tratamiento que Moisés dio al divorcio se debió a la dureza del corazón humano e insinuó que Él había venido a tomar cartas en el asunto. Su objetivo era que la norma de sus seguidores fuera más alta de lo que la Ley permitía.

¿Cuán alta? Esa es la pregunta a la que intento dar respuesta en el próximo capítulo.

Lo que Dios juntó no lo separe el hombre, porque quien se divorcia y se casa con otra, adultera

"…Cualquiera que repudia a su mujer y se casa con otra, comete adulterio contra ella; y si la mujer repudia a su marido y se casa con otro, comete adulterio…" (Mr. 10:11-12).

"Todo el que repudia a su mujer, y se casa con otra, adultera; y el que se casa con la repudiada del marido, adultera" (Lc. 16:18).

"También fue dicho: Cualquiera que repudie a su mujer, dele carta de divorcio. Pero yo os digo que el que repudia a su mujer, a no ser por causa de fornicación, hace que ella adultere; y el que se casa con la repudiada, comete adulterio" (Mt. 5:31-32).

"Y yo os digo que cualquiera que repudia a su mujer, salvo por causa de fornicación, y se casa con otra, adultera; y el que se casa con la repudiada, adultera" (Mt. 19:9).

Jesús implantó una norma para la fidelidad matrimonial más alta que la de Moisés o la de los maestros judíos de la época. No ratificó el permiso para divorciarse que aparece en Deuteronomio 24. Dijo que se debía a la dureza del corazón humano (Mt. 19:8) y dejó entrever que Él había venido a cambiar eso. En el presente capítulo intentaremos discernir exactamente cuán alta es la norma del Señor en relación con la fidelidad matrimonial.

INDICIOS EN MOISÉS DE QUE EL DIVORCIO NO DESTRUÍA LA UNIÓN DE DIOS

Yo supongo que Jesús vio un nivel más alto para el matrimonio, dado a entender no solo en la narración de la creación en Génesis 2:24, sino también en la propia redacción de Deuteronomio 24:1-4, que muestran que la relación *de una sola carne* que establece el matrimonio no queda completamente anulada al divorciarse, ni siquiera al volver a casarse. Considera las palabras de Moisés:

> Cuando alguno tomare mujer y se casare con ella, si no le agradare por haber hallado en ella alguna cosa indecente, le escribirá carta de divorcio, y se la entregará en su mano, y la despedirá de su casa. Y salida de su casa, podrá ir y casarse con otro hombre. Pero si la aborreciere este último, y le escribiere carta de divorcio, y se la entregare en su mano, y la despidiere de su casa; o si hubiere muerto el postrer hombre que la tomó por mujer, no podrá su primer marido, que la despidió, volverla a tomar para que sea su mujer, después que fue envilecida; porque es abominación delante de Jehová, y no has de pervertir la tierra que Jehová tu Dios te da por heredad (Dt. 24:1-4).

Lo notable de estos cuatro versículos es que aunque dan por sentado el divorcio, la mujer que se divorcia queda "envilecida" al volverse a casar (v. 4). Por consiguiente, bien pudo ser que cuando los fariseos le preguntaron a Jesús si el divorcio era legítimo, Él basara su negativa en la intención primera de Dios expresada en Génesis 1:27 y 2:24, además de lo que se da a entender en Deuteronomio 24:4, de que el matrimonio después del divorcio, aunque estaba permitido, *envilecía* a la persona. En otras palabras, había pistas en las escrituras de Moisés de que la concesión de divorcio se otorgaba basada en la dureza del corazón del hombre y no convertía al divorcio ni a las segundas nupcias el camino que más honraba a Dios.

QUIEN SE DIVORCIA Y SE CASA CON OTRA, ADULTERA

La prohibición de Moisés de que una esposa regrese con su primer marido, incluso si el segundo esposo muere (porque es "abominación",

v. 4) indica que hoy no debe romperse ningún segundo matrimonio para restablecer el primero. Más adelante retomaré ese asunto pero, por ahora, diría que incluso un desobediente segundo o tercer matrimonio no debe romperse, sino confesarse como inferior a lo ideal y, a pesar de ello, ser santificado por la misericordia de Dios. Queda mejor ante los ojos de Dios que más pactos rotos.

La prohibición sin excepción

En los Evangelios, Jesús expresa dos veces, sin excepción, su prohibición del acto de divorciarse seguido del de volver a casarse. En Lucas 16:18, dice: "Todo el que repudia a su mujer, y se casa con otra, adultera; y el que se casa con la repudiada del marido, adultera". Aquí, Jesús parece llamar adulterio al matrimonio después del divorcio. Son palabras muy fuertes. Evidentemente, la razón por la que llama *adulterio* a un segundo matrimonio es porque el primero se sigue considerando válido. De modo que, Cristo asume una postura que contradice la cultura judía de la época en que se consideraba que al divorciarse quedaba implícito el derecho de volver a casarse.[1]

---

1. Me confunde que tantos comentadores asuman el enfoque opuesto. Observan que, como "cualquier lector judío hubiera dado por sentado", el divorcio da luz verde para volver a casarse, Jesús está de acuerdo con dicha suposición y no tiene que mencionarla en Marcos 10:11-12 ni Lucas 16:18. Por consiguiente, Andreas Köstenberger, por ejemplo, escribe: "En vez de concluir que Jesús no permitía ninguna clase de divorcio en los matrimonios sexualmente consumados, es mucho más probable que no detallara los aspectos comúnmente válidos de su época con los que estuviera de acuerdo". *God, Marriage, and Family: Rebuilding the Biblical Foundation* (Wheaton, IL: Crossway Books, 2010), 281. Me inclino a decir que el rechazo explícito y absoluto de Jesús a volver a casarse que aparece en Marcos 10 y Lucas 16 constituye una muestra directa de repudio de dicho supuesto cultural como un compromiso con la dureza de los corazones de los hombres. ¿Cuánto más claro podía dirigirse y rechazar el supuesto cultural de la legitimidad de volver a casarse después de divorciarse? David Instone-Brewer argumenta que (1) la forma breve del hablar de Jesús que aparece en Lucas 16:18 es una referencia al matrimonio de Herodes Antipas con la mujer de su hermano (160-161), (2) que la omisión de cualquier cláusula de excepción se explica en la analogía de las abreviaturas rabínicas (161-167) y (3) que la excepción "salvo por *porneia*" debería ser "excepto por indecencia" haciendo referencia a la frase "alguna cosa indecente" en Deuteronomio 24:1 y expresando la postura más conservadora de Rabbi Shammai, todas me parecen poco probables. David Instone-Brewer, *Divorce and Remarriage in the Bible: The Social and Literary Context* (Grand Rapids, Mich.: Eerdmans, 2002). Si alguien objeta que Jesús

Lucas 16:18 conlleva otra implicación: La segunda mitad del versículo ("el que se casa con la repudiada del marido, adultera"), muestra que el hombre no solo es culpable de adulterio cuando se divorcia y se vuelve a casar, sino que *cualquier* hombre que se case con una mujer divorciada comete adulterio. Esto resulta mucho más asombroso porque la mujer de la que se habla es, supuestamente, la parte inocente en este divorcio porque, cuando su esposo se divorcia de ella, es él quien comete adulterio al casarse con otra, al parecer, porque no tiene derecho a divorciarse de su esposa. Es decir, ella no ha hecho nada para que el divorcio sea legítimo. No obstante, cualquier hombre que se case con dicha mujer abandonada, dice Jesús, "adultera".

Esto resulta muy duro. Jesús llama a la mujer cuyo esposo la haya abandonado para casarse con otra mujer a manifestar la santidad de su matrimonio y la naturaleza de su pacto matrimonial no casándose más. Como no se menciona ninguna excepción en el versículo y como evidentemente Jesús rechaza el concepto común del divorcio que incluye el derecho a volver a casarse, los primeros lectores del Evangelio de Lucas se habrían quedado perplejos al no ver ninguna excepción basándose en que Jesús compartía la aprobación cultural del divorcio.

El otro caso del completo rechazo de Jesús a volver a casarse después de divorciarse aparece en Marcos 10:11-12. Dijo: "Cualquiera que repudia a su mujer y se casa con otra, comete adulterio contra ella; y si la mujer repudia a su marido y se casa con otro, comete adulterio". Ambos versículos repiten la primera parte de Lucas 16:18, pero van más allá y plantean que no solo el hombre que se divorcia, sino también la mujer que se divorcia y se vuele a casar comete adulterio. Y, al igual que en Lucas 16:18, no se mencionan excepciones de esta regla.

Hasta ahora contamos con dos prohibiciones, al parecer, absolutas con respecto de volver a casarse después de divorciarse en Lucas 16:18 y

---

no aprobó ni prohibió volver a casarse tras la muerte del cónyuge porque compartía la opinión comúnmente aceptada, le respondería: 1) Ninguna de las discusiones de Jesús con respecto a volver a casarse tienen como objetivo dar respuesta a la cuestión de qué es legítimo en el divorcio. 2) En un momento en que se hace referencia a la cuestión de la muerte del cónyuge (en la pregunta de los saduceos con respecto a la esposa que enviudó siete veces, Mt. 22:23-32), Jesús no ve falta alguna en que se casara nuevamente después del fallecimiento del esposo.

Marcos 10:11-12, ya que Jesús considera que casarse por segunda vez es adulterio, incluso si se es la parte inocente en el divorcio. En Mateo 19:6 y Marcos 10:9 tenemos dos fuertes aseveraciones de que Dios juntó a las parejas casadas y, por lo tanto, el hombre no debe separarlas.

¿Hay en Mateo 5:32 un permiso para divorciarse?

Lo que hace al asunto más controversial es que en Mateo 5:32 y 19:9 parece haber una excepción de la regla de no volver a casarse después de divorciarse. En Mateo 5:32, Jesús dice: "El que repudia a su mujer, *a no ser por causa de fornicación*, hace que ella adultere; y el que se casa con la repudiada, comete adulterio". Una vez más, en Mateo 19:9, Él dice: "Cualquiera que repudia a su mujer, *salvo por causa de fornicación*, y se casa con otra, adultera". Ambos versículos se interpretan, de forma general, como que Jesús permitía divorciarse y volver a casarse si existió "fornicación" por parte de uno de los cónyuges. ¿Es eso lo que quiere decir la excepción?

De acuerdo con la construcción de Mateo 5:32 ("...*hace* que ella adultere"), Jesús supone que, en la mayoría de las situaciones en esa cultura, la esposa a quien el esposo dejó por su propia voluntad, se verá envuelta en un segundo matrimonio. No obstante, a pesar de las presiones sobre la mujer divorciada para que vuelva a casarse, Jesús prohíbe el segundo matrimonio. Sus palabras dan a entender que si una esposa inocente a la que han abandonado vuelve a casarse, se considera, no obstante, adulterio: "El que repudia a su mujer, *a no ser por causa de fornicación*, hace que ella [la inocente esposa que no ha cometido fornicación] adultere". Esto significaría que no es correcto volver a casarse no solo cuando la persona es la *culpable* en el proceso de divorcio, sino también si es la *inocente*. En otras palabras, la oposición de Jesús a volver a casarse parece basarse en la indestructibilidad del lazo matrimonial, no en las condiciones del divorcio.

Entonces, Mateo 5:32 no nos enseña que volver a casarse es legítimo en algunos casos. Más bien, ratifica que volver a casarse después de divorciarse es cometer adulterio, incluso para aquellos que se divorciaron de manera inocente; que un hombre que se divorcia de su esposa es culpable del adulterio del segundo matrimonio de esta, y que un hombre que desposa a una mujer dejada por su esposo, aunque sea inocente, comete adulterio.

De ahí la oración final del versículo: "Y el que se casa con la repudiada, comete adulterio". Antes de lidiar con el significado de la cláusula de excepción, veamos el texto similar de Mateo 19:9.

La excepción de Mateo 19:9

El otro lugar en que Jesús parece enunciar una excepción a la prohibición de divorciarse y volver a casarse es Mateo 19:9: "Y yo os digo que cualquiera que repudia a su mujer, *salvo por causa de fornicación*, y se casa con otra, adultera". ¿Quiere decir esta excepción que hay situaciones en las que una persona puede sentirse libre de volver a casarse después de divorciarse? Esto es lo que la mayoría de los comentadores interpretan y lo que la mayoría de los seguidores de Jesús creen. Según mi interpretación del mandamiento de Jesús, eso no es lo que Él plantea. Sería de ayuda que describiera mi peregrinaje hacia esta otra interpretación.

Durante toda mi vida de adulto supuse que el adulterio y el abandono constituían dos razones legítimas para divorciarse y volver a casarse. Ese era mi mundo y vi confirmación de él en la excepción en Mateo 19:9, aunque, como ahora lo veo, el resto del Nuevo Testamento apunta en otra dirección.[2] Pero llegó el momento en que dicha suposición comenzó a tambalearse.

2. Un planteamiento más completo de mi entendimiento del resto del Nuevo Testamento puede encontrarse bajo el tema "Divorce and Remarriage" en el sitio web de *Desiring God*, específicamente, http://www.desiringgod.org/resourcelibrary/articles/bydate/1986/1488/. Se ofrece un estudio de tres puntos de vista en *Remarriage After Divorce in Today's Church*, ed. Mark L. Strauss (Grand Rapids, Mich.: Zondervan, 2006), en el que Gordon Wenham defiende la postura de no volver a casarse después del divorcio, William A. Heth (quien ya cambió el punto de vista que defendió en su libro en coautoría con Wenham, *Jesús and Divorce*, ed. actualizada [Carlisle, Inglaterra: Paternoster, 1997; ed. orig. 1984]) defiende la postura de dos bases para divorciarse y volver a casarse, y Craig S. Keener defiende la postura de que se permiten otras bases para divorciarse y volver a casarse. Además, véanse Craig S. Keener, *And Marries Another: Divorce and Remarriage in the Teaching of the New Testament* (Peabody, Mass.: Hendrickson, 1991); y Carl Laney, *The Divorce Myth: A Biblical Examination of Divorce and Remarriage* (Miniápolis: Bethany, 1981), quien arguye por qué no se permite el divorcio para quien se haya vuelto a casar. David Instone-Brewer, *Divorce and Remarriage in the Bible: The Social and Literary Context* (Grand Rapids, Mich.: Eerdmans, 2002) y *Divorce and Remarriage in the Church* (Carlisle, Reino Unido: Paternoster, 2003) defienden una variedad de motivos para divorciarse y volver a casarse entre las que se incluyen el abuso y la falta de atención. Geoffrey W. Bromiley, *God and Marriage* (Grand Rapids, Mich.: Eerdmans, 1980) y

Al principio, me preocupó que Mateo no hubiera plasmado la forma absoluta de la denuncia de divorciarse y volver a casarse de Jesús que aparece en Marcos 10:11-12 y Lucas 16:18 si, en verdad, la excepción era una apertura a los actos de divorciarse y volver a casarse. Me incomodaba la suposición que tantos escritores hacen, concretamente, de que Mateo hace explícito algo que los oyentes de Jesús y los lectores de Marcos 10 y Lucas 16 (véase nota al pie 1) hubieran comprendido implícitamente.

¿Habrían supuesto realmente que las aseveraciones absolutas incluían las excepciones? Comencé a tener dudas muy serias. Por consiguiente, me incliné a inquirir si, en realidad, la cláusula de excepción de Mateo se ajusta a la calidad del absoluto de Marcos y Lucas, y no al revés.

Lo segundo que comenzó a incomodarme fue la cuestión de por qué Mateo utiliza el término griego πορνεία (*porneia*, "fornicación") en vez de la palabra μοιχεία (*moicheia*) que significa adulterio. La fornicación en el matrimonio sería, naturalmente, un adulterio, pero la palabra que Mateo utiliza para expresar lo que Jesús quiso decir es una que por lo general significa *fornicación o inmoralidad sexual sin referencia a la infidelidad matrimonial*. Casi todos los comentaristas parecen suponer nuevamente que *porneia* hace referencia al adulterio en este contexto. Me acosaba la pregunta de por qué Mateo no utilizaría el término para adulterio (*moicheia*) si, de hecho, eso había querido decir.

Me percaté entonces de algo muy interesante: El único lugar en el cual el apóstol, además de en Mateo 5:32 y 19:9, hace uso de la palabra *porneia* es en Mateo 15:19, donde la utiliza *junto con moicheia*. Por ende, la principal evidencia contextual para su uso por parte de Mateo arroja que él concibe *porneia*, en cierto sentido, de forma *diferente* a adulterio. ¿Querrá esto decir, entonces, que en el registro de las enseñanzas de Jesús que hace Mateo, él utiliza *porneia* en su sentido más corriente de fornicación, incesto o prostitución, que no denota infidelidad conyugal, es decir, adulterio?[3]

Andreas Köstenberger junto a David W. Jones, *God, Marriage, and Family: Rebuilding the Biblical Foundation* (Wheaton, Ill.: Crossway Books, 2004), ofrecen buenas perspectivas generales de una visión bíblica del matrimonio más amplia y defienden una postura que limita los actos de divorciarse y volver a casarse.

3. Abel Isaksson concuerda con el punto de vista de πορνεία y resume su investigación de la siguiente manera:

La siguiente pista en mi búsqueda de una explicación llegó cuando me di cuenta del uso de *porneia* en Juan 8:41 cuando los líderes judíos indirectamente acusan a Jesús de ser fruto de *porneia*. En otras palabras, como no aceptan el nacimiento virginal, asumen que la madre, María, cometió *fornicación* y que Jesús fue el fruto de dicho acto. Basado en dicha pista, retomé el estudio de los registros de Mateo acerca del nacimiento de Jesús en el libro que lleva su nombre, capítulo 1, versículos 18-20.

La importancia de las excepciones para el compromiso matrimonial de José con María

En estos versículos se hace referencia a José y María como esposo (ἀνήρ) y esposa (γυνή). Sin embargo, se les describe como dos personas *comprometidas*. Esto se debe, probablemente, al hecho de que los términos griegos para esposo y esposa son sencillamente *hombre* y *mujer,* y al hecho de que el compromiso matrimonial en aquella época tenía mucha más importancia que ahora. En Mateo 1:19, José resuelve "dejarla" (a María)

Por consiguiente, no podemos olvidarnos del hecho de que la diferencia de lo que se debía considerar *porneia* y lo que se debía considerar *moicheia* se guardaba de manera muy estricta en la literatura judía precristiana y en el Nuevo Testamento. *Porneia* podía, por supuesto, denotar diferentes formas de relaciones sexuales prohibidas, pero no aparecen ejemplos inequívocos del uso de esta palabra para denotar el adulterio cometido por la esposa. [Dando a Isaksson el beneficio de la duda aquí en lo que podría resultar una exageración técnica, puede que haya querido decir lo siguiente (que es lo que yo diría): Si una esposa se entrega a una vida de prostitución, como hizo Israel en Jeremías 3:6 y Oseas 2:2, sus actos podrían catalogarse tanto de *porneia* como de *moicheia*. Pero el hecho de que al mismo acto pueda describírsele de ambas maneras, no los hace términos intercambiables. *Moicheia* sigue denotando el rompimiento del pacto de fidelidad matrimonial, mientras que *porneia* denota la inmoralidad sexual ilícita que *no* indica infidelidad matrimonial pero que puede involucrar a personas casadas]. Bajo tales circunstancias, difícilmente podemos suponer que esta palabra significa adulterio en las oraciones que aparecen en Mateo. Los textos sobre el divorcio están redactados como un párrafo de la ley, que los miembros de la Iglesia han de obedecer. Bajo tales circunstancias resulta inconcebible que, en un texto de esta naturaleza, el autor no haya mantenido una distinción clara entre qué era impureza y qué era adulterio: *moicheia*, y no *porneia*, se usó para describir el adulterio que comete la esposa. Desde el punto de vista filológico, existen, consiguientemente, argumentos de mucho peso contra la interpretación de que las cláusulas permiten el divorcio en caso de que la esposa sea culpable de adulterio. (Abel Isaksson, *Marriage and Ministry in the New Temple,* trad. Neil Tomkinson y Jean Gray [Lund, Suecia: Gleerup, 1965], 134-135).

aunque solo estaban comprometidos, no casados. La palabra que denota divorcio (ἀπολῦσαι) es la misma que aparece en Mateo 5:32 y 19:9. Pero lo más importante de todo es que Mateo dice que José fue "justo" al tomar la decisión de dejar a María (es de suponer que fue producto de su supuesta *porneia*, fornicación). En otras palabras, el "dejarla" le era permitido según Mateo.

Solo Mateo contó la historia de la crisis que enfrentó José al tener que decidir si casarse con su prometida aunque ella, hasta donde él sabía al inicio, había cometido fornicación (πορνεία). Al dar tratamiento a la crisis, llamó "justo" a José por pensar en "dejarla". Eso significa que Mateo, como seguidor de Jesús, no consideraba que este tipo de divorcio era incorrecto. Esto no impedía que José (o María) se casaran con otro.

Como solo Mateo había contado la historia y suscitó esta pregunta, fue el único escritor de los Evangelios que sintió alguna necesidad de dejar claro que la prohibición absoluta de Jesús de casarse después de divorciarse no abarca una situación como la de José y María. Es por eso que creo que incluye la excepción. Registró las palabras de Jesús: "Cualquiera que repudia a su mujer, sin incluir, claro está, el caso de fornicación [πορνεία] entre parejas comprometidas, y se casa con otra, adultera".[4]

Una objeción común a esta interpretación es que, tanto en Mateo 19:3-9 como en Mateo 5:31-32, Jesús responde a la cuestión que se refiere al matrimonio, no al compromiso. Se insiste sobre el punto de que "salvo por fornicación" resulta irrelevante al contexto del matrimonio. Mi respuesta es que dicha irrelevancia es precisamente la razón de la excepción. El que te suene irrelevante en ese contexto depende de cómo lo oigas. No opino que parezca no tener sentido si lo analizas de la manera en que te lo acabo de sugerir o si Mateo 5:32 dijera lo siguiente: "Pero yo os digo que el que repudia a su mujer, *excluyendo, claro está, el caso de fornicación* [πορνεία] *mientras estén comprometidos,* hace que ella adultere". De esta manera,

---

4. No conozco todas las palabras que Jesús pudo haber utilizado para expresar esta prohibición durante su ministerio. Por lo tanto, no me apresuro en decir que Mateo creó su propia excepción y la puso en boca del Señor. Es probable que este enseñara en arameo, por lo que, en cierto sentido, Mateo y los demás escritores de los Evangelios, que escribían en griego; decidieron qué construcción exacta utilizar en nuestros Evangelios. Estoy convencido de que a estas personas que escribieron los Evangelios los inspiró el Espíritu Santo y que lo que escribieron en griego representa fielmente las enseñanzas de Jesús.

Jesús deja clara la acción que su padre terrenal casi realiza, "dejarla" (a María) debido a la πορνεία, no habría sido injusta, sino correcta. Esa es la clase de situaciones que la cláusula de excepción está destinada a excluir.[5]

Esta interpretación de la cláusula de excepción tiene varias ventajas:

- No obliga al Evangelio de Mateo, al parecer, a discrepar con el significado claro y absoluto de Marcos y Lucas.
- Proporciona una explicación de por qué se usa la palabra *porneia* en la excepción de Mateo en vez de *moicheia*.
- Encaja con el uso que da Mateo del término *porneia* (para fornicación), diferente de *moicheia* (para adulterio) en Mateo 15:19.
- Se ajusta al contexto más amplio de Mateo sobre el divoercio en relación con la consideración de José de "dejarla" (a María, Mt. 1:19).

¿Cuáles son las consecuencias de una norma tan alta para el matrimonio? A esto dedicaremos el siguiente capítulo.

---

5. Andreas Köstenberger selecciona siete argumentos en contra de esta postura en *God, Marriage, and Family*, pp. 280-282. Aunque no me parezcan convincentes, he intentado tenerlos en cuenta tanto en mis reflexiones como en mis conclusiones.

Lo que Dios juntó, no lo separe el hombre: Un hombre, una mujer, por gracia, hasta la muerte

"Le dijeron sus discípulos: Si así es la condición del hombre con su mujer, no conviene casarse. Entonces él les dijo: No todos son capaces de recibir esto, sino aquellos a quienes es dado. Pues hay eunucos que nacieron así del vientre de su madre, y hay eunucos que son hechos eunucos por los hombres, y hay eunucos que a sí mismos se hicieron eunucos por causa del reino de los cielos. El que sea capaz de recibir esto, que lo reciba" (Mt. 19:10-12).

Si tal es el caso, ¿será mejor no casarse?

Como es lógico, cuando Jesús terminó con sus enseñanzas acerca del matrimonio y el divorcio en Mateo 19:3-9, sus discípulos quedaron perplejos por lo estricto de sus normas. Así que dijeron: "…Si así es la condición del hombre con su mujer, no conviene casarse…" (Mt. 19:10). Esta respuesta confirma que estamos en el camino correcto cuando escuchamos a Jesús colocando el listón muy alto. Los discípulos dan por sentado que esta norma es tan elevada que no conviene casarse. En otras palabras, si no hay puerta de salida en el matrimonio, es mejor no atravesar la puerta de entrada. Esta respuesta no sería tan significativa si Jesús solo hubiera establecido como norma una puerta de salida del tamaño de la infidelidad.

La respuesta de Jesús no es bajar el listón para que el matrimonio se convierta en algo menos arriesgado. Más bien, Él dice, en esencia, que la capacidad de permanecer soltero si fuera necesario y la capacidad de permanecer en un matrimonio difícil si fuera necesario son ambas un regalo de Dios. En otras palabras, prosperar en soltería y prosperar en el matrimonio son obra de la gracia divina: "...No todos son capaces de recibir esto [la expresión de que el matrimonio es permanente], sino aquellos a quienes es dado" (Mt. 19:11). La cuestión no es que a algunos discípulos les es dada la gracia y a otros no. La cuestión es que esta gracia (o fidelidad en la soltería y en el matrimonio) es la marca de un discípulo. "Aquellos a quienes es dado" son seguidores de Jesús.[1] Dios da la gracia para cumplir lo que Él ordena.

Eunucos por causa del reino

Luego Jesús ilustra que tal gracia realmente ha sido dada a quienes por diversas razones no se les ha sido permitido casarse: "Pues hay eunucos que nacieron así del vientre de su madre, y hay eunucos que son hechos eunucos por los hombres, y hay eunucos que a sí mismos se hicieron eunucos por causa del reino de los cielos. El que sea capaz de recibir esto, que lo reciba" (Mt. 19:12). El planteamiento aquí es que si no te casas o si eres divorciado y debes permanecer soltero, no estás solo, sino que estás en la compañía de algunos que se han visto obligados a permanecer en soltería y algunos que la han escogido por causa de su amor al reino. En todos los casos Dios da gracia.

Las palabras "El que sea capaz de recibir esto, que lo reciba" son como las palabras "El que tiene oídos para oír, oiga" (Mt. 13:9, 43; 11:15). Esto es, si tienes oídos para oír, o si tienes la gracia de recibir este llamado de respeto radical por el matrimonio, esa es la marca de ser un seguidor de Jesús: "Mis ovejas oyen mi voz, y yo las conozco, y me siguen" (Jn. 10:27).

La insensatez de la homosexualidad

El matrimonio es una gran obra de Dios; es un gran regalo para el mundo. Es merecedor de libros, canciones, poesías, vida y sacrificio y no solo de un pequeño capítulo como este. Jesús se afligiría por la indiferencia con que se trata al matrimonio en nuestros tiempos. Quedaría horrorizado de pensar que dos hombres o dos mujeres llamen *matrimonio* a su unión homosexual. Él no lo llamaría con ese nombre. A pesar de la misericordia

---

1. Compara los términos semejantes en Mateo 19:11 y 13:11, las semejanzas entre Mateo 19:12 y 13:9, 43; 11:15 y las semejanzas entre Mateo 19:11 y 19:26.

que pueda sentir por la desviación sexual, Él llamaría a la práctica de la homosexualidad "pecado", y al intento de santificarla con la palabra *matrimonio,* una "insensatez".

Él respondería a esta insensatez del mismo modo que respondió a los fariseos sobre la justificación del divorcio derivada de las enseñanzas de Moisés. Volvería al principio. Solo que esta vez subrayaría las palabras *varón* y *hembra*: "¿…No habéis leído que el que los hizo al principio, *varón* y *hembra* los hizo, y dijo: Por esto el *hombre* dejará padre y madre, y se unirá a su *mujer*, y los dos serán una sola carne?" (Mt. 19:4-5). Jesús buscaría la raíz heterosexual del matrimonio en la creación del hombre como varón y hembra, así como en la unión del hombre y la mujer como una sola carne. Consideraría un gran pesar que la gloria del matrimonio y todo lo que representa esté tan corrompido al punto de convertirlo en cobertura para el pecado de la homosexualidad.

¿Son el divorcio y las segundas nupcias pecados imperdonables?

Sin embargo, por muy importante que sea el matrimonio, el divorcio seguido de segundas nupcias no es el pecado imperdonable. A veces me preguntan si mi interpretación de Jesús supone que el divorcio sea un pecado imperdonable. La respuesta es no. Jesús dijo que su sangre será la base de la remisión de todos los pecados (Mt. 26:28). Por tanto, puede decir: "De cierto os digo que todos los pecados serán perdonados a los hijos de los hombres, y las blasfemias cualesquiera que sean; pero cualquiera que blasfeme contra el Espíritu Santo, no tiene jamás perdón, sino que es reo de juicio eterno" (Mr. 3:28-29).

De estas maravillosas promesas aprendemos que el perdón de los pecados es alcanzable por medio de la sangre derramada por Jesús. Todos los pecados pueden ser perdonados, sin excepción; el perdón se recibe por gracia confiando en que Jesús los perdonará. Esto supone que veamos al pecado como lo que es y lo aborrezcamos como una infamia a Jesús. El único pecado imperdonable es el pecado que nos negamos a confesar y a renunciar. Cometemos un pecado imperdonable cuando nos adherimos a un pecado tanto tiempo y tan tenazmente que no podemos confesarlo como lo que es y renunciar a él. Lo que Jesús llama "la blasfemia contra el Espíritu" (en Mateo 12:31-32) y "juicio eterno" (en Marcos 3:29) es la resistencia contra la obra de convicción del Espíritu Santo hasta el punto en que Él se retira, dejando al pecador en irremediable dureza de corazón, incapaz de arrepentirse.

Ni el divorcio ni las segundas nupcias son en sí mismos el pecado imperdonable más de lo que lo son el asesinato, el robo, la mentira, la codicia, el adulterio o la conducta homosexual: "...todos los pecados serán perdonados a los hijos de los hombres..." (Mr. 3:28). Dios es fiel y justo para perdonar: Él glorificará el valor del sacrificio de su Hijo para todo aquel que confiese su pecado y deposite sus esperanzas en la obra salvadora de Jesús.

El pecado conyugal está dentro de la misma categoría que mentir, matar y robar. Si alguien ha mentido, matado, robado o ilegítimamente abandonado un matrimonio, la cuestión no es ¿pueden ser perdonados? La cuestión es ¿admiten ellos que lo que hicieron fue un pecado? ¿Renuncian a él? Y ¿hacen lo posible por corregirlo si esto es posible?

Generalmente, la causa del conflicto no es si el divorcio y las segundas nupcias son pecados imperdonables, sino si son pecados en modo alguno, para ser confesados (del pasado) y para ser evitados (en el futuro). Si una persona ha robado cosas en el pasado, nadie diría que estamos tratando el robo como pecado imperdonable si insistimos en que esa persona confiese su falta y comience a reparar el daño que hizo a quienes defraudó. Un pecado no es imperdonable porque debamos confesarlo como falta, renunciemos a él como opción y reparemos los daños que causó (tanto como sea posible).

Lo mismo sucede con el divorcio y las segundas nupcias. No deben impedir a nadie la comunión con los seguidores de Jesús más que el haber robado en el pasado. Pero debe haber una confesión sincera del pecado cometido, una renuncia al mismo y una afirmación de lo que es correcto, igual que con todos los demás pecados del pasado.

¿QUÉ HACE UN SEGUIDOR DE JESÚS QUE SE HAYA DIVORCIADO Y CASADO NUEVAMENTE?

¿Qué esperaría entonces Jesús de uno de sus seguidores que ha pecado y está divorciado y nuevamente casado? Él esperaría que nosotros admitamos que la opción de volvernos a casar y el acto de entrar en un segundo matrimonio fueron pecados y los confesemos como tal y busquemos el perdón. También esperaría que no nos separemos de nuestro cónyuge actual. Me baso para esto en al menos cinco observaciones.

Primero, Jesús parece considerar los matrimonios múltiples como algo incorrecto pero real. Le dijo a la mujer del pozo en Juan 4:18: "...porque cinco maridos has tenido, y el que ahora tienes no es tu marido...". Ella está viviendo con un hombre ahora, pero no ha habido matrimonio: No se ha hecho ningún pacto. A los otros los llama "maridos", pero con el que ella está ahora no es su marido.

Segundo, Jesús sabía que Deuteronomio 24:4 hablaba en contra de volver a tomar a un primer marido después de haberse casado con un segundo. Él no se tomó la molestia de matizar esta disposición.

Tercero, el mantenimiento del pacto es algo crucial para Jesús, como vimos en el capítulo anterior (véase también el *Mandamiento #23*). Por tanto, aun cuando el actual pacto se realizó en adulterio, es real y debe mantenerse. Su comienzo en el pecado no significa necesariamente que sea continuamente pecaminoso y sin esperanza de purificación.

Cuarto, existen ilustraciones de que Dios toma los actos de desobediencia y convierte sus resultados en planes ordenados por Él. Un ejemplo es el hecho de que fue pecado que el pueblo de Israel pidiera un rey para ser como las demás naciones (1 S. 12:19-22). Sin embargo, Dios convirtió la instituida realeza pecaminosa en el origen del Mesías y la realeza de Jesús. Otro ejemplo sería el matrimonio pecaminoso de David con Betsabé: el adulterio con ella, el asesinato de su marido y el matrimonio "fue desagradable ante los ojos de Jehová" (2 S. 11:27), por lo que el Señor arrebató la vida del primogénito de esta unión (2 S. 12:15, 18). Pero tuvieron un segundo hijo, Salomón, "al cual amó Jehová" y lo escogió como gobernante de su pueblo (2 S. 12:24).

Quinto, mediante el arrepentimiento y el perdón, sobre la base de la sangre de Jesús y mediante la santificadora obra del Espíritu Santo prometido, un matrimonio que comenzó en pecado puede ser consagrado a Dios, purificado del pecado y convertido en un instrumento de gracia. Continúa sin ser lo ideal, pero no es una maldición. Puede convertirse en una gran bendición.

EL MATRIMONIO: GRANDE Y PRECIOSO, PERO NI DEFINITIVO NI PERMANENTE

No cabe duda de que la exigencia dada por Jesús acerca de la de fidelidad en el matrimonio es una expresión radical para nuestra cultura moderna. He aquí una prueba de su señorío sobre nuestras vidas. Sus normas son altas y no suponen que esta tierra sea nuestra morada final. Él deja bien claro que el matrimonio es una institución para este mundo solamente: "Porque en la resurrección ni se casarán ni se darán en casamiento, sino serán como los ángeles de Dios en el cielo" (Mt. 22:30). Por tanto, el matrimonio es una bendición breve. Una muy grande, pero no definitiva. Algo precioso, pero no permanente.

Esta perspectiva eterna explica por qué Jesús puede ser tan radical. No casarse nunca no es una tragedia; de otro modo, la vida de Jesús sería una tragedia. La tragedia es ansiar tanto el matrimonio perfecto que convirtamos en un dios al casamiento. Las normas de Jesús son elevadas porque el matrimonio no suple ni debe suplir todas nuestras necesidades. No debe ser un ídolo. No debe y no puede tomar el lugar del propio Jesús. El matrimonio no es más que un momento; Jesús es para la eternidad. Cómo vivamos en nuestros matrimonios o en nuestra soltería demostrará si Jesús es nuestro tesoro supremo.

Dad a César lo que es de César, y a Dios lo que es de Dios

"Entonces se fueron los fariseos y consultaron cómo sorprenderle [a Jesús] en alguna palabra. Y le enviaron los discípulos de ellos con los herodianos, diciendo:… Dinos, pues, qué te parece: ¿Es lícito dar tributo a César, o no? Pero Jesús, conociendo la malicia de ellos, les dijo: ¿Por qué me tentáis, hipócritas? Mostradme la moneda del tributo. Y ellos le presentaron un denario. Entonces les dijo: ¿De quién es esta imagen, y la inscripción? Le dijeron: De César. Y les dijo: Dad, pues, a César lo que es de César, y a Dios lo que es de Dios" (Mt. 22:15-21).

Jesús era judío. Pertenecía a un pueblo que vivía en su tierra natal bajo el gobierno totalitario de Roma. El César era absoluto y decía tener hasta estatus divino como emperador de Roma. Augusto César era el emperador cuando nació Jesús (Lc. 2:1), y su hijo, Tiberio César, gobernó desde el año 13 hasta el 37 d.C. durante el resto de la vida del Señor (Lc. 3:1). Por eso, cuando Él les pidió a los fariseos una moneda con la figura de César, es muy probable que la efigie fuera de Tiberio.[1]

---

1. "El denario de plata de Tiberio, incluso su efigie y acuñada especialmente en Lyon, circuló allí durante este período; aunque es posible la existencia de un denario anterior, este denario imperial es con más probabilidad… la moneda que se relacionaba más directamente con la religión romana pagana y el culto imperial en Oriente: la cara que tenía su efigie también incluía una inscripción, a saber, "TI. CAESAR DIVI AVG.F.AVGVSTVS": "Tiberio César, hijo del divino Augusto"; la otra cara era la de una figura femenina (quizás la de la emperatriz Livia personificada como una diosa romana) que decía "PONTIF. MAXIM" en referencia al sumo sacerdote de la religión romana. El Imperio usaba estas monedas de

La trampa

Cuando los fariseos le preguntaron a Jesús si era lícito pagar tributos a César, estaban tratando de ponerlo entre la espada y la pared referente a un tema supercargado políticamente. Los judíos eran oprimidos y estaban indignados de que la tierra prometida donde vivían estuviese gobernada por romanos paganos. Pagar tributos a Roma era una ofensa religiosa; pero no hacerlo hubiera sido un verdadero riesgo. Los fariseos estaban haciendo un esfuerzo manifiesto por hacerlo caer en una trampa. "O él apoya los tributos a Roma, debilitando así su apoyo popular y mesiánico, o cuestiona los tributos… [Entonces] los herodianos podrían acusarlo de ser un revolucionario, de ahí que debiera ser ejecutado, pero ejecutado rápidamente".[2]

Entonces le preguntan: "Dinos, pues, qué te parece: ¿Es lícito dar tributo a César, o no?". Jesús pone al descubierto la hipocresía de los fariseos y luego da una respuesta que penetra profundamente en el significado de lo que sus seguidores debían hacer como dobles ciudadanos (de su reino y del reino de este mundo). Él dice: "¿Por qué me tentáis, hipócritas? Mostradme la moneda del tributo". Entonces le llevaron el denario y Jesús les dijo: "¿De quién es esta imagen, y la inscripción?". Ellos dijeron: "De César". Y entonces Él les dijo: "Dad, pues, a César lo que es de César, y a Dios lo que es de Dios" (Mt. 22:17-21).

Yo no creo que Jesús haya esquivado la pregunta. Creo que la respondió de una manera que nos obliga a pensar y, al final, la respuesta exige lealtad radical a la autoridad suprema de Dios por encima de todas las cosas. El primer mandato, "Dad a César lo que es de César", obtiene su significado del segundo: "Dad a Dios lo que es de Dios". Es la yuxtaposición de estos dos mandatos lo que le da al primero el alcance justo.

La respuesta inesperada y aguda

Se puede imaginar a sus oyentes aguantando la respiración cuando Él dice: "Dad a César lo que es de César". Quizá sus adversarios esbozaron una sonrisa de éxito taimado. Esto tenía todas las apariencias de una capitulación a la supremacía de Roma. Me pregunto qué tiempo habrá durado

---

manera activa para promover el culto al emperador". Craig S. Keener, *A Commentary on Matthew* (Grand Rapids, Mich.: Eerdmans, 1999), 525.

2. *Ibíd.*, 524.

la pausa de Jesús entre los dos mandatos. Quizás el tiempo suficiente para dejar que las palabras penetraran en sus mentes: "El dominio y la autoridad de César tienen un alcance. Cumplan con eso". Mientras eso empieza a asimilarse, Jesús añade una corta pero sólida restricción: "Dad a Dios lo que es de Dios". Las sonrisas que habían empezado a esbozarse en el rostro de los adversarios se detuvieron. Esto no es lo que ellos esperaban ni nadie esperaba. Jesús ha pedido una clase de lealtad en dos direcciones: a César según su dominio y autoridad; y a Dios, según su dominio y autoridad.

Jesús sabiamente dejó el alcance de esos dos dominios y autoridades para que el oyente lo analizara. Que esto sea un arreglo con Roma o no dependerá de cómo la persona interpreta el alcance y la naturaleza del dominio y la autoridad de Dios en relación con el alcance del dominio y la autoridad de César. Eso es en lo que el Señor nos obliga a meditar.

El punto de partida de esta meditación es el inequívoco postulado del segundo mandamiento: "Dad a Dios lo que es de Dios". Y ese postulado es: *Todo* es de Dios. Si alguien no logra oír eso en su mandamiento, Jesús diría: "Oyendo no oyen. Oídos tienen más no oyen". En otras palabras, la avasallante verdad no se expresa con palabras y es obvia para todos aquellos que están dispuestos a oír lo obvio. Al no expresarse con palabras, logra mucho más que sacar a Jesús de una trampa; se llega a una respuesta a esa pregunta que es mucho más profunda y trascendental que lo que estaban preguntando sus adversarios.

Dar al César es dar a Jesús, si no es traición

El hecho de que Jesús lo posea todo y tenga toda la autoridad en el universo ubica el primer mandato bajo el segundo: "Dad a César lo que es de César" se convierte en una subcategoría de "Dad a Dios lo que es de Dios". Todo es de Dios; por tanto, lo que es de César es de Dios. De ahí que dar a César lo que es de él debe verse como una expresión de dar a Dios lo que es de Dios. Esto es de fundamental importancia para entender cómo uno puede estar totalmente consagrado a Jesús como Señor, y vivir en un mundo con César o cualquier otra autoridad.

Aunque el poder de César fue el responsable de la crucifixión de Jesús, Él es el Señor supremo sobre César. Jesús sabe esto. Se está absteniendo conscientemente durante su vida terrenal de ejecutar el derecho y el

poder de someter a sus enemigos. Él ha escogido entregar su vida: "…
yo pongo mi vida, para volverla a tomar. Nadie me la quita, sino que yo
de mí mismo la pongo. Tengo poder para ponerla, y tengo poder para
volverla a tomar…" (Jn. 10:17-18). Por lo tanto, cuando resucitó de entre
los muertos, dijo: "…Toda potestad me es dada en el cielo y en la tierra"
(Mt. 28:18). Eso significa que Él está por encima de la autoridad de César.
Luego, "Dad a César lo que es de César" significa que en todo lo que le
des a César, dale a Dios todos los honores de la autoridad absoluta que Él
tiene sobre César.

Durante el ministerio terrenal de Jesús, era adecuado que no atrajera
demasiada atención sobre su dominio y autoridad universal. Él vino
aquí para sufrir y morir. Él sabía que llegaría el día en que gobernaría
abiertamente sobre todas las naciones. Fue por eso que dijo: "Cuando el
Hijo del Hombre venga en su gloria, y todos los santos ángeles con él,
entonces se sentará en su trono de gloria, y serán reunidas delante de él
todas las naciones…" (Mt. 25:31-32). Pero durante su ministerio en la
tierra, Jesús no ejerció esa clase de poder abierto. De ahí que cuando llegó la
hora de expresar la forma en que sus seguidores se relacionarían con César,
Él hizo que la atención recayera en Dios, no en sí mismo explícitamente.
Él no dijo: "Dad a César lo que es de César y a mí lo que es mío". Pero, de
hecho, eso es lo que realmente pide. Él y el Padre son uno (Jn. 10:30): "…
el Padre a nadie juzga, sino que todo el juicio dio al Hijo, para que todos
honren al Hijo como honran al Padre…" (Jn. 5:22-23). En el momento
más difícil de Jesús, el sumo sacerdote le preguntó si Él era el Mesías, el
Hijo del Bendito. Jesús respondió: "…Yo soy; y veréis al Hijo del Hombre
sentado a la diestra del poder de Dios, y viniendo en las nubes del cielo"
(Mr. 14:62). En otras palabras: "Aunque soy débil y odiado ante ustedes
ahora, muy pronto ocuparé el lugar de absoluta autoridad sobre ustedes,
sobre Pilato, Herodes y César". Por lo tanto, "Dad a Dios lo que es de
Dios" significa también rendir a Jesús el honor de dominio y autoridad
absolutos sobre todas las cosas, incluso todo lo que es de César.

No hay más autoridad que la que es dada desde arriba

Por tanto, Jesús está exigiendo lealtad absoluta a Él, a su dominio
y autoridad. Todas las demás lealtades se vuelven relativas por esta

lealtad suprema. Todas las demás lealtades están *justificadas, limitadas* y *determinadas* por esta primera lealtad.

Están *justificadas* porque las autoridades subordinadas en el mundo, como César, se deben a la autoridad de Dios. Jesús le dijo a Pilato, quien parecía tener autoridad sobre Jesús en el juicio: "...Ninguna autoridad tendrías contra mí, si no te fuese dada de arriba" (Jn. 19:11). Pilato tiene autoridad porque Dios se la ha dado. En consecuencia, esa autoridad humana está justificada porque indirectamente es de Dios. Cuando Jesús dijo: "Dad a Dios lo que es de Dios", la expresión "lo que es de Dios" incluía la autoridad de Pilato, porque era, indirectamente, de Dios. Este se la había dado. No la tendría sin Dios. Por tanto, Jesús reconoce la legitimidad de la autoridad humana. Es legítima, pero no absoluta. Es *de* Dios, pero no es Dios.

Es arriesgado que Jesús diga: "Dad a César lo que es de César". Eso le da mucha importancia a la obediencia a las órdenes de César. Una de las realidades que justifican este riesgo es que el corazón de rebelión es más peligroso dentro de nosotros que las órdenes de César fuera de nosotros. Jesús quiere que veamos que el peligro que representan para nuestra alma los gobiernos injustos y seculares no se acercan ni remotamente al peligro que acarrea para esta el orgullo que se rebela contra el sometimiento. Ningún maltrato de César o ley injusta de Roma ha enviado alguna vez a alguien al infierno; pero el orgullo y la rebelión sí mandan a todos los que no tienen un Salvador al infierno. De ahí que las autoridades subordinadas del mundo están justificadas por la voluntad de Dios en dos sentidos. Por un lado, es su voluntad que reconozcamos que estas autoridades son subordinadas y que lo glorifiquemos a Él como el único supremo soberano. Por otro lado, es su voluntad que reconozcamos a estas autoridades como ordenadas por Dios y que no nos rebelemos por orgullo contra lo que Él ha dispuesto.

Todas nuestras lealtades en la tierra no solo están *justificadas* por la suprema autoridad de Dios, sino que también están *limitadas* y *determinadas* por esa autoridad. Para ver estas funciones de la autoridad de Dios pasamos ahora al siguiente capítulo.

Dad a César lo que es de César, como un acto de dar a Dios lo que es de Dios

"Entonces se fueron los fariseos y consultaron cómo sorprenderle [a Jesús] en alguna palabra. Y le enviaron los discípulos de ellos con los herodianos, diciendo: … Dinos, pues, qué te parece: ¿Es lícito dar tributo a César, o no? Pero Jesús, conociendo la malicia de ellos, les dijo: ¿Por qué me tentáis, hipócritas? Mostradme la moneda del tributo. Y ellos le presentaron un denario. Entonces les dijo: ¿De quién es esta imagen, y la inscripción? Le dijeron: De César. Y les dijo: Dad, pues, a César lo que es de César, y a Dios lo que es de Dios" (Mt. 22:15-21).

En el capítulo anterior dije que Jesús exige lealtad absoluta tanto a Él como a su dominio y autoridad. Todas las lealtades están *justificadas, limitadas* y *determinadas* por esta suprema lealtad a Jesús como el Rey de reyes. Ya vimos cómo se justifican. Ahora veremos cómo se limitan y cómo se determinan.

Cuando César exige lo que Dios prohíbe

Todas nuestras lealtades terrenales están *limitadas* por lo que logró la autoridad suprema de Dios mediante Jesús (véanse Jn. 5:27; Mt. 28:18). Debemos hacer lo que dice César ya que él tiene autoridad gracias al plan de Dios. Pero no debemos hacer todo lo que él dice. Si César dice: "¡César es el Señor!", no lo imitamos. Si nos ordena inclinarnos ante su señoría, no lo hacemos. *Jesús* es el Señor. Sus seguidores se inclinan ante Él como supremo, y ante nadie más. Aunque la autoridad humana a fin de cuentas proviene de Dios, no actúa según su Palabra. Por tanto, puede exigir lo que Dios prohíbe.

Por eso es que Jesús nos advierte del conflicto inminente. Él les dice a sus discípulos que tendrán que escoger entre lealtad a Él y lealtad al estado de César. Esto les costará a algunos la vida: "…os echarán mano, y os perseguirán, y os entregarán a las sinagogas y a las cárceles, y seréis llevados ante reyes y ante gobernadores por causa de mi nombre… matarán a algunos de vosotros" (Lc. 21:12, 16). La única manera en que esta advertencia tiene sentido es si Jesús nos está diciendo que no le demos a César todo lo que César cree que es suyo. Dar a César lo que es de César no incluye rendir obediencia a la orden dada por él de que no juremos lealtad suprema a Dios. La autoridad suprema de Dios limita la autoridad de César y la lealtad que le debemos.

Nos sometemos a César para reconocer que Jesús es el Señor supremo

Todas nuestras lealtades terrenales están no solo justificadas y limitadas por la autoridad suprema de Dios, sino que también están *determinadas* por esa autoridad. En otras palabras, hasta el deber que le rendimos debidamente a César se rinde de manera diferente porque César no es absoluto. Rendimos obediencia a César donde podamos, no porque sea Señor, sino porque nuestro Señor Jesús nos lo pide. En otras palabras, toda nuestra obediencia a César lo destrona al expresar el señorío de Jesús. Vemos todo el acto de servir a César como servir a su dueño y Señor, Jesús. No hay, por tanto, ni señal de adoración hacia César. Se le despoja de su reclamo de divinidad en el mismo acto de sometimiento a sus leyes. Hasta nuestro sometimiento es, por tanto, sedicioso para los gobernadores con pretensiones de deidad.

Jesús ilustra cómo se determina el sometimiento por la supremacía de la autoridad de Dios en Mateo 17:24-27.

Cuando llegaron a Capernaum, vinieron a Pedro los que cobraban las dos dracmas, y le dijeron: ¿Vuestro Maestro no paga las dos dracmas? El dijo: Sí. Y al entrar él en casa, Jesús le habló primero, diciendo: ¿Qué te parece, Simón? Los reyes de la tierra, ¿de quiénes cobran los tributos o los impuestos? ¿De sus hijos, o de los extraños? Pedro le respondió: De los extraños. Jesús le dijo: Luego los hijos están exentos. Sin embargo, para no ofenderles, ve al mar, y echa el anzuelo, y el primer pez que saques, tómalo, y al abrirle la boca, hallarás un estatero; tómalo, y dáselo por mí y por ti.

La expresión "dos dracmas" probablemente se refiere a un impuesto del templo que el pueblo judío pagaba anualmente para el mantenimiento del mismo. La identidad exacta de ese impuesto no es crucial para la cuestión central aquí. La pregunta en cuestión era si Jesús y sus discípulos lo pagarían. La respuesta es sí. Pero la manera en que Jesús justifica el pago es lo que resulta crucial para nosotros.

Él compara el pago con la manera en que un rey secular le impone impuestos a su imperio: ¿Le exige impuestos a sus hijos? No. Por lo tanto, los hijos están exentos. "Entonces —dice Jesús— así es conmigo y con mis discípulos; nosotros somos hijos de Dios, quien tiene toda la autoridad y es dueño de todo y, por tanto, no tenemos que pagar este impuesto del templo. Pero ¿lo haremos? Sí. ¿Por qué? Para no ofender".

El principio es el siguiente: Hay momentos en que existen razones para someterse a una autoridad que surge no del derecho intrínseco de la autoridad, sino de un principio de libertad y lo que sería para el bien mayor. Luego, al aplicar esto a César, el principio sería este: Dios es dueño de César. Dios tiene autoridad absoluta sobre César. Este Dios que tiene toda la autoridad es nuestro Padre. Nosotros somos sus hijos. Por tanto, las órdenes de César de financiar su gobierno no son absolutamente vinculantes para nosotros. Nuestro Padre es dueño del gobierno; nosotros estamos exentos. De hecho, toda la tierra es nuestra como herederos de nuestro Padre y un día la heredaremos completamente (Mt. 5:5). No obstante, en esta dispensación, ¿debemos pagar los impuestos a César? Sí, porque eso conduciría al mayor bien por el momento y porque nuestro Padre nos lo pide: "Dad al César lo que es del César". De esta manera, podemos ver cómo el dominio supremo de Dios sobre todas las cosas no solo justifica y limita, sino que determina la manera en que expresamos nuestras lealtades terrenales.

CÓMO LA AUTORIDAD DE JESÚS DETERMINA NUESTRA DESOBEDIENCIA A CÉSAR

El efecto de determinación de la autoridad suprema de Jesús llega hasta la forma en que desobedecemos a César. Es decir, incluso nuestra desobediencia, cuando es necesaria, no es indiferente a la adecuada autoridad de César y estará determinada por la supremacía de Jesús sobre la autoridad pervertida de César y su aprobación de ella. Vimos anteriormente que la autoridad de Cristo limita la autoridad de César. Esto lo vimos en el mandamiento que nos hace el Señor de que debemos morir antes de someternos a la orden de César para que le neguemos. Jesús mismo no cumplió las órdenes ni de Herodes (Lc. 23:9) ni las de Pilato (Mr. 15:5) ni las del sumo sacerdote (Mt. 26:62-63). Jesús le dio forma y exigió cierta desobediencia civil, y es su vida, sus enseñanzas y autoridad lo que determina el aspecto que tiene esa desobediencia.

Ya hemos dedicado capítulos enteros a los mandamientos acerca de la servidumbre (*Mandamiento #17*), amor a nuestros enemigos (*Mandamientos #28, 29, 30, 31*) y la atención al prójimo (*Mandamientos #32, 33, 34*) provenientes de Jesús. Estos y otros mandamientos determinarán profundamente la forma en que los seguidores de Cristo tomarán parte en la desobediencia civil. Pudiera ser útil ahora aplicar estos mandamientos de nuevo a la presente situación, así como brindar alguna orientación.

DETERMINACIÓN DE LA DESOBEDIENCIA CIVIL POR LOS MANDAMIENTOS DE JESÚS

Mateo 5:38-48 contiene palabras fuertes sobre la pasividad y el amor activo al enemigo (véase el *Mandamiento #30*). Lo que vimos entonces, y vemos ahora de nuevo, es que la pasividad y el amor activo no son siempre lo mismo. En cuanto a la pasividad, Jesús dijo:

> Oísteis que fue dicho: Ojo por ojo, y diente por diente. Pero yo os digo: No resistáis al que es malo; antes, a cualquiera que te hiera en la mejilla derecha, vuélvele también la otra... y a cualquiera que te obligue a llevar carga por una milla, ve con él dos. Al que te pida, dale; y al que quiera tomar de ti prestado, no se lo rehúses (Mt. 5:38-42).

Todos estos mandamientos piden acatamiento a quien nos maltrata o nos pide algo en particular. Esto parece ser lo opuesto a la resistencia. Pero más adelante, en el transcurso del sermón de Jesús, aparece algo un poco diferente en los versículos 43-48, concretamente, más amor activo que pasividad:

> Oísteis que fue dicho: Amarás a tu prójimo, y aborrecerás a tu enemigo. Pero yo os digo: Amad a vuestros enemigos… y orad por los que os ultrajan y os persiguen; para que seáis hijos de vuestro Padre que está en los cielos, que hace salir su sol sobre malos y buenos, y que hace llover sobre justos e injustos… Sed, pues, vosotros perfectos, como vuestro Padre que está en los cielos es perfecto.

Aquí el tono es diferente. El énfasis recae en buscar lo bueno en el enemigo. Ama al enemigo; ora por él, supuestamente para que sea salvo y halle la esperanza y la vida en Jesús; hazle el bien como lo hace Dios con la lluvia y el sol. Entonces, en los versículos 38-42 se destaca la necesidad de acatamiento (no te resistas, pon la otra mejilla, haz un esfuerzo adicional). Pero, en los versículos 43-48, Jesús destaca la necesidad de acciones positivas por el bien de nuestros enemigos con vistas a su bendición.

Ahora bien, esto hace plantear la cuestión de si la pasividad y el acatamiento de los versículos 38-42 es siempre la mejor manera de amar a los demás y de hacerles el bien como está prescrito en los versículos 43-48. En uno de ellos se centra la atención en la pasividad: no tomar represalias, estar dispuesto a sufrir injustamente. El otro centra la atención en la actividad: Trata de hacer el bien al enemigo. ¿Es la pasividad siempre la mejor manera de hacer el bien?

CUANDO EL AMOR A UNA PERSONA EXIGE RESISTENCIA A LA OTRA

La respuesta se hace más clara cuando nos damos cuenta de que, en la mayoría de las situaciones de injusticia o de persecución, no somos los únicos en salir heridos. Por ejemplo, ¿cómo se ama a dos personas si una de ellas es el criminal y la otra es la víctima? ¿Si una de ellas lastima y la otra está lastimada? ¿El amor es pasivo cuando no es solo la mejilla *de uno* la que recibe el golpe sino la de otra persona también… y repetidamente?

¿Y la exigencia de dar al que pide? ¿Es amor dar tu abrigo a una persona que lo usará para estrangular a un bebé? ¿Y cómo vamos un poco más allá (¡con amor!) con una persona que nos está llevando junto a ella para apoyar su derramamiento de sangre? ¿Tú vas un poco más allá con alguien que te está haciendo cómplice activo de su maldad?

La esencia de estas preguntas estriba en lo siguiente: En estos versículos, Jesús nos está dando una descripción del amor que llega a lo más profundo de nuestro egoísmo y temor. Si el egoísmo y el temor impiden que demos y que nos esforcemos un poco más, entonces necesitamos ceder ante esas palabras. Pero Jesús no dice que el acatamiento pasivo en situaciones de injusticia es la única forma de amor; pudiera ser una forma de cobardía. Cuando el amor sopesa los reclamos de justicia y misericordia de todas las personas en cuestión, puede existir el momento, un punto álgido, en que el amor vaya más allá de la pasividad dócil y complaciente y saque a los cambistas del templo (Mr. 11:15).

La batalla mayor es la de sentirnos desconsolados en nuestra resistencia

Entonces, ¿qué pautas existen para conocer la forma en que un seguidor de Jesús ejecute la desobediencia civil? Las palabras del Señor descartan todo afán de venganza y toda acción basada en la mera conveniencia de la seguridad personal. Él elimina nuestro amor por las posesiones y nuestro amor por la conveniencia. En eso estriba Mateo 5:38-42. No actúes meramente por una cuestión de beneficio propio, tu ropa, tu conveniencia, tus posesiones, tu seguridad.

Por el contrario, al confiar en Jesús, conviértete en la clase de persona que está totalmente liberada de estas cosas para poder vivir para los demás (tanto los oprimidos como los opresores; tanto los perseguidos como los perseguidores; tanto los niños que mueren como los que realizan abortos asesinos; tanto los racistas como las razas). El tono y comportamiento de ésta desobediencia civil será lo opuesto de las demostraciones estridentes, beligerantes, tiradoras de piedras, vocingleras, blasfemadoras y violentas.

Nosotros somos el pueblo de la cruz. Nuestro Señor se sometió a la crucifixión con gusto para salvar a sus enemigos. A Él le debemos nuestra vida eterna. Somos pecadores perdonados; esto le quita la arrogancia a nuestra protesta, a nuestra resistencia. Y si, después que todos los medios hubieran fallado, es preciso que desobedezcamos por amor y por justicia, primero quitaremos la viga de nuestro propio ojo que causará suficiente dolor y lágrimas para suavizar nuestra indignación convirtiéndola en un "no" humilde, tranquilo e inquebrantable. La mayor batalla a la que nos enfrentamos no es la de vencer leyes injustas, sino convertirnos en esta clase de persona.

"Dad a César lo que es de César y a Dios lo que es de Dios". Que este mandamiento exalte la supremacía de Dios y su Hijo Jesús por encima de todos los poderes terrenales. Que una nuestros corazones en lealtad absoluta al rey Jesús. Que justifique, limite y determine la forma en que le rendimos lealtad a "César", y que nos libere para vivir en este mundo como ciudadanos de otro reino, no huyendo, no conformándonos, sino viviendo el efecto radical que el Rey Jesús infunde en toda relación, incluso nuestra relación con el Estado.

Haced esto en memoria de mí, porque edificaré mi Iglesia

"[Jesús] les dijo: Y vosotros, ¿quién decís que soy yo? Respondiendo Simón Pedro, dijo: Tú eres el Cristo, el Hijo del Dios viviente. Entonces le respondió Jesús: Bienaventurado eres, Simón, hijo de Jonás, porque no te lo reveló carne ni sangre, sino mi Padre que está en los cielos. Y yo también te digo, que tú eres Pedro, y sobre esta roca edificaré mi iglesia; y las puertas del Hades no prevalecerán contra ella" (Mt. 16:15-18).

"Por tanto, id, y haced discípulos a todas las naciones, bautizándolos en el nombre del Padre, y del Hijo, y del Espíritu Santo..." (Mt. 28:19).

"He aquí, yo enviaré la promesa de mi Padre sobre vosotros; pero quedaos vosotros en la ciudad de Jerusalén, hasta que seáis investidos de poder desde lo alto" (Lc. 24:49).

El mandamiento de Jesús de "Haced esto en memoria de mí" viene de la institución de la Cena del Señor en Lucas 22:19. Pero presupone algo, concretamente, que habría una iglesia que adoraría a Dios cuando Jesús ya no estuviera. ¿Planeó esto Jesús y proveyó para la iglesia? De esto trata este capítulo que sirve de base para el siguiente.

"Edificaré mi iglesia"

Jesús prometió edificar su iglesia. Por "iglesia" no quiso decir un edificio. Ese no es el significado de iglesia (ἐκκλησία) en griego. Él quiere decir que edificará un pueblo. Reunirá a un pueblo que confíe en Él como su Señor (Jn. 13:13; 20:28) y Salvador (Jn. 3:17; 10:9), y que se amen unos a los otros (Jn. 13:34-35) y a sus enemigos (Mt. 5:44). Jesús se describe a sí mismo como "el buen pastor" que reúne a sus ovejas en un rebaño: "Yo soy el buen pastor; y conozco mis ovejas, y las mías me conocen, así como el Padre me conoce, y yo conozco al Padre; y pongo mi vida por las ovejas. También tengo otras ovejas que no son de este redil; aquellas también debo traer, y oirán mi voz; y habrá un rebaño, y un pastor" (Jn. 10:14-16).

Las palabras "aquellas también debo traer" y "oirán mi voz" conllevan la misma autoridad que las palabras "edificaré mi iglesia" (Mt. 16:18); "Aquellas *debo* traer"; "*Oirán* mi voz"; "*Edificaré* mi iglesia". Eso es lo que hace el poder del reino. Jesús compara el reino de Dios con una red que fue echada al mar de la humanidad y "…recoge de toda clase de peces…" (Mt. 13:47). El reino de Dios, como lo presenta Jesús, no es un reino ni un pueblo, sino un gobierno o reinado. Por lo tanto, hace que surja un pueblo de la misma manera en que una red recoge peces. Algunos escépticos han intentado hallar una contradicción entre el mensaje de Jesús acerca del reino de Dios y el subsiguiente surgimiento de la iglesia, pero no la hay. El reino crea la iglesia. O, dicho de otra manera, el Rey, Jesús, edifica su iglesia.

Jesús sabía y enseñó que entre su primera y segunda venida a la tierra habría un lapso de tiempo. Por ejemplo, la parábola de los labradores malvados contada por Jesús es una historia de lo que sucederá entre su primera y segunda venida. Comienza así: "…Un hombre plantó una viña, la arrendó a labradores, y se ausentó *por mucho tiempo*" (Lc. 20:9). Esta es una de las declaraciones más claras que indican que Jesús esperaba que el tiempo antes de su segunda venida fuera sustancial. Él sabía que se alejaría de su "rebaño" y, por tanto, proveyó para ellos para cuando no estuviera.

Jesús se aseguró de proveer para la iglesia mediante el Espíritu Santo

Esta provisión incluye el envío del Espíritu Santo, la preservación de la verdad inspirada en los escritos de sus apóstoles y sus asociados cercanos, pautas en cuanto a cómo manejar el pecado en el rebaño y las ordenanzas del bautismo y de la Cena del Señor. Jesús sabía muy bien lo que significaría dejar su "manada pequeña" (Lc. 12:32) en un mundo hostil y regresar al Padre. ¿Cómo iban a vivir sin su presencia física? Él había sido literalmente el centro de sus vidas durante tres años y ahora se marchaba. ¿Quién los enseñaría? ¿Quién los guiaría y los protegería? ¿Cómo lograrían vivir en su ausencia? Estas y muchas otras preguntas surgirían cuando Jesús se marchara. Por lo tanto, Él les aseguró: "No os dejaré huérfanos; vendré a vosotros" (Jn. 14:18).

Lo que quiso decir con su promesa fue que Él enviaría al Espíritu Santo y que este Espíritu de Dios sería su propia presencia entre ellos: "Y yo rogaré al Padre, y os dará otro Consolador, para que esté con vosotros para siempre: el Espíritu de verdad, al cual el mundo no puede recibir, porque no le ve, ni le conoce; pero vosotros le conocéis, porque mora con vosotros, y estará en vosotros" (Jn. 14:16-17). "Mora *con* vosotros, y estará *en* vosotros". Jesús dice que Él mismo está ahora *con* sus discípulos, físicamente presente y, cuando llegue el Espíritu, Él mismo estará *en* ellos. Jesús consuela a sus seguidores con la verdad de que Él mismo estará presente en la iglesia por el Espíritu que Él envía en su lugar.[1]

"No se turbe vuestro corazón"

Jesús quiere que estas promesas sean un fuerte aliento para sus seguidores cuando Él se marche: "La paz os dejo, mi paz os doy; yo no os la doy como el mundo la da. No se turbe vuestro corazón, ni tenga miedo" (Jn. 14:27). Por lo tanto, aunque la iglesia está destinada a tener problemas en un mundo hostil de falta de fe (Jn. 15:20), debe sentir aliento porque Jesús promete enviar al Espíritu Santo que la ayudará y, de hecho, será la manifestación de la presencia del propio Cristo.

Al final de su vida terrenal, Jesús prometió: "...he aquí yo estoy con vosotros todos los días, hasta el fin del mundo..." (Mt. 28:20). Jesús mismo promete estar con sus seguidores aun después de no estar con ellos. Esto es posible debido al Espíritu Santo, que también es el Espíritu de Jesús. Por tanto, debido a la obra pasada de Jesús en la cruz (Mt. 20:28),

---

1. Debo dejar explícito que, al describir la venida del Espíritu de esta manera, no quiero significar que la Persona del Espíritu y la Persona del Hijo no son personas distintas. Lo son. Que el Espíritu puede manifestarse en el Hijo y mediar una experiencia de la presencia del Hijo es parte de la misteriosa unidad que tienen, no una contradicción de sus personas diferentes.

su obra presente por el Espíritu (Jn. 10:16; 12:32) y su obra futura al venir de nuevo triunfante (Mt. 16:27), su iglesia puede sentirse confiada en un mundo hostil: "...En el mundo tendréis aflicción —dijo Jesús—pero confiad, yo he vencido al mundo" (Jn. 16:33); "...edificaré mi iglesia; y las puertas del Hades no prevalecerán contra ella" (Mt. 16:18).

Por tanto, en vista de esta función crucial del Espíritu Santo en ausencia de Jesús, Él pide que sus seguidores esperen por el Espíritu y no se apresuren al ministerio sin este don. Justo antes de su ascenso al cielo, dijo: "He aquí, yo enviaré la promesa de mi Padre sobre vosotros; pero quedaos vosotros en la ciudad de Jerusalén, hasta que seáis investidos de poder desde lo alto" (Lc. 24:49). Todas las generaciones posteriores de los seguidores de Jesús han de recibir este Espíritu y de esta manera tener el poder y la presencia del Rey resucitado.

Jesús provee un Nuevo Testamento para su iglesia

Jesús no solo provee para su rebaño después de su partida enviándole al Espíritu Santo, sino que también lo prepara para la preservación de la verdad inspirada en los escritos de sus apóstoles. Él no se refiere a los escritos de los apóstoles, pero ubica a dos de ellos y al Espíritu Santo como la garantía de sus enseñanzas para la fundación de su iglesia. En una coyuntura decisiva durante su ministerio en la tierra, Jesús escogió doce apóstoles entre todos los discípulos que lo seguían. Él no hizo una selección a la ligera, sino que oró toda la noche: "En aquellos días él fue al monte a orar, y pasó la noche orando a Dios. Y cuando era de día, llamó a sus discípulos, y escogió a doce de ellos, a los cuales también llamó *apóstoles*" (Lc. 6:12-13). La palabra "apóstol" significa "alguien que es "enviado" (ἀποστέλλειν) y que comparte la autoridad del que envía, como su representante".[2] No todos los que Jesús envió fueron nombrados apóstoles. Por ejemplo, Él envió setenta y dos por delante de Él y les dijo: "...os envío como corderos en medio de lobos... sanad a los enfermos...

---

2. Donald Hagner, *Matthew 1–13*, Word Biblical Commentary, vol. 33a (Dallas: Word, 1993), 265. Norval Geldenhuys define a un apóstol como "alguien escogido y enviado con un encargo especial como representante totalmente autorizado del que envía". Geldenhuys, *Supreme Authority: The Authority of the Lord, His Apostles and the New Testament* (Grand Rapids, Mich.: Eerdmans, 1953), 53-54.

y decidles: Se ha acercado a vosotros el reino de Dios" (Lc. 10:3, 9). Pero estos no fueron llamados apóstoles.

El hecho de que había doce apóstoles, igual que había doce tribus de Israel, y que la palabra *apóstol* conlleva el significado de autoridad especial para representarlo sugiere que fue intención de Jesús que los apóstoles fueran la base del verdadero Israel, la iglesia. Él había dicho con respecto al antiguo Israel que, al menos temporalmente, serían sustituidos: "…os digo, que el reino de Dios será quitado de vosotros [Israel], y será dado a gente que produzca los frutos de él [los seguidores de Jesús, la iglesia]" (Mt. 21:43; véase también *Mandamiento #28*). Este nuevo "Israel" tendría su fundamento en los doce apóstoles, quienes representarían la autoridad de Jesús mientras sentaban las bases para este nuevo pueblo.

A fin de garantizar la futura veracidad de la enseñanza de los Doce, Jesús prometió enviar al Espíritu de la verdad para preservar sus enseñanzas y guiarlos en el camino hacia la verdad decisiva que Él aún no les había dado a ellos. Hablándoles a los once apóstoles, después que Judas los dejó la noche antes de haber sido crucificado, Jesús dijo:

> Aún tengo muchas cosas que deciros, pero ahora no las podéis sobrellevar. Pero cuando venga el Espíritu de verdad, él os guiará a toda la verdad; porque no hablará por su propia cuenta, sino que hablará todo lo que oyere, y os hará saber las cosas que habrán de venir. Él me glorificará; porque tomará de lo mío, y os lo hará saber (Jn. 16:12-14).

> …Él os enseñará todas las cosas, y os recordará todo lo que yo os he dicho (Jn. 14:26).

Esta es la manera en que Jesús cuida de su rebaño después de su partida. Provee un grupo de representantes autorizados y luego les da la seguridad hade que en su función de enseñanza tendrán la asistencia divina para darle a la iglesia la verdad y la piedad que necesita para toda la vida. Él quiere que la enseñanza de estos voceros autorizados se conserve a través de las generaciones.

Esto lo sabemos porque Jesús le dice a su Padre en una oración al final de su vida: "…no ruego solamente por estos [doce], sino también por los que han de creer en mí *por la palabra de ellos*, para que todos sean uno…" (Jn. 17:20-21). Todas las generaciones posteriores de la iglesia llegarán a la fe en Jesús "por la palabra de ellos". Esto significa que su Palabra deberá preservarse. Esto es el origen de lo que llamamos el Nuevo Testamento. La base de la iglesia hoy es la enseñanza guiada por el Espíritu de los apóstoles, preservada para nosotros en los escritos del Nuevo Testamento.[3]

---

3. Existe un pasaje polémico de las enseñanzas de Jesús acerca del lugar de Pedro en relación con la fundación de la iglesia. Jesús les preguntó a sus discípulos: "…¿quién decís que soy yo?". Simón Pedro respondió: "Tú eres el Cristo, el Hijo del Dios viviente". Respondió Jesús: "Bienaventurado eres, Simón, hijo de Jonás, porque no te lo reveló carne ni sangre, sino mi Padre que está en los cielos. Y yo también te digo, que tú eres Pedro, y sobre esta roca edificaré mi iglesia; y las puertas del Hades no prevalecerán contra ella. Y a ti te daré las llaves del reino de los cielos; y todo lo que atares en la tierra será atado en los cielos; y todo lo que desatares en la tierra será desatado en los cielos" (Mt. 16:15-19).

Algunos toman este pasaje para enseñar que Pedro y sus sucesores (p. ej., obispos de Roma y los papas) tienen una autoridad única y una función administrativa en la iglesia a lo largo de la historia. Las "llaves del reino" estarían en sus manos y se referiría a la función única de toma de decisiones en cuanto a lo que la iglesia cree y hace. Lo que entiendo lo da George Ladd en la siguiente interpretación:

> Hay otra interpretación más cerca. Jesús condenó a los escribas y los fariseos porque se habían llevado la llave del conocimiento, negándose a entrar en el reino de Dios ellos mismos o a dejar que los demás entraran (Lc. 11:52). Este mismo pensamiento aparece en el primer Evangelio: "¡Ay de vosotros, escribas y fariseos, hipócritas! porque cerráis el reino de los cielos delante de los hombres; pues ni entráis vosotros, ni dejáis entrar a los que están entrando" (Mt. 23:13). En términos bíblicos, conocimiento es algo más que la percepción intelectual. Es "una posesión espiritual debido a la revelación". La autoridad encomendada a Pedro se basa en la revelación, es decir, el conocimiento espiritual, que él compartió con los doce apóstoles. Las llaves del reino son, por lo tanto, "la percepción espiritual que le permitiría a Pedro guiar a los demás a cruzar la puerta de la revelación a través de la cual él mismo había entrado" (Anthony Flew, *Jesus and His Church*, 1943, p. 95]. La autoridad de atar y desatar implica la admisión o exclusión de los hombres del reino de Dios. Cristo edificará su *ekklesia*, [es decir, iglesia] sobre Pedro y sobre aquellos que comparten la revelación divina de la condición de Jesús como Mesías. También, en virtud de esta misma revelación, a ellos se les asignan los medios para permitir a los hombres participar de las bendiciones del reino o de excluir a los hombres de dicha participación (George Ladd, *The Presence of the Future* [Grand Rapids, MI: Eerdmans, 1974], 274-275).

Este punto de vista encaja con lo que he dicho de que Jesús provee un fundamento para la iglesia en la enseñanza de los apóstoles. La misión de Pedro es preponderante en ese sentido, pero su autoridad de fundador era compartida por los otros y se encuentra hoy en el Nuevo Testamento, no en las oficinas del Papa.

El Espíritu y la Palabra son inseparables

De esta manera, Jesús le ha dado a su iglesia tanto el Espíritu como la Palabra. Su Espíritu y su enseñanza son inseparables. Él criticaría a cualquiera que tratara de separarlos. Las enseñanzas objetivas de Jesús, recordadas por el Espíritu y registradas para las generaciones posteriores, constituyen la regla para la iglesia. Cualquier intento de abandonar o distorsionar este arsenal objetivo, histórico y definitivo de enseñanza se desviaría de lo que Jesús exige, enseña y promete.

Pero también es verdad que sin el Espíritu, nadie recibirá, o entenderá correctamente, estas enseñanzas históricas. Por naturaleza, somos simplemente seres humanos sin ninguna vida espiritual. Pero sin vida espiritual no tenemos ojos para ver verdaderamente lo que Jesús enseñó. El remedio para esta ceguera y muerte espiritual es el de nacer de nuevo por el Espíritu: "…el que no naciere de nuevo, no puede ver el reino de Dios" (Jn. 3:3). Este nuevo nacer es obra del Espíritu: "Lo que es nacido de la carne, carne es; y lo que es *nacido del Espíritu*, espíritu es" (Jn. 3:6). Si hemos de tener la vida y percepción espiritual que nos permitirá ver lo que Jesús realmente enseña, debemos nacer del Espíritu. (Para conocer más sobre la importante obra del Espíritu, véase el *Mandamiento #1*).

Jesús hizo otras tres notables provisiones para su iglesia. En el siguiente capítulo veremos el mandamiento de Jesús en cuanto a la disciplina de la iglesia, y las dos ordenanzas del bautismo y la Cena del Señor.

HACED ESTO EN MEMORIA DE MÍ: BAUTIZAR DISCÍPULOS Y COMER LA CENA DEL SEÑOR

"…si tu hermano peca contra ti, ve y repréndele estando tú y él solos; si te oyere, has ganado a tu hermano. Mas si no te oyere, toma aún contigo a uno o dos, para que en boca de dos o tres testigos conste toda palabra. Si no los oyere a ellos, dilo a la iglesia; y si no oyere a la iglesia, tenle por gentil y publicano" (Mt. 18:15-17).

"Y [Jesús] dijo: ¡Cuánto he deseado comer con vosotros esta pascua antes que padezca! Porque os digo que no la comeré más, hasta que se cumpla en el reino de Dios. Y habiendo tomado la copa, dio gracias, y dijo: Tomad esto, y repartidlo entre vosotros; porque os digo que no beberé más del fruto de la vid, hasta que el reino de Dios venga. Y tomó el pan y dio gracias, y lo partió y les dio, diciendo: Esto es mi cuerpo, que por vosotros es dado; haced esto en memoria de mí. De igual manera, después que hubo cenado, tomó la copa, diciendo: Esta copa es el nuevo pacto en mi sangre, que por vosotros se derrama" (Lc. 22:15-20).

CÓMO JESÚS EXIGE QUE MANEJEMOS EL PECADO EN LA IGLESIA

Además de darle a su iglesia el Espíritu y la Palabra (que vimos en el capítulo anterior), Jesús también dejó pautas en cuanto a cómo manejar el pecado en el rebaño. En cierto sentido, todas sus enseñanzas lo hacen. Constituyen la carta de cómo sus seguidores deberán vivir en la iglesia y en el mundo. Pero en Mateo 18:15-17, Él dio pautas más específicas para lo que se ha dado en llamar disciplina de la iglesia.

> …si tu hermano peca contra ti, ve y repréndele estando tú y él solos; si te oyere, has ganado a tu hermano. Mas si no te oyere, toma aún contigo a uno o dos, para que en boca de dos o tres testigos conste toda palabra. Si no los oyere a ellos, dilo a la iglesia; y si no oyere a la iglesia, tenle por gentil y publicano.

La palabra "iglesia" señala el hecho de que Jesús está preparando a sus seguidores para la continua comunión de este grupo en su ausencia. La implicación de la enseñanza es que el pecado persistente, no arrepentido (el rechazo a tomar el pecado seriamente y hacerle la guerra en nuestra vida), significará que no somos verdaderamente seguidores de Jesús. En otras palabras, aunque Él sabía que la iglesia siempre tendría en su seno falsos creyentes (Mt. 13:30, 48), no obstante proveyó para una disciplina cuidadosa, bondadosa y paciente que no toleraría la flagrante renuencia a arrepentirse.

Tratar a un "hermano" impenitente como a un "gentil y publicano" no significaba tratarlo con hostilidad. Jesús había dicho claramente que a esas personas había que amarlas: "Y si saludáis a vuestros hermanos solamente, ¿qué hacéis de más? ¿No hacen también así los gentiles?" (Mt. 5:47). Lo que significa "tenle por gentil y publicano" es no expresar más la comunión única de Jesús con él, no es relacionarnos con él como si no existieran barreras en la comunión. Esto incluiría no participar juntos, por ejemplo, en la Cena del Señor.

Id, haced discípulos, bautizándolos

Lo cual nos trae ahora a las ordenanzas que Jesús preparó para su iglesia antes de marcharse, concretamente, el bautismo y la Cena del Señor. Antes de partir al cielo, el Señor dio el mandato de lo que debíamos hacer: "… id, y haced discípulos a todas las naciones, bautizándolos en el nombre del Padre, y del Hijo, y del Espíritu Santo…" (Mt. 28:19). En otras palabras, parte de convertirse en discípulo o seguidor de Jesús es bautizarse. Esta es la marca externa del cambio interno que ha ocurrido para poder llevarlo a uno a Cristo como pecador perdonado.

Juan el Bautista había bautizado a las personas como un llamado al arrepentimiento en preparación para la venida del Mesías (Mr. 1:4).

En cierto sentido, esto fue asombroso. Estaba haciendo un llamado al pueblo judío a que se sometiera a una señal especial de arrepentimiento como testimonio de pertenecer al pueblo del Mesías. Pero algunos de los líderes se indignaron ante esto y protestaron que ya ellos eran el pueblo del Mesías. Ellos eran hijos de Abraham. A esto, Juan respondió: "…no penséis decir dentro de vosotros mismos: A Abraham tenemos por padre; porque yo os digo que Dios puede levantar hijos a Abraham aun de estas piedras" (Mt. 3:9). Es decir: "El bautismo que yo exijo es una señal de que se está formando el verdadero pueblo de Israel. No es coincidente con los descendientes físicos de Abraham. Está compuesto por aquellos que se arrepienten y que muy pronto conocerán y creerán en el Mesías, Jesús: "No piensen —dice Él a los líderes judíos—, que si ustedes son rechazados por falta de fe, Dios no podrá cumplir sus promesas del pacto; de las piedras puede levantar beneficiarios de sus promesas".

Por lo tanto, ya en el bautismo de Juan vemos cómo funcionaba para poder distinguir a los verdaderos creyentes de los meros descendientes de creyentes. Ahora Jesús escoge esta señal como la marca de sus propios seguidores en su ausencia. Cuando se convierten de la incredulidad a la fe, deben ser bautizados. Es decir, deberán demostrar con su obediencia a este mandato que verdaderamente pertenecen a Él.[1] Lo que quiero decir aquí es que este acto, practicado por casi todas las iglesias cristianas hoy día, no fue inventado por estas. Jesús pone esto en su lugar antes de marcharse y ordenó que lo hiciéramos. Por tanto, un seguidor de Jesús debe ser bautizado en nombre del Padre, del Hijo y del Espíritu Santo, como dijo Jesús. Esto es parte de lo que significa convertirse en su discípulo y de pertenecer a su iglesia.

"Haced esto en memoria de mí"

La otra ordenanza que Jesús dio para su iglesia es la Cena del Señor.

---

1. No es mi intención entrar en los temas polémicos alrededor del bautismo de párvulos frente al bautismo del creyente. Recomiendo Paul K. Jewett, *Infant Baptism and the Covenant of Grace: An Appraisal of the Argument That as Infants Were Once Circumcised, So They Should Now Be Baptized* (Grand Rapids, Mich.: Eerdmans, 1978), que defiende la verdad del bautismo del creyente. Para ver con más profundidad mi tratamiento del tema, visite http://www.desiringgod.org/resourcelibrary/topicindex/23/.

He llamado al bautismo y la Cena del Señor *ordenanzas* para indicar que Jesús las *ordenó*. Es decir, Él estableció el modelo para su observancia. Esto está claro con respecto del por qué Él lo exigió como un acto más o menos formal en nombre del Padre, del Hijo y del Espíritu Santo. También está claro con respecto de la Cena del Señor porque, en el contexto de una declaración muy solemne sobre el pan y la copa, Jesús nos ordena: "Haced esto". "Esto es mi cuerpo, que por vosotros es dado; *haced esto* en memoria de mí. De igual manera, después que hubo cenado, tomó la copa, diciendo: Esta copa es el nuevo pacto en mi sangre, que por vosotros se derrama" (Lc. 22:19-20).

Jesús no le dio nombre a esta ordenanza. A toda la cena que estaba comiendo con sus discípulos aquella última noche la llamó pascua y la describió en relación con su propio sacrificio: "...¡Cuánto he deseado comer con vosotros esta *pascua* antes que *padezca*!" (Lc. 22:15). La pascua marcó el acontecimiento en Egipto cuando Dios salvó a los hijos judíos del ángel de la muerte, porque los postes y el dintel estaban marcados con sangre de un cordero sacrificado (Éx. 12:13, 23). Puesto que todo lo relacionado con la última noche de Jesús y el posterior juicio y crucifixión fue planeado por Dios y cumplido obedientemente por Jesús, sería tonto pensar que su Última Cena fue solo coincidentemente una cena de pascua: "...el Hijo del Hombre va, según está escrito de él..." (Mt. 26:24). Por tanto, no es una sorpresa que los más antiguos documentos cristianos que hacen referencia a esta ordenanza no solo la llamen "la Cena del Señor" (κυριακὸν δεῖπνον; 1 Co. 11:20), sino que también se refiera a Jesús como "nuestra pascua" (τὸ πάσχα ἡμῶν; 1 Co. 5:7). Eso fue con seguridad lo que Él quiso decir: "Estoy instituyendo una cena sagrada para mi pueblo para cuando me haya ido; y en ella deberán ver una señal sagrada del sacrificio de pascua que realizaré mañana cuando muera por sus pecados".

¿Cómo pueden ser la copa y el pan la sangre y el cuerpo de Jesús?

Por supuesto, el uso de la palabra *señal* en la última frase resulta polémico. Ha habido diferentes interpretaciones de lo que Jesús quiso enseñar al tomar el pan y decir: "...*Esto* es mi cuerpo, que por vosotros es dado" (Lc. 22:19) y al tomar la copa y decir: "...*Esto* es mi sangre del nuevo pacto, que por muchos es derramada para remisión de los pecados" (Mt. 26:28). ¿Decía Él que la copa y el pan eran señales de su cuerpo y su sangre o que de alguna manera se transformaban en el cuerpo y sangre propios de Jesús?

Era normal en aquella época, como lo es hoy, señalar a la representación de algo y decir que esa representación es lo real. Por ejemplo, yo miro la foto de nuestra casa y digo: "Esta es nuestra casa". A nadie se le ocurriría pensar que yo quiero decir que la fotografía se transformó en mi casa. Si Jesús dibujara un camello en la arena diría: "Esto es un camello". El dibujo no se convierte en un camello, sino que representa a un camello.

Sabemos que usaba el lenguaje de esta manera porque en la parábola del sembrador, Él interpreta la imagen de cuatro clases de personas con estas palabras: "Y el que fue sembrado en pedregales, *este es el que oye* la palabra, y al momento la recibe con gozo" (Mt. 13:20). Él quiere decir que los pedregales *representan* a una clase de persona. Esta forma de pensar no tiene nada de moderno ni de extraño y es la forma más natural de comprender las palabras de Jesús. La copa y el pan representan su sangre y su cuerpo.

Además, si insistimos en decir que "esto es mi cuerpo" y "esto es mi sangre" deben hacer referencia al cuerpo y sangre verdaderos de Jesús. ¿En qué se convierte entonces la afirmación de "...Esta copa es el nuevo pacto en mi sangre..." (Lc. 22:20)? ¿Diremos que la copa es el nuevo pacto de la misma manera que la copa es la sangre? Sin duda, "esta copa es el nuevo pacto en mi sangre" significa que "esta copa representa el nuevo pacto que será adquirido e inaugurado por mi derramamiento de sangre mañana por la mañana". Por tanto, es sensato interpretar las palabras "esto es mi cuerpo" y "esto es mi sangre" como: "La copa y el pan representan mi cuerpo y mi sangre verdaderos ofrecidos a ustedes en la muerte como sacrificio por sus pecados".

"LAS PALABRAS QUE YO OS HE HABLADO SON ESPÍRITU Y SON VIDA"

A veces se utiliza otro dicho de Jesús como sostén para ver la copa y el pan como transformados literalmente en la sangre y el cuerpo de Jesús. En Juan 6:53-54, Jesús dijo: "...De cierto, de cierto os digo: Si no coméis la carne del Hijo del Hombre, y bebéis su sangre, no tenéis vida en vosotros. El que come mi carne y bebe mi sangre, tiene vida eterna; y yo le resucitaré en el día postrero". Pero Jesús quiere que veamos este lenguaje como una expresión vívida de alimento *espiritual*, no de alimento material. Esto nos lo dice diez versos después cuando se asegura de que entendamos que la vida prometida en los versículos 53-54 no se logra mediante la carne sino mediante el Espíritu: "El espíritu es el que da vida; la carne para nada aprovecha; las palabras que yo os he hablado son espíritu y son vida" (Jn. 6:63). Este versículo es una advertencia contra tomar las palabras "esto es mi cuerpo" y "esto es mi sangre" como si la vida eterna emanara de beber y comer físicamente.

Por tanto, Jesús exige que sus seguidores celebren la Cena del Señor en conmemoración de su muerte y como anticipación a su venida de nuevo en la gloria de su reino (Lc. 22:18). Saber que esta copa y pan representan el más maravilloso acto de amor en la historia y que logró la adquisición e inauguración del nuevo pacto, es decir, la obtención del perdón y un nuevo corazón (Jer. 31:31-34), hace de la Cena del Señor un acto inigualable de comunión con el Jesús resucitado. Él se acerca por medio de su Espíritu y su Palabra y se da a conocer a nosotros para nuestro gozo de una manera que es conformada de forma única mediante este acto solemne.

El mandamiento de Jesús: Ser la iglesia

Lo que hemos visto en este capítulo es que la iglesia no es algo que se les ocurrió a los seguidores de Jesús porque su mensaje de la venida del reino no se materializó. No, la iglesia no sustituyó al reino. Esta es creada y sostenida por el reino; fue planeada por Jesús y Él proveyó para ella desde todo punto de vista.

"Edificaré mi iglesia" es el estandarte que ondea en las reuniones de los seguidores de Jesús hoy. Él está creando su pueblo. Él está reuniendo a su rebaño. Él está cumpliendo su promesa de estar con ellos hasta el fin del mundo. Él lo está enseñando por su Espíritu y mediante su Palabra. Él la está distinguiendo del mundo mediante la señal del bautismo y haciendo que Él sea recordado y gozado en la Cena del Señor. "Haced esto" es un mandamiento del Señor que nos llama hoy a ser no solo seguidores individuales, sino un rebaño, una congregación, una comunidad y una iglesia.

Así alumbre vuestra luz delante de los hombres, para que glorifiquen a vuestro Padre que está en los cielos

"Vosotros sois la sal de la tierra; pero si la sal se desvaneciere, ¿con qué será salada? No sirve más para nada, sino para ser echada fuera y hollada por los hombres. Vosotros sois la luz del mundo; una ciudad asentada sobre un monte no se puede esconder. Ni se enciende una luz y se pone debajo de un almud, sino sobre el candelero, y alumbra a todos los que están en casa. Así alumbre vuestra luz delante de los hombres, para que vean vuestras buenas obras, y glorifiquen a vuestro Padre que está en los cielos" (Mt. 5:13-16).

"Buena es la sal; mas si la sal se hace insípida, ¿con qué la sazonaréis? Tened sal en vosotros mismos; y tened paz los unos con los otros" (Mr. 9:50).

El mandamiento de que dejemos alumbrar nuestra luz ante el mundo tiene un objetivo: que las personas glorifiquen a nuestro Padre que está en los cielos. Luego, en última instancia, el mandamiento es que nos propongamos glorificar a Dios permitiendo que alumbre nuestra luz. Es justo, pues, que dediquemos este capítulo a la importancia de este objetivo: la glorificación de Dios. Después, en los capítulos siguientes, veremos lo que significa dejar que alumbre nuestra luz.

La primera pasión y el valor supremo de Jesús

Lo primero que Jesús pide que oremos es que el nombre de nuestro Padre sea santificado: "Vosotros, pues, oraréis así: Padre nuestro que estás en los cielos, santificado sea tu nombre" (Mt. 6:9). Al decir esto, Jesús señala que su primera pasión es, y que nuestra primera pasión debe ser, la manifiesta santidad de Dios. Uso la frase "manifiesta santidad de Dios" por tres razones. Primero, la palabra griega que sirve de base a "santificado sea" (ἁγιασθήτω) se construye sobre la palabra que significa "santo" (ἅγιος). Segundo, cuando conviertes la palabra "santo" en un verbo como este, significa "ser santo", de ahí la idea de santidad *manifiesta*. Tercero, otra forma de hablar de la santidad manifiesta de Dios es hablando de su gloria.[1]

La razón por la que es importante ver la relación entre *santificar* el nombre de Dios y la *gloria* de este es que numerosas frases de Jesús (como veremos a continuación) muestran que la gloria de su Padre y su propia gloria son supremamente importantes. Nada en el universo es más valioso que la gloria de Dios. Ver la relación entre la santificación del nombre de Dios como la primera pasión de Jesús, y la gloria de Dios como el valor supremo en el universo muestra que no existe ninguna contradicción entre los dos. Santificar el nombre de Dios y glorificar a Dios son, en gran medida, el mismo acto.

¿Qué es la gloria de Dios?

La gloria de Dios es el fulgor de sus múltiples perfecciones. Estas son palabras pobres para la más rica realidad de todas. Pero aunque las palabras son inadecuadas, debemos intentarlo. La gloria de Dios es el esplendor del infinito valor de todo lo que es Él. Es su belleza moral. Es visible a los ojos del cuerpo solo cuando el mundo creado gloriosamente señala a su invisible

---

1. Una forma de pensar acerca de la santidad de Dios en relación con su gloria es que su santidad es el valor infinito de su perfección y pureza intrínsecas, y su gloria es la manifestación o la irradiación de ese valor. Un indicador textual a esta relación es Levítico 10:1-3: "Nadab y Abiú, hijos de Aarón, tomaron cada uno su incensario, y pusieron en ellos fuego, sobre el cual pusieron incienso, y ofrecieron delante de Jehová fuego extraño, que él nunca les mandó. Salió fuego de delante de Jehová y los quemó, y murieron delante de Jehová. Entonces dijo Moisés a Aarón: Esto es lo que habló Jehová, diciendo: En los que a mí se acercan me *santificaré* [ἁγιασθήσομαι], y en presencia de todo el pueblo seré *glorificado* [δοξασθήσομαι]…". Los sacerdotes deberán tratar a Dios como santo en sus sacrificios y el resultado será que Dios será manifestado como santo a las personas, es decir, será glorificado.

y más glorioso aún Hacedor: "...Considerad los lirios del campo... ni aun Salomón con toda su *gloria* se vistió así como uno de ellos... la hierba del campo... Dios la viste así..." (Mt. 6:28-30). La gloria de los lirios es obra de Dios. Su intención es llamarnos la atención y hacernos despertar a una gloria de la que la gloria de los lirios es solo una semejanza.

Nos encanta contemplar la gloria. Fuimos hechos para disfrutar mirándola. Fue por eso que Jesús vino al mundo. Él vino a revelar la gloria de Dios más ampliamente que lo que lo había hecho la naturaleza alguna vez (Jn. 1:14), a morir por nosotros para salvarnos de la ira de Dios y así poder gozar por siempre de la gloria de su gracia (Jn. 3:14-15, 36; 17:24) y despertar en nosotros el deseo por esa gloria para no morir en nuestro amor ciego por la gloria del pecado (Jn. 3:19). Jesús conscientemente se propuso revelar la gloria de Dios. Sus acciones y palabras estaban diseñadas para cumplir profecías como esta: "El pueblo asentado en tinieblas vio gran luz; y a los asentados en región de sombra de muerte, luz les resplandeció" (Mt. 4:16). Él dijo: "Entre tanto que estoy en el mundo, luz soy del mundo" (Jn. 9:5; cp. 8:12). Es decir, Él reveló la luz de la gloria de Dios como nunca antes y por esta luz le dio su verdadera dimensión a todas las cosas.

Cómo Jesús glorificó a Dios

Jesús mostró la gloria de Dios al realizar lo que este le había dado para hacer. Así oró a su Padre al final de su vida: "Yo te he glorificado en la tierra; he acabado la obra que me diste que hiciese" (Jn. 17:4). Esa obra incluyó muchos milagros en su vida y la gran obra final de redención cuando murió y resucitó.

Por ejemplo, cuando Jesús hizo su primer milagro en público convirtiendo el agua en vino, Juan dice que Él "manifestó su gloria" (Jn. 2:11). Cuando curó a un paralítico y le perdonó sus pecados, "...la gente, al verlo, se maravilló y *glorificó* a Dios..." (Mt. 9:8). Cuando el pueblo vio "...a los mudos hablar, a los mancos sanados, a los cojos andar, y a los ciegos ver... *glorificaban* al Dios de Israel" (Mt. 15:31). Cuando Jesús limpió a diez leprosos, un hombre agradecido "volvió *glorificando* a Dios a gran voz" (Lc. 17:15). Cuando Jesús tocó a una mujer que llevaba dieciocho años encorvada y se enderezó, ella "*glorificaba* a Dios" (Lc. 13:13). Y cuando Jesús estaba a punto de resucitar a Lázaro, le dijo a su hermana: "¿No te he dicho que si crees, verás la *gloria* de Dios?" (Jn. 11:40). Todo lo que Jesús hizo, lo hizo con vistas a dar la gloria a Dios. Su obra debía mostrar la grandeza, la belleza y todo el alcance de las perfecciones del Padre.

Pero el milagro más grande de todos fue la muerte y resurrección de Jesús para que pudiéramos ser redimidos de la culpa y el poder del pecado (Mr. 10:45), para tener perdón (Mt. 26:28) y vida eterna (Jn. 3:14-15). En este gran acto de sustitución (el que estaba libre de culpa por los culpables), Jesús mostró la gloria de la ira de Dios y la gloria del amor de Dios. La ira de Dios es una ira gloriosa (Lc. 21:23; Jn. 3:36). No podía ser de otra manera. Y el amor de Dios es un amor glorioso. Cuando Jesús vino a morir, como culminación de su obra en la tierra, hubo la gran sensación de que este era el momento de mayor pena y de mayor gloria.

En esas últimas horas, dijo: "...Ha llegado la hora para que el Hijo del Hombre sea *glorificado*. De cierto, de cierto os digo, que si el grano de trigo no cae en la tierra y muere, queda solo; pero si muere, lleva mucho fruto" (Jn. 12:23-24). La gloria de Jesús se manifestó tanto en el sufrimiento como en la triunfante resurrección después. Jesús dijo: "¿No era necesario que el Cristo padeciera estas cosas, y que entrara en su *gloria*?" (Lc. 24:26). El sufrimiento era el camino hacia la gloria.

El Padre y el Hijo se glorifican uno al otro

Pero no solo era el camino, sino parte esencial de su gloria: "...Ahora [en esta hora de sufrimiento] es *glorificado* el Hijo del Hombre, y Dios es *glorificado* en él. Si Dios es *glorificado* en él, Dios también le *glorificará* en sí mismo, y en seguida le *glorificará*" (Jn. 13:31-32). Se muestra a Dios como gloriosamente digno en la disposición de Jesús de morir para que Dios fuera justo y quitara la ira que cae con justicia sobre los pecadores. Y cuando el Padre es glorificado así en el Hijo, entonces resuelve glorificar al Hijo mediante una poderosa muestra de aprobación en la resurrección.

De acá para allá va la obra del Padre y del Hijo glorificándose uno al otro en el acto de salvación. Si hemos visto que el Hijo glorifica al Padre, y el Padre responde glorificando al Hijo, lo inverso también es cierto. Jesús dijo: "...Padre, la hora ha llegado; *glorifica* a tu Hijo, para que también tu Hijo te *glorifique* a ti..." (Jn. 17:1; 12:27-28). Cuando Jesús está glorificando al Padre en su muerte, es el Padre quien está obrando para glorificar al Hijo también; y cuando el Padre glorifica al Hijo en su resurrección y exaltación, esto lleva al Hijo a glorificar al Padre también. Esta muestra mutua de la gloria de Dios en la obra del Padre y del Hijo es la pasión suprema de sus corazones.

NO HAY MAYOR AMOR QUE EL DE DIOS GLORIFICÁNDOSE A SÍ MISMO EN JESÚS POR NOSOTROS

Y la buena nueva es que esta es la esencia misma de su amor por nosotros. Ellos están mostrando su gloria, no solo para hacerla visible para el gozo de las criaturas ávidas de alma como nosotros, que fuimos hechos para hallar la satisfacción verdadera en ella, sino también de cierto modo pagar por el hecho de que no hayamos podido atesorar la gloria de Dios para poder evitar el juicio (Jn. 5:29). En otras palabras, la pasión de Dios de glorificarlo a Él y a su Hijo es un acto de amor debido a lo precioso que es lo que Él da y el precio que Él paga para darlo. Él nos da su gloria y paga por ella con la vida de su Hijo. No hay mayor don que Dios mismo en toda su gloria. No hay mayor precio que la muerte del Hijo de Dios. Por tanto, no hay mayor amor que el de Dios glorificándose a sí mismo en la muerte y la resurrección de Jesús.[2]

Hecha la gran obra de la redención en la crucifixión y la resurrección, Jesús se dispone, a lo largo de los siglos, a reunir a un pueblo para sí mismo enviando al Espíritu Santo, cuya obra central es la de glorificar a Jesús y atraer a las personas a Él en la fe. Por lo que Él prometió: "…cuando venga el Espíritu de verdad, él os guiará a toda la verdad;… *Él me glorificará*; porque tomará de lo mío, y os lo hará saber" (Jn. 16:13-14). La obra central del Espíritu es la de continuar la gran obra de glorificar al Padre y al Hijo. Esto lo hace abriendo nuestros ojos espirituales para ver la verdad y la belleza de quién es Jesús y lo que ya ha hecho en su vida, muerte y resurrección (Jn. 3:3, 8; Mt. 16:17). Cuando lo vemos tal como es, nos sentimos inducidos a recibirlo, a confiar en Él, adorarlo y obedecerlo.

Ahora bien, en vista de la pasión por la gloria de Dios, ¿qué significa "así alumbre vuestra luz" por la gloria de Dios? Ese es el tema central del siguiente capítulo.

---

2. Para ver este punto desarrollado con más detalle y con más textos, véase John Piper, *Dios es el evangelio* (Grand Rapids, MI: Editorial Portavoz, 2007).

Así alumbre vuestra luz delante de los hombres: El alegre sacrificio de amor en el sufrimiento

"Bienaventurados sois cuando por mi causa os vituperen y os persigan, y digan toda clase de mal contra vosotros, mintiendo. Gozaos y alegraos, porque vuestro galardón es grande en los cielos; porque así persiguieron a los profetas que fueron antes de vosotros. Vosotros sois la sal de la tierra; pero si la sal se desvaneciere, ¿con qué será salada? No sirve más para nada, sino para ser echada fuera y hollada por los hombres. Vosotros sois la luz del mundo; una ciudad asentada sobre un monte no se puede esconder. Ni se enciende una luz y se pone debajo de un almud, sino sobre el candelero, y alumbra a todos los que están en casa. Así alumbre vuestra luz delante de los hombres para que vean vuestras buenas obras, y glorifiquen a vuestro Padre que está en los cielos" (Mt. 5:11-16).

En el capítulo anterior, centramos la atención en la pasión suprema de Jesús, su Padre y el Espíritu Santo, concretamente, que sean glorificados en la obra de nuestra salvación. Lo que nos trae ahora al mandamiento de "Así alumbre vuestra luz delante de los hombres, para que vean vuestras buenas obras, y glorifiquen a vuestro Padre que está en los cielos" (Mt. 5:16). Después de ver que la pasión suprema de Jesús, el Padre y el Espíritu Santo es la de mostrar la gloria de Dios, no debe resultar sorprendente que los seguidores de Cristo sean atraídos hacia esta pasión. Vive de tal manera que las personas miren tu vida y glorifiquen a tu Dios. Esto es lo que Jesús manda hacer.

Brilla con la luz que tú eres

La luz que dejamos brillar es la luz que somos. Jesús dijo: "Vosotros *sois* la luz del mundo..." (Mt. 5:14). Luego, hay un movimiento de dentro hacia afuera. Lo que las personas ven desde fuera son nuestras "buenas obras". Pero eso no es quienes *somos*. Las buenas obras tienen una fuente de luz desde dentro. El factor clave para entender qué es la luz que brilla a lo largo de las buenas obras es el objetivo de estas, concretamente, que las personas vean y *den gloria a Dios*. ¿Por qué dan gloria a Dios y no a nosotros? Porque la luz que brilla es la luz de Dios o la luz de Jesús, que es la revelación de la gloria de Dios.

¿Qué es realmente la luz que las personas ven?

¿Qué significa entonces que nosotros *somos* la luz del mundo? ¿Cómo surgen las buenas acciones a partir de quienes somos de manera que hagan que Dios sea glorificado? Sería prudente permanecer apegados al contexto de las palabras de Jesús. Acaba de decir las Bienaventuranzas: "Bienaventurados los pobres en espíritu... los que lloran... los mansos... los que tienen hambre y sed de justicia... los misericordiosos... los de limpio corazón... los pacificadores y los que padecen por causa de la justicia" (Mt. 5:3-10). Aquí hay una clase de identidad que es muy poco común en el mundo. Es como la sal cuando las cosas son insípidas[1] y es como una luz llena de esperanza cuando las personas andan dando tumbos en la oscuridad.

Sin embargo, la bienaventuranza más cercana al mandamiento de dejar que nuestra luz brille por la gloria de Dios es que somos bendecidos cuando somos injuriados: "Bienaventurados sois cuando por mi causa os vituperen y os persigan, y digan toda clase de mal contra vosotros, mintiendo. Gozaos y alegraos, porque vuestro galardón es grande en los

---

1. W. D. Davies y Dale Allison dan once significados posibles de "Vosotros sois la sal de la tierra" (Mt. 5:13) y luego concluyen que quizás esa es la cuestión: los múltiples usos de la sal. *A Critical and Exegetical Commentary on the Gospel According to Saint Matthew*, International Critical Commentary, vol. 1 (Edimburgo: T & T Clark, 1988), 472-473. Pero yo opino como los que dicen que el sabor de la sal es la cosa más natural a la que se refiere. Hay una especie de vida radical enraizada en las promesas de las Bienaventuranzas que tiene un raro y maravilloso sabor en un mundo que se ha vuelto insípido con un exceso de estímulos superficiales.

cielos; porque así persiguieron a los profetas que fueron antes de vosotros" (Mt. 5:11-12). Inmediatamente después de este mandamiento de alegrarnos en la persecución viene la declaración de "Vosotros sois la sal de la tierra... Vosotros sois la luz del mundo..." (Mt. 5:13-14). Por tanto, concluyo que lo que es más salado y brillante en este mundo insípido y oscuro es la casi incomprensible alegría de los seguidores de Jesús en medio de la persecución y las tribulaciones de la vida.

Es una alegría que resulta humilde, misericordiosa, pura y pacífica, pero estas cosas por sí solas no hacen despertar a las personas a la gloria de Dios. Para despertarlas con el propósito de que consideren a Dios como explicación de nuestras buenas obras, generalmente debe haber un obstáculo de sufrimiento que normalmente motivaría en ellas furia o desespero, pero que en nosotros no tiene ese efecto. Más bien, ellas nos ven "alegrarnos" en dificultades. Ellas ven que estas dificultades no nos vuelven egocéntricos, ni autocompasivos ni miserables. En cambio, ven nuestra alegría y se preguntan en qué basamos nuestra esperanza cuando se han derribado los soportes normales. La respuesta, dice Jesús, es que tenemos un gran galardón en el cielo (Mt. 5:12). Es decir, que Jesús se ha convertido para nosotros en un tesoro que es mucho más valioso que lo que el mundo ofrece. Por lo tanto, cuando la persecución o los desastres arrebatan los placeres naturales, aún tenemos a Jesús y aún tenemos gozo.

Ahora bien, cuando nuestras buenas obras obtienen su sabor de esta sal y brillan con esta luz, el mundo puede muy bien despertarse para saborear algo que nunca antes ha saboreado y ver algo que nunca antes ha visto, concretamente, la gloria de Dios en Jesús. Si damos una palabra de testimonio con respecto de la verdad y la belleza de Jesús[2] y si el Espíritu misericordiosamente sopla sobre los corazones de aquellos que

---

2. Jesús consideraría como un gran error si interpretáramos sus palabras como que una persona llegaría a la visión salvadora de la gloria de Dios en nuestras obras sin algún testimonio verbal en cuanto a quién es Jesús y lo que ha hecho por nosotros y prometido a nosotros. Es por esto que Jesús envió a sus discípulos a *predicar* y *hacer* buenas obras (Mt. 10:7-8; Lc. 9:2; 10:9). No es esto o lo otro, sino esto y lo otro. La gran tarea salvadora de los seguidores de Jesús es la de predicar el evangelio conjuntamente con una vida de amor como sal y de luz: "Y será predicado este evangelio del reino en todo el mundo, para testimonio a todas las naciones; y entonces vendrá el fin (Mt. 24:14).

ven la evidencia de esa belleza en nuestra vida, entonces las personas "…[glorificarán] a [nuestro] Padre que está en los cielos" (Mt. 5:16).

¿Es la gloria de Dios un motivo oculto para el amor?

La supremacía del valor de la gloria de Dios se ve en la manera en que Jesús da el mandamiento de Mateo 5:16: "Así alumbre vuestra luz delante de los hombres, para que vean vuestras buenas obras, y glorifiquen a vuestro Padre que está en los cielos". Él explícitamente dice que nuestro objetivo al hacer buenas obras para los demás es que ellos glorifiquen a Dios. A veces, las personas que hablan demasiado sobre el amor, pero que Dios no es su centro como lo es para Jesús, dicen cosas como esto: "Si haces el bien a las personas para lograr que ellos glorifiquen a tu Dios, no los estás amando porque tienes un motivo oculto".

Esta clase de crítica es el resultado de no conocer la gloria de Dios como el don más grandioso y la alegría más grande que se pueda imaginar. ¿Cómo puede no ser amor poner la vida por alguien (al hacer el bien para ellos) específicamente con vista de satisfacerlos con la gloria de Dios por siempre? Este no es un motivo oculto. Es abierto y descubierto. Es la esencia misma del amor: Los seguidores de Jesús no son hacedores de buenas obras sin objetivos eternos para aquellos a quienes aman. Ellos saben perfectamente cuál es el bien más grandioso, más grande y más jubiloso: ver y saborear a Dios en Jesús eternamente. Ese es su objetivo y no se avergüenzan de ello. Piensan que cualquier objetivo inferior a ese es un fracaso del amor.

Jesús nos amó obteniendo para nosotros, al costo de su vida, la gloria de Dios

Ya lo vimos, pero es tan importante que debemos verlo de nuevo desde textos diferentes: Jesús amaba así. En el momento de su mayor penuria, Él dejó que su luz brillara con más intensidad en una "buena obra". Mientras hacía la "buena obra" más grande que se haya hecho, pensaba en voz alta: "…¿y qué diré? Padre, sálvame de esta hora?…". Su respuesta es no. En cambio, Él describió la razón esencial de por qué llegó a la hora de su muerte: "…mas para esto he llegado a esta hora. Padre, glorifica tu nombre…" (Jn. 12:27-28). Con razón, D. A. Carson llama a esto "nada más que la expresión del principio que ha controlado su vida y su ministerio (Jn. 7:18; 8:29, 50)".[3] De principio (Jn. 2:11) a fin (Jn. 12:28), Jesús dejó que brillara su luz, hizo sus buenas obras, para confirmar y mostrar la gloria de Dios.

La forma en que Él consideraba esto como el acto supremo de amor no fue solo que le costó la vida (Jn. 15:13), sino que obtuvo para los pecadores el don más grande posible. Él oró por ello en Juan 17:24: "Padre, aquellos que me has dado, quiero que donde yo estoy, también ellos estén conmigo, *para que vean mi gloria…*". Este fue el don final más grande y más grato obtenido por Jesús en la "buena obra" que hizo en la cruz.

Esto no tendrá sentido en absoluto para la persona que no ve ni saborea la gloria de Dios por encima de todos los demás dones. Pero para aquellos que han renunciado a todo lo que este mundo ofrece (Lc. 14:33) y se han empeñado en obtener el "gran galardón" en el cielo, concretamente, el gozo de la gloria de Dios, la adquisición que hizo Jesús de este galardón al costo de su vida será el más grande acto de amor imaginable.

Dejemos que nuestra luz brille, como Jesús, en la forma en que morimos

Cuando Jesús nos llama a que nuestra luz brille para que los demás puedan ver nuestras buenas obras y glorifiquen a Dios, nos está convocando a que nos unamos a Él en la obra que Él vino a hacer. Y de la misma manera que Él buscó la gloria de su Padre mediante su acto final de morir, Él espera que nosotros hagamos lo mismo. Por lo tanto, le dijo a Pedro: "De cierto, de cierto te digo: Cuando eras más joven, te ceñías, e ibas a donde querías; mas cuando ya seas viejo, extenderás tus manos, y te ceñirá otro, y te llevará a donde no quieras. Esto dijo dando a entender *con qué muerte había de glorificar a Dios*" (Jn. 21:18-19). Jesús simplemente da por sentado que sus discípulos glorificarían a Dios en cuanto a la forma en que morirán.

La única pregunta ahora es cómo moriremos. Esa decisión está en manos de Dios, como aclara Jesús con las siguientes palabras: "¿No se venden dos pajarillos por un cuarto? Con todo, ni uno de ellos cae a tierra

---

3. D. A. Carson, *The Gospel According to John* (Grand Rapids, Mich: Eerdmans, 1991), 440.

sin vuestro Padre. Pues aun vuestros cabellos están todos contados. Así que, no temáis; más valéis vosotros que muchos pajarillos" (Mt. 10:29-31). En otras palabras, si Dios gobierna la manera en que mueren los pájaros, cuánto más gobernará nuestra muerte.

LA LUZ DE JESÚS Y LA NUESTRA EN SU SEGUNDA VENIDA

La última y gran muestra de la fulgurante luz de Jesús, y la nuestra, sucede en su segunda venida y nos dice cómo será tanto para Él como para nosotros. Para Él, dice: "...el Hijo del Hombre vendrá en la *gloria* de su Padre con sus ángeles... lamentarán todas las tribus de la tierra, y verán al Hijo del Hombre viniendo sobre las nubes del cielo, con poder y *gran gloria*... entonces se sentará en su trono *de gloria*..." (Mt. 16:27; 24:30; 25:31). La primera vez vino para mostrar la gloria de su Padre. La segunda vez vendrá a completar esa revelación y a "[recoger] de su reino a todos los que sirven de tropiezo, y a los que hacen iniquidad" (Mt. 13:41).

¿Y para nosotros? ¿Qué significará su segunda venida para nosotros? Esto se resume en que dejar que nuestra luz brille será nuestra vocación *eterna*. Nunca dejaremos de tener este llamado. Para esto fuimos creados: para estar tan satisfechos con nuestra gran recompensa, la gloria de Dios en Jesús, que reflejemos su valor infinito en actos de amor que hagan que los demás vean, saboreen y muestren más la gloria de Dios. Vemos nuestro eterno resplandor en Mateo 13:43, donde Jesús describe lo que les sucede a sus seguidores en la segunda venida: "...los justos *resplandecerán* como el sol en el reino de su Padre".

Este es nuestro destino final. Al ver la gloria de Jesús (Jn. 17:24), brillaremos con la belleza y el amor que Él tiene. La iglesia que Él prometió edificar (Mt. 16:18, véase el *Mandamiento #45*) hallará su destino final al reflejar unos a otros la gloria de Jesús de manera que nuestro gozo en Él sea incluso mayor, debido a las múltiples manifestaciones de ello en los miembros resplandecientes.

EL MANDAMIENTO RESPLANDECIENTE

El mandamiento que Jesús le da al mundo es que todos los seres humanos hallen en Él la gloria que todo lo satisface para la cual fuimos creados. Luego ordena que dejemos de confiar en todo lo demás y depositemos nuestra esperanza en la gran recompensa de gozo perpetuo en Él. Y entonces, en esa esperanza y ese gozo, manda que dejemos que esa luz brille en buenas y sacrificadas obras de amor para que los demás vean, saboreen y difundan la gloria de Dios.

Haced discípulos a todas las naciones, porque toda la autoridad pertenece a Jesús

"…Toda potestad me es dada en el cielo y en la tierra. Por tanto, id, y haced discípulos a todas las naciones, bautizándolos en el nombre del Padre, y del Hijo, y del Espíritu Santo; enseñándoles que guarden todas las cosas que os he mandado; y he aquí yo estoy con vosotros todos los días, hasta el fin del mundo" (Mt. 28:18-20).

"…la mies es mucha, mas los obreros pocos. Rogad, pues, al Señor de la mies, que envíe obreros a su mies" (Mt. 9:37-38).

"…Ve por los caminos y por los vallados, y fuérzalos a entrar, para que se llene mi casa" (Lc. 14:23).

"Os digo que así habrá más gozo en el cielo por un pecador que se arrepiente, que por noventa y nueve justos que no necesitan de arrepentimiento" (Lc. 15:7).

"…Como me envió el Padre, así también yo os envío" (Jn. 20:21).

Antes de que Jesús mandara que sus seguidores hicieran discípulos a todas las naciones, dio la justificación de esta misión al parecer presuntuosa. Él dijo: "…Toda potestad me es dada en el cielo y en la tierra" (Mt. 28:18). El fundamento que usa cualquier seguidor de Jesús hoy día cuando le dice al seguidor de otro señor que se arrepienta y se convierta y siga a Jesús es que toda la autoridad en el universo la tiene el Señor.

¿Qué es la autoridad?

La *autoridad* se refiere al derecho y la potestad de ejercer dominio en una relación determinada. Por lo tanto, un padre tiene autoridad sobre sus hijos, pero no sobre el vecino. Un teniente del ejército tiene autoridad sobre su pelotón, pero no sobre el comandante de la compañía. Un maestro tiene autoridad sobre los alumnos de su aula, pero no sobre los padres de esos alumnos. Un gerente tiene autoridad sobre las secretarias, pero no sobre el presidente ejecutivo.

Podemos ver el significado de autoridad en la historia sobre el encuentro de Jesús con un centurión romano. Este oficial quería que Jesús curara a su criado, pero no se sentía digno de que Él entrara en su casa. Entonces le dijo: "…Señor, no soy digno de que entres bajo mi techo; solamente *di la palabra*, y mi criado sanará. Porque también yo soy hombre bajo autoridad, y tengo bajo mis órdenes soldados; y digo a este: Ve, y va; y al otro: Ven, y viene; y a mi siervo: Haz esto, y lo hace" (Mt. 8:8-9). En otras palabras, la autoridad es el derecho y la potestad de que tus subordinados hagan lo que tú digas que hagan.

Esa es la autoridad que Jesús tiene sobre todo el mundo y todas las cosas: "…*Toda* potestad [autoridad] me es dada en el cielo y en la tierra". La intención de la frase "en el cielo y en la tierra" es incluirlo todo. Por tanto, todo el mundo y todas las cosas se subordinan a Jesús: todos los seres humanos, todos los ángeles, todos los demonios, el diablo mismo, todo el mundo natural y lo que sucede dentro de él.

La autoridad total de Jesús

Esto lo vemos ilustrado inclusive en el ministerio de Jesús en la tierra. Él tiene la autoridad de perdonar pecados, que solo Dios puede hacer; y por tanto fue acusado de decir blasfemias (Mr. 2:7-12). Lo vemos en la forma en que enseñaba a las personas y la forma en que trataba las Escrituras judías: "Y se admiraban de su doctrina; porque les enseñaba como quien tiene autoridad, y no como los escribas" (Mr. 1:22; Mt. 5:17-18). Lo vemos en la forma en que reprendió al diablo (Mt. 4:10) y mandaba sobre los espíritus inmundos: "…manda aun a los espíritus inmundos, y le obedecen" (Mr. 1:27). Lo vemos en la forma en que mandaba sobre las fuerzas de la naturaleza curando toda clase de enfermedades (Mt. 4:23), convirtiendo el agua en vino (Jn. 2:9; 4:46), y calmando la tormenta: "Y levantándose, reprendió al viento, y dijo al mar: Calla, enmudece. Y cesó el viento, y se hizo grande bonanza" (Mr. 4:39).

Vemos la autoridad de Jesús en el asunto de la vida y la muerte, tanto la suya como la de los demás y, a la larga, en el asunto de la vida eterna. Él resucitó a las personas (Mr. 5:41-42; Lc. 7:14-15; Jn. 11:43-44) y reinó sobre su propia muerte y resurrección: "Nadie me la quita [la vida], sino que yo de mí mismo la pongo. Tengo poder para ponerla, y tengo poder para volverla a tomar…" (Jn. 10:18). Y Él tiene dominio total en el juicio final. Dijo que Dios el Padre "…le dio autoridad de hacer juicio, por cuanto es el Hijo del Hombre" (Jn. 5:27). Y Dios "…le [ha] dado potestad sobre toda carne, para que dé vida eterna a todos los que [Dios le dio] (Jn. 17:2).

Cómo Jesús reclama el mundo

No hay nada fuera de la autoridad de Cristo. Él tiene el derecho y la potestad de exigir lealtad a todas las personas que existen. Como Señor del universo, exige que todo el mundo de todas las naciones y todas las religiones se conviertan en sus discípulos. La forma en que Jesús hace este reclamo universal a todas las personas es enviando a sus seguidores a hacer discípulos a todas las naciones. Después de decir que toda la autoridad en el cielo y en la tierra es de Él, agrega: "Por tanto…". Esta frase muestra no solo que su autoridad universal es la *base* de su reclamo universal a todas las personas, sino también que la *forma* en que hace el reclamo a esas personas se explica en el versículo siguiente.

Lo que sigue es el encargo de que sus seguidores vayan a hacer discípulos: "Por tanto, id, y haced discípulos a todas las naciones…" (Mt. 28:19). En otras palabras, Jesús no hace reclamos a una persona directamente desde el cielo. Él hace reclamos a las personas mediante sus seguidores. Él estableció este principio estando aún aquí: "De cierto, de cierto os digo: El que recibe al que yo enviare, me recibe a mí; y el que me recibe a mí, recibe al que me envió" (Jn. 13:20; Mt. 10:40). Es verdad que dijo: "Edificaré mi iglesia" (Mt. 16:18) y "…tengo otras ovejas que no son de este redil; aquellas también debo traer, y oirán mi voz…" (Jn. 10:16). Sí, lo está haciendo para sí mismo. Pero no quiso decir que lo haría *directamente* desde el cielo sin emisarios. Esto lo sabemos porque cuando Él oró por la iglesia futura, en Juan 17:20, los describió como "...los que han de creer en mí por la palabra de ellos...".

LA MISIÓN DURA MIENTRAS DURE ESTE MUNDO

En otras palabras, Jesús edifica su iglesia y reúne a su rebaño de todas las naciones del mundo *mediante la palabra* de sus enviados. Por lo que su autoridad universal se emite en una misión que dura mientras dure la historia y se extiende a todo lo largo de la humanidad: "Por tanto, id y haced discípulos a todas las naciones... Yo estoy con vosotros todos los días, *hasta el fin del mundo...*" (Mt. 28:19-20). Las palabras "hasta el fin del mundo" muestran que esa misión deberá durar hasta que Él regrese. El mandamiento no se la hace solo a la primera generación de discípulos. La misión dura mientras dure la promesa que sostiene la misión. Y esa promesa es que el Jesús de autoridad plena estará con nosotros "hasta el fin del mundo". Mientras exista mundo y mientras existan naciones a las cuales se pueda llegar, el mandamiento de Jesús de ir a hacer discípulos es válido.

LOS SEGUIDORES DE JESÚS HABLAN POR ÉL

Esto tiene varias implicaciones. Primero, quiere significar que el reclamo exclusivo de Jesús lo hará no solo Él, sino también sus seguidores. Al respecto dijo que Él es el único Señor del universo y que todas las personas de todas las naciones y todas las religiones o no-religiones deben ser sus discípulos. El reclamo se le hace ahora a los emisarios para que hagan discípulos a todas las naciones, no importa cuál sea su religión: judíos, hindúes, budistas, musulmanes, animistas, ateos, agnósticos. Él envía a sus seguidores, respaldados por su autoridad universal, a convocar a todas las personas de todas las naciones a convertirse en discípulos de Cristo.

Esto significa que en tiempos de relativismo (como los nuestros), cuando las personas no aprecian la verdad objetiva e inalterable, a los seguidores de Jesús se les acusará de arrogancia. Proclamarán que Él tiene toda la autoridad, porque es verdad, y que todo el mundo debe arrepentirse, creer en su nombre y convertirse en su discípulo. Advertirán a todo el mundo que rechazarle, como el Hijo del Dios eterno que vino al mundo a redimir a los pecadores con su muerte y que resucitó como Señor del universo, es perder la vida eterna. Jesús dijo: "El que cree en el Hijo tiene vida eterna; pero el que rehúsa creer en el Hijo no verá la vida, sino que la ira de Dios está sobre él... El que no honra al Hijo, no honra al Padre que lo envió" (Jn. 3:36; 5:23; cp. 15:23).

Este es el mandato y la promesa que sostienen los emisarios de Jesús: "El que a vosotros oye, a mí me oye; y el que a vosotros desecha, a mí me desecha; y el que me desecha a mí, desecha al que me envió" (Lc. 10:16). A los seguidores de Jesús los menospreciarán por decir que toda la autoridad pertenece a Él y que todo el mundo debe convertirse en su discípulo o perderán la vida eterna. Pero Jesús sabía que eso sucedería: "Si el mundo os aborrece, sabed que a mí me ha aborrecido antes que a vosotros" (Jn. 15:18). Es por eso que incluyó este mandamiento radical de hacer discípulos entre la doble convicción (1) de que toda la autoridad es realmente suya y (2) que Él estará con sus emisarios hasta el fin del mundo.

JESÚS MANDA QUE BUSQUEMOS LA DIVERSIDAD ÉTNICA EN SU REINO

Una segunda implicación de la misión universal de Cristo es que Él ama a todos los grupos étnicos y es su intención tener discípulos de todas las "naciones". Cuando Él dice: "Por tanto, id, y haced discípulos a todas las *naciones*...", el significado de la palabra "naciones" no es el de estados políticos. "Naciones", o su sinónimo "pueblos" (Lc. 2:31; Sal. 117:1), en la Biblia no se refiere a estados políticos como Estados Unidos de América, España, Brasil, China, etc., sino a los grupos étnicos, o idiomáticos, o culturales dentro de esos estados políticos. Por ejemplo, dentro del estado político de China, hay decenas de "naciones": "dulong, li, lisu, shui, salar, yao", etc. Y en las Escrituras judías que Jesús conoció, leímos sobre "el jebuseo, el amorreo, el gergeseo, el heveo, el araceo, el sineo, el arvadeo, el zemareo y el hamateo" (Gn. 10:16-18).

Luego, en nuestros días, el mandamiento de Jesús de hacer discípulos a todas las naciones significaría, por ejemplo, hacer discípulos entre los pueblos baluchi de Pakistán, maninka de Guinea, bugis de Indonesia, wa de China, somalíes y dakota de Mineápolis. Este es el tipo de grupo a que Él se refería cuando dijo: "Por tanto, id, y haced discípulos a *todas las naciones*". Dondequiera que haya un grupo diferente de personas[1] que no tiene discípulos de Jesús, el mandamiento de este resuena con claridad: "Vayan como mis emisarios con mi autoridad, mi palabra, mi amor, mi potestad y hagan discípulos allí". Para Jesús, no hay parcialidad en esta misión. Él ni es occidental ni es oriental. Está totalmente comprometido con la diversidad y la unidad étnica en la verdad de su supremacía. De hecho, la palabra de donde proviene "étnico" es la palabra para "naciones" en Mateo 28:19, ἔθνη.

No siempre ha parecido que Dios estuviera tratando de alcanzar a todas las naciones. A veces, parecía estar consagrado a su pueblo de Israel, pero no a las naciones. Su camino ha sido indirecto y en ocasiones inescrutable. ¿Cómo podremos entender esta forma indirecta para lograr una iglesia global de fieles de todas las naciones? Eso es lo que veremos en el capítulo final.

---

1. Para una defensa y explicación más completa de lo que "todas las naciones" significa, con una perspectiva bíblica y misionológica, véase John Piper, *Let the Nations Be Glad: The Supremacy of God in Missions, revised and expanded edition* (Grand Rapids, Mich.: Baker, 2003), 155-200.

Haced discípulos a todas las naciones, porque la misión no puede fracasar

*"…os digo que vendrán muchos del oriente y del occidente,
y se sentarán con Abraham e Isaac y Jacob en el reino de los
cielos; mas los hijos del reino serán echados a las tinieblas de
afuera; allí será el lloro y el crujir de dientes"* (Mt. 8:11-12).

*"Pero antes de todas estas cosas os echarán mano,
y os perseguirán, y os entregarán a las sinagogas
y a las cárceles, y seréis llevados ante reyes
y ante gobernadores por causa de mi nombre. Y esto os
será ocasión para dar testimonio"* (Lc. 21:12-13).

*"…caerán a filo de espada, y serán llevados cautivos a todas
las naciones; y Jerusalén será hollada por los gentiles, hasta
que los tiempos de los gentiles se cumplan"* (Lc. 21:24).

La manera indirecta de Dios de alcanzar a las naciones: Centrarse en Israel

No debemos sorprendernos ante la manera poco usual de Dios de procurar a las naciones por la gloria de su Hijo. Es cierto que Jesús nos enseñó que Dios eligió obrar de forma única con el pueblo de Israel en vez de con todas las naciones. Jesús llamaba a los judíos de su época "los hijos del reino" (Mt. 8:12), es decir, aquellos a quienes el Padre dio un primer y único privilegio de ser el centro de sus obras salvadoras en la historia, como fueron la liberación del yugo de Egipto en el Mar Rojo, los milagros de provisión en el desierto, el regalo de la tierra prometida y muchas victorias en combate (véase el Sal. 105 para la narración de dichas bendiciones).

Y también es cierto que cuando Jesús vino, lo hizo como el Mesías *judío*, anunciando la venida del tan añorado reino de triunfo sobre los enemigos de Israel. Sin embargo, no intentó traer el reino de la manera en que ellos pensaron. Su intención fue padecer y morir por sus pecados antes de gobernar como su Rey. Esta era su única esperanza de vida eterna. Jesús centró su misión en los judíos, dándoles todas las oportunidades para que lo conocieran y creyeran en Él. Hasta dijo a los doce apóstoles cuando los envió estando aún con vida: "…Por camino de gentiles no vayáis, y en ciudad de samaritanos no entréis, sino id antes a las ovejas perdidas de la casa de Israel" (Mt. 10:5-6). Y, en un momento dado, les dijo: "…No soy enviado sino a las ovejas perdidas de la casa de Israel" (Mt. 15:24). Podríamos pensar que esta es una manera indirecta de llegar a las naciones, pero Dios tiene sus razones.

El interés central de Jesús fue rechazado y Él se volvió a las naciones

Hay lecciones que las naciones han de aprender a partir del fracaso de Israel de no confiar en Dios y no acoger al Mesías que padecía. A lo largo de su vida en la tierra, la mayoría de los judíos no creyeron que Jesús fuera el Mesías (Mt. 21:39; Mr. 15:11-13; Jn. 5:47; 6:36; 8:45; 12:37). No esperaban a un siervo que padeciera. Jesús reprendió su fracaso: "…¡Oh insensatos, y tardos de corazón para creer todo lo que los profetas han dicho! ¿No era necesario que el Cristo padeciera estas cosas, y que entrara en su gloria?" (Lc. 24:25-26).

La intención de Dios no era solo que su Hijo, el Mesías, padeciera antes de entrar en su gloria, sino que, durante todo ese tiempo, la intención de Dios era que esta fuera la forma de abrir la puerta de la salvación a todas las naciones. En las Escrituras judías que Jesús conoció y amó, la profecía era clara: El Hijo de Dios heredaría un día las naciones. El Padre dijo en el Salmo 2 que Él establecería a su Hijo Real en Jerusalén, y entonces, su Hijo dice: "Yo publicaré el decreto; Jehová me ha dicho: Mi hijo eres tú; Yo te engendré hoy. Pídeme, y te daré por herencia las naciones, y como posesión tuya los confines de la tierra" (Sal. 2:7-8).

Una y otra vez, podemos leer en las Escrituras la promesa de que un día todas las naciones se inclinarían y adorarían al Dios verdadero y que su Hijo Siervo sería la luz de todas ellas: "Se acordarán, y se volverán a Jehová todos los confines de la tierra, y todas las familias de las naciones adorarán delante de ti… te di por luz de las naciones, para que seas mi salvación hasta lo postrero de la tierra" (Sal. 22:27; Is. 49:6; cp. Gn. 49:10; Dt. 32:43; Sal. 66:4; 67:3-4; 68:32; 72:8; 86:9; 97:1; 138:4-5; Is. 11:10; 42:10-12; 45:22; 49:12; Jer. 16:19; Dn. 7:14; Mi. 4:1-4).

Cuando Jesús vino como la luz del mundo, aunque se hubiera centrado en Israel, comenzó a dejar claro que el reino que traía por medio del sufrimiento bendeciría a todas las naciones y que el propio Israel quedaría, por un tiempo, a un lado. Por ejemplo, cuando un centurión gentil creyó en Él pero los líderes judíos no, Jesús dijo: "Y os digo que vendrán muchos del oriente y del occidente, y se sentarán con Abraham e Isaac y Jacob en el reino de los cielos; mas los hijos del reino serán echados a las tinieblas de afuera; allí será el lloro y el crujir de dientes" (Mt. 8:11-12). El significado queda claro: Los herederos naturales del reino (Israel) no heredarán las bendiciones por culpa de su incredulidad, pero las naciones gentiles, dígase aquellos provenientes del este y el oeste, entrarán en el reino.

El misterio comienza a revelarse. Los gentiles —las naciones— heredarán las bendiciones de Israel. Jesús lo había señalado en su primer sermón en su pueblo natal de Nazaret. Dijo que "…muchas viudas había en Israel en los días de Elías, cuando el cielo fue cerrado por tres años y seis meses, y hubo una gran hambre en toda la tierra; pero a ninguna de ellas fue enviado Elías, sino a una mujer [¡gentil!] viuda en Sarepta de Sidón. Y muchos leprosos había en Israel en tiempo del profeta Eliseo; pero ninguno de ellos fue limpiado, sino Naamán el [¡gentil!] sirio" (Lc. 4:25-27). ¿Cuál fue la reacción de los judíos que vivían en su pueblo natal? "Al oír estas cosas, todos en la sinagoga se llenaron de ira…" (Lc. 4:28).

Los tiempos de los gentiles

Se hacía cada vez más claro, para aquellos que tenían oídos para oír, que Jesús había venido a salvar a todas las naciones, así como a los judíos. Por ejemplo, dijo a sus discípulos: "…ante gobernadores y reyes seréis llevados por causa de mí, para testimonio a ellos y a los gentiles [esto es, a las naciones]" (Mt. 10:18). Cuando sacó a los cambistas del templo, dijo: "…¿No está escrito: Mi casa será llamada casa de oración para *todas las naciones?*" (Mr. 11:17). Él dijo que en el juicio final "…serán reunidas delante de él *todas las naciones*; y apartará los unos de los otros, como aparta el pastor las ovejas de los cabritos" (Mt. 25:32), y *no* se juzgará siguiendo como criterio el judaísmo, sino cómo las personas se han relacionado con Él en el ministerio de sus mensajeros. Dijo que el juicio de Dios caería sobre Jerusalén y que "…Jerusalén será hollada por los gentiles, hasta que *los tiempos de los gentiles* se cumplan…" (Lc. 21:24). En otras palabras, la misión para los gentiles tiene su hora señalada cuando Israel sea pasado por alto, hasta que llegue el día en que esta nación dirá: "…Bendito el que viene en el nombre del Señor" (Mt. 23:39).

En esta época, los tiempos de los gentiles, la promesa soberana de Jesús se mantiene firme: "Y *será* predicado este evangelio del reino en todo el mundo, para testimonio a todas las naciones; y entonces vendrá el fin" (Mt. 24:14). Aquí no hay ningún *tal vez*; la misión que Él da a sus seguidores de ir y hacer discípulos a todas las naciones *tendrá* lugar: "…*edificaré* mi iglesia…" (Mt. 16:18); "También tengo otras ovejas que no son de este redil; aquellas también debo traer, y *oirán* mi voz…" (Jn. 10:16); "Así *está escrito* [¡y no puede romperse!], y así fue necesario que el Cristo padeciese, y resucitase de los muertos al tercer día; y que *se predicase en su nombre* el arrepentimiento y el perdón de pecados *en todas las naciones…*" (Lc. 24:46-47). La misión de hacer discípulos a todas las naciones tendrá éxito.

Las bendiciones de Abraham son para las naciones

Por tanto, aunque Dios centró su obra redentora en Israel durante muchos siglos, todo fue parte de los preparativos para la misión a escala global, a todas las naciones. Esto estuvo presente desde la primera promesa a Abraham: "Pero Jehová había dicho a Abram: Vete de tu tierra y de tu parentela, y de la casa de tu padre, a la tierra que te mostraré… Bendeciré a los que te bendijeren, y a los que te maldijeren maldeciré; y *serán benditas en ti todas las familias de la tierra*" (Gn. 12:1-3). Esta es la promesa que se torna verdadera en el mandamiento de Jesús: "Por tanto, id, y haced discípulos a todas las naciones…". Cuando las naciones se vuelvan discípulas de Jesús, reciben al Mesías de Israel. Y cuando reciben al Mesías de Israel, reciben al Dios de Abraham. Y cuando reciben al Dios de Abraham, se convierten en herederos de todas las promesas que Dios hizo a Israel. Eso fue lo que Jesús quiso decir en Mateo 21:43 cuando dijo: "Por tanto os digo, que el reino de Dios será quitado de vosotros [Israel], y será dado a gente que produzca los frutos de él". Esa nueva "gente" es la iglesia congregada de todas las naciones.

Su último mandamiento: "Haced un reclamo mundial en mi nombre"

El último mandamiento de Jesús es que nunca perdamos de vista el alcance global de su reclamo a la raza humana. Él no es una deidad tribal. Él es el Señor del universo. Todas las rodillas se hincarán algún día voluntaria o involuntariamente (Mt. 25:31-32). A Él le es dado todo juicio (Jn. 5:22). El mandamiento es que sus seguidores lleven a todas las naciones "todas las cosas que Él ha mandado": "Por tanto, id, y haced discípulos a todas las naciones[1] *…enseñándoles que guarden todas las cosas que os he mandado*" (Mt. 28:19-20). El mandamiento es que todo lo que he intentado exponer en el presente libro (y no de manera exhaustiva) sea llevado a todas las naciones. Eso es hacer discípulos. No es hacer de la fe una profesión, sino guardar "todas las cosas que os he mandado".

Por medio de la oración, la palabra y el sufrimiento

La certeza del triunfo está garantizada (Mt. 24:14). Jesús se encargará de que se logre, pero hacerlo está en nuestras manos. Lo hacemos por medio de la oración, la palabra y el sufrimiento por otros. Jesús dijo: "…La mies a la verdad es mucha, mas los obreros pocos; por tanto, rogad al Señor de la mies que envíe obreros a su mies" (Lc. 10:2). Debemos orar de todo corazón para que Dios haga lo que prometió que haría. Las promesas no hacen superflua la oración, hacen cierta la respuesta.

Debemos entonces abrir la boca y decir la verdad de Jesús a todas las naciones. "Lo que os digo en tinieblas, decidlo en la luz; y lo que oís al oído,

---

1. Aquí omito el mandamiento de bautizar ("Por tanto, id, y haced discípulos a todas las naciones, *bautizándolos* en el nombre del Padre, y del Hijo, y del Espíritu Santo"), no porque carezca de importancia en el proceso de convertirse en discípulo de Jesús, sino porque ya lo abordé en el *Mandamiento #46*.

proclamadlo desde las azoteas" (Mt. 10:27), "Ve por los caminos y por los vallados, y fuérzalos a entrar, para que se llene mi casa" (Lc. 14:23). "Os digo que así habrá más gozo en el cielo por un pecador que se arrepiente, que por noventa y nueve justos que no necesitan de arrepentimiento" (Lc. 15:7). Y no te avergüences, dice Jesús, porque "A cualquiera, pues, que me confiese delante de los hombres, yo también le confesaré delante de mi Padre que está en los cielos. Y a cualquiera que me niegue delante de los hombres, yo también le negaré delante de mi Padre que está en los cielos" (Mt. 10:32-33).

Por último, en todo nuestro orar y hablar debemos estar prestos a padecer: "…Como me envió el Padre, así también yo os envío" (Jn. 20:21). Jesús fue enviado a padecer. No podremos hacer discípulos a todas las naciones si no tomamos nuestra cruz y vamos en pos de Él por el camino del calvario del amor sacrificial (Mr. 8:34). Esta es la luz de Jesús que el mundo puede ver con más claridad (véase el *Mandamiento #48*).

Él vale la pena

Jesús no nos llama a una vida fácil ni a una misión fácil: "…os echarán mano, y os perseguirán, y os entregarán a las sinagogas y a las cárceles, y seréis llevados ante reyes y ante gobernadores por causa de mi nombre. Y esto os será ocasión para *dar testimonio*" (Lc. 21:12-13). Ningún sufrimiento será en vano. A primera vista, siempre habrá una ocasión para hablar y mostrar la realidad de Jesús. A la larga, conducirá a vida eterna: "Porque todo el que quiera salvar su vida, la perderá; y todo el que pierda su vida por causa de mí y del evangelio, la salvará" (Mr. 8:35). Por consiguiente, en todo tu padecimiento en pos del avance de la misión de Jesús, serás recompensado cada vez más: "Bienaventurados sois cuando por mi causa os vituperen y os persigan, y digan toda clase de mal contra vosotros, mintiendo. Gozaos y alegraos, porque vuestro galardón es grande en los cielos…" (Mt. 5:11-12). Ese galardón es el disfrute eterno del inagotablemente glorioso Jesús.

Unas palabras a los estudiosos de la Biblia (y a los que se preguntan qué están haciendo)

Se necesita muy poca imaginación para oír a un estudioso del Nuevo Testamento decir: "¡Santo cielo, Piper ignora completamente doscientos años de búsqueda crítica del Jesús histórico!". Entendería la respuesta; sin embargo, no es correcto del todo. "Ignora" no es la palabra apropiada. Sería más exacto decir que yo considero que la mayor parte del fruto de esa búsqueda ni es fiable, ni utilizable para lograr lo que Jesús se propone lograr en el mundo.

¿Cuál es el fruto de la búsqueda del Jesús histórico?

En este sentido, muy poco ha cambiado desde 1931 cuando Edwyn Hoskyns y Noel Davey escribieron: "No hay 'resultados seguros' de la crítica del Nuevo Testamento".[1] Lo que esto significa con respecto de la búsqueda del Jesús histórico no es que no se pueda decir nada seguro sobre Jesús, sino que la tarea de buscar fuera de los cuatro Evangelios del Nuevo Testamento lo lanza a uno en un mar de especulaciones que no conduce a ninguna parte que pueda llamarse un retrato fidedigno de Jesús.[2]

---

1. Sir Edwyn Hoskyns y Noel Davey, *The Riddle of the New Testament* (Londres: Faber and Faber Limited, 1931), 259.

2. Ben Witherington III ofrece la siguiente valoración de las dos primeras búsquedas: "El resultado final de las dos primeras búsquedas, más que todo, fue la revelación de las frustrantes limitaciones del estudio histórico de cualquier persona antigua… Nada es más efímero que las últimas tendencias del estudio del Nuevo Testamento, incluso los estudios sobre el Jesús histórico. Esto se ve fácilmente al revisar las tendencias y el efecto de la

Los estudiosos hablan de tres búsquedas del Jesús histórico. La primera búsqueda tiene sus orígenes en Baruch Spinoza (1632–1677), desarrollada luego por Hermann Reimarus (1694–1768), David Friedrich Strauss (1808–1874), William Wrede (1859–1906), entre otros. Terminó bajo el doble ataque de Alberto Schweitzer (1875–1965), quien argumentó que no era lo bastante radical, y Martín Kähler (1835–1912), quien argumentó que el Jesús histórico, de acuerdo con la reconstrucción de los críticos, no era el "Cristo bíblico histórico" y, por tanto, no le era útil a la fe de la iglesia.[3]

La segunda búsqueda del Jesús histórico fue emprendida en 1953 por el discípulo de Rudolf Bultmann, Ernest Käsemann. Estos eran los gigantes alemanes con los que yo creía que tenía que llegar a un acuerdo en mis primeros tiempos después de graduado en Munich, a principios de la década de 1970. Curiosamente, tanto Bultmann como Käsemann vivieron noventa y dos años. Pero Bultmann ya no estaba activo a principios de la década de 1970; murió en 1976. Käsemann tenía sesenta y tantos años cuando yo estudiaba en Alemania, pero solo lo vi brevemente en un Seminario en París. Junto con Günther Bornkamm, estos tres fueron los guardianes de la historia crítica a quienes tuve que tomar en cuenta, independientemente de cualquier sentencia de Jesús citada por mí en mi disertación doctoral sobre su mandato de amor.

Las raíces de la desilusión

El resultado final de aquella época en Alemania fue una creciente

---

segunda búsqueda del Jesús histórico, lo cual nos propuso, entre otras cosas, a un Jesús existencialista. El Jesús histórico y el Jesús que puede reconstruirse mediante el método crítico-histórico no son la misma persona. Es más, el Jesús que se reconstruye mediante el uso idiosincrásico del método histórico-crítico o que se basa en la reducción del ámbito de atención a unos cuantos pasajes, puede tener solo conexiones mínimas con el verdadero Jesús". *The Jesus Quest: The Third Search for the Jew of Nazareth* (Downers Grover, Ill.: InterVarsity Press, 1995), 247.

3. Todos los documentos pertinentes de estos y otros escritores se encuentran reunidos en un solo volumen: *The Historical Jesus Quest: Landmarks in the Search for the Jesus of History*, ed. Gregory W. Dawes (Louisville: Westminster John Knox, 1999). Otra útil colección de ensayos históricos sobre la búsqueda del Jesús histórico es *The Historical Jesus in Recent Research*, ed. James D. G. Dunn y Scot McKnight, *Sources for Biblical Theological Study*, vol. 10 (Winona Lake, Ind.: Eisenbrauns, 2005).

desilusión con la tarea histórica de reconstruir a un Jesús de la historia detrás de la representación unificada de este en las Escrituras del Nuevo Testamento. Detecté una buena dosis de lo que al parecer era falsedad intelectual. Un artículo teórico debiera comenzar con no pocas palabras tales como "quizás", "probablemente", "posiblemente", así como otros calificativos matizados, pero al final del artículo habría surgido (de la nada, me pareció a mí) la confianza de que se había hallado algo fiable y útil. En cuanto a mí, veía cómo cuantiosos cerebros construían, con un grandioso toque académico, un castillo de naipes.

Tener más de setenta y cinco años tiene sus ventajas. He visto derrumbarse los castillos de naipes una y otra vez. Por ejemplo, ¿quién de nosotros hoy día puede ofrecer una explicación seria de las reconstrucciones del Jesús histórico hechas por Machoveč (*Jesus für Atheisten*, 1972), Herbert Braun (*Jesus*, 1969), o Kurt Niederwimmer (*Jesus*, 1968)? Pero estas fueron las reconstrucciones de vanguardia que, según el criterio del gremio, tuve que aceptar. Los dos primeros chocaban con Bultmann en cuanto a que el reino de Dios en el ministerio de Jesús era una construcción mitológica con la que se pudiera dispensar en la actualidad cuando encontramos el significado político (Machoveč era marxista) y existencial de Jesús para nosotros. Niederwimmer explotó, según lo que se señalaba en la sobrecubierta del libro, "el resultado seguro de la psicología del inconsciente" para hallar en el reino de Dios "la objetivación de un proceso colectivo de conciencia". No me impresionó el fruto de la segunda búsqueda. Había visto cosas gloriosas en el Jesús de los Evangelios y la búsqueda me ofrecía cáscaras y cenizas.

Me sentía a gusto con las asombrosas palabras de Adolf Schlatter cuando definió lo que él consideraba que debía ser el saber (*die Wissenschaft*):

> Me mantengo lo más alejado posible de las conjeturas y así evito el esfuerzo de revocarlas. Esto no me parece que sea provechoso, pues las conjeturas no se revocan haciendo más conjeturas. Estas se deshacen cuando uno ve que la observación es más fructífera que la conjetura... Yo describo el *Wissenschaft* (saber) como la observación de lo que existe (*des Vorhandenen*), no el intento de imaginar lo que no es visible. Quizás alguien pudiera objetar que

el proceso de hacer conjeturas emociona y entretiene, mientras que el de la observación es un trabajo duro y difícil. Esto es verdad; recrearse es más fácil que trabajar. Pero el evangelio se interpreta mal cuando se convierte en un juego.[4]

Crecía en mí la convicción de que la vida es demasiado corta y la Iglesia demasiado valiosa para que un ministro de la Palabra dedique su vida tratando de recrear un Jesús producto de las conjeturas. Había mucho que hacer, muchísimo, para ver qué hay realmente en la representación divina de Jesús en los Evangelios del Nuevo Testamento.

¿Qué esperanzas hay para la tercera búsqueda?

La tercera búsqueda del Jesús histórico "comenzó a principios de la década de 1980 impulsada por nueva información arqueológica y manuscrita, nuevas mejoras metodológicas y un nuevo entusiasmo en cuanto a que la investigación histórica no tenía que conducir a un callejón sin salida"[5]; aún continúa y existen datos sobre lo que está sucediendo.[6] Ben Witherington hace la siguiente observación: "El deseo de decir algo nuevo y fresco caracteriza a casi todas las obras [sobre la tercera búsqueda] que se analizan en este estudio, a veces al extremo de preferir lo nuevo por encima de lo probable".[7] Mi valoración particular de lo que está sucediendo es la siguiente: En la medida en que las actuales reconstrucciones del Jesús histórico se aparten de la descripción que se encuentra en los Evangelios del Nuevo Testamento, estas serán olvidadas de la misma manera en que Machoveč, Braun y Niederwimmer han sido olvidados.

Hay razones para ello.

---

4. Adolf Schlatter, *Der Evangelist Matthäus*, 6.ª edición (Stuttgart: Calver Verlag, 1963), xi. Traducción mía.

5. Witherington, *The Jesus Quest*, 12-13.

6. Además del cuadro panorámico de Witherington citado en el anterior pie de nota, ver Larry Hurtado, "A Taxonomy of Recent Historical-Jesus Work", en *Whose Historical Jesus?* ed. William E. Arnal y Michel Desjardins (Waterloo, Ontario: Wilfrid Laurier University Press, 1997), 272-295; Jonathan Knight, *Jesus: An Historical and Theological Investigation* (Londres: T&T Clark International, 2004), 15-56; *The Historical Jesus in Recent Research*, ed. Dunn y McKnight.

7. Witherington, *The Jesus Quest*, 247.

En primer lugar, nunca se ha reconstruido un retrato perdurable ni confiable de Jesús remitiéndose a algo aparte de lo que describen los cuatro Evangelios. No hay razón para pensar que esto cambie. La razón se encuentra a la mano: Cuando se abandona *das Vorhandenen* (lo que existe a la mano) por las conjeturas, la erudición se convierte en un juego académico. Lo que se necesita para darle vida al juego son los juguetes, y todo el mundo sabe que el mercado y la academia exigen nuevos juguetes en cada generación. No pueden durar. La tragedia consiste en el daño que les hacen a las personas que no tienen raíces en los Evangelios… ni la ventaja de tener la edad que tengo yo.

Los Evangelios no han sido derrocados

En segundo lugar, la representación que se hace de Jesús en los cuatro Evangelios no ha sido derrocada por la erudición. La apariencia de derrocamiento surge de la creación injustificada de criterios de autenticidad que por definición descartan aspectos de la descripción del Nuevo Testamento. Gracias a Dios, Él ha levantado a varias generaciones de cuidadosos, rigurosos y fieles estudiosos que no se intimidan ante los críticos radicales y que, pacientemente, trabajan por establecer la credibilidad histórica de los cuatro Evangelios. Le doy gracias a Dios por ellos. Lo que yo quiero decir no es que ellos aporten prueba de los Evangelios, sino que ellos muestran que los ataques contra la validez histórica de la descripción de Jesús en los Evangelios no son convincentes.[8]

---

8. En este sentido, los siguientes libros brindan argumentos contrarios a la tercera búsqueda y la búsqueda en general: Craig L. Blomberg, *The Historical Reliability of the Gospels*, 2.ª ed. (Downers Grove, Ill.: InterVarsity Press, 2007); Blomberg, *Jesus and the Gospels* (Nashville: Broadman & Holman, 1997); Blomberg, *The Historical Reliability of John's Gospel* (Downers Grove, Ill.: InterVarsity Press, 1998); D. A. Carson, *The Gospel According to John* (Grand Rapids, Mich.: Eerdmans, 1991), 40-68; *Jesús bajo sospecha*, ed. Michael J. Wilkins y J. P. Moreland (Barcelona: Clie, 2008); Paul Barnett, *The Truth About Jesus: The Challenge of the Evidence* (Sydney: Aquila Press, 1994); Luke Timothy Johnson, *The Real Jesus: The Misguided Quest for the Historical Jesus and the Truth of the Traditional Gospels* (San Francisco: HarperSanFrancisco, 1996); Gregory Boyd, *Cynic, Sage or Son of God? Recovering the Real Jesus in an Age of Revisionist Replies* (Grand Rapids, Mich.: Baker, 1995); Gary Habermas, *The Historical Jesus: Ancient Evidence for the Life of Christ* (Joplin, Mo.: College Press, 1996); Lee Strobel, *Caso de Cristo: Una investigación exhaustiva* (Miami: Vida, 1998).

Los fragmentos conducen a reconstrucciones arbitrarias

En tercer lugar, tratar de reconstruir un retrato confiable y convincente de Jesús fuera de los Evangelios es una ilusión porque, por definición, el método adoptado solo aporta fragmentos sin un contexto inmediato. Los dichos y acontecimientos inconexos solo pueden relacionarse arbitrariamente. Eso significa que la mente del estudioso y no la realidad de Jesús es la que rige en la reconstrucción. Luke Timothy Johnson ha demostrado esto eficazmente:

> Cuando las composiciones están fragmentadas, cortadas en pequeños pedazos y dispuestas en secuencia arbitraria, no funcionan en absoluto. Las composiciones literarias del Nuevo Testamento se analizan mejor cuando se respeta y se valora su integridad literaria. Vistas de esta manera, pueden considerarse testigos e interpretaciones de la experiencia y las convicciones religiosas.[9]

Solo los Evangelios permanecen

En cuarto lugar, la descripción de Jesús en los Evangelios del Nuevo Testamento es la única representación que tiene posibilidades de configurar la Iglesia y el mundo en el futuro. Esto se debe a que es la única a la que las personas tienen acceso. No importa lo que los "buscadores" elaboren, por lo general, solo un puñado de personas lo leerán. Y, aunque lo conviertan en un éxito de taquilla cinematográfico que millones de personas vean, en diez años será poco menos que un recuerdo, mientras que los Evangelios aún estarán en manos de las masas. Apuesto a que esto fue idea de Dios y que valdrá todo el aliento que me queda tratar de comprender lo que realmente contiene y enseñarlo fielmente.

El enfoque que sigo en este libro

Además de lo que dije acerca del método bajo el subtítulo "Unas palabras sobre el método" en la Introducción, pudiera ser útil señalar aquí que el proceso de selección de cuáles mandatos analizaría fue una tarea compleja. Recopilé y anoté todos los mandatos mediante la lectura de los Evangelios.

---

9. Johnson, *The Real Jesus*, 167.

Esto incluyó mandatos implícitos (por ejemplo, "bienaventurados los misericordiosos" da a entender "sé misericordioso"). La lista tenía más de quinientas entradas, contando las múltiples reafirmaciones entre los Evangelios.

El siguiente paso fue el de diferenciar los mandatos que tendrían una trascendencia perdurable para la fe y la vida. Esto es, excluí mandatos tales como "Toma tu lecho, y vete a tu casa" (Mr. 2:11). Finalmente, estuvo el proceso de agrupamiento y clasificación. Después de varias revisiones, logré incluir todos los mandatos en unas treinta categorías. Estos agrupamientos conformaron la estructura inicial de los capítulos. Algunos se ampliaron y los capítulos se dividieron en dos o más. De ahí, el número redondo de cincuenta capítulos. Yo no digo que me haya referido a todos los mandatos. Mi esperanza es que se hayan tratado suficientes categorías y suficientes mandatos específicos que puedan, incluso, servir de ayuda en el caso de los que pueda haber pasado por alto.

EL JESÚS DE LOS EVANGELIOS ES EL MÁS RADICAL

La quinta y última razón de por qué los intentos de reconstrucciones de Jesús fuera de los Evangelios no perdurarán y no lograrán configurar la Iglesia a largo plazo es que el Jesús más radical es el representado en los Evangelios. Son muchas las reconstrucciones fuera de los Evangelios que están motivadas por el deseo de liberar a Jesús de las tradiciones domesticadas de la Iglesia que lo colocan en este mundo de maneras previsibles y comprometedoras. Ese es un buen deseo; pero su enfoque logra precisamente lo opuesto de lo que se espera. En la medida en que la Iglesia está entrenada para desconfiar en el Jesús de los Evangelios y buscar nuevas creaciones humanas de Cristo, el verdadero Jesús se hace menos claro y su poder de liberarse de las tradiciones no bíblicas que lo atan queda atenuado.

Este es el argumento que Luke Timothy Johnson demuestra tan bien: la necesidad crítica en la Iglesia y el mundo es la del "verdadero Jesús" de los Evangelios. Las palabras de Johnson constituyen una oportuna conclusión a estas "Palabras a los estudiosos de la Biblia", en *Los mandamientos que Jesús nos dejó.*

¿La Iglesia actúa de manera triunfalista o trata a sus feligreses arrogantemente? ¿Es un agente para la supresión de las necesidades y aspiraciones humanas? ¿Promueve la intolerancia y la estrechez de miras? ¿La Iglesia proclama un evangelio de éxito y ofrece a Jesús como mejor socio comercial? ¿Estimula el espíritu de prosperidad ignorando el bien de la tierra, o una espiritualidad individualista ignorando a los necesitados del mundo? ¿Sus dirigentes son corruptos y coercitivos? No hay crítico más severo ni rechazador más radical de tales distorsiones del cristianismo que el Jesús que se encuentra en las páginas del Nuevo Testamento, el Jesús que se despojó a sí mismo por el bien de los demás y exhortó a sus seguidores a que hicieran lo mismo.

El Jesús a quien San Francisco de Asís apeló en su llamado por una Iglesia pobre y generosa en vez de poderosa y avariciosa no fue el Jesús histórico, sino el Jesús de los Evangelios. Uno se tiene que preguntar por qué este Jesús no es también el "Jesús verdadero" para aquellos que declaran sus deseos de verdad religiosa, integridad teológica e historia sincera.[10]

---

10. *Ibíd.*, 177.

1 Corintios

desiringGod

Todo el mundo busca ser feliz. Nuestro sitio web nació y fue diseñado con ese fin. Queremos que todas las personas en todas partes entiendan, acepten y apliquen la verdad de que Dios *se glorifica en nosotros en mayor medida cuanto más nos deleitamos en Él*. Publicamos a diario nuevos recursos impresos y audiovisuales con el objetivo de ayudarte a encontrar verdad, propósito y satisfacción eternos. Asimismo, hemos recopilado más de cuarenta años de intervenciones y escritos de John Piper, traducidos además a casi cincuenta idiomas. Todos los recursos están disponibles sin costo alguno gracias a la generosidad de personas que han sido bendecidas por el ministerio.

Si deseas acceder a más recursos para la felicidad verdadera o si deseas aprender más acerca de nuestra obra en Desiring God, te invitamos a visitar https://www.desiringGod.org. Una lista de los recursos disponibles en español se encuentra en https://www.desiringGod.org/languages/spanish.

desiringGod.org